国家出版基金项目
NATIONAL PUBLICATION FOUNDATION
“十四五”国家重点图书
出 版 规 划 项 目

中国语言资源保护工程

中国濒危语言志
少数民族语言系列

总主编 曹志耘
主 编 李大勤

西藏墨脱门巴语

刘宾 王韵佳 李大勤 孙宏开 著

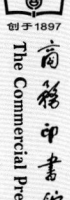

创于1897
商务印书馆
The Commercial Press

图书在版编目（CIP）数据

西藏墨脱门巴语/刘宾等著. --北京：商务印书馆，2024. --（中国濒危语言志）. --ISBN 978-7-100-24372-8

Ⅰ. H267

中国国家版本馆CIP数据核字第2024WH0903号

西藏墨脱门巴语

刘　宾　王韵佳　李大勤　孙宏开　著

出版发行：商务印书馆
地　　址：北京王府井大街36号
邮政编码：100710

印　　刷：北京雅昌艺术印刷有限公司

开　　本：787×1092 1/16　　印　　张：16½
版　　次：2024年11月第1版　　印　　次：2024年11月北京第1次印刷
书　　号：ISBN 978-7-100-24372-8

定　　价：228.00元

墨脱县城地貌　墨脱县墨脱镇 /2016.7.26/ 刘宾　摄

墨脱县德兴乡德兴村民居　墨脱县德兴村 /2017.7.18/ 刘宾　摄

墨脱门巴语发音人尼玛仁青和白马绕杰　墨脱县电视台 /2016.7.22/ 拉珍　摄

中国传媒大学语保团队一行在墨脱县调研　墨脱县水电宾馆 /2016.7.22/ 拉珍　摄

语法标注缩略符号对照表

缩略语	英文	汉义
1sg	1st person singular	第一人称单数
2sg	2nd person singular	第二人称单数
3sg	3rd person singular	第三人称单数
1dl	1st person dual	第一人称双数
2dl	2nd person dual	第二人称双数
3dl	3rd person dual	第三人称双数
1pl	1st person plural	第一人称复数
2pl	2nd person plural	第二人称复数
3pl	3rd person plural	第三人称复数
ACC	accusative particle	宾格助词
AGT	agentive particle	施格助词
APPR	approximative	概数
ASP	aspect marker	体标记
AUX	auxiliary	助动词
BEN	benefactive particle	受益格助词
CAUS	causative marker	使动标记
COMPR	comparative particle	比较助词
CONJ	conjunctive marker	并列连接
DAT	dative particle	与格助词

续 表

缩略语	英文	汉义
DEM	demonstrative pronoun	指示代词
GEN	genitive particle	属格助词
IMP	imperative marker	命令式标记
INCL	inclusive	包括式
INST	instrumental particle	工具助词
LOC	locative particle	处所助词
NEG	negative	否定
NMLZ	nominalizer	名物化标记
PFV	perfective marker	已行体标记
PL	plural marker	复数标记
PROS	prospective marker	将行体标记
PRT	clause/sentence final particle	句尾语气词
QUES	question marker	疑问标记
REDUP	reduplicative	重叠
REFL	reflexive pronoun	反身代词
TOP	topic marker	话题标记

序

2022年2月16日，智利火地岛上最后一位会说Yagán语的老人，93岁的Cristina Calderón去世了。她的女儿Lidia González Calderón说："随着她的离去，我们民族文化记忆的重要组成部分也消失了。"近几十年来，在全球范围内，语言濒危现象正日趋普遍和严重，语言保护也已成为世界性的课题。

中国是一个语言资源大国，在现代化的进程中，也同样面临少数民族语言和汉语方言逐渐衰亡、传统语言文化快速流失的问题。根据我们对《中国的语言》（孙宏开、胡增益、黄行主编，商务印书馆，2007年）一书的统计，在该书收录的129种语言当中，有64种使用人口在10000人以下，有24种使用人口在1000人以下，有11种使用人口不足百人。而根据"语保工程"的调查，近几年中至少又有3种语言降入使用人口不足百人语言之列。汉语方言尽管使用人数众多，但许多小方言、方言岛也在迅速衰亡。即使是那些还在使用的大方言，其语言结构和表达功能也已大大萎缩，或多或少都变成"残缺"的语言了。

冥冥之中，我们成了见证历史的人。

然而，作为语言学工作者，绝不应该坐观潮起潮落。事实上，联合国教科文组织早在1993年就确定当年为"抢救濒危语言年"，同时启动"世界濒危语言计划"，连续发布"全球濒危语言地图"。联合国则把2019年定为"国际土著语言年"，接着又把2022—2032年确定为"国际土著语言十年"，持续倡导开展语言保护全球行动。三十多年来，国际上先后成立了上百个抢救濒危语言的机构和基金会，各种规模和形式的濒危语言抢救保护项目在世界各地以及网络上展开。我国学者在20世纪90年代已开始关注濒危语言问题，自21世纪初以来，开展了多项濒危语言方言调查研究课题，出版了一系列重要成果，例如孙宏开先生主持的"中国新发现语言研究丛书"、张振兴先生等主持的"汉语濒危方言调查研究丛书"、鲍厚星先生主持的"濒危汉语方言研究丛书（湖南卷）"等。

自2011年以来，党和政府在多个重要文件中先后做出了"科学保护各民族语言文字"、

“保护传承方言文化”、“加强少数民族语言文字和经典文献的保护和传播”、“科学保护方言和少数民族语言文字”等指示。为了全面、及时抢救保存中国语言方言资源，教育部、国家语委于2015年启动了规模宏大的“中国语言资源保护工程”，专门设立了濒危语言方言调查项目，迄今已调查106个濒危语言点和138个濒危汉语方言点。对于濒危语言方言点，除了一般调查点的基本调查内容以外，还要求对该语言或方言进行全面系统的调查，并编写濒危语言志书稿。随着工程的实施，语保工作者奔赴全国各地，帕米尔高原、喜马拉雅山区、藏彝走廊、滇缅边境、黑龙江畔、海南丛林等地都留下了他们的足迹和身影。一批批鲜活的田野调查语料、音视频数据和口头文化资源汇聚到中国语言资源库，一些从未被记录过的语言、方言在即将消亡前留下了它们的声音。

为了更好地利用这些珍贵的语言文化遗产，在教育部语言文字信息管理司的领导下，商务印书馆和中国语言资源保护研究中心组织申报了国家出版基金项目“中国濒危语言志”，并有幸获得批准。该项目计划按统一规格、以EP同步的方式编写出版50卷志书，其中少数民族语言30卷，汉语方言20卷（第一批30卷已于2019年出版，并荣获第五届中国出版政府奖图书奖提名奖）。自项目启动以来，教育部语言文字信息管理司领导高度重视，亲自指导志书的编写出版工作，各位主编、执行编委以及北京语言大学、中国传媒大学的工作人员认真负责，严格把关，付出了大量心血，商务印书馆则配备了精兵强将以确保出版水准。这套丛书可以说是政府、学术界和出版社三方紧密合作的结果。在投入这么多资源、付出这么大努力之后，我们有理由期待一套传世精品的出现。

当然，艰辛和困难一言难尽，不足和遗憾也在所难免。让我们感到欣慰的是，在这些语言方言即将隐入历史深处的时候，我们赶到了它们身边，倾听它们的声音，记录它们的风采。我们已经尽了最大的努力，让时间去检验吧。

曹志耘

2024年3月11日

目录

第一章　导论

第一节

调查点概况

一　地域概况

墨脱门巴语分布在西藏自治区林芝市的墨脱县和山南市的错那市。

墨脱（མེ་ཏོག་སྡོང་།）在藏语中意为“花朵”，在藏传佛教经典中称“博隅白玛岗”，意指“隐秘的莲花圣地”。墨脱县位于西藏东南部，雅鲁藏布江贯穿县域全境。当地海拔从7000多米到200多米不等。十八世纪以前，墨脱县主要是珞巴人的居住地。之后，随着门巴人陆续迁徙并不断发展壮大，如今墨脱也成为门巴族的主要聚居地。据统计，2020年墨脱县（中国实际控制区内）门巴族人口为7842人，占全县常住人口总数的52.67%。[①]德兴乡位于墨脱县南部，地处雅鲁藏布江右岸，是我们在墨脱县的主要调查点。

错那市位于西藏自治区南端，喜马拉雅山脉南麓。全市地势北高南低，相对高差7000多米，最高海拔7060米，最低海拔18米，城区所在地海拔4380米。市年平均气温-0.6℃，常年天气寒冷，是典型的高寒地区。全市辖9乡1镇，29个行政村（其中居委会2个），55个村民小组，总人口15 961人[②]。错那市有藏族、汉族、门巴族、回族、珞巴族等多个民族，居民以藏族为主。其中的麻麻乡与吉巴乡是我们在错那市的主要调查点。

---

① 数据来自第七次全国人口普查。

② 数据截至2023年12月。信息来源于错那市政府官方网站，链接如下：http://www.cuona.gov.cn/zjcn/cngk/cnrk/201901/t20190119_12274.html

二　门巴族概况

门巴族主要分布在我国西藏自治区东南部的墨脱县、错那市以及门达旺地区（门达旺地区为印度非法控制区）。墨脱县内的门巴族主要分布于背崩、德兴、墨脱、帮辛4个乡镇，错那市内的门巴族则主要分布于贡日、吉巴、勒、麻麻4个乡镇。

根据《门巴族社会历史调查》等文献的记载，墨脱县的门巴族是从主隅（今不丹）分批迁移而来的。最早的一批被称为"门堆朱巴"，即"老门巴"，他们来自布南卡地区，说巴米语（Prami），与错那市的门巴族语言相通。在墨脱县，门巴族自称"门巴（Monpa）"。说巴米语的门巴族称后迁而来的门巴族[①]为"仓洛（$Ts^{h}aŋlo$）"，称他们的语言为仓洛语；说仓洛语的门巴族称前者为"巴米（Prami）"，称他们的语言为巴米语（本书称为"墨脱门巴语"）。

仓洛门巴族和错那门巴族都有自己的语言，但没有文字。根据目前所能掌握的文献及调查情况（2016年、2017年、2019年、2020年与2023年）来看，说墨脱门巴语的族群总人数不足1000人；说仓洛语的族群总人数则有8000多人。

门巴族的经济生产主要以农耕为主。种植的作物主要有玉米、水稻、鸡爪谷、荞麦等。这些粮食作物也是他们的主要食物。门巴族的辣食独具特色，辣椒是他们的生活必需品。门巴族酿酒的历史也相当悠久，每家每户都有酿酒工具。他们以酒为贵，无论农忙，还是节日或祭祀等，一定要饮酒。墨脱门巴族酿酒历史悠久，基本上每家每户都有酿酒工具，都是酿酒的好手，他们不分男女老少都爱喝酒。墨脱地区盛产玉米、鸡爪谷和稻米，也产青稞、小麦等作物，这些都是酿酒的原料。墨脱门巴族爱喝一种叫"帮羌"的黄酒，其主要由鸡爪谷酿制而成。错那市的门巴族擅长酿制米酒，酿制过程与墨脱县门巴族的"邦羌"酒类似；在婚礼或喜庆场合，他们还会酿制一种被称为"康波"的米酒，喝起来醇香可口。

门巴族生活的区域气候适宜，盛产水果。常见的水果有香蕉、柠檬、芭蕉、柑橘等。特别值得提及的是，有种生长于墨脱的柠檬可重达30斤，甚至那里的黄瓜也可重达10余斤。水果既是门巴人民招待客人的佳品，又是闲暇之时的怡情食物。

门巴族能歌善舞。由于地域差异，各地区的门巴族民歌和舞蹈也有所不同。墨脱县门巴族的民歌种类较为丰富，主要有聚会歌、敬酒歌、箭歌、情歌等。错那市的门巴族主要流行"萨玛"酒歌与"加鲁"情歌，四个门巴民族乡传唱的"萨玛"酒歌又各不相同。两个地区的门巴族都有表现宗教题材的"羌姆"舞蹈。其中，错那市的"羌姆"又称"拔羌姆"，主要流行于吉巴乡。"拔羌姆"来自这样一个传说：有位名叫吉萨格来的人，在吉巴山上看见一些妖魔，它们躺在一个叫顿奥的地方休息。他决心铲除妖魔，于是渡过了娘江

---

① 仓洛门巴族原来居住在布南卡以下的扎西岗宗等地，后来才陆续迁移到墨脱县的。

曲，顺着妖魔的脚印来到了顿奥。后来经过殊死搏斗，吉萨格来最终战胜并消灭了所有的妖魔。故此，人们举行“拔羌姆”活动以纪念、颂扬降妖伏魔的吉萨格来。“羌姆”于2006年被列入西藏自治区第一批非物质文化遗产名录，同年被列入国家级第一批非物质文化遗产名录。

门巴族的节日主要有三种类型：一是生产类节日，二是岁时类节日，三是宗教类节日。生产类节日主要是曲科节，类似于藏族的旺果节。岁时类节日主要是门巴族新年。错那门巴族过新年是从藏历的元月一日开始，到元月十五日结束，这与藏族人过新年基本上没什么区别。墨脱门巴族的新年则有所不同。他们一年中有两个新年，一个从藏历的元月一日开始，历时两三天；另一个是从藏历的十二月一日开始，历时十至十五天。节日期间，人们会盛装打扮，互相拜访庆贺，载歌载舞，饮酒狂欢。另外，人们还会举行各种活动，比如拔河、角力、抱石头、射箭比赛等。

门巴族的丧葬有两个特点：多样性与复杂性。就方式看，丧葬有土葬、水葬、火葬、天葬和崖葬，还有屋顶葬和屋底葬；有一次葬，也有二次或三次葬的复合葬。门巴族丧葬的复杂性，还表现在不同地域的门巴族对待丧葬形式的观念上。

门巴族的丧葬过程相当繁缛，但各地的主要仪式却基本一致。族人去世后，人们会用绳子或逝者的腰带将遗体捆缚。捆绑后的逝者双腿屈膝或呈蹲式，双手交叉在胸前，状似腹中胎儿。其中，男性逝者左手靠胸、女性逝者右手靠胸。而后，家人为逝者设置灵位，摆放供品，之后须停放数日。停柩期间，家人要请喇嘛念经做法事，择定安葬方式、出殡时辰和葬地方位，并确定遗体背送人和遗体出屋方向。土葬和水葬是最普遍的丧葬方式。富人、头人、喇嘛多采用火葬、天葬、崖葬等。屋顶葬、屋底葬仅适用于夭折的未成年孩子。

在生活中门巴族有很多禁忌。例如，他们认为，人逢十二、二十五、三十七、四十九、六十一、七十三、八十五的年岁可能会遇上灾难，并称这些年龄为“嘎”。因此，他们在生活中会特别留意上述数字。再如，门巴人忌讳在客人面前来回走动，确有必要也须从客人身后绕行。客人吃饭时不能吃光喝尽，需给主人家的锅里、碗里留下一些食物。夜晚，客人未入睡，主人也不能先睡。平时，不能往火塘内扔脏物、吐口水，更不能踢、踏、跨越火塘或灶台。

此外，墨脱门巴族还认为一个月的五、十、十五、二十五、三十日为“丧葬日”。在这些日子里，人们只能在家做家务，不能谈婚论嫁，也不能劳作、打柴或捕鱼，更不能宰杀牲畜。门巴人的出行也有禁忌，如猎人出行前三天，家中不能煮酒，外人不能进屋；家人出远门旅行或进行交易，当天不能扫地。他们认为，若触碰上述禁忌，人畜就不能平安，交易也不会顺利。另外，门巴族的家中如果有人患病，要在门口插上有刺的树枝以示外人莫入，以免把鬼魂带入从而加重病情。有些地域对男女婚配的属相会存有禁忌，如鼠和马、牛和羊、狗和龙、猪和蛇、猴和虎等属相的男女不能婚配。新娘出嫁，新郎入赘行至途中，忌讳遇到背空筐或空水筒的人，若遇此情况则预示婚后生活不祥。

第二节

方言与系属

一　方言

根据陆绍尊（1984）、张济川（1986）以及我们的调查，错那门巴语[①]有两种不同的方言：南部方言和北部方言。南部方言主要分布在错那市的贡日、吉巴、勒、麻麻等乡镇，北部方言主要分布于墨脱县德兴乡德兴村与文朗村。我们的主要调查对象是墨脱县德兴乡的被称为“巴米语”的墨脱门巴语。

二　系属

关于错那门巴语的系属问题，学界观点相对一致。孙宏开（1980，1983，2007）、张济川（1986）等均认为错那门巴语属汉藏语系藏缅语族藏语支。

孙宏开（1983）认为，错那门巴语与藏语相近或相同的词汇约占一半；它们的语法范畴相同，但表现语法范畴的语音形式有不同源的情况；它们的差别超出了藏语卫藏、康、安多三个方言的差别。鉴于此，孙宏开（1983）把错那门巴语看作一种独立的语言，并归入藏语支。

陆绍尊（1984）认为错那门巴语与仓洛语不同。基于对错那县（现为错那市）麻麻村、墨脱县文朗村[②]等地门巴语方言的调查，结合对长篇语料的分析，陆绍尊（2002）详细地描

① 此处我们仍沿用“错那门巴语”这一术语，其包括分布于错那市的南部方言和墨脱县的“巴米语”（墨脱门巴语）。我们本节的介绍也主要以错那门巴语为主。

② 陆绍尊（1984）（2002）中的“文朗村”为“文浪村”，本书采用墨脱县政府网站（2022）的写法。详见http://motuo.gov.cn/mtx/zjmt/202202/527ac1f160b947c9ab643afac1e9c200.shtml。

写了门巴语的语音、词汇与语法系统。不过，陆绍尊（1984，2002）并未阐述错那门巴语的归属问题。

另外，Das Gupta（1968）认为错那门巴语属于汉藏语系藏缅语族藏语支的东藏语分支。

关于语言识别问题，孙宏开等（2007）认为语言结构差异的比较是适合中国语言国情的更重要的依据①，孙宏开于2013年又提出了沟通度和语言结构差异度相结合的方法。根据这一观点，我们从语音、词汇与语法层面，对藏语支语言与墨脱门巴语进行了对比，找出了二者之间的一些共性和差异。

（一）藏语支语言的基本特点②

1. 语音层面

藏文（7世纪，下同）的前加字、上加字、下加字所呈现的复辅音系统，在藏语支语言中基本得以保留；藏文后加字所呈现的韵尾系统，在藏语支语言中也基本保留下来；声调是后起现象，在语支内部发展不均衡。

2. 词汇层面

有一批同源词，它们有比较严谨的语音对应关系；有一定数量的词缀，它们有共同来源，在形容词中这一特征体现得尤为突出。

3. 语法层面

藏语支语言在语法方面主要有以下特点：

（1）动词存在体范畴。不同语言表达体范畴的语言形式之间有明显的对应关系。

（2）动词存在命令式。“式”范畴大都采用动词词根屈折这一手段表达；附加助词也是表现手段之一。

（3）量词处于最原始的阶段。藏语支语言的量词数量少、作用小，名词可直接受数词修饰而不加量词。

（4）结构助词在用法上相对一致。总体上看，藏语内部各语言的结构助词比较一致，它们大部分有同源关系；仓洛语与藏语关系密切，门巴语次之。需要注意的是，该语支语言中的结构助词都有一定的差别。

（5）有“级”范畴。藏语支语言的形容词大都有“级”这一语法范畴。

（二）墨脱门巴语的基本特点

1. 语音层面

墨脱门巴语有藏文下加字的痕迹，比如bli^{55}“四”、bruk^{35}“龙”等。藏文后加字所反

---

① 孙宏开、胡增益、黄行主编的《中国的语言》（2007）认为同源词和语法比较是语言系属分类的两个重要的依据，从同源词的角度学界已经做过研究，本书主要从语法视角进行探讨。

② 藏语支语言特点主要引自孙宏开、胡增益、黄行主编的《中国的语言》（2007）。

映的韵尾系统在墨脱门巴语中基本保留，比如get^{35}“八”、bruk^{35}“雷”、ɬot^{55}“风”等。墨脱门巴语有3个调类，这跟康方言接近。

2. 词汇层面

墨脱门巴语与藏语支语言有一批同源词，这些同源词之间存在较为严谨的对应关系且语音上比较接近，如sɑ^{51}“土”与藏文的sa，kʰɑp^{55}“针”与藏文的kʰab，pu^{51}“毛”与藏文的spu等。形容词有丰富的词缀，如ʐiŋ^{35}gu^{51}“长”、tʰoŋ^{55}gu^{51}“短”、jɑŋ^{55}gu^{51}“轻”等，这些形容词均有词缀gu^{51}。

3. 语法层面

墨脱门巴语有三种体标记，分别是将行体jo^{51}或dʑo^{51}、现行体do^{51}、已行体wu^{51}。据初步调查，这三种体标记与藏语方言的体标记有明显的同源关系。动词存在命令式，主要通过附加助词lɑ^{51}表达，这与安多方言有明显的同源关系。量词仅有10个左右，它们的作用相对较小；名词可直接受数词修饰而不加量词。结构助词有属格助词ku^{51}、施格助词gɑi^{51}、与格助词le^{51}、处所助词kɑ^{51}，以及比较助词和从格助词ge^{51}等。据初步研究，这些助词中的属格助词、与格助词、处所助词和从格助词与藏语支语言有明显的同源关系。形容词有比较级，一般需要加上比较标记ɕi^{55}来体现，最高级则通过重叠形容词来实现；比较级添加附加形式这一特点明显与藏语支语言相同。

（三）墨脱门巴语与藏语支语言的比较

表1-1　墨脱门巴语与藏语支语言的比较

		藏语支语言	墨脱门巴语
语音	复辅音	藏文的前加字、上加字、下加字所呈现的复辅音系统，在藏语支语言中基本得以保留。	有藏文下加字所呈现的复辅音系统的痕迹。
	韵尾	藏文的后加字所反映的韵尾系统在藏语支语言中基本得以保留。	藏文后加字所呈现的韵尾系统基本得以保留。
	声调	声调是后起现象，在语支内部发展不平衡。	有3个调类，这跟康方言的声调系统接近。
词汇	同源词	有一批同源词，它们有比较严谨的语音对应关系，这些同源词与其他语支语言的词汇并不同源。	有一批同源词，有比较严谨的语音对应关系，这些同源词与藏语支语言的词汇比较接近。
	词缀	有一定数量的词缀，它们大都有共同的来源；形容词附加词缀现象尤为凸显。	形容词附加词缀现象凸显。

续 表

		藏语支语言	墨脱门巴语
语法	体范畴	动词有体范畴，该语支语言中，表达体范畴的附加形式之间有明显的对应关系。	有三种体标记，它们与藏语方言的体标记之间有明显的同源关系。
	命令式	动词有命令式，大都通过动词词根屈折或附加助词的手段表达。	动词有命令式，主要通过附加助词的手段表达；这些附加助词与安多方言有明显的同源关系。
	量词	量词处在最原始的发展阶段；量词的数量少，作用小；名词可直接受数词修饰而不加量词。	量词数量有10个左右；量词的作用小；名词可直接受数词修饰而不加量词。
	助词	结构助词的特点相对一致。	属格助词、与格助词、处所助词以及从格助词与藏语支语言有明显的同源关系。
	形容词	形容词有“级”这一语法范畴。	形容词有“级”这一语法范畴；比较级一般需要加上比较标记，最高级是通过重叠形容词实现的；比较级添加比较标记这一特点与藏语支语言特点相同。

通过与藏语支语言的对比，结合学界尤其是孙宏开等（2007）关于同源词方面的研究成果，我们认为墨脱门巴语应属藏缅语族的藏语支。

第三节

濒危状况

一 墨脱门巴语语言活力现状

据近几年德兴村和文朗村[①]村委会人口统计，两村人口约600余人，而使用墨脱门巴语的人口大约500人。两村40岁以上的人口约为200人，他们能流利地使用墨脱门巴语，40岁以下群体忘词相对普遍，有时候部分群体存在表达不太流利的现象。两村的国家通用语言文字使用能力普遍较高。两村约一半人口能听懂但不使用藏语，在与村中少量藏族进行交流时，他们通常使用普通话。

下面让我们从家庭间的代际传承方面，来具体了解一下墨脱门巴语当前的语言活力情况。

家庭间语言的代际传承主要考察某一濒危语言是否仍然作为日常生活所使用的强势语言渗入到家庭中。它可以出现在正式或非正式的语域里。通过调研，我们发现，在家庭语言代际传承中，墨脱门巴语属于“不安全型”（4分）[②]，即：所有儿童在有限场合使用，部分儿童在所有场合使用。下面我们挑选两个典型家庭案例进行介绍，他们分别是索次仁家庭（文朗村）与尼玛仁青家庭（德兴村）。

1. 索次仁家庭

索次仁，男，生于1961年，门巴族，母语为墨脱门巴语。墨脱门巴语非常流利，能流利地使用仓洛语，能听懂简单的普通话，但是不会使用交流。年轻时候未受过学校教育，

---

① 感谢德兴村村民白马绕杰与文朗村村民嘎玛次仁提供具体信息。

② 代际传承安全指标主要分为：安全型（5分），各年龄段都使用；不安全型（4分），所有儿童在有限场合使用，部分儿童在所有场合使用；确有危险型（3分），多为父辈和上一代人使用；很危险型（2分），限于祖父母辈及更上辈人使用；极度危险型（1分），极少曾祖辈人使用；灭绝型（0分），在世者不使用（范俊军2006）。

不识藏文与汉字。

平措，男，生于1985年，索次仁长子，门巴族，母语为墨脱门巴语。墨脱门巴语非常流利，能流利地使用仓洛语，能听懂简单的普通话，但是不会使用交流。年轻时候未受过学校教育，不识藏文与汉字。

达瓦曲珍，女，生于1994年，索次仁长女，门巴族，母语为墨脱门巴语。西北民族大学毕业，墨脱门巴语不流利，有忘词现象，能使用仓洛语，能流利地使用普通话进行交流。不识藏文，但是熟识汉字。

嘎玛次仁，男，生于1998年，索次仁次子，门巴族，母语为墨脱门巴语。湖南一高校毕业。墨脱门巴语不流利，忘词现象较严重，能使用仓洛语，能流利地使用普通话进行交流。不识藏文，但是熟识汉字。

2. 尼玛仁青家庭

尼玛仁青，男，生于1957年，门巴族，母语为墨脱门巴语。墨脱门巴语非常流利，能流利地使用仓洛语，能听懂简单的普通话，但是不会使用交流。年轻时候未受过学校教育，不识藏文与汉字。

次仁旺扎，男，生于1980年，尼玛仁青独子，门巴族，母语为墨脱门巴语。仓洛语非常流利，能使用墨脱门巴语，能用简单的普通话进行交流。年轻时候未受过学校教育，会说一些简单的藏语，不识藏文与汉字。

尼玛措姆，女，生于1984年，尼玛仁青长女，门巴族，母语为墨脱门巴语。小学毕业，仓洛语非常流利，能使用墨脱门巴语，能用简单的普通话进行交流。不会藏语，不识藏文与汉字。

奇美玉珍，生于1990年，尼玛仁青次女，门巴族，母语为墨脱门巴语。高中毕业，仓洛语非常流利，能使用墨脱门巴语，能用简单的普通话进行交流。不会藏语，不识藏文与汉字。

尼玛仁青的三个孙女，分别是19岁、15岁、14岁。大孙女高中刚毕业，她们主要说仓洛语，墨脱门巴语不流利，有时存在忘词现象，大孙女会使用藏语进行交流、认识一些藏文，其他两个不会。她们三人都会使用较为流利的普通话进行交流，熟识汉字。

通过观察以上两个家庭，我们发现，墨脱门巴人的门巴语能力随着年龄的递减呈下降趋势，他们的普通话能力则随着年龄的递减呈上升趋势。

二　印方非法控制区错那门巴语现状

关于印方非法控制区一侧错那门巴语的现状，Sarma（2015）根据联合国教科文组织的《语言活力与语言濒危》（2009）的框架，对其进行了调查评估，具体情况如下表1–2所示：

表1-2　错那门巴语语言活力调查表

错那门巴语语言活力		
序号	指标	状况描述
1	语言族群成员对母语的态度	不关心、不感兴趣。
2	代际语言传承	代际之间的传承呈下降趋势。
3	语言教育材料和读写材料	极少。
4	政府、机构的语言态度和语言政策（含官方地位和使用）	没有文字，不是教学语言，也不是学习语言，作为第三语言可被接受。
5	语言对新语域和媒体的反应	积极。
6	语言记录的数量与质量	业余。

从上表我们可以看出，在印方非法控制区一侧，大部分门巴人对母语的漠视会导致以下问题：更年轻一代的母语者呈逐年下降趋势。而语言教育和政府语言政策等在实施过程中出现的问题，则会使错那门巴语的濒危状况进一步恶化。

三　墨脱门巴语濒危程度

根据联合国教科文组织濒危语言问题特别专家组在《语言活力与语言濒危》（2009）提出的测试语言活力的框架，我们对墨脱门巴语的语言状况进行了评估，得出以下墨脱门巴语濒危程度的确切数值，具体情况如下表所示：

表1-3　墨脱门巴语语言活力调查表

序号	指标	评级	情况描述
1	代际语言传承	4	不安全。大多数而非所有儿童或家庭把母语作为第一语言使用，但该语言可能限于某些特定的社会领域（如家庭中孩子与父母和祖父母之间的交流）。
2	语言使用者的绝对人数	3	确有危险。近一半40岁以上门巴人能较为流利地用门巴语进行交流，外出务工的年轻门巴人基本不再使用。
3	语言使用者占总人口比例	3	确有危险。大多数人都使用该语言。40岁以下群体忘词相对普遍，有时候部分群体存在表达不太流利的现象。

续 表

序号	指标	评级	情况描述
4	现存语言使用域的走向	3	正在收缩的语域。子女成为母语的“半使用者”，父母或门巴族老辈成为墨脱门巴语的活跃使用者，大部分墨脱门巴人能听懂且能使用两种语言。在主动使用墨脱门巴语的家庭中，绝大部分有双语型或三语型孩童。
5	对新语域和媒体的反应	0	无活力。该语言不用于任何新语域。在广播媒体、教育等新语域都不使用墨脱门巴语。
6	语言教育材料与读写材料	0	墨脱门巴人没有可用的拼写符号。没有墨脱门巴语编撰的儿童读物或识字材料，也几乎没有以墨脱门巴语作为记录语言的文献。
7	政府和机构的语言态度和语言政策（包括官方地位和官方使用）	4	区别性支持。非强势语言受政府明确保护，但强势/官方语和非强势（受保护）语的使用场合有明显区别。
8	语言族群成员对母语的态度	2	不积极。一些60岁以上的墨脱门巴人对本族的语言和文化始终保持高度热情和自豪感，重视自己的语言，不希望自己的民族语言消失，大部分人不关心、不感兴趣。
9	语言记录材料的数量和质量	1	不充分。该语言无课本或词典，有少量语法描写等文本材料，有几篇论文对语料进行过简单的注释或描写。早期的调查记录是书面材料，无音频或视频资料。

总之，结合已有的调查与研究，我们发现，由于受到普通话、藏语、仓洛语等强势语言的影响，墨脱门巴语已处于濒临灭绝的状态。

综上，虽然有语言保护组织及一部分门巴人致力于对墨脱门巴语的抢救和传承，但因门巴族本身人口较少，加之受到周边语言的强势影响，门巴语无论是在中方一侧还是在印方非法控制区一侧其活力及其前景都令人担忧。

第四节

研究概况

对中方一侧门巴语较早进行系统研究的专著是孙宏开、陆绍尊、张济川、欧阳觉亚合著的《门巴、珞巴、僜人的语言》(1980)。1976年，中国科学院民族研究所（现中国社会科学院民族学与人类学研究所）研究人员在“三巴”（门巴、珞巴、僜巴）地区进行考察，该书即是考察所取得的研究成果之一。该书第一部分对墨脱县与错那县门巴族的社会历史、语言特点等进行了介绍，并较为详细地介绍了错那门巴语的语音、词汇与语法系统。

陆绍尊著《错那门巴语简志》(1986）认为，错那门巴语可分为南部方言和北部方言两个次方言。该书就错那县门巴语的语音、词汇、语法展开了系统的描写，同时还就两个次方言之间的异同进行了较为全面深入的对比分析。

陆绍尊著《门巴语方言研究》(2002)，对麻麻、达旺、文朗、邦金四个调查点进行了调研，获取了大量的语言材料。进而在对所获长篇语料展开深入分析的基础上，该书详细描写了错那门巴语的语音、语法和词汇系统。同时，该书还通过与仓洛语的对比分析就墨脱门巴语的特点进行了初步的探讨。

根据Erik（2010）介绍，门巴语有四个方言，即北门巴、南门巴、利希巴和中部门巴。其中，北门巴分布在达旺地区，南门巴分布在我国藏南的卡拉克区的南迪朗村，利希巴分布在不丹的利希和卓克两个村庄，中部门巴分布在不丹的西卡蒙区的迪朗村。中部门巴、不丹境内的仓洛语与墨脱境内的仓洛语应是同一语言的不同变体；而错那县的错那门巴语、北部门巴语与不丹中部地区的布姆唐门巴语则是同一种语言。①

① 具体情况请参阅Mazaudon（1992）。

第五节

调查说明

一　调查大致过程

本书语料大部分来自2016—2019年中国传媒大学语保团队多次在墨脱县和错那县进行的田野调查材料，包括由本书第一作者主持的中国语言资源保护工程专项任务（2016）“濒危语言调查•错那门巴语（课题编号YB1624A103）”资助的调查。下面拟从调查内容、语料获取、基本调查过程等几个方面交代一下本书的田野调查情况。

（一）调查内容

1. 语保工程调查手册（藏缅语族）中的词汇、语法等内容；

2. 民俗文化词；

3. 语保工程调查手册（藏缅语族）要求之外的长篇语料。

（二）语料获取

我们的语料获取主要通过两种方式展开。

一是非介入调查，即让发音人独自、完整地对话或讲述故事，在对话或讲述过程中尽量不让发音人受到外界干扰。二是翻译，即由调查团队事先准备好汉语语料，但内容以发音人的本族故事为主，要求发音人以母语来讲述这些故事。

（三）调查过程

2016年暑假，中国传媒大学语保团队第一次深入墨脱县，对墨脱县的门巴语进行了较为全面的调查，并完成了语保工程要求的纸笔记录等工作。2017年暑假，团队再次到达墨脱县，对门巴语进行了为期一个多月的语料收集工作，之后前往错那县，对语料进行进一步搜集与核实工作，并就民俗文化词做了补充调查。

2018—2019年，在语保工程墨脱门巴语项目结题的基础上，我们完成了《西藏墨脱门巴语》的初稿，再次补充调查了部分词汇和语法现象，并收集了一定数量的语料。与此同时，我们还对录制的长篇语料进行了转写、标注，并细化了对相关语言现象的分析和描写。2020—2022年暑假期间，我们又到墨脱县与错那县进行了调研，对部分语料等进行了补充调查与核对工作。

2016年的语保调查是对墨脱县门巴语的全面调查。鉴于墨脱县内门巴语的濒危态势，考虑到时间等各种因素，本书主要就墨脱县内的门巴语进行描写、分析。

二　发音人简况

尼玛仁青，男，1957年7月18日生，自学达到小学文化程度，一直在家务农，未有外出经历；父母均为德兴乡德兴村人，从小就讲墨脱门巴语，会说藏语与汉语，但使用汉语进行交流沟通时不太顺畅。1999年至2002年任德兴村村主任，2002年至2008年任德兴村党支部书记。尼玛仁青是墨脱门巴语语保工程的主要发音人，承担了工程所需词汇、语法例句和长篇话语材料等的音视频同步采录工作，是我们撰写本书稿的主要语料提供者之一。

白马绕杰，男，1983年5月10日生，德兴乡德兴村村民，初中文化；母语是墨脱门巴语，会说较为流畅的藏语和汉语。在我们的调查项目中，白马绕杰前期主要配合我们收集墨脱门巴语的话语材料，他是专项任务（2016）的地方普通话发音合作人，完成了一篇地方普通话的朗读、两篇话题讲述的音视频同步采录工作；后期他又协助我们完成了对语料的转写、标注等工作。

第二章 语音

第一节

语音系统

墨脱县境内的墨脱门巴语的音位系统有以下特点：声母有44个，其中复辅音11个；韵母相对较多，有52个，其中塞音韵尾呈现出较强的脱落倾向；声调有3个，其中31调暂未发现单字调。本书对墨脱门巴语声韵调系统的处理，参考了陆绍尊（1984）归纳的音位系统，音位系统的描写以50—60岁年龄段男性的语音情况为主要依据。

一　声母

墨脱门巴语共有44个声母，其中单辅音声母33个，复辅音声母11个。

（一）单辅音声母

1. 单辅音声母表

墨脱门巴语有单辅音声母33个，其各自音值描写如下表2-1所示。

表2-1　墨脱门巴语单辅音声母表

发音方法 \ 音标 \ 发音部位		双唇	舌尖前	舌尖中	舌尖后	舌面前	舌面中	舌根
塞音	清不送气	p		t				k
	清送气	p^h		t^h				k^h
	浊	b		d				g

续表

音标 发音部位 发音方法		双唇	舌尖前	舌尖中	舌尖后	舌面前	舌面中	舌根
塞擦音	清不送气		ts		tʂ	tɕ		
	清送气		ts^{h}		tʂ^{h}	tɕ^{h}		
	浊		dz		dʐ	dʑ		
鼻音		m		n		ȵ		ŋ
颤音				r				
边音	清			ɬ				
	浊			l				
擦音	清		s		ʂ	ɕ		x
	浊		z			ʑ		
半元音		w					j	

2. 说明

（1）辅音声母ɬ、tʂ、tʂ^{h}、dʐ、ʂ等主要出现在藏语借词中，在固有词中出现不多；不过，这几个辅音在墨脱门巴语已经相当稳定，成为独立的音位。

（2）浊擦音声母z、ʑ有清化的现象，实际音值近似送气清擦音声母；在第二个音节出现时，z与dz、ʑ与dʑ有自由变读现象。

（3）颤音r发音时舌尖卷起，舌体有一定程度的颤动；如果与其他辅音结合做韵尾时，实际音值近似半元音ɹ。r做声母时摩擦较重，音值近似擦音ʐ。本书的声母系统暂时只纳入颤音r。

（4）半元音w和j出现频率较高，发音时摩擦较重，故处理为声母。

（5）擦音ɣ有时变读为近音w，但由于覆盖音节较少，我们将之处理为w的变体。

3. 声母例词

表2–2 墨脱门巴语单辅音声母例词

p	pe^{55}nɑ^{51}	压	pɑr^{35}ȵi^{51}	烧	pɑr^{51}	相片
p^{h}	p^{h}ɑ^{55}	猪	p^{h}o^{35}k^{h}ep^{55}	棉被	p^{h}e^{51}	面儿

续表

b	bu^{55}ɕio^{51}	麻雀	bøu^{35}	给	ba^{51}	藤
m	me^{55}	火种	meŋ^{35}	名字	mi^{51}	火
t	ta^{55}	老虎	top^{35}	谷桶	te^{51}	马
t^{h}	t^{h}ap^{55}	灶	t^{h}an^{35}bu^{5}	粗	le^{55}t^{h}i^{51}	正月
d	dap^{55}	倍	dep^{35}	稻子	daŋ^{51}	昨天
n	naŋ^{55}	自己	nam^{35}	雨	na^{51}	鼻子
k	kam^{55}be^{51}	棉花	ku^{35}ʐa^{55}	弯	koŋ^{51}	晒
k^{h}	k^{h}i^{55}	狗			ma^{55}k^{h}a^{51}	伤口
g	ga^{55}	马鞍	get^{35}	八	gor^{51}	石头
ŋ	waŋ^{35}ŋa^{55}	锄头	ŋø^{35}	客人	ŋon^{51}	草
x	xom^{55}	秕谷				
ts	tsep^{55}	梳子	tsuŋ^{35}po^{51}	凿子	tsaŋ^{51}	刺
ts^{h}	ts^{h}o^{55}	海			ts^{h}i^{51}	水
dz	dzen^{55}po^{51}	肝	dzai^{35}zuk^{51}wu^{55}	赌博	dzoŋ^{51}	葱
tʂ	tʂap^{55}	马笼头	tʂe^{35}wa^{51}	关心	p^{h}u^{55}tʂaŋ^{51}	王宫
tʂ^{h}	tʂ^{h}ap^{55}ȵa^{51}	鲤鱼			tʂ^{h}im^{51}	犯法
dʐ	dʐam^{55}	水獭	dʐe^{35}	骡	lop^{55}dʐu^{51}	徒弟
tɕ	tɕok^{55}	瓢	tɕor^{35}piu^{51}	溅	tɕak^{51}	铁
tɕ^{h}	tɕ^{h}a^{55}	嚼			go^{51}tɕ^{h}in^{51}	大门
dʑ	dʑa^{55}	茶	dʑaŋ^{35}	北	dʑo^{51}	财产
ȵ	ȵa^{55}	鱼	ȵi^{35}	在	ȵi^{51}	七
ɬ	ɬot^{55}	风			ɬam^{51}	鞋子
l	liu^{55}	跳蚤	liu^{35}	红	lo^{51}	磁铁
s	som^{55}	三	sir^{35}	光	sa^{51}	土
z	zom^{55}	缸	zaŋ^{35}	铜	zur^{51}	角儿
ʂ	ʂu^{55}pa^{51}	菜			ʂu^{51}	虮子
ɕ	ɕo^{55}	来	ɕe^{35}ȵi^{51}	淋	ɕen^{51}	树

续 表

ʑ	si^{55}ʑoŋ^{55}	政府	ʑy^{35}ȵi^{51}	融化	ʑu^{51}	老鼠
w	k^{h}ɑ^{55}wɑ^{55}	雪	wɑm^{35}	狗熊	wɑ^{51}	牙齿
r	rɑ^{55}	锡	ry^{35}ȵi^{51}	馊	ɑ^{55}riŋ^{51}	水田
j	jɑ^{55}	边儿	jeŋ^{35}	羊	jo^{51}	玉

（二）复辅音声母

根据我们的调查，墨脱门巴语有复辅音声母11个，分别为pl、bl、ml、gl、pr、p^{h}r、br、mr、kr、k^{h}r、gr。

墨脱门巴语中复辅音声母是由塞辅音与边音l或颤音r组合而成的。不过，双唇送气音的p^{h}和舌根送气音的k^{h}不能跟边音l组合。具体情况见下表2–3所示。

表2–3　墨脱门巴语复辅音声母例词

	r			l		
	复辅音声母	例词		复辅音声母	例词	
p	pr	prɑ^{55}	猴子	pl	plɑŋ^{51}	太阳
p^{h}	p^{h}r	p^{h}rɑ^{55}	霜			
b	br	bruk^{35}	龙	bl	blɑ^{51}	灰
m	mr	mren^{51}	明年	ml	mlɑ^{51}	箭
k	kr	lom^{55}kru^{51}	抱			
k^{h}	k^{h}r	k^{h}ret^{55}	腰			
g	gr	gro^{55}	六	gl	gle^{51}	桃

二　韵母

（一）类别

墨脱门巴语共有元音音位7个，即：i、e、ø、ɑ、o、u、y。

1. 单元音韵母

7个元音音位直接构成7个单韵母：i、e、ø、ɑ、o、u、y。

2. 复合元音韵母

墨脱门巴语有7个复合元音韵母，即：iu、io、iɑ、ui、eu、øu、ɑi。

3. 辅音尾韵母

（1）鼻音尾韵母

墨脱门巴语共有16个鼻音尾韵母，即：im、ɑm、om、um、in、en、yn、øn、ɑn、on、un、iŋ、eŋ、ɑŋ、oŋ、uŋ。

（2）塞音尾韵母

墨脱门巴语塞音韵尾的韵母，共计17个，即：ip、ep、ɑp、op、up、it、et、yt、øt、ɑt、ot、ut、ik、ek、ɑk、ok、uk。

（3）r音尾韵母

在墨脱门巴语中，这类韵母共5个，即：ir、er、ɑr、or、ur。

（二）说明

1. 墨脱门巴语中有一个长元音ɑː，但目前我们仅发现一个例词，即nɑː^{51}“以前”。因而，暂不将其列入韵母音位系统。

2. 喉塞音ʔ在末音节作为韵尾出现，时有时无，目前规律不清。我们也暂不将其纳入韵母音位系统。

3. 在语流中，p、t、k韵尾有弱化为喉塞音韵尾的可能，体现出较为明显的脱落倾向。

4. 单元音i在k、k^{h}、g和tʂ、tʂ^{h}、dẓ、ʂ等辅音后音值近似于ʅ。

5. 单元音e实际音值近似于ᴇ。

（三）韵母例词

1. 单元音韵母例词

表2-4　墨脱门巴语单元音韵母例词

i	k^{h}i^{55}	狗	n̥i^{35}	在	mi^{51}	火
e	me^{55}	火种	dẓe^{35}	骡	gle^{51}	桃子
ø	ŋø^{55}so^{51}	准确	ŋø^{35}	客人	tɕɑ^{55}gø^{51}	铁丝
ɑ	prɑ^{55}	猴子	bɑ^{35}	牦牛	brɑ^{51}	金丝猴
o	gro^{55}	六	ẓo^{35}	遗体	jo^{51}	玉
u	tɕ^{h}u^{55}	酸	du^{35}	大烟	ʑu^{51}	老鼠
y	tɕ^{h}y^{55}lɑ^{51}	盛	ŋy^{35}	钱	mɑ^{55}ɕy^{51}	疤

2. 复元音韵母例词

表2-5　墨脱门巴语复元音韵母例词

iu	liu^{55}	跳蚤	liu^{35}	红	p^{h}iu^{51}	皮子
io					bu^{55}ɕio^{51}	麻雀
iɑ	tɕ^{h}iɑ^{55}tɕo^{55}	蒜			tɕ^{h}op^{55}tɕiɑ^{51}	鸭
ui	ts^{h}ui^{55}ȵi^{51}	成熟	ʐui^{35}bɑ^{55}	排骨	pɛ^{55}mɑ^{55}kui^{51}	白马岗
eu	preu^{55}ɣu^{51}	小	ȵeu^{35}tɕ^{h}ɑt^{55}to^{51}	忌妒		
øu	bu^{55}tsɑ^{51}søu^{55}u^{51}	分娩	bøu^{35}	给		
ɑi	ɑi^{55}	奶奶	nɑi^{35}	二	bɑi^{51}	山蚂蟥

3. 鼻音尾韵母例词

表2-6　墨脱门巴语鼻音尾韵母例词

im	jim^{55}tɕ^{h}i^{51}	医生	ʐim^{35}to^{51}	呻吟	tʂ^{h}im^{51}	犯法
ɑm	dʐɑm^{55}	水獭	glɑm^{35}	麂	ɬɑm^{51}	鞋子
om	zom^{55}	缸	dom^{35}se^{51}	一共	tsom^{51}	碓
um	zum^{55}se^{51}	聚集	zum^{35}ɕen^{51}	杉树	k^{h}ɑ^{55}lum^{51}	鸡蛋
in	di^{35}min^{55}	锁	ɕin^{35}tɑ^{55}ku^{51}	其他	ɕin^{51}	是
en	blen^{55}	债	men^{35}	不是	ɕen^{51}	树
yn	yn^{55}dor^{51}	斜				
øn	tɕ^{h}øn^{55}	疮	nøn^{35}ȵi^{55}gɑ^{51}	压	p^{h}ɑ^{55}sɑ^{55}gøn^{51}	种猪
ɑn	mɑn^{55}	药	t^{h}ɑn^{35}bu^{55}	粗	kɑn^{51}	清楚
on	pon^{55}	官	ŋon^{35}pe^{51}	喂草	ŋon^{51}	草
un	t^{h}un^{55}pu^{51}	高	zun^{35}pe^{55}lo^{51}	小心	gun^{51}	虫子
iŋ	jiŋ^{55}	蜂蜜	miŋ^{35}	姓	diŋ^{51}	和
eŋ	teŋ^{55}	屁股	jeŋ^{35}	羊	ts^{h}e^{55}ʐeŋ^{51}	寿命
ɑŋ	nɑŋ^{55}	自己	zɑŋ^{35}	铜	plɑŋ^{51}	太阳
oŋ	soŋ^{55}tɕɑ^{51}	笋	joŋ^{35}	绵羊	koŋ^{51}	晒
uŋ	zuŋ^{55}	县	zuŋ^{35}ɑ^{51}	抓	duŋ^{51}	长矛

4. 塞音尾韵母、r音尾韵母例词

表2–7　墨脱门巴语塞音尾韵母、r音尾韵母例词

ip	dʑip55do51	吮吸				
ep	tʰep55tsi51	扣子	dep35	稻子	nep51	鼻涕
ɑp	tʰɑp55	灶	dʑɑp35	背	si55jɑp51	扇子
op	lɑk55ɕop55	手套	top35	谷桶	ɬop51	缝儿
up	ȵɑn31dup55	手镯	nup35	西		
it	git55pɑ51	舒服	git35tʰɑ51ru51	嘲笑		
et	kʰret55	腰	get35	八	tʰi55get51	暂时
yt	ɕyt55tɑ51	脱				
øt	tɕʰøt55pu55	割	løt35pu51tʰuk55do51	抽风		
ɑt	ɕɑt55do51	责怪	ŋɑt35ȵi51	忘记		
ot	ɬot55	风			xɑ55joŋ51kʰɑp55dʑot51	锅盖
ut	kut55pɑŋ51	线	but35kɑ51	中间		
ik	sik55ȵi51	咳嗽	zik35ȵi51	焦	dɑ31rik51	今年
ek	tʰek55ɕom55	前天	zek35	豹		
ɑk	tɕʰɑk55ȵi51	冰	dʑɑk35bɑ51	胖	tɕɑk51	铁
ok	tɕok55	瓢	dʑok35	快	sɑi55sɑi55tok55tok51	清楚
uk	muk55bɑ51	云	bruk35	雷	dzɑi35zuk51wu55	赌博
ir	sir55ȵiɑ51	金鱼	sir35	光	sir51	金
er	dʑiɑ55zer55	钉子	der35	脚蹼	tɕɑm55der51	磨刀石
ɑr	xɑr55	痰	mɑr35	油	ɕɑr51	东
or	ɕor55ʐu55	输	dor35	嗉囊	gor51	石头
ur	zɑ31tʰur55	筷子	gur35kuŋ51	碗	zur51	角儿

三　声调

墨脱门巴语有3个调位，即高平调、高升调、全降调，调值分别是55、35、51。

（一）说明

高平调55和高升调35两个声调读得比较舒长；全降调51读得比较短促，在实际的语流中有读为53的情况。31调暂未发现单字调，仅在语流中出现，我们认为它应该是55调的变体，故不处理为单独的调位。

（二）声调例词

表2–8　墨脱门巴语声调例词

	调值	例词
高平调	55	liu[55]“跳蚤”、k^hret[55]“腰”
高升调	35	sir[35]“光”、liu[35]“红”
全降调	51	sir[51]“金”、brɑ[51]“金丝猴”

四　音节

（一）类型

根据声韵调的组配规律，墨脱门巴语的音节结构可以分为八类。其中最多的一类由四个音位构成，最少的则为一个音位。墨脱门巴语的音节结构形式举例如下：

表2–9　墨脱门巴语音节结构表

结构类型	例词					
CV^T	k^hi^{55}	狗	$ȵi^{35}$	在	mi^{51}	火
CVC^T	$t^hɑp^{55}$	灶	dep^{35}	稻子	nep^{51}	鼻涕
CVV^T	liu^{55}	跳蚤	liu^{35}	红	p^hiu^{51}	皮子
CCV^T	$prɑ^{55}$	猴子	$blɑ^{51}$	灰		
$CCVC^T$	k^hret^{55}	腰	$bruk^{35}$	雷	$plɑŋ^{51}$	太阳
$CCVV^T$	k^hriu^{55}	牵	$grɑi^{35}$	剖	$priu^{51}$	席子
V^T	i^{55}	你	y^{35}	村庄		

（二）说明

1. 墨脱门巴语中一个元音单独成音节的词出现不多，如y^{35}“村庄”。

2. C代表辅音、V代表元音、T代表音高的声调。

第二节

音变

墨脱门巴语的语音变化比较复杂，辅音、元音和声调在语流中常发生变化。以下我们对主要的语音变化现象进行论述。

一　变调

（一）高平调　高平调不论出现在什么情况下都不变调。

1. 高平调＋高平调

p^ho^{55}公＋k^hi^{55}狗——$p^ho^{55}k^hi^{55}$公狗

$p^hɑ^{55}$猪＋do^{55}饭——$p^hɑ^{55}do^{55}$猪食

$mɑn^{55}$药＋$zɑ^{55}$吃——$mɑn^{55}zɑ^{55}$吃药

2. 高平调＋高降调

$k^hɑ^{55}$鸡＋pu^{51}毛——$k^hɑ^{55}pu^{51}$羽毛

3. 高平调＋高升调　例如：

le^{55}月＋get^{35}八——$le^{55}get^{35}$八月

（二）高降调　高降调出现在第一个音节时读为高平调或高升调，出现在第二个音节时不变。

1. 高降调＋高平调

ts^hi^{51}湖＋$preu^{55}$小——$ts^hi^{55}preu^{51}$小河

ts^hi^{51}水＋zen^{51}热的——$ts^hi^{55}zen^{51}$开水

2. 高降调＋高平调

mi^{51}火＋$ço^{55}ʐ̩u^{51}$灾——$me^{35}ço^{55}ʐ̩u^{51}$火灾

mi^{51}火 + tɕa^{55}lem^{51}铲——me^{35}tɕa^{55}lem^{51}火铲

（三）高升调 高升调出现在第一个音节时有两种情况：一是不变，二是变为高平调。

bɑ^{35}牛 + p^{h}iu^{51}皮——bɑ^{35}p^{h}iu^{51}牛皮

nɑm^{35}雨 + get^{55}声音 —— nɑm^{55}get^{55}雨声

二 合音

墨脱门巴语中存在音节融合的现象。例如：

k^{h}ɑ^{55}li^{51}nai^{51}——k^{h}ɑi^{55}nai^{51}四十

k^{h}ɑ^{55}li^{51}som^{55}——k^{h}ɑi^{55}som^{55}六十

上述数词中，k^{h}ɑi^{55}是k^{h}ɑ^{55}li^{51}“二十”的合音。再如：

bu^{55}tsɑ^{51} ku^{51} lɑ^{55}kɑ^{51} do^{51}ɕin^{55}k^{h}ɑn^{55} mɑŋ^{55}kɑ^{51} joŋ^{35}ku^{55}le^{55}tɕ^{h}i^{51}

孩子 GEN 手里 饭盒 旁边 恰好

hɑr^{55}bu^{51} mɑŋ^{55}ni^{55}kɑ^{51} ʐɑi^{55} o^{51}.

野猫 旁边 摔 PRES

手里的饭盒正好掉在路边的野猫身旁。

hɑr^{55}bu^{51} gɑi^{55} dʑok^{35}pu^{55} ŋreŋ^{35}ti^{51} zɑi^{55} o^{51}.

野猫 AGT 快 饱 吃 PRES

野猫很快吃饱了。

i^{55} duŋ^{51} te^{55}gɑ^{55} jo^{51} ȵi^{35}.

2sg 又 看 PROS AUX

你又能看见了。

t^{h}ɑŋ^{55}ɕiŋ^{55}kɑ^{55}pu^{51} gɑi^{51} k^{h}ɑ^{55} lom^{55}se^{51} dɑ^{31}nuŋ^{51} ȵi^{55}kɑ^{51} gɑi^{55} o^{51}.

唐兴嘎布 AGT 鸡 抱 又 前面 走 PRES

唐兴嘎布抱着鸡向前走。

在上述例子中，ʐɑi^{55}o^{51}“摔”是ʐi^{35}gɑi^{55}o^{51}的合音，zɑi^{55}o^{51}“吃”是zɑ^{35}gɑi^{55}o^{51}的合音，duŋ^{51}“又”是dɑ^{31}nuŋ^{51}的合音，lom^{55}se^{51}“抱”是lo^{55}mɑ^{51}se^{51}的合音。

三 变读

墨脱门巴语中，变读是普遍存在的一种语言现象。

（一）辅音声母的变读

1. 前一个音节的声母是清辅音，后一个音节的声母是鼻辅音，连读时前一个音节的声母有变为浊辅音声母的现象。例如：

to^{55}毒 + man^{55}药—— do^{31}man^{55}毒药

to^{55}毒 + mu^{55}ʑi^{51}蛇—— do^{35}mu^{55}ʑi^{51}毒蛇

2. 两个音节相连，声母都是送气辅音，在连读时后一个音节的声母往往读为不送气声母。例如：

ts^{h}ɑ^{55}盐 + k^{h}u^{51}咸——ts^{h}ɑ^{55}ku^{51}苦

k^{h}ɑ^{55}lɑ^{55}鸡 + p^{h}o^{51}公——k^{h}ɑ^{55}lɑ^{55}po^{51}公鸡

3. 前后两个音节的声母都是复辅音，连读时，后一个音节的声母一般变为单辅音声母。例如：

prɑ^{55}猴子 + prɑ^{55}岩洞——prɑ^{55}pɑ^{55} 猴子洞

4. 前一个音节是浊辅音声母，后一个音节是浊辅音声母。连读时，后一个音节因受前一个音节浊辅音的影响由舌面中音而变读为舌面前音。当然，这种变读现象在墨脱门巴语中并不多。例如：

mlɑ^{51}箭 + jɑ^{51}射——mlɑ^{51}ʑɑ^{51}射箭

需要注意的是，辅音之间的变读现象，在墨脱门巴语中更为普遍。例如：

ts^{h}oŋ^{55}kɑŋ^{55}——ts^{h}oŋ^{55}k^{h}ɑŋ^{55} 商店

ȵi^{31}toŋ^{51}tɕɑ^{31}me^{55}	tɕi^{55}le^{55}ŋɑ^{55}	两千零壹拾伍
两千	十五	

ŋe^{35}	tap^{55}~tap^{55}se^{51}	ts^{h}ɑi^{55}	pe^{55}le^{51},	ŋo^{31}mɑ^{55}ʐɑŋ^{51}	ts^{h}ɑi^{55}toŋ^{55}	wu^{51}.
1sg	来~REDUP	找	后	真地	找到	PFV

我找了一遍又一遍，终于找着了。

上述例子中，在语流中，ts^{h}oŋ^{55}kɑŋ^{55}“商店”中的kɑŋ^{55}变读为k^{h}ɑŋ^{55}，不送气音k变读为送气音k^{h}；toŋ^{55}tʂ^{h}ɑ^{31}“千”变读为toŋ^{51}tɕɑ^{31}，送气音tʂ^{h}变为不送气tɕ；tsɑi^{55}“找”变读为ts^{h}ɑi^{55}，不送气音ts变读为送气音ts^{h}。

（二）元音韵母的变读

1. 相连的两个音节，若前一音节是非高元音韵母，后一音节是高元音韵母，那么前一个音节的元音则被后一个音节的元音同化而变高。例如：

mo^{31}母 + li^{55}猫—— mu^{55}li^{55}母猫

p^{h}o^{31}公 + k^{h}i^{55}狗——p^{h}u^{55}k^{h}i^{55}公狗

2. 相连的两个音节，若前一个音节是高元音韵母，后一个音节是非高元音韵母，则存在两种情况：一是后一个音节的元音被前一个音节的元音同化而变高，二是前一个音节的元音被后一个音节的元音同化而变低。例如：

te^{55}马 + p^{h}o^{31}公—— te^{55}p^{h}u^{55}公马

te^{55}马 + mo^{31}母—— te^{55}mu^{51}母马

mi^{51}火 + dom^{31}把—— me^{31}dom^{31}火把

（三）韵母中辅音的变读

在韵母中存在辅音变读现象。例如：

ge^{35}gen^{51} diŋ^{51} lop^{55}dzɑ^{55} gɑn^{55}po^{51} 老师和学生们

老师 CONJ 学生 PL

上述例子中，gɑŋ^{55}po^{51}“全部”辅音ŋ变为n。

四 脱落

（一）韵母中的元、辅音脱落

在墨脱门巴语中，最普遍的语音脱落现象是韵母中辅音的脱落。例如：

i^{55}ʐɑ^{55} ʑo^{31}gɑ^{51} ȵi^{55}pɑr^{55}to^{51} pʰen^{55}tsʰø^{55} nɑi^{35} gɑ^{51} lop^{55}dʑoŋ^{55} diŋ^{51}

2pl：REFL 以后 一定 互相 二 PRT 学习 CONJ

ze^{55}gor^{55} ʐo^{35}ʐɑm^{55} le^{55}xu^{51} pe^{51}!

尊敬 帮助 好 IMP

你们今后一定要互相学习，互相帮助，互敬互爱！

tsʰi^{55}mɑ^{55}kɑ^{51} ɣoŋ^{35} pe^{55}le^{51} tɑk^{55}tɑk^{55}pɑ^{51} tʰi^{55} doŋ^{55} wu^{51} tɕʰe^{55}ȵi^{55}ku^{31} sɑ^{55} ȵi^{51}.

河岸 到达 时候 青蛙 一 遇见 PFV 吃 想 AUX

（野猫）在河岸遇见一只青蛙，于是想把它吃掉。

i^{55} le^{51} tsɑi^{35}mɑ^{51} ɕe^{55}tø^{51}se^{51} tɕʰɑk^{55} lyt^{31}po^{51} ʐɑŋ^{31}dʑoŋ^{55} gre^{55} do^{51}.

2sg BEN 食物 拿 踩 身体 完全 疼 PRES

为了让你吃饱饭，我被踩得浑身疼痛。

上述例子中，i^{55}ʐɑ^{55}“你自己”中的音节ʐɑ^{55}，tsʰi^{55}mɑ^{55}kɑ^{51}“河岸”中的音节mɑ^{55}，gre^{55}do^{51}“疼”中的音节gre^{55}，分别是语流中音节ʐɑŋ^{35}、mɑŋ^{55}与gren^{55}中的辅音ŋ、n发生了脱落的结果。

墨脱门巴语中，也存在韵母中元音脱落的现象。例如：

ji^{31}nɑ^{55}jɑŋ^{51} bi^{35} gɑi^{51} ŋe^{35} le^{51} ŋɑn^{31}pɑ^{51} mo^{55}nu^{51}.

但是 3sg AGT 1sg DAT 厉害 NEG

但是它并不比我厉害。

bi^{35} ʑom^{51} tʰi^{51} ȵɑ^{55} jo^{51} ȵɑ^{55}mɑ^{55} mo^{55}nu^{51}.

3sg 女孩 一 睡觉 PROS 愿意 NEG

她不敢一个人睡觉。

上述例子中，ji^{31}nɑ^{55}jɑŋ^{51}“但是”，其中的音节nɑi^{55}的元音i脱落后变为nɑ^{55}；ȵɑ^{55}“睡觉”，

其中的音节ȵɑi^{55}的元音i脱落后变为ȵɑ^{55}。

（二）声母中的辅音脱落

墨脱门巴语的声母中也存在辅音脱落的现象。例如：

li^{55}diŋ^{55}mlɑ^{51}——i^{55}diŋ^{55}mlɑ^{51} 弓箭

prɑ^{55}gɑŋ^{55}po^{51}——prɑ^{55}ɑŋ^{55}po^{51} 猴子

上述例子中音节li^{55}中的辅音l脱落后变为i^{55}，音节gɑŋ^{55}中的辅音g脱落后变为ɑŋ^{55}。

（三）音节脱落

墨脱门巴语中还存在整个音节脱落的情况。例如：

tɕ^{h}ø^{31}ts^{h}ø^{51}du^{35}gu^{51}pɑ^{51}tɕi^{55}lɑŋ^{55}ɑ^{55}——tɕ^{h}ø^{31}ts^{h}ø^{51}gu^{51}pɑ^{51}tɕi^{55}lɑŋ^{55}ɑ^{55}　九点半

tɕ^{h}ø^{31}ts^{h}ø^{51}du^{35}gu^{51}pɑ^{51}p^{h}e^{55}zi^{51}——tɕ^{h}ø^{31}ts^{h}ø^{51}gu^{51}pɑ^{51}p^{h}e^{55}zi^{51}　九点十五

上述例子中，du^{35}整个音节发生了脱落。

五　增音

通常将语流中音素增加的现象称之为增音。墨脱门巴语的增音主要是辅音的增加。例如：

dʑɑ^{35}diŋ^{51}le^{35}ŋɑ^{51}——dʑɑ^{35}diŋ^{51}leŋ^{35}ŋɑ^{51} 一百零五

上述例子中，音节le^{35}由于受相邻前一音节中音素ŋ的影响而增加了一个与它完全相同的音素。

六　多重音变

墨脱门巴语中还存在更为复杂的音变现象，以下简要介绍两种情况。

第一种是增音省略与元音的变读同时发生的现象。例如：

tɕ^{h}ø^{31}ts^{h}ø^{51}　gu^{51}pɑ^{51}　tɕi^{55}　lɑŋ^{55}ɑ^{55}　九点十五

时间　九　十　五

对比dʑɑ^{35}diŋ^{51}leŋ^{35}ŋɑ^{51}“一百零五”中的leŋ^{35}ŋɑ^{51}，可推知上例子中的lɑŋ^{55}ɑ^{55}是这样形成的：前一音节受相邻后一音节首音ŋ的影响，增加了一个与它完全相同的音，但之后施加影响的音节其首音反而脱落了；同时，前一音节中元音e被后一个音节的元音ɑ同化而变低。需要指出的是，墨脱门巴语的辅音脱落与元音的变读有时并不具有强制性。例如：

dʑɑ^{35}　diŋ^{51}　leŋ^{35}ŋɑ^{51} 一百零五

百　零　五

同一个概念“一百零五”的表达，在上例中，leŋ^{35}ŋɑ^{51}这两个音节中只是前一音节受相邻后一音节首音ŋ的影响，增加了一个与它完全相同的音，而脱落与变读现象并未发生。

墨脱门巴语中第二种复杂的语流音变是脱落、增音与合音共同发生的现象。例如：

dɑ^{31}nuŋ^{51}　bi^{35}　tɕ^{h}e^{55}ku^{51}　sɑ^{55}mo^{51}.

又　3sg　吃　想

还是想把它吃掉。

在上述例子中，sɑm^{55}lo^{51}“想”后一音节的辅音首先脱落，然后受前一音节韵母辅音的影响增加了一个与它完全相同的辅音，之后前一音节的韵母辅音脱落，最后变为sɑ^{55}mo^{51}。

第三节

拼写符号

一　字母表

拼写符号通常是为无文字的语言制作的临时性符号，有利于母语者记录语料，同时也便于对语言展开进一步的研究。为墨脱门巴语制定的拼写符号，字母表名称依照《汉语拼音方案》读音，字母的手写字体依照拉丁字母一般书写习惯。具体如下表2-10所示。

表2-10　墨脱门巴语拼写符号字母表

A ɑ	B b	C c	D d	E e	F f	G g
H h	I i	J j	K k	L l	M m	N n
O o	P p	Q q	R r	S s	T t	
U u	V v	W w	X x	Y y	Z z	

二　声、韵、调拼写

（一）声母拼写

表2-11　墨脱门巴语拼写符号声母表

声母	拼音	汉语	国际音标	
p	$pɑr^{3}$	相片	p	$pɑr^{51}$
p^{h}	$p^{h}ɑ^{1}$	猪	p^{h}	$p^{h}ɑ^{55}$

续表

声母	拼音	汉语	国际音标	
b	bɑ^{3}	藤	b	bɑ^{51}
m	mi^{3}	火	m	mi^{51}
t	te^{3}	马	t	te^{51}
t^{h}	t^{h}ɑb^{1}	灶	t^{h}	t^{h}ɑp^{55}
d	dɑb^{1}	倍	d	dɑp^{55}
n	nɑ^{3}	鼻子	n	nɑ^{51}
k	kong^{3}	晒	k	koŋ^{51}
k^{h}	k^{h}i^{1}	狗	k^{h}	k^{h}i^{55}
g	gɑ^{1}	马鞍	ɡ	ɡɑ^{55}
ng	ngoe^{2}	客人	ŋ	ŋø^{35}
h	hom^{1}	秕谷	x	xom^{55}
ts	tsɑng^{3}	刺	ts	tsɑŋ^{51}
ts^{h}	ts^{h}i^{3}	水	ts^{h}	ts^{h}i^{51}
dz	dzong^{3}	葱	dz	dzoŋ^{51}
q	qɑb^{1}	马笼头	tʂ	tʂɑp^{55}
q^{h}	q^{h}im^{3}	犯法	tʂ^{h}	tʂ^{h}im^{51}
qr	qrɑm^{1}	水獭	dʐ	dʐɑm^{55}
c	cog^{1}	瓢	tɕ	tɕok^{55}
c^{h}	c^{h}ɑ^{1}	嚼	tɕ^{h}	tɕ^{h}ɑ^{55}
j	jɑ^{1}	茶	dʑ	dʑɑ^{55}
ny	nyɑ^{1}	鱼	ȵ	ȵɑ^{55}
l^{h}	l^{h}od^{1}	风	ɬ	ɬot^{55}
l	liu^{1}	跳蚤	l	liu^{55}
s	som^{1}	三	s	som^{55}
z	zom^{1}	缸	z	zom^{55}
s^{h}	s^{h}u^{3}	虮子	ʂ	ʂu^{51}
x	xen^{3}	树	ɕ	ɕen^{51}

续表

声母	拼音	汉语	国际音标	
z^{h}	z^{h}u^{3}	老鼠	ʑ	ʑu^{51}
w	wɑ^{3}	牙齿	w	wɑ^{51}
r	rɑ^{1}	锡	r	rɑ^{55}
y	yo^{3}	玉	j	jo^{51}
pl	plang^{3}	太阳	pl	plɑŋ^{51}
bl	blɑ^{3}	灰	bl	blɑ^{51}
ml	mlɑ^{3}	箭	ml	mlɑ^{51}
gl	gle^{3}	桃子	gl	gle^{51}
pr	prɑ^{1}	猴子	pr	prɑ^{55}
p^{h}r	p^{h}ro^{1}	抢	p^{h}r	p^{h}ro^{55}
br	brɑ^{3}	金丝猴	br	brɑ^{51}
mr	mren^{3}	明年	mr	mren^{51}
kr	lom^{1}kru^{3}	抱	kr	lom^{55}kru^{51}
k^{h}r	k^{h}red^{1}	腰	k^{h}r	k^{h}ret^{55}
gr	gro^{1}	六	gr	gro^{55}

（二）韵母拼写

表2–12　墨脱门巴语拼写符号韵母表

韵母	拼音	汉语	国际音标	
ɑ	prɑ^{1}	猴子	ɑ	prɑ^{55}
o	gro^{1}	六	o	gro^{55}
e	me^{1}	火种	e	me^{55}
i	k^{h}i^{1}	狗	i	k^{h}i^{55}
u	su^{1}	谁	u	su^{55}
oe	ngoe^{2}	客人	ø	ŋø^{35}
ü	ngü^{2}	钱	y	ŋy^{35}
ɑm	qrɑm^{1}	水獭	ɑm	dʐɑm^{55}

续表

韵母	拼音	汉语	国际音标	
an	man^{1}	药	an	man^{55}
ang	nang^{1}	自己	aŋ	naŋ^{55}
ap	t^{h}ap^{1}	灶	ap	t^{h}ap^{55}
at	xat^{1}do^{3}	责怪	at	ɕat^{55}do^{51}
ak	cak^{3}	铁	ak	tɕak^{51}
ar	mar^{2}	油	ar	mar^{35}
ia	c^{h}ia^{1}co^{1}	蒜	ia	tɕ^{h}ia^{55}tɕo^{55}
io	bu^{1}xio^{3}	麻雀	io	bu^{55}ɕio^{51}
om	zom^{1}	缸	om	zom^{55}
on	pon^{1}	官	on	pon^{55}
ong	yong^{2}	绵羊	oŋ	joŋ^{35}
op	top^{2}	谷桶	op	top^{35}
ot	l^{h}ot^{1}	风	ot	ɬot^{55}
ok	cok^{1}	瓢	ok	tɕok^{55}
or	gor^{3}	石头	or	gor^{51}
eu	ts^{h}i^{1}preu^{3}	小河	eu	ts^{h}i^{55}preu^{51}
en	men^{2}	不是	en	men^{35}
eng	yeng^{2}	羊	eŋ	jeŋ^{35}
ep	nep^{3}	鼻涕	ep	nep^{51}
et	get^{2}	八	et	get^{35}
ek	zek^{2}	豹	ek	zek^{35}
er	der^{2}	脚蹼	er	der^{35}
iu	liu^{1}	跳蚤	iu	liu^{55}
im	q^{h}im^{3}	犯法	im	tʂ^{h}im^{51}
in	hin^{3}	是	in	ɕin^{51}
ing	ming^{2}	姓	iŋ	miŋ^{35}
ip	jip^{1}do^{3}	吮吸	ip	dʑip^{55}do^{51}
it	git^{1}pa^{3}	舒服	it	git^{55}pa^{51}

续 表

韵母	拼音	汉语	国际音标	
ik	zik^{2}	焦	ik	zik^{35}
ir	sir^{2}	光	ir	sir^{35}
ui	$ts^{h}ui^{1}nyi^{3}$	成熟	ui	$ts^{h}ui^{55}ȵi^{51}$
un	gun^{3}	虫子	un	gun^{51}
ueng	$zueng^{1}$	县	uŋ	$zuŋ^{55}$
up	nup^{2}	西	up	nup^{35}
ut	$but^{2}kɑ^{3}$	中间	ut	$but^{35}kɑ^{51}$
uk	$bruk^{2}$	雷	uk	$bruk^{35}$
ur	zur^{3}	角儿	ur	zur^{51}
ün	$yun^{1}dor^{3}$	斜	yn	$yn^{55}dor^{51}$
üt	$xut^{1}dɑ^{3}$	脱	yt	$ɕyt^{55}tɑ^{51}$
oeu	$boeu^{2}$	给	øu	$bøu^{35}$
oen	$c^{h}oen^{1}$	疮	øn	$tɕ^{h}øn^{55}$
oet	$c^{h}oet^{1}pu^{1}$	割	øt	$tɕ^{h}øt^{55}pu^{55}$

注：韵母或韵腹ü在零声母音节中，一律在ü前面加y。加y后ü上两点要省略，如yu^{2}“村庄”。

（三）声调拼写

表2-13　墨脱门巴语拼写符号声调表

声调名称	声调符号	拼音	汉语	调值	国际音标
第一调	1	liu^{1}	跳蚤	55	liu^{55}
第二调	2	liu^{2}	红	35	liu^{35}
第三调	3	sir^{3}	金	51	sir^{51}

三　拼写规则

墨脱门巴语以词为拼写单位。人名地名拼写规则、大写规则、移行规则等，依照《汉语拼音正词法基本规则》。

第三章 词汇

第一节

词汇特点

一　采集狩猎用词相当丰富

墨脱门巴语中跟采集和狩猎相关的词汇表达非常丰富。以动物词汇为例，“老鼠”这一动物，在门巴语中至少有五种对应词项，分别为kʰɑ^{55}ɕɑ^{55}ʑo^{51}“红色的老鼠”、ke^{55}ʑin^{55}“较大的老鼠”、kom^{55}tɕe^{51}“较小的老鼠”、ʑo^{31}kɑr^{55}“尾巴、肚子皆为白色的老鼠”、zi̥^{31}nɑ^{51}“肚子为黑色的老鼠”。

二　词汇系统对常见事物的细微差别体现充分

在墨脱门巴语中，有些常见的事物往往用不同的词项来表达，旨在凸显其不同的侧面或特征。例如，“吃”这一概念就对应着四个不同的词项:（1）吃饭等用zɑ^{55}，（2）吃奶用tʰoŋ^{55}ɑ^{51}，（3）吃动物等用tʂ̥ʰe^{55}，（4）（动物）吃人类等则用ze^{55}。这四个词界限分明，不能随意互换使用。再如，“躺”这一行为，“人躺”用bin^{55}zui^{55}o^{55}，“动物躺”则使用ɳɑi^{35}zui^{55}o^{55}，而且这两个词也绝对不能换用。“背篓”是门巴族常用器具，但在墨脱门巴语中，“篓”的概念至少可以分化为三个词项来表示，即ɕen^{51}gom^{51}“背篓（背大米用）”、bɑ^{31}zo̥ŋ^{51}“背篓（背玉米用）”和kʰɑ^{55}tɕʰo^{55}mɑ^{51}“背篓（背小鸡用）”。

三　多音节词占优势

从语音结构形式看，墨脱门巴语是多音节词占优势的语言。在墨脱门巴语中，大多数是单音节语素组成的复合词，多音节的单纯词较少。基本词汇中，复合词的构词方式主要是复合式与附加式，重叠式极少；单纯词的构造以双音节和三音节为主，单音节和三音节以上的单纯词较少。下面我们以与“水”有关的一组词语为例来观察一下墨脱门巴语词的音节构造情况：

单音节：tsʰo^{51}“湖”、tsʰi^{51}“水”、ɕap^{55}“溢”。

双音节：tsʰi^{55}preu^{51}“小河”、tsaŋ^{55}bu^{51}“江”、tɕʰo^{55}lo^{51}“洪水”、tsʰi^{55}zen^{51}“开水”、lɑ^{55}tsʰi^{51}“泉水”、tsʰo^{55}tsʰi^{51}“河水”、ɑ^{55}riŋ^{51}“水田”、tsʰi^{55}bɑ^{55}“水牛”、dʑɑŋ^{31}gi^{51}“烧水壶”、tɕʰu^{55}dɑ^{51}“水磨”、mɑn^{55}tsʰi^{51}“药水”、sɑk^{55}pu^{51}“清”、ȵo^{55}mɑ^{55}“浑”、bon^{35}ȵi^{51}“浮”、gɑi^{35}ȵi^{51}“流”、zek^{31}do^{51}“漏”、tɕor^{35}piu^{51}“溅”、buk^{55}ȵi^{55}“淹”、tik^{55}bɑ^{51}“滴”、lo^{31}wɑ^{51}“掺”。

三音节：tsʰi^{55}bir^{55}wu^{51}“溪”、tsʰi^{55}wɑt^{55}mɑ^{51}“水沟”、tsʰi^{55}kɑŋ^{55}mɑ^{51}“池塘”、tsʰi^{55}kle^{55}ȵi^{51}“水坑”、tsʰi^{51}ŋɑ^{55}bɑ^{51}“凉水”、kʰɑ^{55}tsʰi^{55}mɑ^{51}“口水”、kʰɑ^{55}wɑ^{55}tsʰi^{51}“雪水”、tsʰi^{55}xlɑŋ^{55}pɑ^{55}“蒸汽”、tsʰi^{55}bom^{55}nɑŋ^{51}“泡沫”、tsʰi^{55}pʰɑ^{55}dɑr^{51}“瀑布”、tsʰi^{55}tsɑŋ^{55}mɑ^{51}“清水”、tsʰi^{55}mu^{55}ʑi^{51}“水蛇”、tsʰi^{51}iŋ^{55}ȵi^{51}“水泡”、tsʰi^{55}ɕo^{55}ʑɑ^{51}“浇水”、tsʰi^{55}ȵin^{55}ɑ^{55}“潜水”、teŋ^{35}ge^{51}o^{51}“沉”、lɑi^{35}ȵi^{55}wu^{51}“浸”、tsʰi^{55}tɕor^{35}to^{51}“洒水”。

四音节：tsʰi^{55}tɕʰiu^{55}tɕʰiu^{55}mɑ^{51}“旋涡”。

以上共42个词语中，单音节词3个；双音节词20个；三音节词18个，其中2个为单纯词，16个为复合词；四音节以上的词只有1个，是复合词。

第二节

构词法

一　派生法

（一）词根

一个词中表示词的基本意义的语素叫词根。词根包括成词语素和不成词语素两类。

1. 成词语素

ɬot^{55} 风	sɑ^{51} 土	ɬop^{51} 缝儿	gor^{51} 石头
blɑ^{51} 灰	mi^{51} 火	tsʰi^{51} 水	lo^{51} 磁铁
tsʰo^{51} 湖	dɑŋ^{51} 昨天	ɕen^{51} 树	ŋon^{51} 草

2. 不成词语素

ȵɑ^{31} 上	wɑ^{55} 下	zʅ^{55} 山	zɑ^{55} 果
tsʰoŋ^{55} 卖	tɕø^{55} 罩	ȵɑi^{35} 睡	dɑm^{55} 瓶
ʂu^{55} 菜	kʰop^{55} 皮儿	li^{55} 猫	tʰɑn^{55} 大

（二）词缀

墨脱门巴语的词缀大多情况下仅作构词成分，一般没有语法意义。根据词缀出现的位置可分为前缀和后缀两类。

1. 前缀

墨脱门巴语的前缀相对较少，目前我们调查到的前缀主要是ɑ^{55}缀。例如：

ɑ^{55}riŋ^{51} 水田	ɑ^{55}ɕɑm^{55} 玉米	ɑ^{55}gon^{55} 黄瓜	ɑ^{55}li^{55} 猫
ɑ^{55}rɑ^{55} 白酒	ɑ^{55}loŋ^{51} 耳环	ɑ^{55}pɑ^{55} 父亲	ɑ^{55}mɑ^{55} 母亲
ɑ^{55}ku^{55} 继父	ɑ^{55}tɕɑŋ^{55} 岳父	ɑ^{55}ȵi^{51} 岳母	ɑ^{55}tɕe^{55} 哥哥

观察上述例子后可发现，以ɑ^{55}为前缀构成的词，以表示生物名词的居多。另，从墨脱门巴语多音节性的特点看，ɑ^{55}前缀参与构词应该还是出于韵律的要求所致。

2. 后缀

墨脱门巴语的后缀比前缀丰富，构成后缀的元音主要是ɑ、o、i和u4个。下面我们重点举例介绍一下该语言的7个后缀。

目前我们调查到的墨脱门巴语的后缀主要有7个，即：pɑ^{51}、mɑ^{51}、wɑ^{51}、po^{51}、n̥i^{51}、pu^{51}、gu^{51}。

（1）后缀pɑ^{51}

目前看，后缀pɑ^{51}并没有具体的意义，主要的作用是构成新词，包括名词、形容词。

名词的构词情况。例如：

ŋɑŋ^{31}pɑ^{51} 鹅	doŋ^{55}pɑ^{51} 脸	jøn^{55}pɑ^{51} 左边
tɑk^{55}pɑ^{51} 脖子	ʐiŋ^{31}pɑ^{51} 农民	ʂu^{55}pɑ^{51} 菜
jo^{31}pɑ^{51} 把儿	muk^{55}pɑ^{51} 乌云	zɑm^{31}pɑ^{51} 桥
pø^{35}pɑ^{51} 藏族人	ɬo^{55}pɑ^{51} 珞巴人	joŋ^{31}pɑ^{51} 哑巴

形容词的构词情况。例如：

tsʰɑt^{55}pɑ^{51} 热	gor^{31}pɑ^{51} 圆	n̥iŋ^{55}pɑ^{51} 旧
joŋ^{31}pɑ^{51} 笨	gok^{31}pɑ^{51} 坏	ʐui^{31}pɑ^{51} 臭
toŋ^{55}pɑ^{51} 空	tim^{55}pɑ^{51} 纯	ŋɑn^{31}pɑ^{51} 厉害

（2）后缀mɑ^{51}

后缀mɑ^{51}一般是名词和动词的构词成分。

名词的构词情况。例如：

dʐe^{31}mɑ^{51} 沙子	blɑp^{35}mɑ^{51} 叶子	dʐɑ^{31}mɑ^{51} 秤
tʂe^{55}mɑ^{51} 花生	tʰiŋ^{55}mɑ^{51} 褥子	n̥ɑi^{31}mɑ^{51} 卧室
dor^{31}mɑ^{51} 裤子	tʰɑ^{55}mɑ^{51} 香烟	pʰɑŋ^{55}mɑ^{51} 肩膀

动词的构词情况。例如：

lo^{55}mɑ^{51} 抱	dɑm^{31}mɑ^{51} 捆	do^{31}mɑ^{51} 挑
ŋom^{31}mɑ^{51} 咬	zuk^{55}mɑ^{51} 住	gɑ^{55}mɑ^{51} 夹
gri^{35}mɑ^{51} 搓	ʂen^{55}mɑ^{51} 啃	gɑ^{31}mɑ^{51} 叼

（3）后缀wɑ^{51}

后缀wɑ^{51}一般也是名词和动词的构词成分。

名词的构词情况。例如：

tʰi^{55}wɑ^{51} 拇指	mi^{55}wɑ^{51} 痣	kʰɑr^{55}wɑ^{51} 拐杖

tɕʰe^{55}wa^{51} 犬齿　tʂaŋ^{31}wa^{51} 臼齿　ɕar^{55}wa^{51} 年轻人

动词的构词情况。例如：

tɕʰu^{55}wa^{51} 吸　lo^{31}wa^{51} 掺　so^{55}wa^{51} 抹

gro^{55}wa^{51} 搅拌　tsʰo^{55}wa^{51} 焖　tɕʰiu^{55}wa^{51} 拖

pro^{55}wa^{51} 拔　tʰu^{55}wa^{55} 涮　zu^{55}wa^{51} 藏

（4）后缀 po^{51}

后缀 po^{51} 一般是名词的构词成分。例如：

daŋ^{31}po^{51} 祖宗　dʑe^{31}po^{51} 国王　praŋ^{55}po^{51} 穷人

gat^{35}po^{51} 老头　dzen^{55}po^{51} 肝　tsuŋ^{35}po^{51} 凿子

ʑam^{31}po^{51} 老鹰　joŋ^{31}po^{51} 绿头蝇　ʑaŋ^{35}po^{51} 蛔虫

（5）后缀 ȵi^{51}

后缀 ȵi^{51} 一般是动词和形容词的构词成分。

动词的构词情况。例如：

poŋ^{31}ȵi^{51} 孵　sui^{55}ȵi^{51} 喂　tʰuk^{55}ȵi^{51} 发抖

dʑø^{55}ȵi^{51} 演戏　gai^{55}ȵi^{51} 逃　par^{35}ȵi^{51} 烧

ŋat^{35}ȵi^{51} 忘记　bon^{35}ȵi^{51} 浮　saŋ^{55}ȵi^{51} 醒

形容词的构词情况。例如：

liu^{55}ȵi^{51} 重　zy^{35}ȵi^{51} 烂　gok^{55}ȵi^{51} 冷

gem^{55}ȵi^{51} 干　ɕer^{35}ȵi^{51} 湿　dem^{35}ȵi^{51} 满

zik^{35}ȵi^{51} 焦　dor^{35}ȵi^{51} 破　dʑik^{55}ȵi^{51} 糊

（6）后缀 pu^{51}

后缀 pu^{51} 一般是形容词的构词成分。例如：

tɕʰyk^{55}pu^{51} 富　tʰun^{55}pu^{51} 高　met^{55}pu^{51} 低

sak^{55}pu^{51} 清　tɕʰat^{55}pu^{51} 尖　ser^{55}pu^{51} 黄

zar^{31}pu^{51} 直　tok^{55}pu^{51} 厚　ber^{35}pu^{51} 辣

（7）后缀 gu^{51}

有少数形容词附加后缀 gu^{51} 作为构词成分。例如：

tʰa^{55}riŋ^{35}gu^{51} 远　diŋ^{55}riŋ^{35}gu^{51} 深　jaŋ^{55}gu^{51} 轻

diŋ^{55}tʰoŋ^{55}gu^{51} 浅　ɕy^{31}na^{55}reŋ^{55}gu^{51} 拖拉

二 合成法

（一）并列式

墨脱门巴语并列式合成词较少。例如：

ɑ^{55}pɑ^{55} diŋ^{31} bu^{51} 父子
父亲 CONJ 儿子

ɑ^{55}mɑ^{55} diŋ^{55} ʐo^{35}mo^{51} 母女
母亲 CONJ 女儿

ɑ^{55}pɑ^{55} ɑ^{55}mɑ^{55} 父母
父亲 母亲

li^{55} diŋ^{55} mlɑ^{51} 弓箭
弓 CONJ 箭

zɑ^{55} t^{h}oŋ^{55} 饮食
吃 喝

（二）偏正式

偏正式构词是墨脱门巴语普遍采用的构词方式。根据语素之间的关系，偏正式又可分为两类：偏正式和正偏式。

1. 偏正式

在偏正式中，前一语素修饰限制后一语素。根据两个语素之间的关系，这一方式又可分为两小类：

（1）定中型

定中型有两种构造形式。一种为“名词语素/形容词语素/动词语素＋名词语素”。例如：

p^{h}ɑ^{55} le^{51} 猪舌
猪 舌头

dep^{55} ts^{h}i^{51} 米汤
米 汤

tɕ^{h}u^{55}wu^{55} gɑk^{55}bɑ^{51} 刀背
刀 反面

ɑ^{55}ɕom^{55} k^{h}ɑŋ^{51} 玉米秸
玉米 棍子

lop^{55}dʐɑ^{55} k^{h}ɑŋ^{51} 教室
学校 房间

me^{55}loŋ^{55} pu^{55} 眉毛
眼睛 毛

ts^{h}i^{55} mɑŋ^{55}kɑ^{51} 河岸
水 旁边

lo^{55} dʑo^{31}gɑ^{51} 年底
年 后

do^{31} mlɑ^{51} 毒箭
毒 箭

pɑk^{55}pɑ^{51} ge^{55}mo^{55} 粗筛
粗 筛子

ts^{h}oŋ^{55}t^{h}oŋ^{55} k^{h}ɑn^{55} mi^{51} 商人
生意 人 人

sɑ^{55} k^{h}ɑŋ^{55} 饭馆
吃 地方

k^{h}ɑ^{55}lɑ^{55}t^{h}oŋ^{55} k^{h}ɑn^{55} 骗子
撒谎 人

dʐu^{55}ziŋ^{51}t^{h}oŋ^{55} k^{h}ɑn^{51} 船家
划船 人

tsʰo^{55} tsʰi^{51} 河水
湖 水

man^{55} tsʰi^{51} 药水
药 水

tsʰa^{55} dam^{55} 暖水瓶
热 瓶

tsʰoŋ^{55} kaŋ^{55} 商店
卖 地方

另外一种构造形式为“名词语素＋形容词语素”。例如：

me^{55}loŋ^{55} kʰe^{55}ʐu^{51} 眼白
眼 白的

le^{55} tɕʰat^{55} 舌尖
舌 尖的

lem^{31}naŋ^{55} maŋ^{55}pu^{51} 岔路
路 多

（2）状中型

状中型构词主要采用“名词语素/方位语素＋动词语素”的构造形式。例如：

ja^{31}ra^{55} ɕo^{51} 上来
上面 进

n̥in^{31}ka^{51} ɕo^{51} 进来
里面 进

2. 正偏式

正偏式中，后一语素修饰限制前一语素。具体又可分为两种情况：

（1）中定型

中定型构词采用“名词语素＋名词语素/形容词语素”的构造形式。例如：

me^{55}loŋ^{55} tʰi^{55}ba^{51} 独眼
眼 一

sem^{55} tʰi^{51} 齐心
心 一

tsʰi^{55} n̥a^{31}ka^{51} 上游
水 上面

tsʰi^{55} wa^{55}ka^{51} 下游
水 下面

dep^{35} liu^{55} 红米
米 红

tsʰi^{51} ŋa^{55}ba^{51} 凉水
水 凉

nam^{55} preu^{51} 小雨
雨 小

ɕa^{55} dʑak^{55}ba^{51} 肥肉
肉 肥

kʰra^{55} kʰe^{55}ʐu^{51} 白发
头发 白

ʂu^{55} gem^{55}ba^{51} 干菜
菜 干

tsʰi^{55} preu^{51} 小河
水 小

（2）中状型

中状型的构造形式为“动词语素/形容词语素＋副词语素/形容词语素”。例如：

le^{55}xu^{55} mo^{55}nu^{51} 丑
好 NEG

na^{55}lam^{51}gai^{35} mo^{55}nu^{51} 讨厌
愿意 NEG

（三）宾动式

在这一构词形式中，后一语素为动词语素，表示动作、行为；前一语素为名词语素，表示动作、行为所支配的对象。例如：

wa^{55} k^{h}rø^{55}la^{51} 刷牙 牙 洗	toŋ^{31}pa^{55} k^{h}rø^{55}la^{51} 洗脸 脸 洗
lo^{51} so^{55}da^{51} 熄灯 灯 熄	man^{55} za^{55} 吃药 药 吃
tsa^{51} te^{55}la^{51} 诊脉 脉 看	jo^{55} t^{h}oŋ^{55}a^{51} 吃奶 奶 吃

（四）主谓式

在该构词形式中，前后两个语素具有陈述关系。例如：

plaŋ^{55} ɕoŋ^{35}do^{51} 日出 太阳 出	plaŋ^{55} lu^{55}pu^{51} 日落 太阳 下
saŋ^{55} gui^{55} 地震 地 震	sem^{55} le^{55}xu^{51} 大方 心 好
ke^{55}pa^{55} gre^{55}do^{51} 肚子疼 肚子 疼	

（五）中补式

在该构词形式中，后一语素补充说明前一语素。例如：

tap^{55} ɣoŋ^{35}wu^{51} 回到 回 到达	te^{55} ts^{h}a^{55} 看完 看 完
k^{h}em^{55} ɕa^{51} 房间 房 间	tap^{55} ɕo^{51} 返回 回 来
tu^{55}tuŋ^{51} t^{h}i^{51} 单衣 衣服 一	

三 重叠法

两个相同的音节或语素重叠而构成新词的方式叫作重叠法。利用重叠法可以构成叠音词和重叠词两类。

（一）叠音词

叠音词是由不成语素的音节重叠构造而成的词。其具体可再分为以下几种形式：AA式、AAB式、ABB式以及其他形式。这一构词方式构成的新词，其重叠音节中的一个可能发生变调现象。例如：

tɑ^{31}tɑ^{51}	现在	toŋ^{55}toŋ^{51}	喉咙
me^{31}me^{51}	爷爷	soŋ^{55}soŋ^{51}	香
jɑ^{35}jɑ^{51}	点头	tsʰɑp^{55}tsʰɑp^{55}	着急
tsok^{35}tsok^{55}	赶快	pu^{55}pu^{55}tsɑ^{51}	男孩
dɑ^{31}dɑ^{51}ʐ̥ɑŋ^{51}	还	dʑok^{55}dʑok^{55}bɑ^{51}	蝌蚪
luk^{55}luk^{55}bɑ^{51}	太阳穴	pʰrok^{55}pʰrok^{55}mɑ^{51}	抢婚
sɑ^{55}lɑ^{55}lɑ^{51}	涩	go^{55}lo^{55}lo^{51}	转
mo^{35}de^{55}de^{51}	打卦	tsik^{55}pɑ^{51}ko^{55}lo^{55}lo^{51}	围墙
ʑo^{35}ʑo^{55}u^{31}n̥i^{51}	晚	tʂʰoŋ^{55}tʂʰoŋ^{55}gɑr^{55}ʐ̥i^{55}mo^{51}	白鹤
toŋ^{55}toŋ^{55}tɕʰɑt^{55}pu^{51}	喉结		

（二）重叠词

墨脱门巴语中的重叠词相对较少。例如：

sɑi^{55}sɑi^{55}tok^{55}tok^{55}	清清楚楚	lɑ^{55}tɕʰiu^{55}tɕʰiu^{55}mɑ^{51}	指纹
tsʰi^{55}tɕʰiu^{55}tɕʰiu^{55}mɑ^{51}	旋涡		

上述例子中，lɑ^{55}tɕʰiu^{55}tɕʰiu^{55}mɑ^{51}与tsʰi^{55}tɕʰiu^{55}tɕʰiu^{55}mɑ^{51}中的tɕʰiu^{55}是词根语素，意为“螺旋形”，这两个词是由词根语素tɕʰiu^{55}重叠而成的，这是一种通过重复部分词根语素以构造新词的方法。

四　拟声法

这一方式主要通过模拟事物或动物发出的声音构造新词。例如：

dʐ̥ɑ^{35}wu^{51}	哗啦模仿掉东西的声音	tɕi^{55}li^{55}	叽哩模仿鸡叫的声音
xu^{55}xu^{55}	呼呼模仿刮风的声音	wu^{55}wu^{55}	呜呜模仿哭的声音
pʰu^{55}tʂʰi^{55}	扑哧模仿笑的声音		

此外，通过这一方式构词有时还会附加上词缀。例如：

gu^{55}gu^{55}mɑ^{51}	布谷鸟模仿布谷鸟叫的声音	di^{55}di^{55}ʐ̥ɑ^{51}	斑鸠模仿斑鸠鸟叫的声音

在上述两个词中，mɑ^{51}、ʐ̥ɑ^{51}都是词缀。

不过，墨脱门巴语较少使用拟声法构词。

第三节

词汇的构成

一　借词

墨脱门巴语的借词，主要来自藏语与汉语。门巴族居住地区与藏族相邻，两族人民长期互相往来，关系非常密切，他们深受藏族的影响。在墨脱门巴语词汇中，藏语借词约占百分之三十到四十。新中国成立以来，墨脱门巴语的新词新语，大多借自藏语，少部分则借自汉语和仓洛语。

（一）借入方式

墨脱门巴语借词的借入方式主要以借音为主，可分为全借、半借半译、藏汉合璧（藏语词中的语素与汉语词中的语素共同构成）三种方式。

1. 全借。例如：

hui^{35}tsu^{35}	回族	tsun^{55}tʂɑŋ^{51}	村主任
to^{51}tɕiɑŋ^{55}	豆浆	tiɑn^{55}ʂi^{55}tɕi^{55}	电视机

2. 半借半译。例如：

gem^{31}	tsi^{51}　剪子	nɑm^{55}	k^{h}ir^{55}　天亮
剪（本族语）	子（汉）	天（藏）	亮（本族语）
dʑɑ^{55}	ȵu^{55}gu^{55}　钢笔	mɑr^{31}	dʑɑ^{55}　酥油茶
汉族（藏）	笔（本族语）	油（本族语）	茶（汉）

3. 藏汉合璧词。例如：

ɕɑŋ^{51}	si^{51}dʑuŋ^{55}　乡政府
乡（汉）	政府（藏）

ny^{55}　　xaŋ^{55} 银行

钱（藏）行（汉）

在借入的过程中，一部分借词会接受墨脱门巴语语音系统的强行改造。例如，dʐok^{31}tsi^{51}“桌子”、ga^{55}tɕi^{55}wa^{51}“腋窝”、xam^{55}ɕar^{55}“哈欠”均借自汉语，但读音与汉语并不等同，这是被墨脱门巴语语音系统改造后的结果。也有一部分借词则仍然保持借入时的语音形式，如na^{55}ɕi^{55}“纳西族”（借自汉语）、mo^{31}tʂa^{55}“汽车”（借自藏语）、dʐe^{31}k^{h}ap^{55}“国家”（借自藏语）。一般来说，我们把仍然保持着原语言语音形式的借词称为外来词。

（二）借词来源

1. 借自汉语

借自汉语的外来词主要是一些与生活方式密切相关的词语。例如：

ts^{h}e^{55}to^{55}	菜刀	toŋ^{31}tan^{51}	凳子	ji^{31}tsi^{51}	肥皂
jaŋ^{31}la^{51}	蜡烛	dʐok^{31}tsi^{51}	桌子	xam^{55}ɕar^{55}	哈欠
jo^{31}tiao^{55}	油条	ga^{55}tɕi^{55}wa^{51}	腋窝		

2. 借自藏语

除汉语外，墨脱门巴语还从藏语中借用了一部分日常词语。例如：

tʂ^{h}i^{55}	万	la^{55}ma^{55}	和尚	mo^{31}tʂa^{55}	汽车
dʐe^{31}k^{h}ap^{55}	国家	ɬa^{51}	佛	ta^{55}	老虎
tɕ^{h}ok^{55}po^{51}	富	ts^{h}oŋ^{55}t^{h}oŋ^{55}k^{h}an^{55}mi^{51}	商人		

3. 借自仓洛语

因与仓洛门巴人长期杂居，墨脱门巴语也有一些词借自仓洛门巴语。例如：

ma^{31}gai^{55}	不	diŋ^{51}	和	po^{55}tɕa^{51}	钹
wai^{31}lam^{55}	翅膀	soŋ^{55}gor^{55}ma^{55}	蜜蜂	p^{h}aŋ^{55}ma^{51}	肩膀

二　新词

墨脱门巴语丰富词汇的手段之一是借用周边语言中的词汇进行适当改造以创造新词。此外，它还可以在原有词汇的基础上创造新词。根据我们目前的研究，墨脱门巴语构造新词的手段主要有合成法和短语降级法两种。下面分别举例加以说明。

（一）合成法

在墨脱门巴语中，“蔬菜”这个概念是最近才出现的。因此，与“菜”有关的词基本上大都通过合成法构造而成。例如：

ʂu^{55}　t^{h}en^{55}po^{51} 白菜　　　　ʂu^{55}　men^{55}do^{51} 菜花

菜　大　　　　　　　　菜　花

ʂu^{55}bɑ^{55} ts^{h}i^{55} 菜汤　　ʂu^{55} ge^{55}lɑ^{51} 种菜

菜 汤　　菜 种

ʂu^{51} tɕ^{h}o^{55}tɑ^{51} 摘菜　　ʂu^{51} tu^{55}bɑ^{51} 切菜

菜 摘　　菜 切

再如，门巴族早期是没有学校的，因此，跟学习有关的合成词应该是墨脱门巴语近些年来的新造词。例如：

dʑɑ^{55} ȵu^{55}gu^{55} 钢笔　　lop^{55}dʐɑŋ^{55} k^{h}ɑŋ^{51} 教室

汉族 笔　　学校 房间

lop^{55}dʐɑŋ^{55} gɑi^{55}jo^{51} 上学

学校 去

（二）短语降级法

短语降级法指通过诸如添加、删除、音变等手段将一个短语改造为新词的方法。例如：

短语	词
ble^{55}dʑo^{51} mo^{55}nu^{51} 不交换	ble^{55} mo^{55}nu^{51} 闲
交换 NEG	交换 NEG
ge^{55}lɑ^{51} dep^{35} 耕种稻田	ge^{55} dep^{55} 种田
种 水稻	种 水稻
ŋe^{35} nɑi^{51} 我们两人	ŋɑ^{35} nɑi^{51} 我俩
我 二	我 二
do^{55} lem^{55}dʑɑ^{51} 饭铲子	do^{55} lem^{51} 锅铲
饭 铲子	饭 铲子

第四节

民俗文化词

1. ɑ55gon55 “大黄瓜”

墨脱大黄瓜是当地盛产的一种特色瓜果。它可重达10斤，呈深褐色，切开后有一股淡淡的香气，但尝起来有些酸涩。墨脱门巴人喜食大黄瓜，它是餐桌必备的佐餐食物。

图1　大黄瓜　墨脱县德兴乡德兴村 /2016.7.22/ 刘宾 摄

2. dep35liu55 “红米”

红米是墨脱门巴人喜爱的主食。它的外皮呈紫红色，内里是红色。它可用于做饭粥或汤羹，吃起来微有酸味，味淡，也是酿酒的原料。红米米质好，营养价值高。

图 2 红米 墨脱县德兴乡德兴村 /2016.7.22/ 刘宾 摄

3. ȵom⁵⁵bɑ⁵¹ “大柠檬”（香橼）

因为独特的气候，墨脱县门巴人种植的柠檬要比一般柠檬大得多。有的柠檬长近40厘米，最大的可重达30斤左右，所以当地人称之为大柠檬（ȵom⁵⁵bɑ⁵¹）。大柠檬的水分并不是很多，咀嚼后才会有柠檬汁。除了生吃外，大柠檬还可以除籽、去瓤、晒干后用于泡水。

图 3 大柠檬 墨脱县德兴乡德兴村 /2016.7.22/ 刘宾 摄

4. bɑŋ³¹tɕʰɑŋ⁵⁵ “黄酒”

墨脱门巴族擅长酿制黄酒。黄酒的原料是本地的玉米或鸡爪谷。酿制过程是先分别将玉米或鸡爪谷倒入大锅中蒸煮。待到熟烂后，把玉米或鸡爪谷放凉、晒干后封存在密封的桶中，加入pʰɑp⁵⁵/pʰɑp⁵⁵lɑŋ⁵⁵wu⁵¹ “酒曲”发酵。发酵过程越长，酒的味道就越醇厚。半年到一年后，将它们装入bɑ⁵⁵doŋ⁵⁵ “酿酒器”（一个竹筒，竹筒的底部有几个小孔）中，同时在酿酒器里倒入冷水，之后酿成的黄酒从小孔中流出。需要注意的是，倒入的水必须是冷却的白开水，且每次倒入的水不能过多。

图 4　酿酒器及黄酒　墨脱县德兴乡德兴村 /2016.7.22/ 刘宾 摄

图 5　酒曲　墨脱县德兴乡德兴村 /2016.7.22/ 刘宾 摄

5. li^{55}diŋ^{55}mlɑ^{51} “弓箭”

墨脱门巴人早期的主要肉食来源于狩猎。狩猎是他们不可缺少的生活内容，狩猎的成败关系到他们的生死和种族的兴亡。因此，墨脱门巴人十分重视狩猎活动，而弓箭是狩猎必不可少的工具之一。墨脱门巴语中，“弓”称为li^{55}，“箭”称为mlɑ^{51}。

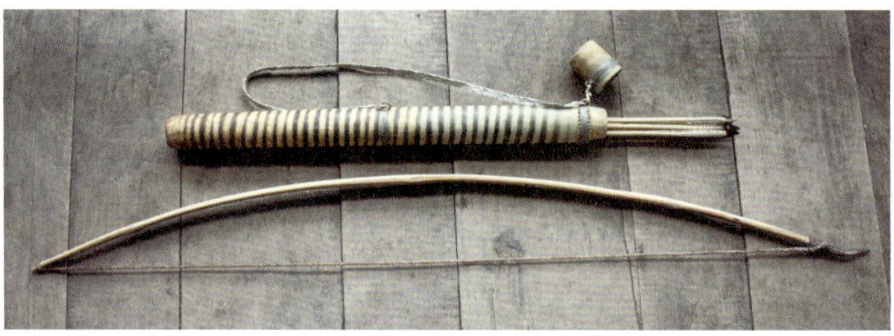

图 6　弓箭　墨脱县背崩村 /2016.7.22/ 刘宾 摄

6. $tɕ^hu^{55}wu^{55}$ “砍刀”

“砍刀”是墨脱门巴人生活生产的用具，也是防身的武器。墨脱门巴族的成年男子一般会随身携带砍刀。有时为了方便，他们也常会佩戴一种小型的佩刀，即$tɕ^hu^{55}dʑoŋ^{51}$。门巴族的女性也常会佩戴一种月形佩刀，这种刀具在墨脱门巴语中叫$k^hɑ^{55}dʑi^{51}$。

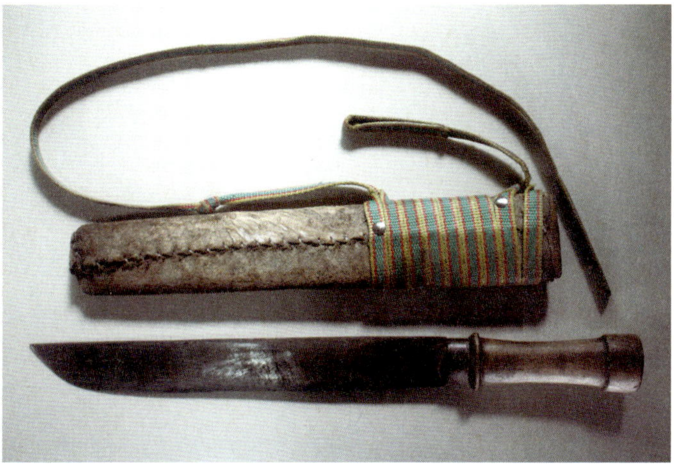

图 7　佩刀　墨脱县背崩乡背崩村 /2016.7.22/ 刘宾 摄

图 8　男士佩刀　墨脱县背崩乡背崩村 /2016.7.22/ 刘宾 摄

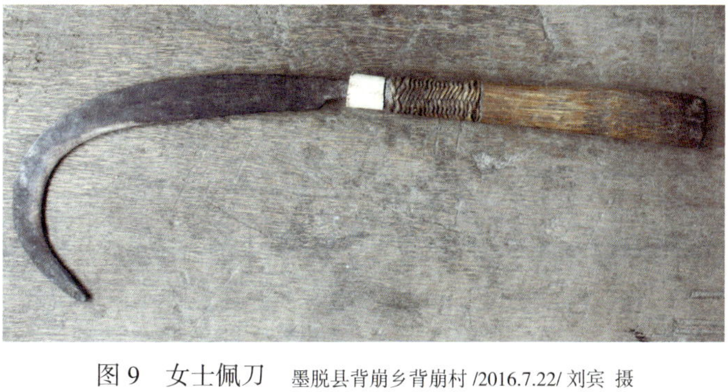

图 9　女士佩刀　墨脱县背崩乡背崩村 /2016.7.22/ 刘宾 摄

7. baŋ^{31}tɕ^{h}oŋ^{55}“邦琼”

墨脱门巴人编制技艺高超，擅长竹编、藤编。常见的藤编用品有çen^{51}gom^{51}“背篓（背大米用）”、k^{h}ɑ^{55}tɕ^{h}o^{55}mɑ^{51}“背篓（背小鸡用）”、bɑ^{31}ẓoŋ^{51}“背篓（背玉米用）”等。其中最出名的竹编则是baŋ^{31}tɕ^{h}oŋ^{55}“邦琼（存放针线、食品等的器具）”和ɕo^{55}tʂ^{h}ɑp^{51}“休差（特制盛酒容器）”。

图 10　背篓（背大米）　墨脱县德兴乡德兴村 /2016.7.22/ 刘宾 摄

图 11　休差　墨脱县德兴乡德兴村 /2016.7.22/ 刘宾 摄

图 12　邦琼　墨脱县德兴乡德兴村 /2016.7.22/ 刘宾 摄

8. $tɕ^hok^{55}ɕen^{51}$ "乌木"、$tɕ^hok^{55}ɕen^{51}zɑ^{31}t^hur^{55}$ "乌木筷子"

乌木筷子是墨脱特产。墨脱县的乌木资源丰富，由乌木制作的筷子色泽黑亮，光润细腻，质坚体重，不弯曲不变形，质量较高。

图 13　乌木筷子　墨脱县德兴乡德兴村 /2016.7.22/ 刘宾 摄

图 14　乌木树　墨脱县德兴乡德兴村 /2016.7.22/ 刘宾 摄

9. loŋ³¹tou⁵¹ “石锅”

石锅是墨脱的特产之一，由天然皂石制作而成。这种皂石质地绵软，比较稀有，墨脱是其产地之一，由这种石材制成的石锅深受西藏各地人民的欢迎。墨脱石锅以灰褐色、灰白色为主色调，形状为桶形，规格大小不等，锅底有平底和弧形两类。

图 15 石锅 墨脱县背崩乡背崩村 /2016.7.22/ 刘宾 摄

10. tu⁵⁵tuŋ⁵¹ “男上衣”

墨脱门巴族男子的服饰由外套、内衣、裤、鞋帽及装饰品等组成。该族男性喜欢穿白色的短上衣。这一服饰斜襟右衽，衣角开口，有袖、领和扣，无衣袋，多用彩色布镶边。

图 16 男上衣 墨脱县德兴乡德兴村 /2016.7.22/ 刘宾 摄

11. me⁵⁵jo⁵⁵ “筒裙”

筒裙是墨脱门巴族女性喜爱的传统服饰之一，如今已成为墨脱门巴族女性的标志性服饰。筒裙有彩色、条状纹饰，两侧有褶皱，有的还会挂坠小铃铛等坠饰。

图 17 筒裙 墨脱县德兴乡德兴村 /2016.7.22/ 刘宾 摄

12. ŋaŋ³¹gor⁵¹“项链（男士）”

墨脱门巴族男子的饰品有耳饰、项饰、手镯与戒指等。项链是墨脱门巴族男性常戴的饰品，由一根粗线穿缀许多玛瑙、珊瑚、翡翠、绿松石等组成，做工精致，色彩斑斓。

图 18 项链（男士） 墨脱县德兴乡德兴村 /2016.7.22/ 刘宾 摄

13. tɕʰø⁵⁵bɑ⁵¹“法事”

殡葬仪式后，墨脱门巴人还会多次请喇嘛念经做法事。逝者去世后的第七天即“头七”，需要请喇嘛念经做大型的法事，在“二七”时还要请喇嘛做法事，最后也是最重要的就是在“七七四十九天”时，要邀请喇嘛做一次大型的法事，主要是为逝者超度灵魂。法事活动前，丧家要准备好大米饼和称作“西措”的供品，等仪式结束后分发给每个村民。墨脱门巴人认为，吃“西措”的人越多，对逝者轮回投胎转世就越有益，同时，吃完“西措”的人也会无灾无难，平安一生。

喇嘛做法事时，一般需要两个助手。要在房间内摆上祭台，祭台上供奉神仙以及神仙的饰品与祭祀品。墨脱门巴语中，祭台称为tɕʰø^{55}tɕʰia^{55}，祭祀品称为dor^{55}ma^{55}，祭台上的神仙（下图）从左到右依次为gu^{31}dʐa^{55}“古扎”，la^{55}do^{55}“拉多”，sen^{55}doŋ^{55}“森东”，ʑi^{31}wa^{55}“伊娃”，ʑip^{55}tɕi^{51}“伊吉”，tʂha^{55}toŋ^{55}“察东”。

图 19　喇嘛与助手　墨脱县德兴乡文朗村 /2023.7.12/ 嘎玛次仁 摄

图 20　祭台　墨脱县德兴乡文朗村 /2023.7.12/ 嘎玛次仁 摄

第四章 分类词表

说明：

1. 本章第一、二两节收录《中国语言资源调查手册·民族语言（藏缅语族）》“调查表”中“叁 词汇”的词条（原表1200词），标记“（无）”的词条不收录。第一节为通用词，是语保工程调查中汉语方言与少数民族语言共有的调查词表。第二节为扩展词（原表1800词），是专家学者根据各个语族的实际情况制定的调查词表。这两节皆分为如下14类：

一 天文地理	六 服饰饮食	十一 动作行为
二 时间方位	七 身体医疗	十二 性质状态
三 植物	八 婚丧信仰	十三 数量
四 动物	九 人品称谓	十四 代副介连词
五 房舍器具	十 农工商文	

2. 第三节为“其他词”，收录墨脱门巴语中的大量地名、植物、野生动物等名称。

第一节

《中国语言资源调查手册·民族语言（藏缅语族）》通用词

一　天文地理

太阳～下山了 plaŋ^{51}

月亮～出来了 le^{55}plaŋ^{51}

星星 kɑr^{55}mɑ^{55}min^{55}dʐu^{51}

云 muk^{55}bɑ^{51}

风 ɬot^{55}

闪电名词 dɑŋ^{51}lip^{55}do^{51}

雷 bruk^{35}

雨 nɑm^{35}

下雨 nɑm^{35}ts^{h}ok^{55}do^{51}

淋衣服被雨～湿了 ɕe^{35}ȵi^{51}

晒～粮食 koŋ^{51}

雪 k^{h}ɑ^{55}wɑ^{55}

冰 tɕ^{h}ɑk^{55}ȵi^{51}

霜 p^{h}rɑ^{55}ɣu^{55}

雾 muk^{55}bɑ^{51}

虹统称 dʑɑ^{35}ɕɑ^{35}ri^{51}ȵi^{55}

日食 plaŋ^{51}dʐɑ^{35}gai^{55}tsai^{35}ȵi^{51}

月食 le^{55}plaŋ^{51}dʐɑ^{35}gai^{55}tsai^{35}ȵi^{51}

晴天～ plaŋ^{51}li^{55}xu^{55}ts^{h}i^{55}ȵi^{55}

阴天～ plaŋ^{51}lup^{35}ȵi^{51}

天亮 nɑm^{55}k^{h}ir^{55}ȵi^{51}

水田 ɑ^{55}riŋ^{51}

旱地浇不上水的耕地 sɑ^{55}kem^{55}bɑ^{51}

田埂 ɑ^{55}riŋ^{55}dɑŋ^{51}

路野外的 lem^{31}nɑŋ^{51}

山 ʐʅ^{31}gu^{51}

江大的河 tsɑŋ^{55}bu^{51}

溪小的河 ts^{h}i^{55}bir^{55}wu^{51}

水沟儿较小的水道 ts^{h}i^{55}wɑt^{55}mɑ^{51}

湖 ts^{h}o^{51}

池塘 ts^{h}i^{55}kɑŋ^{55}mɑ^{51}

水坑儿地面上有积水的小洼儿 ts^{h}i^{55}kle^{55}ȵi^{51}

洪水 tɕʰo^{55}lo^{51}

淹被水~了 buk^{55}ȵi^{55}

河岸 tsʰi^{55}maŋ^{55}ka^{51}

地震 saŋ^{55}gui^{55}tʰuk^{55}ȵi^{51}

窟窿小的 dor^{31}waŋ^{51}

缝儿统称 ɬop^{51}

石头统称 gor^{51}

土统称 sa^{51}

泥湿的 in^{35}tsaŋ^{51}

沙子 dʑe^{31}ma^{51}

砖整块的 sa^{55}ba^{51}

炭木炭 ji^{55}gar^{55}

灰烧成的 bla^{51}

灰尘桌面上的 tsok^{55}ba^{51}

火 mi^{51}

烟烧火形成的 mi^{31}ŋo^{51}

失火 me^{55}ke^{55}ȵi^{51}

水 tsʰi^{51}

凉水 tsʰi^{51}ŋa^{55}ba^{51}

热水如洗脸的热水，不是指喝的开水 tsʰi^{55}zen^{51}

开水喝的 tsʰi^{55}zen^{51}

磁铁 lo^{51}

二　时间方位

时候吃饭的~ pe^{55}le^{51}

什么时候 ga^{31}ɕi^{51}

现在 ta^{31}ta^{51}

以前十年~ naː^{51}

以后十年~ ʑo^{31}ga^{51}

一辈子 ma^{55}ɕi^{55}tsʰi^{55}gaŋ^{51}

今年 da^{31}rik^{51}

明年 mren^{51}

后年 dek^{35}mi^{51}

去年 ȵi^{31}niŋ^{51}

前年 te^{31}ȵiŋ^{51}

往年过去的年份 deŋ^{31}bo^{51}

年初 do^{55}mri^{51}gu^{51}

年底 lo^{55}dʑo^{31}ga^{51}

今天 da^{31}ɕi^{55}

明天 no^{31}gor^{35}

后天 naŋ^{31}ti^{51}

大后天 ti^{31}ti^{51}

昨天 daŋ^{51}

前天 tʰek^{55}ɕom^{55}

大前天 tʰek^{55}ɕom^{55}

整天 plaŋ^{55}tʰi^{51}gan^{31}tun^{51}

每天 plaŋ^{55}tʰi^{51}gan^{31}tun^{51}

早晨 nam^{55}leŋ^{55}

上午 tsʰo^{55}ʐan^{55}ma^{31}tsai^{55}

中午 tsʰo^{55}ʐan^{55}

下午 tsʰo^{55}ʐan^{55}tsʰai^{55}se^{51}ke^{51}

傍晚 nam^{55}leŋ^{55}to^{51}

白天 ȵin^{31}ti^{51}

夜晚与白天相对，统称 nam^{55}leŋ^{55}pe^{55}le^{51}

半夜 plaŋ^{51}pʰe^{55}zi^{51}

正月农历 le^{55}tʰi^{51}

大年初一农历 lo^{31}sar^{55}

地方 sa^{55}tɕʰa^{55}

什么地方 ka^{31}tɕi^{55}sa^{55}tɕʰa^{55}

家里 kʰem^{55}ȵiŋ^{55}ka^{51}

城里 tsuŋ^{31}tɕʰir^{55}

上面从~滚下来 ȵa^{31}ka^{51}

下面从~爬上去 wa^{55}ka^{51}

左边 jøn^{55}pa^{51}

右边 e^{55}pɑ^{51}

中间排队排在～ but^{35}kɑ^{51}

前面排队排在～ ȵi^{55}kɑ^{51}

后面排队排在～ dʑɑp^{35}kɑ^{51}

末尾排队排在～ dʑok^{35}tʰɑk^{55}mɑʔ^{51}

对面 ȵi^{55}kɑ^{51}

面前 ȵi^{55}kɑ^{51}

背后 dʑɑp^{35}lo^{55}kɑ^{51}

里面躲在～ niŋ^{35}kɑ^{51}

外面衣服晒在～ tɕʰi^{55}kɑ^{51}

旁边 mɑŋ^{55}kɑ^{51}

上碗在桌子～ ze^{55}kɑ^{51}

下凳子在桌子～ wɑ^{55}kɑ^{51}

边儿桌子的～ jɑ^{55}

角儿桌子的～ zur^{51}

上去他～了 jɑ^{55}rɑ^{55}ke^{31}o^{51}

下来他～了 mɑ^{55}rɑ^{55}ke^{55}o^{51}

进去他～了 ȵiŋ^{35}kɑ^{55}mo^{51}

出来他～了 ɕo^{51}

出去他～了 gɑi^{55}lɑ^{51}

回来他～了 tɑp^{55}ɣoŋ^{35}wu^{51}

起来天冷～了 lɑŋ^{35}ŋɑ^{51}

三 植物

树 ɕen^{51}

木头 ɕen^{51}

松树统称 ɬo^{55}ɕen^{51}

杉树 zum^{35}ɕen^{51}

柳树 tɕɑŋ^{55}mɑ^{55}ɕen^{51}

竹子统称 so^{51}

笋 soŋ^{55}tɕɑ^{51}

叶子 blɑp^{35}mɑ^{51}

花 men^{55}to^{51}

荷花 bu^{35}tsuŋ^{55}men^{55}to^{51}

草 ŋon^{51}

藤 bɑ^{51}

刺名词 tsɑŋ^{51}

水果 ɕen^{55}zɑ^{51}

苹果 wu^{55}ɕo^{51}

桃子 gle^{51}

橘子 tsʰɑ^{55}lu^{51}

核桃 dɑr^{55}kɑ^{51}

甘蔗 kʰu^{55}min^{51}

木耳 bɑ^{31}mu^{51}

蘑菇野生的 bɑ^{31}mu^{51}

香菇 bɑ^{31}mu^{51}

稻子指植物 dep^{35}

稻草脱粒后的 dep^{35}kʰrɑŋ^{51}

谷子指植物（籽实脱粒后是小米）dep^{35}

高粱指植物 pʰi^{55}nɑŋ^{51}

玉米指成株的植物 ɑ^{55}ɕɑm^{55}

棉花指植物 kɑm^{55}be^{51}

向日葵指植物 ȵi^{31}mɑ^{55}men^{55}to^{55}

蚕豆 ɕo^{55}li^{51}

豌豆 ɕo^{55}li^{51}

花生指果实 tʂe^{55}mɑ^{51}

黄豆 ɕo^{55}li^{51}

绿豆 ɕo^{55}li^{51}

豇豆长条形的 ɕo^{55}li^{51}

大白菜东北～ ʂu^{55}tʰen^{55}po^{51}

葱 dzoŋ^{51}

蒜 tɕʰiɑ^{55}tɕo^{55}

姜 gɑ^{51}

辣椒统称 so^{55}lo^{55}

茄子统称 ban^{31}do^{51}

萝卜统称 tɕa^{55}lu^{55}

胡萝卜 tɕa^{55}lu^{55}liu^{55}

黄瓜 a^{55}gon^{55}

南瓜 brum^{55}ɕa^{51}

红薯统称 gar^{35}par^{55}k^{h}i^{55}

马铃薯 tɕa^{35}la^{55}po^{51}

芋头 bu^{31}tsuŋ^{51}

四　动物

老虎 ta^{55}

猴子 pra^{55}

蛇统称 mu^{55}ʑi^{51}

老鼠家里的 ʑo^{51}

蝙蝠 p^{h}a^{55}waŋ^{55}

鸟儿飞鸟，统称 ɕa^{51}

麻雀 bu^{55}ɕio^{51}

乌鸦 ak^{55}pu^{51}

翅膀鸟的，统称 wai^{31}lam^{55}

爪子鸟的，统称 dap^{55}pi^{55}

尾巴 min^{31}ŋo^{51}

窝鸟的 ts^{h}aŋ^{51}

虫子统称 gun^{51}

蝴蝶统称 pem^{55}pa^{55}liŋ^{51}

蜻蜓统称 ts^{h}at^{55}pa^{55}gon^{35}

蜜蜂 soŋ^{55}gor^{55}ma^{55}

蜂蜜 jiŋ^{55}

蚂蚁 ɬok^{55}bu^{51}

蚯蚓 tɕoŋ^{55}gun^{51}

蜘蛛会结网的 xaŋ^{55}pra^{55}mo^{51}

蚊子统称 p^{h}u^{55}li^{55}

苍蝇统称 plaŋ^{55}tɕ^{h}en^{55}

跳蚤咬人的 liu^{55}

虱子 ɕe^{51}

鱼 ȵa^{55}

鲤鱼 tʂ^{h}ap^{55}ȵa^{51}

鳞鱼的 ȵa^{31}tsap^{51}

青蛙统称 tak^{55}tak^{55}pa^{51}

癞蛤蟆表皮多疙瘩 tak^{55}tak^{55}pa^{51}

马 te^{51}

驴 poŋ^{31}mo^{51}

骡 dʐe^{35}

牛 ba^{35}/nor^{35}

公牛统称 ba^{35}to^{55}ka^{51}

母牛统称 ba^{31}ma^{51}

放牛 ba^{35}t^{h}a^{55}te^{51}

羊 jeŋ^{35}

猪 p^{h}a^{55}

种猪配种用的公猪 p^{h}a^{55}sa^{55}gøn^{51}

公猪成年的，已阉的 p^{h}a^{55}p^{h}o^{55}a^{55}

母猪成年的，未阉的 mo^{31}p^{h}a^{55}

猪崽 p^{h}a^{55}p^{h}o^{55}wu^{55}

猪圈 p^{h}a^{55}tɕo^{55}gaŋ^{55}

养猪 p^{h}a^{55}sui^{55}jo^{55}

猫 a^{55}li^{55}

公猫 p^{h}u^{55}li^{55}

母猫 mu^{31}li^{55}

狗统称 k^{h}i^{55}

公狗 p^{h}u^{55}k^{h}i^{55}

母狗 mu^{31}k^{h}i^{55}

叫狗～ dep^{55}do^{51}

兔子 ri^{31}boŋ^{55}

鸡 k^{h}a^{55}

公鸡成年的，未阉的 k^{h}a^{55}la^{55}po^{51}

母鸡已下过蛋的kʰa^{55}ma^{51}

叫公鸡~（即打鸣儿）gir^{35}do^{51}

下鸡~蛋lum^{55}ȵi^{51}

孵~小鸡poŋ^{31}ȵi^{51}

鸭tɕʰop^{55}tɕia^{51}

鹅ŋaŋ^{31}pa^{51}

阉~公猪la^{31}goŋ^{55}ma^{51}

阉~母猪la^{31}goŋ^{55}ma^{51}

阉~鸡la^{31}goŋ^{55}ma^{51}

喂~猪sui^{55}ȵi^{51}

杀猪统称pʰa^{55}sot^{55}ta^{51}

杀~鱼sot^{55}ta^{55}

五　房舍器具

村庄一个~ y^{35}

街道kʰem^{55}tɕʰiam^{55}lem^{55}naŋ^{51}

盖房子kʰem^{55}ze^{51}dʑok^{55}ȵi^{51}

房子整座的，不包括院子kʰem^{55}

屋子房子里分隔而成的，统称kʰem^{55}ȵiŋ^{55}ga^{55}

卧室ȵai^{31}ma^{51}

茅屋茅草等盖的kʰem^{55}ze^{51}ʑia^{31}ma^{51}dʑok^{55}ȵi^{51}

厨房tʰap^{55}tsaŋ^{55}

灶统称tʰap^{55}

锅统称xa^{55}jaŋ^{55}

饭锅煮饭的tʰuk^{55}pa^{55}xa^{55}jaŋ^{55}

菜锅炒菜的tʂʰo^{55}la^{51}

厕所旧式的，统称ȵin^{31}gaŋ^{55}

檩左右方向的tʂa^{31}lu^{51}

柱子tok^{31}ɕiŋ^{51}

大门go^{51}tɕʰin^{51}

门槛儿go^{55}tʰim^{55}baŋ^{51}

窗旧式的go^{55}tɕoŋ^{51}

梯子可移动的li^{55}daŋ^{51}

扫帚统称mai^{31}ɕak^{55}tam^{51}

扫地mai^{35}ɕak^{55}a^{55}

垃圾tsok^{55}ba^{51}

东西我的~ no^{55}tsaŋ^{55}

床木制的，睡觉用ȵe^{31}tʂʰi^{55}

枕头ȵai^{55}paŋ^{55}

被子pʰo^{55}kʰep^{55}

棉絮kam^{55}pe^{51}

床单ne^{31}tʂʰi^{55}tʰiŋ^{55}ma^{51}

褥子tʰiŋ^{55}ma^{51}

桌子统称dʐok^{31}tsi^{51}

椅子统称toŋ^{31}tan^{51}

凳子统称toŋ^{31}tan^{51}

菜刀tsʰe^{55}to^{55}

瓢舀水的tɕok^{55}

缸zom^{55}

瓶子装酒的~ ɕe^{55}dam^{55}

盖子杯子的~ kʰap^{55}tɕø^{55}

碗统称gur^{35}kuŋ^{51}

筷子za^{31}tʰur^{55}

汤匙ba^{55}tɕʰy^{55}ma^{55}

柴火统称ɕen^{51}tot^{55}ma^{51}

火柴tʂak^{55}tsa^{51}

锁di^{35}min^{55}

钥匙di^{35}min^{55}zaŋ^{51}

暖水瓶tsʰa^{55}dam^{55}

脸盆doŋ^{35}ba^{55}kʰur^{55}ma^{55}doŋ^{31}min^{51}

洗脸水doŋ^{35}ba^{55}kʰur^{55}ma^{55}tsʰi^{55}

毛巾洗脸用gor^{51}ri^{51}ɬan^{55}pa^{51}

手绢ȵø^{31}pa^{55}ɕak^{55}ma^{55}

肥皂洗衣服用ji^{31}tsi^{51}

梳子旧式的，不是篦子tsep^{55}

缝衣针tu^{55}duŋ^{55}gor^{35}ma^{51}k^{h}ap^{55}

剪子gem^{31}tsi^{51}

蜡烛jaŋ^{31}la^{51}

手电筒bi^{31}dʑi^{55}leŋ^{51}

雨伞挡雨的，统称ȵe^{31}tup^{55}

自行车tɕak^{55}da^{55}k^{h}u^{55}lu^{55}

六　服饰饮食

衣服统称tu^{55}tuŋ^{51}

穿～衣服ge^{31}na^{51}

脱～衣服ɕyt^{55}ta^{51}

系～鞋带ta^{31}ma^{51}

衬衫tu^{55}duŋ^{51}

袖子p^{h}u^{55}dom^{51}

口袋衣服上的ba^{55}ku^{51}

裤子dor^{31}ma^{51}

短裤外穿的dor^{31}ma^{51}t^{h}oŋ^{55}ku^{51}

裤腿dor^{31}ma^{51}p^{h}u^{55}dom^{51}

帽子统称ɕa^{31}mu^{51}

鞋子ɬam^{51}

尿布ȵe^{55}bak^{55}daŋ^{51}

扣子t^{h}ep^{55}tsi^{51}

扣～扣子t^{h}oŋ^{55}a^{51}

戒指ts^{h}ai^{55}dum^{55}

手镯ȵan^{31}dup^{55}

理发k^{h}ra^{55}tɕ^{h}ot^{55}do^{51}

梳头gok^{55}ti^{51}ɕe^{55}do^{51}

米饭dep^{31}do^{51}

稀饭用米熬的，统称t^{h}up^{55}ba^{51}

面粉麦子磨的，统称dʐo^{31}p^{h}e^{51}

面儿玉米～，辣椒～p^{h}e^{51}

点心统称k^{h}ap^{55}tse^{51}

菜吃饭时吃的，统称ʂu^{55}pa^{51}

干菜统称ʂu^{55}gem^{55}ba^{51}

猪血当菜的p^{h}a^{55}ge^{51}

猪蹄当菜的p^{h}a^{55}ta^{55}bi^{51}

猪舌头当菜的p^{h}a^{55}le^{51}

猪肝当菜的p^{h}a^{55}tʂai^{55}wu^{51}

鸡蛋k^{h}a^{55}lum^{51}

猪油p^{h}a^{55}tɕ^{h}i^{51}

盐名词ts^{h}a^{51}

香烟t^{h}a^{55}ma^{51}

白酒a^{55}ra^{55}

黄酒baŋ^{31}tɕ^{h}aŋ^{55}

茶叶dʑa^{51}

沏～茶ts^{h}i^{55}tsen^{55}lo^{31}a^{51}

做饭统称do^{55}tɕø^{55}la^{51}

炒菜统称，和做饭相对pa^{55}tɕø^{55}la^{51}

煮～带壳的鸡蛋ts^{h}o^{55}wa^{55}

揉～面做馒头等nu^{55}wa^{55}

擀～面，～皮儿gri^{31}la^{51}

吃早饭nam^{55}leŋ^{55}do^{55}za^{55}

吃午饭ts^{h}o^{55}ʐan^{55}do^{55}za^{55}

吃晚饭nop^{55}ti^{51}do^{55}za^{55}

吃～饭za^{55}

喝～酒t^{h}oŋ^{55}ŋa^{51}

喝～茶t^{h}oŋ^{55}ŋa^{51}

抽～烟tɕ^{h}u^{55}wa^{51}

盛～饭tɕ^{h}y^{55}la^{51}

夹用筷子～菜ka^{55}ma^{51}

斟～酒lo^{55}wa^{51}

渴口～gem^{55}do^{51}

饿肚子～prem^{55}ȵe^{55}do^{55}

噎吃饭～着了 ȵɑ^{35}wu^{51}jek^{55}ȵi^{51}

七 身体医疗

头人的，统称 gok^{31}te^{51}

头发 gok^{31}te^{51}kʰrɑ^{51}

辫子 gok^{31}te^{51}kʰrɑ^{51}tʰi^{55}ɑ^{55}

旋 sen^{55}diŋ^{51}

额头 lɑŋ^{55}pe^{51}

相貌 doŋ^{31}zuk^{55}

脸洗～ doŋ^{55}pɑ^{51}

眼睛 me^{55}loŋ^{55}

眼珠统称 me^{55}loŋ^{55}zɑ^{31}wu^{51}

眼泪哭的时候流出来的 mek^{55}tsʰi^{51}

眉毛 me^{55}loŋ^{55}pu^{55}

耳朵 ȵe^{31}lɑp^{55}

鼻子 nɑ^{51}

鼻涕统称 nep^{51}

擤～鼻涕 nep^{55}ɕo^{55}ʐɑ^{55}

嘴巴人的，统称 kʰɑ^{55}

嘴唇 kʰɑ^{55}tɕom^{51}

口水～流出来 kʰɑ^{55}tsʰi^{55}mɑ^{51}

舌头 le^{51}

牙齿 wɑ^{51}

下巴 gɑm^{31}di^{51}

胡子嘴周围的 mɑŋ^{55}ʐɑ^{51}

脖子 tɑk^{55}pɑ^{51}

喉咙 toŋ^{55}toŋ^{51}

肩膀 pʰɑŋ^{55}mɑ^{51}

胳膊 lɑ^{51}

手 lɑ^{51}

左手 jøn^{55}pɑ^{55}lɑ^{51}

右手 e^{55}pɑ^{55}lɑ^{51}

拳头 mu^{31}tʂom^{55}pɑ^{51}

手指 lɑ^{55}briu^{55}mɑ^{51}

大拇指 tʰi^{55}wɑ^{51}

小拇指 tʰek^{55}tɕoŋ^{51}

指甲 lɑ^{55}zim^{35}poŋ^{51}

腿 li^{31}min^{51}

脚 li^{31}min^{51}

膝盖 kʰro^{55}lok^{55}bɑ^{51}

背名词 dʑɑp^{35}

肚子腹部 ke^{55}pɑ^{51}

肚脐 bu^{55}ti^{55}mɑ^{51}

乳房女性的 jo^{55}

屁股 teŋ^{55}

肛门 ȵi^{31}teŋ^{55}ʐɑ^{55}wɑ^{55}

阴茎成人的 mle^{51}

女阴成人的 du^{51}

肏动词 tɕɑk^{55}tɕo^{51}

精液 kʰu^{55}tʰɑr^{51}ȵi^{51}

来月经 ge^{55}ʐɑi^{55}ȵi^{51}

拉屎 ŋe^{35}tɑŋ^{55}ɑ^{51}

撒尿 tɕʰin^{55}tɑŋ^{55}ɑ^{51}

放屁 pʰe^{55}tʰoŋ^{55}ɑ^{51}

病了 ŋe^{35}ȵi^{51}

着凉 gok^{55}ȵi^{51}

咳嗽 sik^{55}ȵi^{51}

发烧 tsʰɑ^{55}wɑ^{55}tʰoŋ^{55}ȵi^{51}

发抖 tʰuk^{55}ȵi^{51}

肚子疼 ke^{55}pɑ^{55}gre^{55}do^{51}

拉肚子 ŋe^{35}tʂʰy^{55}do^{51}

患疟疾 gɑŋ^{35}ɕom^{55}tʰuk^{55}to^{51}

肿 bø^{35}ȵi^{51}

化脓 ʐui^{35}ȵi^{51}

疤好了的 mɑ^{55}ɕy^{51}

痣凸起的 mi^{55}wɑ^{51}

狐臭 sor^{55}wɑ^{55}ɕir^{51}

看病 ŋe^{35}te^{55}lɑ^{51}

诊脉 tsɑ^{51}te^{55}lɑ^{51}

打针 k^{h}ɑp^{55}t^{h}oŋ^{55}ɑ^{51}

打吊针 mɑn^{55}ɕe^{55}dɑm^{55}lo^{55}wɑ^{51}

吃药统称 mɑn^{55}zɑ^{55}

汤药 mɑn^{55}ts^{h}i^{55}

病轻了 jɑŋ^{55}gen^{55}bi^{51}

八　婚丧信仰

说媒 kɑ^{55}go^{55}ɕɑt^{55}kɑn^{55}

媒人 kɑ^{55}go^{55}ɕɑ^{55}kɑn^{55}mi^{51}

相亲 kɑ^{31}ro^{55}

订婚 tep^{55}kɑ^{55}zuk^{55}tɕo^{51}

结婚统称 tɕ^{h}ɑŋ^{55}se^{55}

娶妻子男子～，动宾 ȵe^{55}mo^{51}

孕妇 bu^{55}tsɑ^{51}ɕe^{55}k^{h}ɑn^{51}

怀孕 bu^{55}tsɑ^{51}ɕe^{55}ȵi^{51}

害喜妊娠反应 gop^{55}ti^{51}o^{35}ȵi^{51}

分娩 bu^{55}tsɑ^{51}søu^{55}u^{51}

流产 bu^{55}tsɑ^{51}wɑt^{55}ȵi^{51}

双胞胎 bu^{55}tsɑ^{55}ts^{h}i^{55}mɑ^{55}

坐月子 bɑŋ^{55}mɑ^{51}

吃奶 jo^{55}t^{h}oŋ^{55}ɑ^{51}

断奶 jo^{55}tɕ^{h}ø^{55}ȵi^{51}

满月 le^{55}t^{h}i^{51}

死统称 ɕi^{55}ȵe^{51}

死婉称，指老人：他～了 goŋ^{31}bɑ^{55}zo^{55}wu^{51}

自杀 be^{31}nɑŋ^{55}ɕiu^{51}

咽气 tsok^{55}rɑŋ^{55}ɕi^{55}mɑ^{55}ȵi^{55}

入殓 ro^{55}gɑm^{55}

棺材 ro^{55}gɑm^{55}

出殡 ro^{55}k^{h}ur^{55}du^{51}

坟墓单个的，老人的 sɑ^{55}ʑo^{55}ʐu^{51}

老天爷 gøn^{55}tɕ^{h}o^{55}som^{51}

菩萨统称 ɬɑ^{51}

观音 mo^{51}ɬɑ^{51}

灶神 t^{h}ɑp^{55}ɬɑ^{51}

寺庙 ɬɑ^{55}gɑŋ^{55}

和尚 lɑ^{55}mɑ^{55}

尼姑 ɑ^{55}ȵi^{55}mo^{51}

算命统称 mo^{51}

运气 loŋ^{55}tɑ^{51}

保佑 tɕɑp^{55}gor^{55}ʐɑ^{55}

九　人品称谓

人一个～ mi^{51}

男人成年的，统称 p^{h}ø^{55}tsɑ^{51}

女人三四十岁已婚的，统称 mø^{31}tsɑ^{51}

单身汉 mi^{55}t^{h}i^{55}bɑ^{51}

老姑娘 mø^{31}tsɑ^{55}gɑm^{31}mo^{51}

婴儿 bu^{55}tsɑ^{51}

小孩三四岁的，统称 bu^{55}tsɑ^{51}

男孩统称：外面有个～在哭 pu^{55}pu^{55}tsɑ^{51}

女孩统称：外面有个～在哭 pu^{31}min^{55}bu^{55}tsɑ^{51}

老人七八十岁的，统称 gɑt^{31}po^{51}

亲戚统称 k^{h}em^{55}ts^{h}ɑŋ^{55}

朋友统称 to^{55}sɑŋ^{55}

邻居统称 k^{h}em^{55}mɑŋ^{55}kɑ^{51}

客人 ŋø^{35}

农民 ʑiŋ^{31}pɑ^{51}

商人 ts^{h}oŋ^{55}t^{h}oŋ^{55}k^{h}ɑn^{55}mi^{51}

手艺人统称lɑk^{55}tsi^{55}pɑ^{51}

泥水匠 sɑ^{51}tso^{55}pɑ^{51}

木匠 ɕeŋ^{55}tso^{55}pɑ^{51}

裁缝 tsʰem^{55}tso^{55}pɑ^{51}

理发师 gok^{51}ti^{51}kʰɑ^{55}kʰɑ^{55}tɕʰot^{55}kɑn^{51}

厨师 mɑ^{31}tɕʰin^{55}

师傅 lop^{55}pon^{51}

徒弟 lop^{55}dʐu^{51}

乞丐统称ɕe^{55}ʐi^{55}kʰɑn^{55}

妓女 ɕɑŋ^{31}tsuŋ^{55}mi^{51}

流氓 tɕɑk^{55}bɑ^{51}

贼 gøn^{55}mɑ^{55}

瞎子统称mi^{55}loŋ^{55}loŋ^{31}bɑ^{51}

聋子统称won^{31}to^{51}

哑巴统称joŋ^{31}pɑ^{51}

驼子统称tɕɑp^{35}pu^{35}dʑo^{51}

瘸子统称gɑŋ^{55}dɑr^{55}wɑ^{51}

疯子统称ȵø^{55}ȵi^{55}bɑ^{51}

傻子统称joŋ^{31}pɑ^{51}

笨蛋蠢的人joŋ^{31}pɑ^{51}

爷爷呼称，最通用的me^{31}me^{51}

奶奶呼称，最通用的ɑi^{55}

外祖父叙称ɑ^{55}tɕɑŋ^{55}

外祖母叙称ɑ^{55}ȵi^{51}

父母合称ɑ^{55}pɑ^{55}ɑ^{55}mɑ^{55}

父亲叙称ɑ^{55}pɑ^{55}

母亲叙称ɑ^{55}mɑ^{55}

爸爸呼称，最通用的ɑ^{55}pɑ^{55}

妈妈呼称，最通用的ɑ^{55}mɑ^{55}

继父叙称ɑ^{55}ku^{55}

继母叙称ɑm^{55}dʑo^{51}

岳父叙称ɑ^{55}tɕɑŋ^{55}

岳母叙称ɑ^{55}ȵi^{51}

公公叙称ɑ^{55}tɕɑŋ^{55}

婆婆叙称ɑ^{55}ȵi^{51}

伯父呼称，统称ɑ^{55}ku^{51}

伯母呼称，统称ɑm^{55}dʑo^{55}

叔父呼称，统称ɑ^{55}ku^{55}

排行最小的叔父呼称ɑ^{55}ku^{55}preu^{51}

叔母呼称，统称ɑm^{55}dʑo^{51}

姑统称，呼称ɑ^{55}ȵi^{51}

姑父呼称，统称ɑ^{55}dʑɑŋ^{51}

舅舅呼称ɑ^{55}dʑɑŋ^{51}

舅妈呼称ɑ^{55}ȵi^{51}

姨统称，呼称ɑm^{55}dʑo^{51}

姨父呼称，统称ɑ^{55}ku^{51}

弟兄合称ɑ^{55}tɕe^{55}ʑok^{55}po^{51}

姊妹合称ɑ^{55}wu^{55}ʑo^{31}mo^{51}

哥哥呼称，统称ɑ^{55}tɕe^{55}

嫂子呼称，统称mɑ^{31}xɑŋ^{55}

弟弟叙称ʑok^{31}po^{51}

弟媳叙称mɑ^{31}xɑŋ^{51}

姐姐呼称，统称ɑ^{55}wu^{55}

姐夫呼称ɕɑŋ^{31}tsʰɑn^{55}

妹妹叙称ʑo^{31}mo^{51}

妹夫叙称ɕɑŋ^{31}tsʰɑn^{51}

妯娌弟兄妻子的合称ɑ^{55}wu^{55}ʑo^{35}mo^{55}

连襟姊妹丈夫的关系，叙称ɑ^{55}dʑi^{55}ʑok^{35}po^{55}

儿子叙称：我的～ bu^{51}

儿媳妇叙称：我的～ pɑk^{31}sɑr^{51}

女儿叙称：我的～ bu^{31}min^{51}

女婿叙称：我的～ mɑk^{31}po^{51}

孙子儿子之子tsʰɑ^{55}wu^{55}

重孙子儿子之孙tsʰɑ^{55}wu^{55}

侄子弟兄之子tsʰɑ^{55}wu^{55}

外甥姐妹之子tsʰɑ^{55}wu^{55}

外孙女儿之子tsʰɑ^{55}wu^{55}

夫妻合称ŋan^{31}nɑi^{51}

丈夫叙称，最通用的，非贬称：她的～mɑk^{35}pɑ^{51}

妻子叙称，最通用的，非贬称：他的～pɑk^{31}sɑr^{51}

名字meŋ^{35}

绰号dʑøn^{55}meŋ^{51}

十　农工商文

干活儿统称：在地里～ple^{55}kɑ^{55}gɑi^{55}o^{51}

事情一件～ple^{55}ȵi^{51}

插秧dep^{55}ge^{55}lɑ^{51}

割稻dep^{55}tʰy^{55}lɑ^{51}

种菜ʂu^{55}ge^{55}lɑ^{51}

犁名词tʰoŋ^{55}bɑ^{51}

锄头wɑŋ^{35}ŋɑ^{55}

镰刀ŋɑ^{31}zor^{51}

把儿刀～jo^{31}pɑ^{51}

箩筐bɑ^{31}ruŋ^{55}

筛子统称ke^{55}mo^{55}

簸箕农具，有梁的tɑ^{35}lɑ^{51}

簸箕簸米用tɑ^{35}lɑ^{51}

轮子旧式的kʰu^{55}lo^{51}

碓整体tsom^{51}

臼dok^{55}tsi^{51}

磨名词ʐɑŋ^{35}do^{51}

年成joŋ^{35}bɑp^{55}

走江湖统称tɕʰɑm^{55}gɑ^{55}jo^{51}

打工ble^{55}biu^{51}

斧子te^{55}wɑn^{55}

锤子tʰo^{55}wɑ^{55}

钉子dʑiɑ^{55}zer^{55}

绳子tʰek^{55}bɑ^{51}

棍子kʰɑr^{55}wɑ^{55}

做买卖tsʰoŋ^{51}tʰoŋ^{55}kʰɑn^{55}

商店tsʰoŋ^{55}kɑŋ^{55}

饭馆sɑ^{55}kʰɑŋ^{55}

旅馆旧称ȵɑi^{55}zuk^{55}mɑ^{51}

贵goŋ^{35}tʰen^{55}po^{51}

便宜goŋ^{35}biu^{51}

合算ȵiɑn^{35}mɑ^{55}ȵi^{51}

折扣pʰɑ^{55}bɑ^{51}

亏本dok^{55}dʑoŋ^{51}

钱统称ŋy^{35}

零钱ŋy^{35}ble^{55}mɑ^{51}

硬币ŋy^{35}gor^{55}mo^{51}

本钱mɑ^{31}tsɑ^{51}

工钱lɑ^{55}tɕʰɑ^{55}

路费lem^{55}mɑŋ^{55}lɑ^{55}tɕʰɑ^{55}

花～钱dor^{55}kʰɑn^{55}

赚卖一斤能～一毛钱dʑo^{55}bu^{51}

挣打工～了一千块钱dʑo^{55}bu^{51}

欠～他十块钱gi^{51}kʰu^{55}ʐu^{55}

算盘tsi^{55}ɕen^{55}

秤统称dʑɑ^{31}mɑ^{51}

称用杆秤～ti^{31}kʰɑn^{55}

学校lop^{55}dʐɑ^{55}

教室lop^{55}dʐɑ^{55}kʰɑŋ^{51}

上学lop^{55}dʑɑŋ^{55}gɑi^{55}jo^{51}

放学lop^{55}dʑɑŋ^{55}tʰi^{55}mo^{51}

考试dʑok^{55}loŋ^{55}o^{51}

书包pʰɑ^{55}zɑ^{55}

本子ɕo^{55}gu^{51}

铅笔 ȵu^{55}gu^{55}

钢笔 dʑɑ^{55}ȵu^{55}gu^{55}

圆珠笔 dʑɑ^{55}ȵu^{55}gu^{55}

墨 nɑk^{55}tsɑ^{51}

信一封～ ji^{31}gi^{51}

捉迷藏 pʰi^{55}ɕɑn^{55}dʑo^{51}

跳绳 tʰik^{55}bɑ^{55}wɑk^{55}ɕɑn^{55}dʑo^{51}

鞭炮统称 ɕok^{55}pʰɑ^{51}

唱歌 ʑe^{35}tʰoŋ^{55}ɑ^{51}

演戏 dʑø^{55}ȵi^{51}

二胡 bi^{55}wɑŋ^{55}

笛子 tɕɑ^{55}ȵuŋ^{55}

打扑克 dɑt^{55}tʰoŋ^{55}dʑo^{51}

变魔术 mik^{55}tʂʰi^{55}tʰoŋ^{55}do^{51}

讲故事 tɑm^{55}ɕɑ^{55}do^{51}

猜谜语 kʰɑr^{55}ɕi^{55}gɑ^{51}

玩儿游玩：到城里～ ɕɑn^{55}dʑo^{51}

串门儿 me^{55}nɑŋ^{55}kʰem^{55}gɑ^{55}ki^{35}dʑo^{51}

走亲戚 kʰem^{55}tsʰɑŋ^{55}kʰem^{55}gɑ^{55}ki^{35}dʑo^{51}

十一 动作行为

看～电视 te^{55}lɑ^{51}

听用耳朵～ ȵɑ^{31}nɑ^{55}

闻嗅：用鼻子～ nem^{31}do^{51}

吸～气 tɕʰu^{55}wɑ^{51}

睁～眼 pʰe^{55}lɑ^{51}

闭～眼 tɕu^{55}mɑ^{55}

眨～眼 pʰe^{55}te^{51}dɑm^{35}te^{51}

张～嘴 dʑɑŋ^{31}ɑ^{51}

闭～嘴 tɕu^{55}mɑ^{55}

咬狗～人 ŋom^{31}mɑ^{51}

嚼把肉～碎 tɕʰɑ^{55}

咽～下去 ȵu^{55}dɑ^{51}

舔人用舌头～ ŋɑ^{31}wu^{51}

含～在嘴里 gom^{55}ȵi^{55}ɑ^{51}

亲嘴 dʑop^{55}pe^{55}

吮吸用嘴唇聚拢吸取液体，如吃奶时 dʑip^{55}do^{51}

吐上声，从嘴里吐出：把果核儿～掉 wɑ^{31}dɑ^{51}

吐去声，呕吐：喝酒喝～了 gop^{31}do^{51}

打喷嚏 xɑ^{55}tɕʰi^{51}bi^{55}do^{51}

拿用手把苹果～过来 ɣo^{35}dɑ^{51}

给他～我一个苹果 bøu^{35}

摸～头 dok^{55}deu^{51}

伸～手 dɑŋ^{55}wu^{51}

挠～痒痒 ŋu^{31}bɑ^{51}

掐用拇指和食指的指甲～皮肉 dzi^{55}gɑ^{51}

拧～螺丝 dɑ^{55}mɑ^{55}

拧～毛巾 tɕyt^{55}dɑ^{51}

捻用拇指和食指来回～碎 pʰor^{55}wɑ^{55}dɑ^{51}

掰把橘子～开，把馒头～开 bɑ^{55}wu^{51}

剥～花生 kʰo^{55}bɑ^{51}

撕把纸～了 ɬet^{55}wɑ^{55}dɑ^{51}

折把树枝～断 pʰo^{55}wɑ^{55}dɑ^{51}

拔～萝卜 plo^{55}wu^{55}

摘～花 tɕʰot^{55}wɑ^{55}dɑ^{51}

站站立：～起来 lɑŋ^{31}ŋɑ^{51}

倚斜靠：～在墙上 den^{55}zu^{55}ɑ^{51}

蹲～下 gom^{55}zu^{55}ɑ^{51}

坐～下 zu^{35}ɑ^{51}

跳青蛙～起来 tɕʰoŋ^{55}ŋu^{55}

迈跨过高物：从门槛上～过去 jɑ^{55}ʐɑ^{55}

踩脚～在牛粪上 tɕʰɑk^{55}bi^{55}

翘～腿 gɑp^{35}zuk^{55}ȵi^{51}

弯～腰 ku^{35}ʐɑ^{55}

趴～着睡bɑk^{55}dɑŋ^{55}lu^{55}bɑ^{51}

爬小孩在地上～ bɑ^{31}wu^{55}t^{h}oŋ^{55}ȵi^{51}

走慢慢儿～ gɑ^{31}lɑ^{51}

跑慢慢儿走，别～ tɕ^{h}uŋ^{55}ɑ^{51}

逃逃跑：小偷～走了gɑi^{55}ȵi^{51}

追追赶：～小偷t^{h}i^{55}ʐu^{55}

抓～小偷zuŋ^{35}ɑ^{51}

抱把小孩～在怀里lo^{55}mɑ^{51}

背～孩子by^{35}ɣu^{51}

搀～老人ik^{55}bi^{55}wu^{51}

推几个人一起～汽车to^{55}ɑ^{55}

摔跌：小孩～倒了ʐi^{35}gɑi^{55}ȵi^{51}

撞人～到电线杆上dʑep^{55}pu^{51}

挡你～住我了，我看不见gɑ^{55}ɑ^{55}

躲躲藏：他～在床底下p^{h}i^{55}zu^{55}wɑ^{51}

藏藏放，收藏：钱～在枕头下面p^{h}i^{55}zu^{55}wɑ^{51}

放把碗～在桌子上ȵi^{31}gɑ^{51}

摞把砖～起来gɑ^{31}bɑ^{51}

埋～在地下k^{h}e^{55}bɑ^{51}

盖把茶杯～上k^{h}e^{55}bɑ^{55}

压用石头～住nøn^{35}ȵi^{55}gɑ^{51}

摁用手指按：～图钉no^{31}nɑ^{51}

捅用棍子～鸟窝ts^{h}o^{55}bɑ^{51}

插把香～到香炉里ts^{h}ok^{55}ȵi^{55}ɑ^{51}

戳～个洞ts^{h}o^{55}lɑ^{51}

砍～树tup^{55}bɑ^{51}

剁把肉～碎做馅儿tsɑ^{55}bɑ^{51}

削～苹果k^{h}o^{55}bɑ^{51}

裂木板～开了ge^{31}ri^{55}ȵi^{51}

皱皮～起来ȵir^{55}mɑ^{51}

腐烂死鱼～了ʐø^{35}ȵi^{51}

擦用毛巾～手ɕɑ^{55}ɑ^{55}

倒把碗里的剩饭～掉luk^{55}wɑ^{55}dɑ^{51}

扔丢弃：这个东西坏了，～了它wɑt^{55}doŋ^{55}ɑ^{51}

扔投掷：比一比谁～得远ɕot^{55}toŋ^{55}ɑ^{55}

掉掉落，坠落：树上～下一个梨ʑoŋ^{55}grek^{55}ȵi^{51}

滴水～下来tik^{55}bɑ^{51}

丢丢失：钥匙～了grok^{55}wɑt^{55}ȵi^{51}

找寻找：钥匙～到tsɑi^{55}lɑ^{55}

捡～到十块钱doŋ^{55}ɣu^{55}

提用手把篮子～起来ji^{31}gɑ^{51}

挑～担jik^{35}ɣu^{35}dɑ^{51}

扛káng，把锄头～在肩上ji^{31}ɑ^{55}

抬～轿ji^{31}gɑ^{51}

举～旗子zuŋ^{31}ɑ^{51}

撑～伞dʑo^{55}wu^{55}

撬把门～开p^{h}e^{55}wɑ^{55}doŋ^{55}ɑ^{51}

挑挑选，选择：你自己～一个do^{31}mɑ^{51}

收拾～东西dø^{31}lɑ^{51}

挽～袖子dʐi^{31}lɑ^{51}

涮把杯子～一下t^{h}u^{55}wɑ^{51}

洗～衣服k^{h}rø^{55}lɑ^{55}

捞～鱼tɕ^{h}ok^{55}ɣu^{55}dɑ^{51}

拴～牛t^{h}ok^{55}wu^{51}

捆～起来dɑm^{31}mɑ^{51}

解～绳子ɕi^{55}wu^{55}

挪～桌子pø^{55}lɑ^{55}

端～碗jik^{35}wut^{55}dɑ^{51}

摔碗～碎了t^{h}uk^{55}wɑ^{55}do^{51}

掺～水lo^{31}wɑ^{51}

烧～柴pɑr^{35}ȵi^{51}

拆～房子ɕi^{55}gɑ^{55}

转～圈儿go^{55}lo^{55}lo^{51}

捶用拳头～ tɕ^{h}i^{55}gɑ^{51}

打统称：他～了我一下 dar^{55}ro^{51}

打架动手：两个人在～ t^{h}ɑ^{55}mo^{55}t^{h}oŋ^{55}ȵi^{51}

休息 ŋe^{35}so^{51}

打哈欠 xɑm^{55}ɕɑr^{55}to^{51}

打瞌睡 goŋ^{35}pɑ^{55}zɑi^{35}ȵi^{51}

睡他已经～了 ȵɑi^{31}lɑ^{51}

打呼噜 xor^{55}mɑ^{55}tɕ^{h}ok^{55}to^{51}

做梦 mi^{31}fen^{55}doŋ^{55}to^{51}

起床 lɑŋ^{31}ɑ^{51}

刷牙 wɑ^{55}k^{h}rø^{55}lɑ^{51}

洗澡 k^{h}rø^{55}lɑ^{51}

想思索：让我～一下 sɑm^{55}lo^{55}t^{h}oŋ^{55}jo^{51}

想想念：我很～他 sem^{55}sɑm^{55}to^{51}

打算我～开个店 sɑm^{55}ɕe^{51}

记得 sem^{55}kɑ^{55}ȵi^{31}kɑ^{51}

忘记 ŋɑt^{35}ȵi^{51}

怕害怕：你别～ brɑ^{55}tɕɑk^{55}do^{51}

相信我～你 jik^{35}tɕ^{h}e^{55}ȵi^{55}

发愁 mɑ^{55}ȵiɑ^{55}mo^{51}

小心过马路要～ zun^{35}pe^{55}lo^{51}

喜欢～看电视 kit^{55}po^{55}ȵi^{51}

讨厌～这个人 nɑ^{55}lɑm^{51}gɑi^{35}mo^{55}nu^{51}

舒服凉风吹来很～ git^{55}pɑ^{51}ȵi^{51}

难受生理的 kit^{55}bɑ^{55}mo^{55}nu^{51}

难过心理的 mɑ^{55}ȵiɑ^{55}mo^{51}

高兴 zɑk^{55}ȵi^{51}

生气 tsik^{55}pɑ^{55}zɑi^{35}ȵi^{51}

责怪 ɕɑt^{55}do^{51}

后悔 lu^{55}tɕø^{55}

忌妒 ȵeu^{35}tɕ^{h}ɑt^{55}to^{51}

害羞 ŋu^{35}ts^{h}ɑi^{55}ȵi^{51}

丢脸 doŋ^{31}bɑ^{55}wɑ^{55}ts^{h}ɑr^{55}

欺负 t^{h}oŋ^{55}tɕ^{h}oŋ^{55}

装～病 k^{h}ɑ^{55}lɑ^{55}

疼～小孩儿 p^{h}ɑi^{55}do^{51}

要我～这个 pe^{35}ɕɑt^{55}do^{51}

有我～一个孩子 nou^{35}

没有他～孩子 mo^{55}nu^{51}

是我～老师 ɕin^{51}

不是他～老师 men^{35}

在他～家 ȵi^{35}

不在他～家 mo^{55}nu^{51}

知道我～这件事 kɑn^{55}nu^{55}

不知道我～这件事 mɑ^{31}kɑn^{55}nu^{51}

懂我～英语 kɑn^{55}nu^{51}

不懂我～英语 mɑ^{31}kɑn^{55}nu^{55}

会我～开车 kɑn^{55}nu^{55}

不会我～开车 kɑn^{55}nu^{55}

认识我～他 ŋu^{35}ɕi^{55}du^{51}

不认识我～他 ŋu^{35}mi^{55}ɕi^{55}du^{51}

行应答语 ȵɑn^{31}dʑo^{51}

不行应答语 mɑ^{31}ȵɑn^{51}

肯～来 zɑi^{31}jo^{51}

应该～去 p^{h}e^{55}tɕir^{55}

可以～去 ȵɑ^{31}ȵu^{51}

说～话 ɕɑt^{55}pu^{55}

话说～ gɑ^{55}go^{51}

聊天儿 wɑ^{55}t^{h}oŋ^{55}dʑo^{51}

叫～他一声儿 ɕɑ^{55}rɑ^{55}

吆喝大声喊 grɑi^{55}do^{51}

哭小孩～ ŋø^{35}to^{51}

骂当面～人 k^{h}ɑ^{55}ɕɑt^{55}do^{51}

吵架动嘴：两个人在～ k^{h}ɑp^{55}zø^{51}

骗～人 go^{35}kor^{55}t^{h}oŋ^{55}ȵi^{51}

哄～小孩 ly^{55}lɑ^{55}

撒谎 k^{h}ɑ^{55}lɑ^{55}t^{h}oŋ^{55}n̥i^{51}

吹牛 wɑ^{55}t^{h}oŋ^{55}dz̥o^{51}

拍马屁 be^{55}li^{55}t^{h}oŋ^{55}to^{51}

开玩笑 wɑ^{55}t^{h}oŋ^{55}n̥i^{51}

告诉～他 ɕɑt^{55}bi^{51}

谢谢致谢语 bɑ^{55}dz̥ɑ^{51}

对不起致歉语 k^{h}u^{55}dɑŋ^{55}mɑ^{55}tɕ^{h}ɑ^{55}dɑ^{51}

再见告别语 ŋɑ^{35}nɑŋ^{55}zu^{55}ɑ^{51}

十二 性质状态

大苹果～ t^{h}ɑn^{55}bu^{51}

小苹果～ preu^{55}ɣu^{51}

粗绳子～ t^{h}ɑn^{35}bu^{55}

细绳子～ tsɑp^{55}ɕi^{55}

长线～ z̥iŋ^{35}gu^{51}

短线～ t^{h}oŋ^{55}gu^{51}

长时间～ z̥iŋ^{35}gu^{51}

短时间～ t^{h}oŋ^{55}gu^{51}

宽路～ ʑɑ^{55}t^{h}ɑn^{55}bu^{55}

窄路～ preu^{55}ɣu^{55}

高飞机飞得～ t^{h}un^{55}pu^{51}

低鸟飞得～ met^{55}pu^{51}

高他比我～ t^{h}un^{55}pu^{51}

矮他比我～ met^{55}pu^{55}

远路～ t^{h}ɑ^{55}riŋ^{35}gu^{51}

近路～ mɑŋ^{55}kɑ^{51}

深水～ diŋ^{55}riŋ^{35}gu^{51}

浅水～ diŋ^{55}t^{h}oŋ^{55}gu^{51}

清水～ sɑk^{55}pu^{51}

浑水～ n̥o^{55}mɑ^{55}

圆 gor^{31}pɑ^{51}

扁 bin^{55}dɑŋ^{51}

方 dz̥up^{31}ɕi^{51}

尖 tɕ^{h}ɑt^{55}pu^{51}

平 tɕ^{h}ɑ^{55}n̥ɑm^{55}pu^{51}

肥～肉 dʑɑk^{55}pɑ^{51}

瘦～肉 tɕɑm^{55}pu^{51}

肥形容猪等动物 dʑɑk^{55}pɑ^{51}

胖形容人 dʑɑk^{35}pɑ^{51}

瘦形容人、动物 tɕɑm^{55}pu^{51}

黑黑板的颜色 mleŋ^{55}bu^{55}

白雪的颜色 k^{h}e^{55}z̥u^{51}

红国旗的主颜色，统称 liu^{35}

黄国旗上五星的颜色 ser^{55}pu^{51}

蓝蓝天的颜色 ŋɑ^{55}u^{51}

紫紫药水的颜色 mu^{55}k^{h}ɑ^{55}

多东西～ mɑŋ^{35}pu^{51}n̥i^{51}

少东西～ tsu^{55}t^{h}i^{51}

重担子～ liu^{55}n̥i^{51}

轻担子～ jɑŋ^{55}gu^{51}

直线～ tʂ^{h}ɑŋ^{55}pu^{55}

陡坡～，楼梯～ zɑr^{31}pu^{51}

弯弯曲：这条路是～的 k^{h}rok^{55}bi^{51}

歪帽子戴～了 yn^{55}dor^{51}

厚木板～ dok^{55}pu^{51}

薄木板～ ŋrɑ^{31}pu^{55}

稠稀饭～ pɑ^{31}dɑ^{55}po^{35}do^{51}

稀稀饭～ ɕeŋ^{55}kɑ^{51}

密菜种得～ tok^{55}pu^{51}

稀稀疏：菜种得～ ŋrɑ^{31}pu^{51}

亮指光线，明亮 sɑk^{55}pu^{51}

黑指光线，完全看不见 mleŋ^{55}bu^{51}

热天气 ts^{h}ɑt^{55}pɑ^{51}

暖和天气 mo^{55}gu^{55}wu^{51}me^{55}ts^{h}i^{55}wu^{55}ȵi^{51}

凉天气 gok^{55}ȵi^{51}

冷天气 gok^{55}ȵi^{51}

热水 ts^{h}ɑt^{55}pɑ^{51}

凉水 ŋɑk^{31}pɑ^{51}

干干燥：衣服晒～了 gem^{55}ȵi^{51}

湿潮湿：衣服淋～了 ɕer^{35}ȵi^{51}

干净衣服～ tsɑŋ^{55}mɑ^{51}

脏肮脏，不干净，统称：衣服～ zok^{55}bɑ^{51}

快锋利：刀子～ tɕ^{h}ɑt^{55}pu^{51}

钝刀～ jɑ^{35}mo^{55}nu^{51}

快坐车比走路～ dʑok^{31}pu^{51}

慢走路比坐车～ ŋɑ^{31}nɑŋ^{51}

早来得～ nɑ^{55}oŋ^{55}ȵi^{51}

晚来～了 ʑo^{35}ʑo^{55}u^{31}ȵi^{51}

晚天色～ nɑm^{55}leŋ^{55}do^{55}ɕo^{51}

松捆得～ jɑŋ^{55}pu^{51}

紧捆得～ dɑm^{35}mɑ^{51}

容易这道题～ lɑn^{31}bu^{51}

难这道题～ gɑ^{55}u^{51}

新衣服～ se^{55}ʐu^{51}

旧衣服～ ȵiŋ^{55}pɑ^{51}

老人～ gɑt^{35}pu^{55}

年轻人～ ɕɑ^{55}ʐo^{55}wɑ^{51}

软糖～ dʑɑm^{35}pu^{51}

硬骨头～ ʂɑ^{55}u^{51}

烂肉煮得～ zy^{35}ȵi^{51}

煳饭烧～了 dʑik^{55}ȵi^{51}

结实家具～ li^{55}xu^{55}ȵi^{55}

破衣服～ dor^{35}ȵi^{51}

富他家很～ tɕ^{h}yk^{55}pu^{51}

穷他家很～ brɑŋ^{55}pu^{51}

忙最近很～ dʑok^{55}mo^{55}nu^{51}

闲最近比较～ ble^{55}mo^{55}nu^{51}

累走路走得很～ t^{h}ɑŋ^{55}tɕ^{h}ɑt^{55}ȵi^{51}

疼摔～了 gren^{55}do^{51}

痒皮肤～ zɑi^{35}do^{51}

热闹看戏的地方很～ tɕo^{51}loŋ^{55}tʂ^{h}uk^{55}ȵi^{51}

熟悉这个地方我很～ tɕ^{h}ɑŋ^{55}pu^{55}ȵi^{55}

陌生这个地方我很～ ŋu^{35}me^{55}ɕe^{51}

味道尝尝～ ɕiŋ^{55}mɑ^{51}

气味闻闻～ ȵem^{55}do^{51}

咸菜～ ts^{h}ɑ^{55}k^{h}ɑ^{55}wu^{51}

淡菜～ ts^{h}ɑ^{55}mo^{55}nu^{51}

酸 tɕ^{h}u^{55}

甜 ȵok^{55}pu^{51}

苦 k^{h}ɑ^{55}ɣu^{55}ȵi^{51}

辣 ber^{35}pu^{51}

香 soŋ^{55}soŋ^{51}

臭 ʐui^{31}pɑ^{51}

馊饭～ ry^{35}ȵi^{51}

腥鱼～ so^{55}mɑ^{51}

好人～ le^{55}xu^{51}

坏人～ gok^{31}pɑ^{51}

差东西质量～ le^{35}xu^{55}mo^{55}nu^{51}

对账算～了 nɑi^{31}wu^{55}

错账算～了 mɑ^{31}nɑi^{55}wu^{55}ɕo^{51}

漂亮形容年轻女性的长相：她很～ le^{55}xu^{55}

丑形容人的长相：猪八戒很～ le^{55}xu^{55}mo^{55}nu^{51}

勤快 se^{55}re^{55}ko^{55}re^{55}

懒 ŋɑk^{55}ɕi^{55}goŋ^{51}

乖 bu^{35}zɑ^{51}ɕin^{55}pu^{55}ȵi^{51}

顽皮 tɕoŋ^{31}po^{51}

老实 tʂɑŋ^{31}pu^{51}tʂɑŋ^{31}ɕɑ^{51}

傻痴呆joŋ^{31}pɑ^{51}

笨蠢joŋ^{31}pɑ^{51}

大方不吝啬sem^{55}le^{55}xu^{51}

小气吝啬sem^{55}gok^{55}pɑ^{51}

直爽性格～kʰɑ^{55}rɑŋ^{55}kʰɑ^{55}do^{51}

犟脾气～dʑø^{55}lɑm^{55}gok^{31}pɑ^{51}

十三　数量

一～二三四五……，下同tʰi^{55}

二nɑi^{35}

三som^{55}

四bli^{55}

五le^{35}ŋɑ^{51}

六gro^{55}

七ȵi^{51}

八get^{35}

九du^{31}gu^{51}

十tɕi^{55}

二十kʰɑ^{55}li^{51}

三十kʰɑ^{55}li^{51}dʑi^{51}

一百dʑɑ^{35}tʰi^{51}

一千toŋ^{55}tʂʰɑ^{55}tʰi^{51}

一万tʂʰi^{55}tʰi^{51}

一百零五dʑɑ^{35}diŋ^{51}leŋ^{35}ŋɑ^{51}

一百五十dʑɑ^{35}diŋ^{51}kʰɑi^{55}nɑi^{55}dʑi^{51}

第一～、第二dɑŋ^{31}pu^{51}

二两重量sɑŋ^{55}nɑi^{35}

几个你有～孩子？gɑ^{31}zim^{51}

俩你们～nɑi^{35}

仨你们～som^{55}

个把tʰi^{55}nɑi^{35}

双一～鞋tɕʰɑ^{55}

块一～钱dɑ^{35}jɑŋ^{55}

毛角：一～钱mo^{35}zi^{51}

下打一～，动量，不是时量tʰɑp^{55}

会儿坐了一～zu^{55}tʰi^{51}

十四　代副介连词

我～姓王ŋe^{35}

你～也姓王i^{55}

他～姓张bi^{35}

我们不包括听话人：你们别去，～去ŋɑ^{31}tɑŋ^{55}

咱们包括听话人：他们不去，～去吧ŋɑ^{31}tɑŋ^{55}

你们～去me^{35}tɑŋ^{55}

他们～去bi^{35}tɑŋ^{55}

大家～一起干dʑek^{35}kɑ^{55}ʐɑŋ^{51}

自己我～做的nɑŋ^{55}

别人这是～的me^{35}nɑŋ^{55}

我爸～今年八十岁ŋe^{35}ku^{51}ɑ^{55}pɑ^{55}

你爸～在家吗？i^{55}ku^{51}ɑ^{55}pɑ^{55}

他爸～去世了mi^{55}ku^{51}ɑ^{55}pɑ^{55}

这个我要～，不要那个wu^{55}tso^{51}

那个我要这个，不要～wu^{55}mo^{51}

哪个你要～杯子？gɑ^{31}dʑi^{55}lɑ^{51}

谁你找～？su^{55}

这里在～，不在那里o^{55}tsɑ^{55}kɑ^{51}

那里在这里，不在～o^{55}mu^{55}kɑ^{51}

哪里你到～去？gɑ^{31}dʑi^{55}kɑ^{51}

这样事情是～的，不是那样的o^{35}jɑ^{51}

那样事情是这样的，不是～的wu^{55}mo^{55}

怎样什么样：你要～？kɑn^{35}don^{51}

这么～贵啊kɑn^{35}don^{51}

怎么这个字～写？kɑn^{35}don^{51}

什么这个是～字？zi^{35}jɑ^{51}

什么你找～？ zi^{35}ts^{h}ɑi^{55}do^{51}

为什么你～不去？ zi^{35}bi^{51}se^{51}

干什么你在～？ zi^{35}bi^{51}to^{51}

多少这个村有～人？ gɑ^{31}tsem^{51}

很今天～热ŋɑn^{31}pɑ^{51}

非常比上条程度深：今天～热kɑŋ^{35}min^{55}ts^{h}e^{51}

更今天比昨天～热ŋɑŋ^{55}ɕe^{51}

太这个东西～贵，买不起t^{h}ɑn^{55}ȵi^{51}

最弟兄三个中他～高kɑŋ^{35}min^{55}ts^{h}e^{51}

都大家～来了ge^{35}kɑ^{55}

一共～多少钱？ dom^{35}se^{51}

一起我和你～去dep^{35}gɑ^{51}

刚这双鞋我穿着～好tʂ^{h}e^{55}gen^{51}

刚我～到dɑ^{31}dɑ^{51}

才你怎么～来啊？ dɑ^{31}dɑ^{51}

经常我～去din^{55}tɕɑŋ^{55}ʐɑŋ^{51}

又他～来了dɑ^{31}nuŋ^{51}

还他～没回家dɑ^{31}dɑ^{51}ʐɑŋ^{51}

再你明天～来dɑ^{31}nuŋ^{51}

也我～去；我～是老师jɑŋ^{55}

没有昨天我～去mo^{55}nu^{51}

不明天我～去mɑ^{31}gɑi^{55}

别你～去mɑ^{31}gɑi^{55}lɑ^{51}

甭不用，不必：你～客气me^{35}be^{51}

快天～亮了dʑok^{35}

差点儿～摔倒了zu^{55}t^{h}i^{55}gɑi^{51}

宁可～买贵的mɑ^{31}zɑ^{55}ʐɑŋ^{51}

故意～打破的ŋɑn^{31}dʑɑ^{51}

随便～弄一下zi^{55}bi^{55}nɑm^{55}bi^{51}

白～跑一趟doŋ^{55}pɑ^{51}

肯定～是他干的be^{31}gu^{55}ble^{51}

可能～是他干的xi^{55}nu^{55}ʐe^{35}jo^{51}

一边～走，～说se^{51}

和我～他都姓王dɑŋ^{51}

和我昨天～他去城里了diŋ^{51}

对他～我很好diŋ^{51}

往～东走wu^{55}mo^{55}lo^{35}gɑ^{51}

按～他的要求做pɑŋ^{31}ɕe^{51}

替～他写信tsɑp^{55}

如果～忙你就别来了mɑ^{31}zɑ^{55}ʐɑŋ^{51}

不管～怎么劝他都不听zi^{35}bi^{55}nɑ^{55}jɑŋ^{51}

第二节

《中国语言资源调查手册·民族语言（藏缅语族）》扩展词

一　天文地理

天～地 nam^{35}

阳光 plɑŋ^{55}sir^{35}

日出 plɑŋ^{55}ɕoŋ^{35}do^{51}

日落 plɑŋ^{55}lu^{55}pu^{51}

光～线 sir^{35}

影子 blɑ^{51}

刮风 ɬot^{55}wo^{55}do^{51}

风声风呼呼声 ɬot^{55}get^{55}

打雷 bruk^{35}dir^{55}do^{51}

响雷霹雳，名词 bruk^{35}get^{55}t^{h}en^{55}po^{51}

大雨 nam^{55}t^{h}en^{55}pu^{51}

小雨 nam^{55}preu^{51}

毛毛雨 nam^{55}tɕ^{h}ɑ^{55}pɑ^{55}tɕ^{h}i^{55}bi^{51}

暴风雨 nam^{55}ɕok^{55}ts^{h}ok^{55}do^{51}

雨声 nam^{55}get^{55}

下雪 k^{h}ɑ^{55}wɑ^{55}ts^{h}ok^{55}do^{51}

雪崩 gɑŋ^{31}zi̥^{55}

雪水 k^{h}ɑ^{55}wɑ^{55}ts^{h}i^{51}

结冰 p^{h}la^{55}wu^{55}

融化雪～了 ʑy^{35}n̥i^{51}

乌云 muk^{55}pɑ^{51}

彩云 plɑŋ^{55}ɑ^{55}wu^{55}

蒸汽水蒸气 ts^{h}i^{55}xlɑŋ^{55}pɑ^{55}

地总称 sɑ^{55}tɕ^{h}ɑ^{55}

土地 sɑ^{51}

坡地 zu^{55}pu^{51}

荒地 doŋ^{55}bɑ^{51}

山地 zi̥^{32}sɑ^{51}

平地平坦的土地 sɑ^{55}n̥am^{55}pu^{51}

地界田地的边界 t^{h}ɑn^{55}ts^{h}ɑm^{55}

庄稼地 ble^{35}bi^{35}mɑ^{31}sɑ^{51}

沼泽地 in^{31}tsɑŋ^{51}

地陷 sɑ^{51}xo^{55}gɑi^{35}ȵi^{51}

海大～ ts^{h}o^{55}

田总称 ɑ^{55}ʐiŋ^{51}

梯田 ɑ^{55}ʐiŋ^{51}t^{h}im^{55}pɑŋ^{51}

田坎 ɑ^{55}ʐiŋ^{55}dɑŋ^{51}

秧田 dep^{35}ge^{55}mɑ^{55}sɑ^{51}

试验田 ts^{h}ui^{55}dɑ^{51}bi^{55}mɑ^{55}ɑ^{55}ʐiŋ^{51}

小山 ʐi^{31}gu^{55}preu^{51}

荒山 ʐi^{31}gu^{55}doŋ^{55}bɑ^{55}

雪山 k^{h}ɑ^{55}ʐi^{55}

山顶 ʐi^{31}gu^{55}zi^{55}gɑ^{55}

山峰 ʐi^{31}gu^{55}zi^{55}gɑ^{55}

山腰 ʐi^{31}gu^{55}but^{55}gɑ^{55}

山脚 ʐi^{31}gu^{55}dʑo^{31}kɑ^{51}

阴山指山背阴一面 plɑŋ^{55} mo^{55}nu^{51}mɑ^{55}gɑ^{55}ʐi^{31}gu^{55}

阳山指山朝阳一面 plɑŋ^{55}doŋ^{55}mɑ^{55}gɑ^{55}ʐi^{31}gu^{55}

岩洞 ʐi^{31}gɑŋ^{55}

岩石 gɑŋ^{35}ȵiŋ^{55}gɑ^{55}gur^{35}

鹅卵石 gɑŋ^{55}gu^{55}lɑ^{51}

平原 sɑ^{51}tɕ^{h}ɑ^{55}t^{h}in^{55}po^{51}

滑坡 ʐot^{55}bɑ^{51}

陡坡 zu^{55}pu^{51}

悬崖峭壁 p^{h}u^{35}ʐɑ^{51}

石板 gor^{35}bɑŋ^{55}lem^{55}

小河 ts^{h}i^{55}preu^{51}

河水 ts^{h}o^{55}ts^{h}i^{51}

上游河的～ ts^{h}i^{55}ȵɑ^{31}kɑ^{51}

下游河的～ ts^{h}i^{55}wɑ^{55}kɑ^{51}

旋涡河里的～ ts^{h}i^{55}tɕ^{h}iu^{55}tɕ^{h}iu^{55}mɑ^{51}

泡沫河里的～ ts^{h}i^{55}bom^{55}nɑŋ^{51}

泉水 lɑ^{55}ts^{h}i^{51}

清水与浊水相对 ts^{h}i^{55}tsɑŋ^{55}mɑ^{51}

瀑布 ts^{h}i^{55}p^{h}ɑ^{55}dɑr^{51}

草原 tsɑ^{55}t^{h}ɑŋ^{55}

峡谷 ʐi^{31}tɕ^{h}ɑm^{55}

泥石流 ʐut^{31}bɑ^{51}

地洞 sɑ^{55}gɑŋ^{55}

洞口 gɑŋ^{31}go^{51}

山路 ʐi^{31}gu^{55}lem^{55}nɑŋ^{51}

岔路 lem^{31}nɑŋ^{55}mɑŋ^{55}pu^{51}

大路野外的 lem^{51}nɑŋ^{55}t^{h}en^{55}po^{51}

小路野外的 lem^{55}nɑŋ^{55}preu^{51}

公路 mo^{31}tʂɑ^{55}lem^{31}nɑŋ^{51}

桥统称 zɑm^{31}pɑ^{51}

石桥 gor^{35}zɑm^{55}pɑ^{55}

渡口 t^{h}im^{55}mɑ^{55}kɑ^{51}

菜园 dum^{31}rɑ^{51}

果园 se^{55}ɕen^{55}k^{h}ɑ^{55}ɕen^{55}ge^{55}mɑ^{51}

尘土干燥的泥路上搅起的 p^{h}u^{55}zi^{51}

红土 sɑ^{55}liu^{51}

粉末 p^{h}e^{55}dʑø^{55}lɑ^{51}

锅烟子 nɑk^{55}zɑ^{51}

金 sir^{51}

银 ŋø^{35}

铜 zɑŋ^{35}

铁 tɕɑk^{51}

锈名词 tsɑ^{55}tɕ^{h}ɑk^{55}ȵi^{35}

钢 ŋɑr^{31}tɕɑk^{51}

锡 rɑ^{55}

铝 xɑ^{55}jɑŋ^{55}

铅 ɕen^{51}ȵu^{55}ku^{51}ȵiŋ^{35}ku^{51}

玉 jo^{51}

玻璃 ɕe^{55}go^{55}

硫黄 ze^{55}

火药 ze^{55}

火种 me^{55}

火光 mi^{31}we^{55}

火焰 mi^{31}we^{55}

火塘 mi^{31}tʰɑp^{55}

打火石 me^{31}tɕɑ^{51}

山火 zi̯^{31}gu^{55}me^{55}

火把 me^{31}dom^{51}

火星火塘里的 me^{31}tsɑk^{55}bɑ^{51}

火舌火苗 mi^{31}ɬɑp^{55}

火灾 me^{35}ɕo^{55}zu̯^{51}

火石 me^{31}tɕɑ^{51}

火铲 me^{35}tɕɑ^{55}lem^{51}

汽油 sɑ^{55}nom^{51}

油漆 zi^{51}

井水～ tsʰi^{55}gom^{51}

沸水 tsʰi^{55}zen^{55}

温水 tsʰi^{55}gɑ^{31}mɑ^{55}gom^{51}

二 时间方位

春天 sop^{55}di^{55}gɑ^{51}

夏天 sop^{55}di^{55}gɑ^{51}

秋天 gok^{55}di^{51}gɑ^{51}

冬天 gok^{55}di^{51}gɑ^{51}

过年 lo^{31}sɑr^{55}

过节 lo^{31}sɑr^{55}

每年 tom^{55}me^{55}ze̯^{55}tʰi^{51}

上半年 nɑ^{51}tom^{55}me^{55}zi̯^{55}pʰe^{55}zi^{51}

下半年 dʑo^{31}dʑo^{51}tom^{55}me^{55}zi̯^{55}pʰe^{55}zi^{51}

二月 le^{55}nɑi^{35}

三月 le^{55}som^{55}

四月 le^{55}bli^{35}

五月 le^{55}le^{31}ŋɑ^{55}

六月 le^{55}gro^{35}

七月 le^{55}ȵi^{51}

八月 le^{55}get^{35}

九月 le^{55}du^{31}gu^{55}

十月 le^{55}tɕi^{55}

十一月 le^{55}tɕi^{55}tʰi^{55}

十二月 le^{55}tɕiŋ^{55}nɑi^{55}

每月 le^{55}ze̯^{55}

月初 le^{51}go^{35}gɑ^{51}

月底 le^{51}dʑo^{35}gɑ^{51}

元旦 lo^{31}sɑr^{51}

初一除了正月以外，其他月份的初一。下同 tsʰe^{55}tʰi^{55}

初二 tsʰe^{55}nɑi^{35}

初三 tsʰe^{55}som^{55}

初四 tsʰe^{55}bli^{55}

初五 tsʰe^{55}le^{31}ŋɑ^{55}

初六 tsʰe^{55}gro^{35}

初七 tsʰe^{55}ȵi^{55}

初八 tsʰe^{55}get^{35}

初九 tsʰe^{55}du^{31}gu^{51}

初十 tsʰe^{55}tɕi^{55}

昼夜指白天黑夜 sen^{55}di^{51}

半天 plɑŋ^{55}pʰe^{55}zi^{51}

古时候 nɑː^{55}

东 ɕɑr^{51}

南 ɬo^{51}

西 nup^{35}

北 dʑɑŋ^{35}

正面 ȵi^{55}gɑ^{51}

反面 dʑɑp^{31}gɑ^{51}

附近 mɑŋ^{55}kɑ^{51}

周围 maŋ^{55}kɑ^{51}

对岸河的～ tsʰi^{55}tʰo^{55}lo^{55}kɑ^{51}

门上挂在～ guo^{55}tsi^{55}kɑ^{51}

楼上 tʰok^{55}ze^{55}tsi^{55}kɑ^{51}

楼下 tʰok^{55}ze^{55}wɑ^{55}kɑ^{51}

角落墙的～ zu^{35}kɑ^{51}

在……后 dʑap^{35}kɑ^{51}

在……前 ȵi^{55}kɑ^{51}

在……之间 but^{31}kɑ^{51}

三　植物

樟树 tsɑn^{55}nɑŋ^{55}ɕen^{51}

梧桐 om^{55}doŋ^{55}ɕen^{51}

漆树 ɣu^{31}ɕen^{51}

青冈栎 gu^{31}mɑ^{55}ɕen^{51}

树皮 ɕen^{55}kʰop^{55}dɑŋ^{51}

树枝 ɕen^{51}ɑ^{55}lɑ^{55}

树干 ɕen^{51}put^{35}kɑ^{51}

树梢 ɕen^{55}ȵeu^{55}gu^{55}ze^{55}kɑ^{51}

根树～ tsɑ^{51}

树浆 ɕen^{55}tsʰi^{55}

年轮树的～ ɕen^{55}tsʰe^{55}

火麻路边长的一种扎人的植物 ɕɑ^{55}wu^{55}ɕi^{51}

桃核 dɑ^{31}gɑ^{51}

壳核桃～ kʰop^{55}dɑŋ^{51}

核儿枣～ ȵin^{55}kɑ^{51}zɑ^{35}wu^{51}

香蕉 ŋɑ^{31}lɑ^{51}

芭蕉 bo^{31}riŋ^{55}ŋɑ^{31}lɑ^{51}

柠檬 ȵom^{55}bɑ^{51}

柑子 tsʰɑ^{55}lu^{55}

橙子 tsʰɑ^{55}lu^{55}

果皮统称 kʰop^{55}dɑŋ^{51}

果干晒干了的果实 gem^{55}bɑ^{51}

荆藤 bɑ^{55}zɑŋ^{51}

草根 ŋun^{55}dzɑ^{51}

青苔 ŋun^{55}bru^{51}

桃花 grik^{55}ɕen^{51}men^{55}do^{55}

花瓣 men^{55}do^{55}ɕɑ^{55}wɑ^{51}

花蕊 men^{55}do^{51}ȵin^{31}kɑ^{51}

毒菇 do^{35}bɑ^{55}moŋ^{51}

笋衣指笋的嫩壳 soŋ^{55}dʑɑ^{51}kʰop^{55}dɑŋ^{51}

瓜子 le^{55}

籽菜～ le^{55}

荷叶 po^{31}zuŋ^{51}ɕɑ^{55}wɑ^{51}

藠头 tsoŋ^{51}

灵芝 ɕen^{55}ȵe^{55}lap^{51}

竹根 so^{55}zɑ^{55}

竹节 so^{55}tsʰik^{55}bɑ^{51}

竹竿 so^{55}kʰɑr^{55}wɑ^{55}

篾条编篮子的～ dɑk^{55}ge^{51}

发芽 kʰroŋ^{55}se^{51}

结果 zɑ^{55}tɕɑi^{55}ȵi^{51}

成熟 tsʰui^{55}ȵi^{51}

开花 men^{55}to^{51}pʰok^{55}ȵi^{51}

吐须 pun^{55}po^{51}

凋谢 zek^{35}gɑi^{55}ȵi^{51}

粮食统称 dep^{35}

种子 sɑ^{55}gon^{55}

秧植物幼苗的统称 dep^{35}sɑ^{55}gon^{55}

稻穗 dep^{35}zɑ^{55}wu^{51}

抽穗 dep^{35}ȵi^{51}

大米脱粒后的 dep^{35}tsi^{55}

小米脱粒后的 jɑŋ^{55}ʐɑ^{51}

红米 dep^{35}liu^{55}

秕谷 xom^{55}

糠 sok^{55}bɑ^{51}

粟 dep^{35}

玉米苞长在植物上的玉米棒子 ɑ^{55}ɕom^{55}tɕʰɑŋ^{55}mɑ^{51}

玉米秆 ɑ^{55}ɕom^{55}kʰɑŋ^{51}

玉米须 ɑ^{55}ɕom^{55}pun^{55}po^{51}

青稞 ŋe^{35}

荞麦 dʑɑ^{55}bre^{55}

苦荞 bre^{31}mo^{51}

麦芒 bre^{35}mo^{55}dzɑŋ^{51}

麦穗 dzɑ^{31}wu^{51}

麦茬麦秆割过余下的部分 kʰrɑŋ^{51}

荞花 bre^{31}mo^{51}men^{55}do^{51}

荞壳 bre^{31}mo^{51}kʰop^{55}dɑŋ^{51}

豆子统称 ɕo^{55}li^{55}

豆秸 ɕo^{55}li^{55}tʰik^{55}bɑ^{51}

豆芽 ɕo^{55}li^{55}ȵom^{55}tʰoŋ^{55}ȵi^{51}

四季豆 o^{55}ɕɑ^{51}

豆苗豆类的幼苗 ɕo^{55}li^{55}sɑ^{55}gon^{55}

冬瓜 tsʰi^{55}brum^{55}ɕɑ^{51}

菜花一种蔬菜 ʂu^{55}men^{55}do^{51}

蕨菜 tɕoŋ^{55}dɑ^{51}

苦菜 kʰɑk^{55}di^{51}

蒜苗 tɕʰɑ^{55}dʑo^{55}sɑ^{55}wen^{51}

青椒 so^{55}lo^{55}tɕʰɑŋ^{55}mɑ^{51}

红椒 so^{55}lo^{55}liu^{55}

干辣椒 so^{55}lo^{55}gem^{55}bɑ^{51}

春笋 ʐɑ^{31}ɕy^{51}soŋ^{55}tɕɑ^{51}

冬笋 ʐɑ^{31}ɕy^{51}soŋ^{55}tɕɑ^{51}

笋壳 soŋ^{55}tɕɑ^{51}kʰop^{55}dɑŋ^{51}

笋干 soŋ^{55}tɕɑ^{55}gem^{55}bɑ^{51}

萝卜干 tɕɑ^{55}ru^{55}gem^{55}bɑ^{51}

萝卜缨子 tɕɑ^{55}ʐu^{55}plɑk^{55}mɑ^{51}

根茎菜的～ tsɑ^{51}

四 动物

野兽 sem^{55}tɕin^{51}

狮子 sen^{55}ge^{51}

豹 zek^{35}

狗熊 wɑm^{35}

熊掌 wɑm^{35}lɑ^{51}

熊胆 wɑm^{35}tʂʰi^{55}bɑ^{51}

野猪 peŋ^{55}pʰɑ^{55}

獒藏～，狗的一种 kʰi^{55}tʰen^{55}po^{51}

豺狗 tɕɑŋ^{55}kʰi^{55}

豪猪 peŋ^{55}pʰɑ^{55}pʰo^{55}reŋ^{51}

鹿总称 ɕɑ^{55}wɑ^{55}

鹿茸 ɕɑ^{55}wɑ^{55}ʐu^{31}wɑ^{51}

麂子 kʰɑ^{55}ɕɑ^{51}

狐狸 wɑ^{31}mo^{55}

狼 pʰɑ^{55}rɑ^{55}

黄鼠狼 ɕɑm^{55}toŋ^{51}

水獭 dʐɑm^{55}

旱獭土拨鼠 preŋ^{55}ʑo^{51}

野牛 kem^{55}tɕɑ^{55}

牦牛 bɑ^{35}

挤～牛奶 jø^{35}lɑ^{51}

大象 lɑŋ^{55}pɑ^{55}tɕʰe^{55}

象牙 lɑŋ^{55}po^{55}tɕʰe^{55}wɑ^{51}

象鼻 lɑŋ^{55}po^{55}tɕʰe^{55}som^{55}pi^{51}

松鼠 gɑ^{55}rɑn^{55}dɑ^{51}

金丝猴 brɑ^{51}

布谷鸟 gu^{55}gu^{55}mɑ^{51}

斑鸠 di^{55}di^{55}ʐɑ^{51}

燕子 nɑm^{55}tɕɑ^{55}leŋ^{51}
野鸡 po^{35}ʐeŋ^{55}kʰɑ^{51}
老鹰 ʑɑm^{31}po^{51}
鹰爪 ʑɑm^{31}po^{55}zim^{55}poŋ^{51}
猫头鹰 wuk^{31}bɑ^{51}
孔雀 mɑp^{31}dʑɑ^{51}
鹦鹉 ȵe^{31}tsʰo^{51}
画眉鸟 gop^{55}ɕiɑ^{51}
白鹤 tʂʰoŋ^{55}tʂʰoŋ^{55}gɑr^{55}ʐi^{55}mo^{51}
鹌鹑 muk^{31}doŋ^{55}bɑ^{51}
鸟蛋 ʑɑ^{35}kʰɑ^{55}lum^{51}
鸟笼 ʑɑ^{35}dʑor^{55}mɑ^{51}
麝 lɑ^{55}wɑ^{55}
麝香 lɑ^{55}tsi^{55}
野兔 ʐi^{31}boŋ^{55}
毒蛇 do^{35}mu^{55}ʑi^{51}
蟒蛇 gi^{55}leŋ^{55}mu^{55}ʑi^{51}
水蛇 tsʰi^{55}mu^{55}ʑi^{51}
竹叶青一种毒蛇 sɑŋ^{55}ȵom^{55}mu^{35}ʐi^{51}
蛇皮 mu^{55}ʐi^{55}kʰop^{55}dɑŋ^{51}
七寸 mu^{55}ʐi^{55}nɑn^{55}sɑ^{51}
蛇胆 mu^{55}ʐi^{55}tsʰi^{55}bɑ^{51}
蛇洞 mu^{55}ʐi^{55}gɑŋ^{35}
刺猬 tsɑŋ^{55}
田鼠 ɑ^{55}ʐiŋ^{55}ʑo^{55}
母老鼠母的家鼠 ʑo^{55}ɑ^{55}mɑ^{55}
蜈蚣 tɕʰi^{55}bu^{51}
蝎子 dik^{55}bɑ^{55}rɑ^{55}zɑ^{51}
头虱 ɕe^{51}
虮子虱卵 ʂu^{51}
蝗虫蚱蜢 dik^{55}der^{55}wɑ^{51}
螳螂 jɑŋ^{55}ɑ^{55}mɑ^{51}

蟋蟀蛐蛐 deŋ^{35}dor^{55}wɑ^{51}
蜂总称 soŋ^{55}gor^{55}mɑ^{51}
蜂窝 soŋ^{55}gor^{55}mɑ^{51}tsʰɑŋ^{51}
蜂王 jo^{31}gi^{51}
蜂箱 soŋ^{55}gor^{55}mɑ^{55}dʐom^{51}
蜂蜡 soŋ^{55}gor^{55}mɑ^{55}in^{51}
飞蛾 beŋ^{55}bɑ^{55}leŋ^{51}
萤火虫 ɑi^{55}bi^{55}tsen^{55}gɑ^{55}dɑŋ^{51}
白蚁 ʂok^{55}po^{55}kʰre^{55}ʐu^{51}
蚁窝 ʂok^{55}po^{51}tsʰɑŋ^{51}
蚁蛋 ʂok^{55}po^{55}kʰɑ^{55}lum^{51}
田蚂蟥 nɑp^{55}bɑi^{51}
山蚂蟥 bɑi^{51}
牛虻 zɑŋ^{35}bɑi^{51}
蠓墨蚊 dʐoŋ^{55}dʑoŋ^{55}
臭虫 sor^{55}wɑ^{55}gun^{51}
毛毛虫 bu^{55}so^{55}gun^{51}
蛔虫肚子里的 ʐɑŋ^{35}po^{51}
肉蛆 ȵeuk^{55}po^{51}
屎蛆 ȵeuk^{55}po^{51}
滚屎虫屎壳郎 ȵin^{55}pɑ^{55}wɑ^{51}
绿头蝇 joŋ^{31}po^{51}
蜘蛛网 ʐoŋ^{35}ɕɑŋ^{55}po^{51}
织网蜘蛛～ bren^{55}dɑŋ^{55}do^{51}
乌龟 ʐu^{35}bi^{51}
蟹夹蟹螯 di^{55}bɑ^{55}ʐɑ^{55}zɑ^{55}gɑŋ^{55}bɑ^{51}
蜗牛 nɑm^{55}bi^{55}sɑŋ^{51}
蝌蚪 dʑok^{55}dʑok^{55}bɑ^{51}
金鱼 sir^{55}ȵiɑ^{51}
娃娃鱼鲵 bɑt^{55}bɑ^{55}leŋ^{51}
鱼鳍 ȵɑ^{35}ɕom^{55}be^{51}
鱼刺 ȵɑ^{31}tsɑŋ^{51}

鱼子鱼卵 tʰɑm^{55}

鱼苗 ȵɑ^{55}kʰu^{55}wu^{51}

鱼饵 ȵɑ^{31}gon^{51}

鱼鳃 ȵɑ^{55}ɑ^{55}bɑk^{55}dɑŋ^{51}

剖鱼 ȵɑ^{55}ge^{55}bɑ^{55}grɑi^{35}lɑ^{51}

钓鱼竿 ȵɑ^{35}kʰɑ^{55}wɑ^{51}

皮子总称 pʰiu^{51}

毛总称 pu^{51}

羽毛 kʰɑ^{55}pu^{51}

角动物身上长的 ʐu^{31}wɑ^{55}

蹄子统称 dɑ^{55}bi^{51}

发情动物～ ŋɑ^{55}wu^{55}ʑoŋ^{35}ȵi^{51}

产崽动物～ brɑŋ^{35}ȵi^{51}

开膛剖开宰杀动物的腹部 kʰop^{55}bɑ^{55}ɕɑ^{55}gɑ^{55}

交尾 tɕɑk^{55}do^{51}

蝉脱壳 sop^{55}ɕo^{55}do^{51}

水牛 tsʰi^{55}bɑ^{55}

黄牛 dʑɑ^{31}tsɑ^{55}

公牛阉过的 bɑ^{35}to^{55}gɑ^{51}

牛犊 bɑ^{35}po^{55}bu^{51}

牛角 bɑ^{35}ʐu^{55}ɑ^{51}

牛皮 bɑ^{35}pʰiu^{51}

牛筋 bɑ^{35}gu^{55}zɑ^{51}

牛打架 bɑ^{35}tɕʰy^{55}tɕʰy^{55}mɑ^{51}tʰoŋ^{55}do^{51}

牛反刍 bɑ^{35}zi^{51}dʑɑt^{55}do^{51}

公马 te^{55}pʰu^{55}

母马 te^{55}mu^{51}

马驹 te^{55}kʰu^{55}wu^{51}

马鬃 gur^{55}te^{55}pu^{35}bɑ^{51}

绵羊 joŋ^{35}

山羊 ʐɑ^{35}

公羊 ʐɑ^{31}wɑ^{55}tok^{55}gɑ^{55}

母羊 ʐɑ^{31}wɑ^{55}dɑ^{31}mɑ^{51}

羊羔 ʐɑ^{35}wɑ^{55}kʰu^{51}wu^{51}

羊毛 ʐɑ^{31}wɑ^{55}pu^{51}

羊皮 ʐɑ^{31}wɑ^{55}pʰiu^{51}

公驴 boŋ^{31}mu^{51}pʰu^{51}

母驴 boŋ^{31}mu^{51}mo^{51}

看家狗 kʰem^{55}gu^{31}kʰi^{51}

猎狗 ɕɑ^{55}kʰi^{55}

疯狗 kʰi^{51}ȵø^{55}xɑn^{55}

狗窝 kʰi^{55}ȵɑi^{55}mɑ^{51}

冠鸡～ kʰɑ^{55}dzor^{55}bɑ^{51}

鸡崽 kʰɑ^{55}kʰu^{55}wu^{51}

鸡爪 kʰɑ^{55}dɑ^{55}bi^{51}

鸡屎 kʰɑ^{55}ŋen^{51}

鸡胗 kʰɑ^{55}rɑŋ^{55}do^{51}

蛋壳 kʰɑ^{55}lum^{55}kʰop^{55}

蛋清 kʰɑ^{55}lum^{55}kʰi^{55}ʐu^{51}

蛋黄 kʰɑ^{55}lum^{55}sir^{55}kʰu^{51}

鸡内金 kʰɑ^{55}dʑom^{55}

嗉囊鸟类食管后部用于暂存食物的膨大部分 dor^{35}

脚蹼鸭子的 der^{35}

蜕皮 pʰiu^{55}kʰop^{55}do^{51}

叮蚊子～ tɕʰɑi^{55}priu^{51}

蜇蜂子～ ŋom^{55}priu^{51}

爬虫子～ brɑt^{55}pu^{51}

叫牛～ gir^{55}do^{51}

五　房舍器具

楼房 kʰem^{55}tʰok^{55}tse^{51}

木板房 pɑŋ^{55}lep^{55}kʰem^{55}

砖瓦房 sɑ^{55}bɑ^{55}kʰem^{55}

碓房 ɕen^{55}brɑŋ^{51}

磨坊 çen^{55}brɑŋ^{51}

仓库 bɑŋ^{31}ŋɑ^{51}

棚子 bɑŋ^{31}sɑ^{51}

草棚 ŋon^{55}k^{h}em^{55}

碉楼 sen^{31}dʐɑ^{51}

屋檐 k^{h}em^{55}gɑp^{55}

屋顶 k^{h}em^{55}ze^{55}kɑ^{51}

梁 dʐɑ^{31}lu^{51}

椽子 dʑok^{31}çen^{51}

立柱房屋中间的主要支柱 tok^{31}çen^{51}

榫头 sɑp^{55}

门 ko^{51}

门口 ko^{51}mɑŋ^{55}gɑ^{55}

闩门～ ko^{55}sɑr^{51}

篱笆竹木条～ so^{51}ʐen^{55}mɑ^{51}

栏杆 lɑ^{55}zoŋ^{55}mɑ^{51}

桩子 çen^{51}ts^{h}op^{55}ȵeu^{51}

级楼梯的～ t^{h}im^{55}bɑŋ^{51}

木料 çen^{55}tɕ^{h}ɑ^{55}

圆木 çen^{55}du^{55}roŋ^{55}pi^{51}

板子 bɑŋ^{55}lep^{55}

墙板 lok^{55}bɑŋ^{51}

楼板 mɑi^{35}bɑŋ^{51}

木板 çen^{55}bɑŋ^{55}lep^{55}

门板 ko^{55}çen^{51}

墙壁 tsik^{55}bɑ^{51}

围墙 tsik^{55}pɑ^{51}ko^{55}lo^{55}lo^{51}

砌墙 tsik^{55}pɑ^{51}gɑ^{31}bɑ^{51}

土墙 sɑ^{55}tsik^{55}bɑ^{51}

石墙 gor^{35}tsik^{55}bɑ^{51}

房间 k^{h}em^{55}çɑ^{51}

外间 k^{h}em^{55}tɕ^{h}i^{55}kɑ^{51}

里间 k^{h}em^{55}ȵiŋ^{55}kɑ^{51}

箱子统称 gɑm^{35}

木箱 çen^{55}gɑm^{51}

皮箱 p^{h}iu^{55}gɑm^{51}

衣柜 du^{55}doŋ^{55}ȵik^{35}mɑ^{51}

饭桌 do^{55}tsɑi^{55}mɑ^{51}dʐok^{55}zi^{51}

小板凳 doŋ^{35}tɑn^{51}preu^{51}

棕垫棕树纤维做的床垫 t^{h}iŋ^{55}mɑ^{51}

电灯 lo^{51}

灯泡 çe^{55}do^{51}

电线 lo^{55}t^{h}ik^{55}bɑ^{51}

盆洗脸～ doŋ^{31}pin^{51}

镜子 çe^{55}ko^{51}

风箱 put^{35}bɑ^{51}

篮子 pɑk^{55}çen^{55}gɑŋ^{55}mɑ^{51}

背篓背小孩的～ bɑ^{31}ʐoŋ^{51}

袋子装粮食的～ lɑm^{31}kɑ^{51}

麻袋 lɑm^{31}kɑ^{51}t^{h}en^{55}po^{51}

钩子挂东西用的 jik^{55}mɑ^{51}

蓑衣 lem^{55}pu^{51}

斗笠 pɑ^{31}çɑ^{51}

炉子 tɕɑ^{55}t^{h}ɑp^{55}

吹火筒 me^{35}but^{55}mɑ^{55}

火钳 me^{35}gɑm^{55}bɑ^{51}

铁锅 tɕɑ^{55}xɑ^{55}joŋ^{51}

铝锅 xɑ^{55}joŋ^{51}

小锅 xɑ^{55}joŋ^{51}preu^{51}

锅盖 xɑ^{55}joŋ^{51}k^{h}ɑp^{55}dʑot^{51}

锅垫圈 tɕɑ^{55}gor^{35}bɑ^{51}

三脚架柴火灶的～ tɕɑ^{55}t^{h}ɑp^{51}

锅铲 do^{55}lem^{51}

勺子盛汤、盛饭用的，统称 lem^{51}

木勺子 çen^{55}lem^{51}

饭勺 do^{55}lem^{51}

砧板 tan^{55}baŋ^{51}

饭碗 do^{55}gru^{55}goŋ^{51}

大碗 gru^{31}goŋ^{51}t^{h}en^{55}po^{51}

小碗 gru^{31}goŋ^{51}preu^{51}

木碗 çen^{51}gru^{55}goŋ^{51}

筷子筒 sa^{55}t^{h}or^{51}ȵik^{55}ma^{51}

盘子大的 der^{35}ma^{51}t^{h}en^{55}po^{51}

碟子小的 der^{35}ma^{51}preu^{51}

刀总称 tç^{h}u^{55}bu^{51}

尖刀 tç^{h}u^{55}wu^{55}tç^{h}at^{55}bu^{55}

刀刃 tç^{h}u^{55}wu^{55}ja^{55}

缺口刀刃上坏掉缺少的一块 p^{h}et^{55}gai^{55}o^{51}

刀面 tç^{h}u^{55}wu^{55}p^{h}ek^{55}ba^{51}

刀背 tç^{h}u^{55}wu^{55}gak^{55}ba^{51}

刀鞘 tç^{h}u^{55}wu^{55}çep^{51}

柴刀 çen^{55}tç^{h}u^{55}wu^{51}

磨刀石 tçam^{55}der^{51}

杯子统称 pe^{35}tsi^{55}

玻璃杯 çe^{55}pe^{55}tsi^{55}

酒杯 tç^{h}aŋ^{55}t^{h}oŋ^{55}ma^{55}gru^{31}goŋ^{51}

茶杯 tça^{55}t^{h}oŋ^{55}ma^{55}gru^{31}goŋ^{51}

捞箕笊篱 çen^{55}ga^{55}leŋ^{55}

烧水壶 dʑaŋ^{31}gi^{51}

碓杵 jø^{31}dom^{51}

工具统称 no^{55}dzaŋ^{55}

铁锤 t^{h}o^{55}wa^{55}

锯子 so^{55}li^{55}

推刨 bu^{31}le^{51}

凿子 tsuŋ^{35}po^{51}

墨斗 t^{h}ik^{55}çoŋ^{51}

铁丝 tça^{55}gø^{51}

织布机 tʂup^{55}çi^{55}

针眼 k^{h}am^{55}me^{51}

枪 men^{31}da^{51}

子弹 di^{31}wu^{51}

子弹头 di^{31}wu^{55}gok^{55}de^{51}

子弹壳 pi^{55}toŋ^{51}

土铳火枪 pun^{31}da^{55}

炮 mer^{31}dʑo^{55}

长矛 duŋ^{51}

弓箭弓与箭的统称 li^{55}diŋ^{55}mla^{51}

弓 li^{55}

箭 mla^{51}

毒箭 do^{31}mla^{51}

箭绳弦 li^{55}t^{h}ik^{55}ba^{51}

马笼头 tʂap^{55}

马鞭 te^{55}tça^{51}

马鞍 ga^{55}

脚蹬马鞍上的～ tç^{h}ak^{55}ma^{51}

前鞧固定马鞍用的～ ȵi^{55}ga^{55}da^{55}ma^{51}

后鞧固定马鞍用的～ tçap^{55}ga^{55}da^{35}ma^{51}

缰绳 te^{55}t^{h}ik^{55}ba^{51}

缝纫机 k^{h}ro^{55}lo^{55}ts^{h}em^{51}

柴草枝叶柴 k^{h}raŋ^{55}kem^{55}pa^{51}

锉子 se^{55}der^{51}

槌子 t^{h}o^{55}wa^{55}

锥子 ȵuŋ^{51}

车轴风车或独轮车的 gon^{55}dʐu^{51}

铃打～ so^{55}loŋ^{55}ma^{51}

蒲团 t^{h}in^{55}ma^{51}

手表 tç^{h}u^{55}tse^{55}

眼镜 mik^{55}çe^{51}

扇子 si^{55}jɑp^{51}

拐杖 kʰɑr^{55}wɑ^{51}

篦子用来篦头用的 ɕe^{55}zep^{51}

钱包 ŋø^{35}pʰɑ^{55}zɑ^{51}

大烟罂粟 du^{35}

烟头 tʰɑ^{55}mɑ^{55}me^{51}

烟灰 tʰɑ^{55}mɑ^{55}blɑ^{51}

烟丝 dɑm^{55}gɑ^{51}

烟斗 dɑm^{55}gɑ^{55}wɑ^{55}ʐoŋ^{51}

烟嘴 tʰɑ^{55}mɑ^{55}gɑŋ^{31}zɑ^{51}

竹签 so^{55}kʰɑr^{55}wɑ^{51}

花瓶 men^{55}do^{55}tsʰok^{55}mɑ^{51}

花盆 men^{55}do^{55}gi^{55}mɑ^{51}

刀架放刀的木架 tɕʰu^{55}wu^{55}ȵik^{55}mɑ^{51}

刨花 ɕen^{51}so^{55}gom^{51}

锯末 ɕe^{55}pʰe^{51}

水磨 tɕʰu^{55}dɑ^{51}

磨盘 ʐɑŋ^{55}do^{51}

磨眼儿 ʐɑŋ^{55}do^{51}min^{51}

老虎钳 tɕɑ^{55}tok^{55}mɑ^{51}

推剪 gem^{55}tsi^{51}

剃头刀 kʰɑr^{55}tɕʰut^{55}mɑ^{51}tɕʰu^{55}dʑoŋ^{51}

剃须刀 mɑŋ^{55}ʐɑ^{55}tɕʰut^{55}mɑ^{51}

棉被 pʰo^{35}kʰep^{55}

被里 pʰo^{55}kʰep^{55}ȵin^{55}kɑ^{51}

被面儿 pʰo^{55}kʰep^{51}tɕʰi^{55}gɑ^{55}

枕芯 ȵin^{55}gɑ^{55}

沉淀物澄清后沉在底层的东西 teŋ^{35}ȵi^{51}

大刀 tɕʰu^{55}wu^{55}tʰen^{55}po^{51}

小刀 tɕʰu^{55}wu^{55}preu^{51}

匕首 gɑr^{31}so^{51}

火镰 me^{31}tɕɑ^{55}

炭火盆 me^{31}dzɑk^{55}pɑ^{51}doŋ^{35}men^{51}

瓶塞儿 kʰɑp^{55}dʑot^{55}

木臼 ɕen^{55}dok^{55}tsi^{51}

驮架 zuk^{35}mɑ^{51}

靠背椅子～ tʰin^{55}mɑ^{51}

飞机 nɑm^{55}dʐu^{51}

六　服饰饮食

布总称 ʐe^{55}

线总称 kut^{55}pɑŋ^{51}

毛线 mi^{35}kut^{55}pɑŋ^{51}

线团 mi^{35}lom^{55}nɑŋ^{51}

绸子 dʐuk^{31}tsi^{51}

上衣 tu^{55}tuŋ^{51}

内衣 ȵin^{35}ge^{55}gen^{35}mɑ^{51}tu^{55}tuŋ^{51}

外衣 tɕʰi^{55}ge^{55}gen^{35}mɑ^{51}tu^{55}tuŋ^{51}

单衣 du^{55}doŋ^{55}tʰi^{51}

长袖 pʰu^{55}dom^{55}ʐiŋ^{35}gu^{51}

短袖 pʰu^{55}dom^{55}tʰoŋ^{55}gu^{51}

扣眼 tʰip^{55}tsi^{55}dor^{55}wɑŋ^{51}

袖口 pʰu^{55}dom^{55}mɑŋ^{55}kɑ^{51}

裙子 me^{55}jo^{55}

绣花名词 men^{55}to^{55}gor^{31}pɑ^{51}

花边 kʰɑ^{55}ɕen^{55}men^{55}do^{51}

领子 goŋ^{31}bɑ^{51}

衣袋 pɑ^{55}ko^{55}

内裤 ȵin^{55}ge^{55}gen^{35}mɑ^{51}

裤裆 dor^{35}mɑ^{55}bre^{35}kɑ^{51}

胶鞋 ɬɑm^{51}

鞋底 ɬɑm^{55}wɑ^{55}gɑ^{55}

鞋后跟 tin^{55}bɑ^{51}

鞋带 tɕʰiŋ^{55}mɑ^{51}

皮帽 p^{h}iu^{55}ʑa^{35}mo^{51}

棉帽 gaŋ^{55}pe^{55}ʑa^{31}mo^{51}

手套 lak^{55}ɕop^{55}

腰带 t^{h}ai^{55}ma^{51}

绑腿兵～ gaŋ^{55}ʐi^{51}

头巾 gor^{35}ʐe^{55}ɬam^{55}ba^{51}

头绳 gok^{35}te^{51}k^{h}ra^{55}ta^{35}ma^{51}

镯子 ts^{h}o^{51}

耳环 a^{55}loŋ^{51}

项链 ŋaŋ^{31}gor^{51}

珠子 p^{h}eŋ^{55}a^{51}tsa^{35}wu^{55}t^{h}i^{51}

粉化妆用的 p^{h}e^{51}

食物总称 tsai^{35}ma^{51}

肉总称 ɕa^{51}

肥肉 ɕa^{55}dʑak^{55}ba^{51}

瘦肉 ɕa^{55}na^{55}ma^{51}

肉皮指猪、牛、羊等可食用的～ ɕa^{55}p^{h}iu^{51}

排骨 ʐui^{35}ba^{55}

剔骨头 ʐui^{31}pa^{51}ɕoŋ^{55}a^{51}

扣肉 ɕa^{51}k^{h}e^{55}pa^{51}

五花肉 p^{h}a^{55}po^{55}p^{h}e^{51}

炖肉 ɕa^{55}ts^{h}o^{55}wa^{51}

坨坨肉一块一块的肉 ɕa^{55}tan^{55}ba^{51}

猪腰子 p^{h}a^{55}dʑai^{55}wu^{51}

锅巴 tsem^{55}ba^{51}

烧饼 p^{h}em^{51}

饼子 get^{55}taŋ^{55}

素菜 ʂu^{55}ba^{51}

荤菜 ɕa^{55}ba^{51}

咸菜 ba^{55}ts^{h}a^{55}k^{h}a^{55}wu^{51}

酸菜 ba^{51}tɕ^{h}i^{55}wu^{55}ȵi^{51}

汤总称 pa^{55}ts^{h}i^{51}

米汤 dep^{55}ts^{h}i^{51}

肉汤 ɕa^{55}t^{h}uk^{55}ba^{51}

菜汤 ʂu^{55}ba^{55}ts^{h}i^{55}

舀汤 ba^{55}ts^{h}i^{55}tɕ^{h}y^{55}bi^{51}jo^{55}

糖总称 bu^{31}ʐam^{55}

茶总称 dʑa^{55}

浓茶 tɕa^{55}gar^{55}po^{51}

油总称 mar^{35}

猪油炼过的～ p^{h}a^{55}tɕ^{h}i^{55}

油渣 diŋ^{31}naŋ^{55}

花椒 jir^{35}

面糊 k^{h}ru^{55}wa^{55}

酥油茶 mar^{31}dʑa^{55}

牛奶 jo^{55}

酒总称 tɕ^{h}aŋ^{55}

酒曲 p^{h}ap^{55}laŋ^{55}wu^{51}

冷水 ts^{h}i^{55}ŋak^{55}ba^{51}

蒸饭 do^{55}dʑø^{55}la^{51}

夹生饭 do^{55}k^{h}oŋ^{55}ma^{51}

白饭 to^{55}

硬饭 do^{55}ga^{55}rak^{55}bi^{51}

软饭 do^{55}tɕam^{55}po^{51}

碎米 dep^{55}k^{h}a^{55}ʐaŋ^{51}

咸蛋 k^{h}a^{55}lum^{55}ts^{h}a^{55}ke^{55}ȵi^{51}

寡蛋孵不出小鸡的蛋 k^{h}a^{55}lum^{55}ma^{35}ȵa^{55}nu^{51}

七　身体医疗

身体统称 lyt^{31}po^{51}

个头 ʐiŋ^{31}t^{h}oŋ^{55}

皮肤 p^{h}iu^{55}

皱纹 nir^{55}ma^{51}

血液 tsa^{51}

骨头 ʐui^{55}ba^{51}

骨髓 gaŋ^{55}

肋骨 gep^{55}da^{51}

脊椎 dʑap^{55}doŋ^{55}ɕiŋ^{51}

头盖骨 gok^{55}de^{55}ɕe^{55}ma^{51}

肩胛骨 pʰoŋ^{55}ma^{55}kʰaŋ^{51}

踝骨 li^{31}min^{55}tsʰik^{55}pa^{51}

内脏统称 ȵin^{55}ɕa^{55}

心 sem^{51}

肝 dzen^{55}po^{51}

脾 tsʰir^{55}ba^{51}

肺 lo^{55}wa^{55}

肾腰子 tʂai^{55}bu^{55}

胃 ȵin^{55}po^{55}laŋ^{55}

胆 tʂʰi^{55}ba^{55}

筋 tsa^{51}

脉 pʰar^{55}tsa^{51}

血管 ge^{55}poŋ^{55}po^{51}

肠子 dʑo^{35}mo^{51}

大肠 dʑo^{31}mo^{51}tʰen^{55}po^{51}

小肠 dʑo^{31}mo^{51}preu^{51}

发髻 kok^{55}de^{51}tʰoŋ^{55}ma^{51}

头顶 kok^{55}de^{51}tse^{55}ka^{51}

头顶旋窝脑旋 sen^{55}diŋ^{51}

脑髓 lat^{31}pa^{51}

后脑 tɕap^{55}kok^{55}de^{51}

囟门 jom^{55}jom^{55}ma^{51}

白发 kʰra^{55}kʰe^{55}ʐu^{51}

睫毛 me^{55}loŋ^{55}po^{51}

气管 lo^{55}wa^{55}tʰik^{55}ba^{51}

食道 ȵen^{55}pʰo^{55}laŋ^{55}tʰik^{55}pa^{51}

喉结 toŋ^{55}toŋ^{55}tɕʰat^{55}pu^{51}

酒窝 sa^{31}gom^{55}

太阳穴 luk^{55}luk^{55}ba^{51}

眼皮 me^{55}loŋ^{55}kʰop^{55}daŋ^{51}

单眼皮 me^{55}loŋ^{55}gap^{55}tʰi^{55}ba^{51}

双眼皮 me^{55}loŋ^{55}gap^{55}nai^{35}ba^{51}

眼角 me^{55}loŋ^{55}zur^{51}

眼白 me^{55}loŋ^{55}kʰe^{55}ʐu^{51}

眼屎 me^{55}loŋ^{55}ŋen^{51}

耳孔 ȵi^{31}lap^{55}gaŋ^{51}

耳屎 ȵi^{31}lap^{55}ŋen^{51}

痰 xar^{55}

鼻孔 na^{55}wuŋ^{55}gaŋ^{55}

鼻尖 na^{55}tsi^{55}ka^{51}

鼻梁 na^{55}

鼻毛 na^{55}wuŋ^{55}po^{51}

鼻屎 na^{55}wuŋ^{55}ŋen^{55}

门牙 ȵi^{55}ga^{55}wa^{51}

犬齿 tɕʰe^{55}wa^{51}

臼齿 tʂaŋ^{31}wa^{51}

齿龈 wa^{55}ȵi^{55}ʐiŋ^{51}

牙缝 wa^{55}tɕʰam^{55}ka^{51}

牙垢 wa^{55}ŋen^{51}

假牙 wa^{55}tsap^{55}tsʰop^{55}dʑo^{51}

小舌 le^{55}preu^{51}

舌尖 le^{55}tɕʰat^{55}po^{51}

兔唇 kʰa^{55}ɕor^{55}po^{51}

人中 kʰa^{55}dʑo^{55}min^{51}

络腮胡 maŋ^{55}ʐa^{51}

八字胡 get^{55}ba^{55}maŋ^{55}ʐa^{55}

乳头女性的 jo^{35}kok^{55}de^{51}

乳汁 jo^{35}tʰoŋ^{55}ma^{51}

胸脯 braŋ^{55}toŋ^{51}

腰 kʰret^{55}

小腹 ge^{55}ba^{55}preu^{51}

手心 la^{55}ȵin^{55}ka^{51}

手背 la^{55}tɕap^{35}ka^{51}

手茧子 tɕʰiu^{55}pʰok^{55}ȵi^{51}

手腕 la^{55}tsʰik^{55}ba^{51}

汗毛 ly^{35}po^{55}pu^{51}

汗毛孔 ly^{35}po^{55}pu^{51}dor^{31}waŋ^{55}

粉刺脸上的～ dor^{55}brø^{51}

痱子 ɕop^{55}daŋ^{51}so^{55}pu^{51}

指纹 la^{55}tɕʰiu^{55}tɕʰiu^{55}ma^{51}

倒刺指甲下方的翻起的小皮 zem^{55}poŋ^{55}kʰop^{55}daŋ^{51}

腋窝 ga^{55}tɕi^{55}wa^{51}

腿肚子 le^{55}min^{55}dor^{55}

脚心 le^{35}min^{55}pru^{35}du^{55}waŋ^{51}

脚趾 le^{35}min^{55}pru^{35}ma^{55}

脚印 le^{31}ʑak^{51}

响屁 pʰe^{55}get^{55}tʰen^{55}po^{51}

闷屁 pʰe^{55}get^{55}mo^{55}nu^{51}

稀屎 ŋen^{55}kʰur^{55}ȵi^{51}

膀胱 kaŋ^{55}pu^{51}

子宫 bu^{31}za^{55}ɕom^{51}

阴道 du^{55}gaŋ^{55}

阴毛 du^{55}pu^{51}

睾丸 lik^{55}ba^{51}

汗 ŋy^{31}pa^{51}

汗垢 tsʰa^{55}tsʰi^{55}ɕoŋ^{55}ȵi^{51}

唾沫 tsʰi^{55}ma^{55}

医院 man^{55}gaŋ^{51}

药店 man^{55}tʂʰom^{51}

中医 pø^{35}jim^{55}tɕʰi^{51}

西医 tɕa^{35}jim^{55}tɕʰi^{51}

小病 ŋe^{35}preu^{51}

大病 ŋe^{35}tʰen^{55}pu^{51}

内伤 ŋe^{31}ga^{55}ȵe^{55}tsa^{51}

外伤 tɕʰi^{55}ga^{55}ȵe^{31}tsa^{51}

药总称 man^{55}

药丸 man^{55}ʂi^{55}pu^{51}

药粉 man^{55}pʰe^{51}

药水 man^{55}tsʰi^{51}

药膏 man^{55}sok^{55}ma^{51}

药酒 tɕʰaŋ^{55}man^{55}tsʰi^{51}

草药 ŋøn^{55}man^{55}

毒药 do^{31}man^{55}

开药方 man^{55}ba^{55}si^{51}

熬药 man^{55}tsʰa^{55}wa^{51}

搽药 man^{55}le^{35}a^{51}

动手术 ɕak^{55}dʐe^{51}

麻药 pir^{31}man^{51}

补药 nan^{55}ma^{55}

忌口 zai^{55}ma^{55}ȵa^{55}nu^{51}

治～病 man^{55}dʑo^{55}

呕干～ kop^{55}de^{35}o^{35}do^{51}

发冷感冒前兆时～ kok^{55}do^{51}

打冷战发疟疾时～ kok^{55}se^{51}tsʰe^{55}se^{51}

感冒 tɕʰam^{55}ba^{51}

传染 pø^{35}ma^{55}ȵi^{55}tsa^{51}

头晕 gom^{35}pʰir^{55}do^{51}

头疼 kok^{55}de^{51}ȵi^{55}do^{51}

按摩 dʐep^{55}bi^{51}

发汗 ŋø^{31}ba^{55}ɕoŋ^{55}ɣu^{51}

抽筋 li^{35}min^{55}ŋen^{55}bre^{55}do^{51}

抽风 løt^{35}pu^{51}tʰuk^{55}do^{51}

瘟疫 ȵi^{31}tsa^{51}

麻风 puk^{35}tʰoŋ^{55}ȵi^{51}

疟疾 graŋ^{31}ɕom^{55}

痢疾 ŋen^{35}kʰrø^{55}do^{51}

中风 gø^{35}gu^{55}mo^{55}nu^{51}

大脖子病 dak^{55}ba^{55}tʰen^{55}pu^{51}

骨折 ʐui^{31}pa^{55}pʰo^{55}do^{51}

脱臼 tʂʰu^{55}do^{51}

伤口 ma^{55}kʰa^{51}

痂伤口愈合后结的～ ma^{55}ɕy^{55}

疮总称 tɕʰøn^{55}

水泡 tsʰi^{51}iŋ^{55}ȵi^{51}

血泡 ge^{31}gai^{51}tsʰi^{55}iŋ^{55}ȵi^{51}

流鼻血 na^{55}wuŋ^{55}ge^{51}ɕoŋ^{55}do^{51}

伤痕未好的 ma^{55}ɕy^{51}

胀肚子～ diŋ^{55}do^{55}

麻手发～ sen^{55}do^{55}

僵硬 gak^{55}dar^{51}

伤受～ nap^{55}ba^{55}preu^{51}

出血 gi^{55}ɕoŋ^{35}ɣu^{51}

淤血 gi^{55}dʐik^{55}pa^{51}

茧手上长的老～ tɕʰi^{55}u^{55}iŋ^{55}ȵi^{51}

胎记 zan^{55}miŋ^{51}

结巴 kʰa^{55}tik^{55}

灰指甲 tsem^{55}poŋ^{51}ȵi^{55}tsa^{51}

左撇子 jøn^{55}ba^{55}lo^{55}ka^{51}

六指 la^{55}pro^{31}ma^{55}gro^{51}

近视眼 me^{55}loŋ^{55}doŋ^{55}xa^{55}mo^{55}nu^{51}

老花眼 me^{55}loŋ^{55}ʐa^{31}ba^{55}ʐo^{55}po^{51}

白内障 me^{55}loŋ^{55}kʰe^{55}ʐu^{51}

独眼 me^{55}loŋ^{55}tʰi^{55}ba^{51}

斜眼 me^{55}loŋ^{55}yn^{55}dor^{51}

歪嘴 kʰa^{55}yn^{55}dor^{51}

瘫痪 gø^{35}gu^{55}mo^{55}nu^{51}

八　婚丧信仰

招赘 mak^{55}ba^{55}ga^{35}jo^{51}

接亲 ȵi^{55}ma^{55}kʰir^{55}wot^{55}de^{51}

抢婚 pʰrok^{55}pʰrok^{55}ma^{51}

离婚 so^{55}so^{55}kʰa^{55}ga^{55}bi^{55}dʑo^{51}

胎衣 bu^{55}tsa^{51}ɕom^{51}

脐带 bu^{55}de^{55}lem^{51}

小产 bu^{55}tsa^{51}wa^{55}du^{51}

打胎 bu^{55}tsa^{51}wa^{55}du^{51}

寿命 tsʰe^{55}ʐeŋ^{51}

岁数人的～ dom^{55}pe^{55}ga^{31}tsem^{55}gai^{35}o^{51}

送葬 ʐo^{35}kʰo^{55}ʐu^{51}

遗体 ʐo^{35}

寿衣 ʐe^{35}kʰe^{55}ʐu^{51}

火葬 me^{31}ʐo^{55}

火葬场 me^{31}ʐo^{55}tot^{55}ma^{51}

土葬 sa^{55}waŋ^{55}

坟地 dur^{31}sa^{51}

灵魂 nam^{55}ɕi^{51}

法术 tɕʰø^{55}ba^{51}

命运 sem^{51}

打卦 mo^{35}de^{55}de^{51}

拜菩萨 gon^{55}dʑo^{55}som^{55}so^{55}wa^{55}dam^{55}

佛 ɬa^{51}

鬼 xaŋ^{55}

仙 ɬa^{51}

经书 pe^{55}tɕa^{51}

龙 bruk^{35}

许愿 ʐe^{31}wa^{55}

还愿 ʐe^{31}wa^{55}

九　人品称谓

高个儿 jaŋ^{55}ʐeŋ^{31}gu^{51}

光头 kek^{55}doŋ^{51}

老太婆 gan^{31}mo^{51}

老头子 gat^{35}po^{51}

年轻人 ɕar^{55}wa^{51}

小伙子 bu^{55}tsa^{51}

姑娘 ɕo^{31}mo^{51}

熟人 ŋo^{35}ɕe^{55}du^{51}

生人 ŋo^{35}me^{55}ɕe^{55}du^{51}

富人 tɕ^{h}ok^{55}po^{51}

穷人 praŋ^{55}po^{51}

工人 zo^{31}pa^{55}

官总称 pon^{55}

头目 gu^{35}k^{h}er^{55}xan^{51}

土司 sa^{55}pon^{55}

医生 jim^{55}tɕ^{h}i^{51}

猎人 ɕa^{55}ba^{55}

屠夫 ɕan^{55}ba^{55}

强盗 tɕak^{55}ba^{51}

土匪 tɕak^{55}ba^{51}

骗子 k^{h}a^{55}la^{55}t^{h}oŋ^{55}k^{h}an^{55}

胖子 tok^{55}t^{h}an^{55}pu^{51}

民族族群自称 mi^{31}ʐik^{55}

汉族 dʑa^{31}ʐek^{55}

老百姓 maŋ^{55}ts^{h}o^{55}

姓你～什么？ miŋ^{35}

主人 ne^{55}po^{55}

兵总称 ma^{55}mi^{51}

老师 lop^{55}pon^{55}

学生 lop^{55}dʐa^{55}ba^{51}

敌人 dʐa^{35}wo^{51}

伙伴 to^{55}saŋ^{55}

摆渡人 dʐu^{55}ziŋ^{51}t^{h}oŋ^{55}k^{h}an^{51}

酒鬼 tɕ^{h}aŋ^{55}gu^{55}xaŋ^{55}

证人 mi^{31}baŋ^{51}

国王皇帝 dʑe^{31}po^{51}

王后皇后 tsun^{55}mo^{51}

头人 gu^{35}k^{h}er^{55}xam^{51}

石匠 gor^{35}tso^{55}ba^{51}

篾匠 ba^{31}ʐoŋ^{55}tso^{55}ba^{51}

铁匠 tɕa^{55}tso^{55}ba^{51}

渔夫 ȵa^{31}ba^{51}

中人 p^{h}o^{55}li^{55}mo^{55}li^{51}

叛徒 ŋo^{35}lok^{55}ba^{51}

私生子 me^{31}naŋ^{55}gu^{55}bu^{55}tsa^{51}

囚犯 tson^{55}ba^{51}

赶马人 te^{55}t^{h}er^{55}k^{h}an^{55}

长辈统称 mi^{35}t^{h}en^{55}po^{51}

曾祖父 mi^{35}mi^{55}wu^{55}bi^{51}

曾祖母 ai^{55}wu^{55}bi^{51}

大舅 a^{55}dʑaŋ^{55}t^{h}en^{55}po^{51}

小舅 a^{55}dʑaŋ^{55}preu^{51}

大舅母 a^{55}ȵi^{55}t^{h}en^{55}po^{51}

小舅母 a^{55}ȵi^{55}preu^{51}

兄弟 a^{55}tɕi^{55}ʑok^{55}po^{51}

姐妹 a^{55}wu^{55}ʑok^{55}mo^{51}

子女 pu^{35}pur^{55}min^{51}

侄女 ts^{h}a^{55}mo^{51}

外甥女 ts^{h}a^{55}mo^{51}

孙女 ts^{h}a^{55}mo^{51}

外孙女 ts^{h}a^{55}mo^{51}

重孙 ts^{h}a^{55}mo^{51}

祖宗 dɑŋ^{31}po^{51}

孤儿 ɑ^{55}pɑ^{55}ɑ^{55}mɑ^{55}mo^{55}nu^{51}bu^{35}tsɑ^{51}

母女俩 ɑ^{55}mɑ^{55}diŋ^{55}bu^{55}tsɑ^{51}

男朋友 gɑ^{35}ro^{51}

女朋友 gɑ^{35}ro^{51}

大舅子 ɕɑŋ^{31}tsʰɑn^{55}tʰen^{55}po^{51}

小舅子 ɕɑŋ^{31}tsʰɑn^{55}preu^{51}

大姨子 mɑ^{31}xɑŋ^{55}tʰen^{55}po^{51}

小姨子 mɑ^{31}xɑŋ^{55}preu^{51}

兄弟俩 ɑ^{55}tɕi^{55}ɕok^{55}po^{55}nɑi^{35}

夫妻俩 ȵi^{55}po^{55}ȵi^{55}mo^{51}nɑi^{35}

姐妹俩 ɑ^{55}wu^{55}ɕo^{55}mo^{55}nɑi^{35}

曾孙 tsʰɑ^{55}mo^{55}

母子俩 ɑ^{55}mɑ^{55}diŋ^{55}bu^{55}tsɑ^{55}nɑi^{35}

父女俩 ɑ^{55}pɑ^{55}diŋ^{55}bu^{55}me^{55}nɑi^{35}

婆家 ɑ^{55}dʑɑŋ^{55}kʰem^{55}

亲家 kʰem^{55}tsʰɑŋ^{51}

亲家公 ɕɑŋ^{31}tsɑn^{55}

亲家母 ɑ^{55}wu^{51}

父子 ɑ^{55}pɑ^{55}diŋ^{31}bu^{51}

父女 ɑ^{55}pɑ^{55}diŋ^{55}bu^{51}me^{51}

母子 ɑ^{55}mɑ^{55}diŋ^{55}bu^{51}

母女 ɑ^{55}mɑ^{55}diŋ^{55}ʑo^{35}mo^{51}

十　农工商文

种水稻 dep^{35}ge^{55}lɑ^{51}

播种 dep^{35}sɑ^{55}wen^{55}ge^{55}lɑ^{51}

点播 tʰi^{55}ʐe^{55}ge^{55}lɑ^{51}

撒播 ɕo^{35}se^{55}ge^{55}lɑ^{51}

犁田 ɑ^{55}ʐiŋ^{55}no^{55}ʐɑ^{51}

种田 ge^{55}de^{55}

栽种 brok^{55}de^{55}

挖地 sɑ^{55}go^{55}bɑ^{51}

锄地 wɑŋ^{35}ŋɑ^{55}go^{55}bɑ^{51}

除草 ŋon^{55}wɑ^{55}dɑ^{51}

收割 tɕʰi^{55}wu^{55}dɑ^{51}

开荒 doŋ^{55}bɑ^{51}

浇水 tsʰi^{55}ɕo^{55}ʐɑ^{51}

肥料 sɑ^{51}

施肥 sɑ^{55}tɕo^{55}ʐɑ^{55}

沤肥 sɑ^{55}

掰玉米 ɑ^{55}ɕym^{55}pʰo^{55}dɑ^{51}

杠子抬物用的 ɕen^{51}jik^{55}mɑ^{51}

楔子橛 pʰu^{55}dɑ^{55}bɑ^{51}

锄柄 y^{35}bɑ^{51}

铁锹 lem^{55}dʑɑ^{51}

铲子 lem^{55}dʑɑ^{51}

犁头 tʰoŋ^{55}pɑ^{55}gok^{55}de^{51}

犁铧 tʰoŋ^{55}pɑ^{55}tɕʰɑt^{55}po^{51}

犁架 tʰoŋ^{55}pɑ^{55}ɕen^{51}

犁弓 tɕʰok^{55}ɕen^{51}

犁把 jy^{55}pɑ^{51}

耙~地 ʂɑi^{55}mɑ^{55}tʰoŋ^{55}jo^{51}

牛轭 ȵɑ^{31}ɕen^{51}

晒谷 dep^{35}koŋ^{55}ɑ^{51}

晒谷场 dep^{35}koŋ^{55}mɑ^{31}sɑ^{51}

麻绳 tʰik^{55}pɑ^{51}

木耙 ʂɑi^{55}mɑ^{55}ɕen^{51}

鞭子 te^{55}tɕɑ^{51}

牛鼻绳 nɑ^{35}woŋ^{55}tʰɑk^{55}bɑ^{51}

筐统称 pɑ^{31}ʐoŋ^{51}

粗筛指眼大的筛子 pɑk^{55}pɑ^{51}ge^{55}mo^{55}

细筛指眼小的筛子 pʰe^{55}ge^{55}mo^{55}

圈儿统称，名词 gor^{31}bɑ^{51}

牛圈 ba^{35}zir^{55}waŋ^{51}

马棚 te^{55}k^{h}em^{51}

羊圈 ʐa^{31}wa^{55}zuk^{55}ma^{51}

鸡窝 k^{h}a^{55}k^{h}em^{55}

笼子 diŋ^{31}ʐe^{55}

猪槽 t^{h}oŋ^{55}gor^{51}

谷桶 top^{35}

碾米 zan^{55}

舂米 dep^{35}t^{h}oŋ^{55}ma^{55}

猪草 p^{h}a^{55}do^{55}

猪食 p^{h}a^{55}do^{55}

利息 dʑe^{55}tɕ^{h}a^{55}

买 ȵe^{51}wu^{51}

卖 mø^{55}wu^{55}

交换物物～ ble^{55}dʑo^{51}

价钱 ŋoŋ^{31}ts^{h}e^{55}

借钱 ŋø^{55}ja^{55}jo^{55}

还钱 blen^{55}piu^{51}

讨价 goŋ^{31}ts^{h}e^{55}dzi^{55}a^{51}

还价 goŋ^{31}ts^{h}e^{55}dzi^{35}a^{51}

债 blen^{55}

赢～钱 dʐai^{31}wu^{51}

输～钱 ɕor^{55}ʐu^{55}

秤钩 tɕa^{31}ma^{55}dʑak^{55}ma^{51}

秤盘 tɕa^{31}ma^{55}tik^{55}ma^{51}

秤星 tɕa^{31}ma^{55}de^{55}ma^{51}

秤砣 tɕa^{31}ma^{55}gor^{51}

火车 ʐu^{31}lu^{51}

汽车 mo^{31}tʂa^{55}

船总称 dʐu^{31}ziŋ^{51}

划船 dʐu^{31}ziŋ^{55}t^{h}oŋ^{55}jo^{51}

机器 tʂ^{h}ui^{55}tɕ^{h}a^{55}

属相 lop^{55}da^{51}

国家统称 dʐe^{31}k^{h}ap^{55}

政府 si^{55}ʑoŋ^{55}

乡政府 ɕaŋ^{51}si^{51}dʑuŋ^{55}

省行政区划的～ tʂuŋ^{31}tɕ^{h}ir^{55}

县行政区划的～ zuŋ^{55}

村行政～ tʂuŋ^{31}ts^{h}o^{55}

记号标记 ta^{55}dʑap^{55}ȵi^{51}

证据 mi^{31}baŋ^{51}

黑板 dʑaŋ^{31}ɕen^{51}

粉笔 sa^{55}gar^{55}

笔总称 ȵo^{55}gu^{55}

纸总称 ɕo^{55}gu^{55}

书总称 dep^{35}

念书 dep^{35}k^{h}rok^{55}do^{51}

请假 goŋ^{31}ba^{51}

荡秋千 dʑoŋ^{55}ge^{55}men^{35}ge^{51}

吹口哨 p^{h}ik^{55}ba^{51}

唱调子指民族地区说唱的一种形式 ʑi^{35}t^{h}oŋ^{55}a^{51}

打弹弓 dʑik^{55}ta^{51}p^{h}oŋ^{55}ma^{51}

翻筋斗 wak^{55}toŋ^{55}pa^{55}tɕ^{h}e^{55}a^{55}

潜水 ts^{h}i^{55}ȵin^{55}a^{55}

跳舞 ɕap^{55}dʐo^{51}

锣总称 k^{h}ar^{55}ŋa^{51}

钹 po^{55}tɕa^{51}

鼓总称 da^{35}

镲小钹 pop^{55}dʑa^{51}

唢呐 dʑa^{31}liŋ^{55}

哨子 bi^{55}ʐi^{55}

照相 par^{55}tar^{55}ba^{51}

相片 par^{51}

射击 p^{h}oŋ^{55}ŋa^{55}

墨水 nɑk^{55}tsɑ^{55}

地图 sɑp^{55}tʂ^{h}ɑ^{51}

图画 pɑr^{55}te^{55}mɑ^{51}

涂改 so^{55}dɑ^{51}

字写～ ji^{55}gi^{55}

算～数 tsi^{55}t^{h}oŋ^{55}ɑ^{51}

数～数 krɑŋ^{55}t^{h}oŋ^{55}ɑ^{51}

加数学中的～法 do^{31}mɑ^{51}

减数学中的～法 p^{h}ɑ^{55}wɑ^{55}dɑ^{51}

球总称 pu^{55}lu^{55}

对歌 tuk^{55}ɕe^{55}

唱山歌 tuk^{55}ɕe^{55}

比赛 dʐen^{31}dor^{55}

游泳 sɑi^{55}t^{h}oŋ^{55}ɑ^{51}

骑马 gut^{55}tɑ^{51}lɑŋ^{55}ɑ^{51}

钓鱼 tɕɑk^{51}dʑo^{51}t^{h}oŋ^{55}ɑ^{51}

十一 动作行为

燃烧火～ pɑ^{35}ʐe^{55}ȵi^{51}

浮～在水面 bon^{35}ȵi^{51}

流水～动 gɑi^{55}ȵi^{51}

飞在天上～ p^{h}en^{55}do^{51}

住～旅馆 zuk^{55}mɑ^{51}

来～家里 ɕo^{55}

吹～火 pu^{31}tɑ^{51}

拉～车 tɕ^{h}u^{55}ɑ^{51}

挖～土豆 ko^{55}pu^{51}

捉～鸡 zuŋ^{31}ŋɑ^{51}

挠用手指或指甲抓人 ŋor^{31}bɑ^{51}

圈动词，～牲口 dʑo^{31}rɑ^{51}

刺～了一刀 ts^{h}o^{55}po^{55}

搓～手掌 p^{h}o^{55}ʐɑ^{51}

抹～水泥 so^{55}wɑ^{51}

笑 git^{35}t^{h}ɑ^{55}ʐu^{55}

旋转 p^{h}i^{55}ʐɑ^{51}

沉～没 teŋ^{35}ge^{51}o^{51}

浸～泡 lɑi^{35}ȵi^{55}wu^{51}

漏～雨 zek^{31}do^{51}

溢水～出来了 ɕɑp^{55}

取名 meŋ^{35}t^{h}o^{55}ɑ^{51}

晾衣 tu^{55}toŋ^{55}goŋ^{55}ɑ^{51}

补～衣服 ɬɑn^{55}bɑ^{51}

剪～布 grɑi^{55}lɑ^{51}

裁～衣服 grɑi^{55}lɑ^{51}

织～毛线 t^{h}e^{55}gɑ^{55}

扎～稻草人、风筝等 tɕy^{55}lɑ^{51}

砍柴 ɕen^{55}tu^{55}bɑ^{55}

淘米 dep^{35}k^{h}ø^{55}lɑ^{51}

洗碗 gru^{55}goŋ^{55}k^{h}ø^{55}lɑ^{51}

搅拌 gro^{55}wɑ^{51}

焖～米饭 ts^{h}o^{55}wɑ^{51}

炖～牛肉 du^{31}ʐɑ^{51}

烤～白薯 to^{55}tɑ^{51}

饱吃～了 ŋreŋ^{35}ȵi^{55}

醉酒～ tse^{55}ȵi^{55}

打嗝 xe^{55}gu^{55}bi^{55}ȵi^{51}

讨饭 to^{51}ɕir^{55}jo^{51}

酿酒 tɕ^{h}ɑŋ^{55}ts^{h}o^{55}wɑ^{51}

搬家 pui^{55}lɑ^{51}

分家 k^{h}em^{55}so^{55}so^{55}

开门 go^{55}p^{h}e^{55}lɑ^{51}

关门 go^{55}tɕ^{h}ot^{55}tɑ^{51}

洗脸 toŋ^{31}pɑ^{55}k^{h}rø^{55}lɑ^{51}

漱口 wɑ^{55}k^{h}rø^{55}lɑ^{51}

做鬼脸 xɑŋ^{55}gu^{55}toŋ^{31}pɑ^{51}dʑo^{55}lɑ^{51}

伸懒腰 lɑ^{55}li^{55}men^{55}dɑŋ^{55}ɑ^{51}

点灯 lo^{51}tui^{55}lɑ^{51}

熄灯 lo^{51}so^{55}dɑ^{51}

说梦话 k^{h}ɑ^{55}dʑɑi^{55}do^{51}

醒睡～ sɑŋ^{55}ȵi^{51}

晒太阳 plɑŋ^{55}do^{55}wu^{51}

烤火 me^{35}goŋ^{55}ɑ^{55}

暖被窝 p^{h}o^{55}k^{h}ep^{55}ȵin^{35}kɑ^{51}

等待 te^{31}tɑ^{51}

走路 gɑi^{55}dʑo^{51}

遇见 doŋ^{55}wu^{51}

去～街上 gɑi^{55}

进～山 ɕo^{51}

出～操 ʑoŋ^{35}gɑi^{55}ȵi^{51}

进来 ȵin^{31}kɑ^{51}ɕo^{51}

上来 jɑ^{31}rɑ^{55}ɕo^{51}

下去 mɑ^{31}rɑ^{55}gɑi^{55}lɑ^{51}

争～地盘 p^{h}rok^{35}p^{h}o^{55}mɑ^{51}

吃亏 tok^{31}dʑoŋ^{51}

上当 go^{31}gor^{51}

道歉 k^{h}o^{55}tɑŋ^{55}mɑ^{31}tɕ^{h}ɑ^{55}dɑ^{51}

帮忙 ʐok^{35}pɑ^{51}

送礼 nu^{55}tsɑŋ^{55}biu^{51}

告状 ɕot^{55}ȵeu^{51}

犯法 tʂ^{h}im^{51}

赌博 dzɑi^{35}zuk^{51}wu^{55}

坐牢 tsun^{55}pɑ^{51}

砍头 gok^{55}te^{55}tup^{55}bɑ^{51}

吻 dʑop^{55}pe^{51}

呛喝水～着了 jik^{55}do^{51}

呼气 pu^{35}wɑ^{35}dɑ^{51}

抬头 proŋ^{55}ɑ^{51}

低头 gu^{55}ʐɑ^{51}

点头 jɑ^{35}jɑ^{51}

摇头 mo^{31}go^{55}

摇动 t^{h}u^{55}ɑ^{51}

招手 lɑ^{55}jɑ^{55}pɑ^{51}

举手 lɑ^{55}dɑŋ^{55}ɑ^{51}

笼手指双手放在袖子里 lɑ^{55}ts^{h}u^{55}dɑ^{51}

拍手 lɑ^{55}tɕ^{h}e^{55}kɑ^{51}

握手 lɑ^{55}zoŋ^{35}ɑ^{51}

弹手指～ dɑ^{55}rɑ^{51}

掐两个手指～虱子 dzi^{55}ɑ^{51}

抠手指～ ŋor^{55}pɑ^{55}

牵～一条牛 k^{h}riu^{55}

扳～手腕 ɕok^{55}do^{55}ʐu^{51}

捧～水 do^{55}ɑ^{51}

抛向空中～物 wɑ^{31}tɑ^{51}

掏从洞中～出来 gop^{31}bɑ^{51}

骗～猪 lɑ^{31}goŋ^{55}mɑ^{51}

夹～腋下 gɑ^{55}mɑ^{51}

抓～把米 zoŋ^{35}ɑ^{51}

甩～水 wɑ^{31}tɑ^{51}

搓～面条 gri^{35}mɑ^{51}

跟～在别人的后面 ɕo^{51}

跪～在地上 gom^{55}dzu^{55}gu^{51}

踢～了他一脚 le^{55}gem^{55}pɑ^{55}

躺～在地上 ȵɑi^{31}lɑ^{51}

侧睡 lok^{55}tɑt^{55}pɑ^{55}ȵɑi^{31}lɑ^{51}

靠～在椅子上睡着了 ten^{55}nɑ^{51}

遗失 glok^{55}ȵi^{51}

堆放 poŋ^{35}ȵi^{55}ɑ^{51}

叠～被子 tɑ^{35}pɑ^{51}

摆～碗筷 ȵi^{35}ɑ^{51}

搬～粮食 pø^{55}ɣu^{51}

塞堵～ sup^{55}ȵi^{51}

抢～东西 p^{h}ro^{55}ɑ^{51}

砸～核桃 tɑ^{55}rɑ^{55}

刮～胡子 ʐe^{35}ɑ^{51}

揭～锅盖 ɕe^{55}lɑ^{51}

翻～地 pør^{55}lɑ^{51}

挂～书包 jek^{55}ȵi^{55}gɑ^{51}

包～饺子 p^{h}u^{55}ʐɑ^{51}

贴～年画 dʑɑ^{35}rɑ^{51}

割～麦子 tɕ^{h}øt^{55}pu^{55}

锯～木头 to^{55}pu^{51}

装～口袋 ts^{h}u^{55}tɑ^{51}

卷～席子 gri^{31}lɑ^{51}

吓～人 pɑr^{55}ɕɑ^{55}wu^{51}

试～衣服 ts^{h}ui^{55}tɑ^{51}

换～灯泡 ple^{55}lɑ^{55}

填～土 lo^{31}ɑ^{51}

留～在我这里 tɑ^{31}tsen^{55}bi^{35}jo^{51}

使用 be^{31}dʑe^{51}

顶用角～ bɑ^{35}tɕ^{h}u^{55}wu^{51}

刨食鸡用脚～ ŋop^{35}do^{51}

晒衣 tu^{55}toŋ^{55}koŋ^{55}ɑ^{51}

摘菜 ʂu^{51}tɕ^{h}o^{55}tɑ^{51}

切菜 ʂu^{51}tu^{55}bɑ^{51}

烧开水 ts^{h}i^{55}zen^{55}k^{h}rɑk^{55}ɑ^{51}

熬～茶 k^{h}ɑ^{55}ɑ^{51}

蘸～一点辣椒 ȵom^{55}se^{51}

溅水泼到地上～了一身 tɕor^{35}piu^{51}

洒水 ts^{h}i^{55}tɕor^{35}to^{51}

返回 tɑp^{55}ɕo^{51}

到达～北京 ɣoŋ^{35}wu^{51}

招待 te^{55}lɑ^{51}

认罪 k^{h}ɑi^{55}loŋ^{55}ɑ^{55}

包庇 mɑ^{55}ɕɑ^{55}tɑ^{51}

卖淫 tu^{55}mui^{55}xɑn^{51}

偷盗 gon^{55}mɑ^{51}

毒～死 do^{35}lo^{55}wu^{51}

听见 t^{h}ui^{55}do^{51}

偷听 ʑɑ^{55}ȵɑn^{55}do^{51}

看见 toŋ^{55}ŋu^{55}

瞄准 mi^{55}gɑ^{51}

剐蹭我的车被他的车～了 k^{h}it^{55}ȵi^{51}

啃～骨头 ʂen^{55}mɑ^{51}

磕头 tɕ^{h}ɑ^{55}ts^{h}ɑi^{55}lɑ^{51}

拖在地上～着走 tɕ^{h}iu^{55}wɑ^{51}

拍～肩 tɕ^{h}e^{55}gɑ^{51}

托用双手～ te^{55}nɑ^{51}

压双手～ pe^{55}nɑ^{51}

抽鞭～ tɑ^{31}rɑ^{51}

勒～在脖子上 tɑ^{31}mɑ^{51}

抖～袋子 t^{h}uk^{55}wɑ^{55}tɑ^{55}

拄～杖 dok^{55}se^{51}

垫～在屁股底下 t^{h}i^{55}nɑ^{55}

划刀～ gɑr^{35}toŋ^{51}ɑ^{55}

锉～锯子 to^{31}ʐɑ^{55}

钻～在地洞里 tek^{35}gɑi^{55}o^{51}

捂用手～住嘴 k^{h}ep^{55}bɑ^{51}

渗～透 te^{35}ge^{55}o^{51}

滤～沙子 dzɑk^{55}mɑ^{51}

叼～烟 gɑ^{31}mɑ^{51}

叉腰 tet^{31}gɑ^{55}te^{35}lɑ^{51}

赤膊 jɑ^{31}rɑ^{51}ter^{55}goŋ^{51}

敲打 tɕʰe^{55}gɑ^{51}

撒娇 tɕɑ^{55}lɑŋ^{51}

呻吟 ʐim^{35}to^{51}

仰睡 grik^{55}se^{55}ȵɑi^{55}lɑ^{51}

喂草 ŋon^{35}pe^{51}

放夹捕捉猎物方式 tɕɑ^{55}dor^{55}bɑ^{51}

装索套捕捉猎物方式 mɑŋ^{55}dzui^{55}wu^{51}

拔毛 pu^{55}pro^{55}wɑ^{51}

燎毛 pu^{55}do^{55}tɑ^{51}

剥皮剥动物皮 pʰeu^{55}kʰo^{55}pɑ^{51}

烧砖 sɑ^{55}pɑ^{55}tot^{55}tɑ^{51}

烧窑 sɑ^{55}pɑ^{55}tot^{55}mɑ^{51}

刷墙 tɕɑŋ^{35}gɑ^{31}so^{55}wɑ^{51}

穿针 kʰɑp^{55}ɕy^{35}lɑ^{51}

绣花 men^{55}to^{51}grok^{35}mɑ^{51}

磨刀 tɕʰiu^{55}wu^{55}to^{55}ʐɑ^{51}

劈柴 ɕen^{55}tɕʰe^{55}lɑ^{51}

酒醒 tɕʰɑŋ^{55}sɑŋ^{55}ŋo^{51}

闩门 gor^{55}sar^{55}tʰoŋ^{55}ɑ^{51}

剪指甲 zin^{55}poŋ^{55}du^{55}pɑ^{51}

掏耳朵 ȵe^{35}lɑp^{55}ko^{55}pɑ^{51}

赶路 ɕɑ^{55}rɑ^{55}ɕi^{55}ʐi^{55}ŋo^{55}

让路 lem^{55}nɑŋ^{51}zi^{55}gɑ^{51}

劝架 tʰɑ^{55}mo^{55}mo^{51}tʰoŋ^{55}ɑ^{51}

报恩 te^{31}jo^{51}

报仇 dʐɑ^{31}len^{51}

照顾 ʐo^{31}ʐɑm^{55}

收礼 do^{55}wu^{51}

抢劫 pʰro^{55}gɑ^{55}

杀人 mi^{35}su^{55}tɑ^{51}

劳改 tsun^{55}gɑŋ^{51}

鞭打 de^{55}ʐɑ^{51}

胜利 dʑe^{35}kʰɑp^{55}tʰo^{55}pu^{51}

失败 pʰɑ^{55}mu^{51}

瞪～着双眼 pʰe^{55}to^{51}

拽用绳子～ zuŋ^{35}ɑ^{51}

捋～袖子 gri^{35}lɑ^{51}

搁把东西～在房顶上 ȵi^{55}gɑ^{51}

揣怀～ tsʰu^{55}dɑ^{51}

携带 kʰu^{55}ru^{51}

扒～土 kop^{55}do^{51}

蹦一～老高 jɑ^{31}rɑ^{51}

跺脚 li^{55}min^{55}ʑot^{55}do^{51}

打滚 ʐu^{31}lum^{51}tu^{55}lum^{51}

扑猫～老鼠 zum^{35}toŋ^{55}wu^{51}

粘～贴 ɕɑ^{55}ru^{51}

剖～膛开肚 grɑi^{35}lɑ^{51}

劈分开 tɕʰe^{55}lɑ^{51}

漆～桌子 zi^{51}

搓～绳 pʰo^{55}ʐɑ^{51}

钉～钉子 tsʰo^{55}bɑ^{51}

蒙～眼 kʰep^{55}ȵi^{55}gɑ^{51}

和hú，打麻将～了 ge^{55}o^{51}

和hé，下象棋～了 tɑ^{31}mu^{51}

发脾气 tsik^{55}pɑ^{55}tsɑi^{35}ȵi^{51}

赌气 kɑm^{55}me^{55}pʰe^{55}wu^{51}

生长 su^{55}wu^{51}

打猎 ʐi^{31}tɑ^{55}so^{55}te^{51}

蛀虫子吃 tɕʰɑi^{55}ȵi^{51}

系围裙 wei^{35}tɕʰyn^{55}tɑ^{35}mɑ^{51}

打结 tsʰiŋ^{55}mɑ^{51}

认得 ŋu^{35}ɕe^{55}jo^{51}

伤心 sem^{55}get^{55}mo^{55}nu^{51}

讨喜小孩讨人喜欢 le^{55}xu^{51}

恨你别~我 diŋ55zoŋ55ȵi51

满意 gu31tʰɑ55ʐɑi55

着急 tsʰɑp55tsʰɑp55

担心 sem55dʐi51

放心 tɑ55gɑ55mɑ31ʐɑi55

愿意 ȵɑ31no51

变~作 dʑor55wɑ55tu51

恼火 tsik55pɑ55ŋɑ31pɑ55zɑi35ȵi51

心痛 sem55get55mo55nu51

记仇 tɑm55tsʰik55

害~人 ȵi55tɕyn55

可惜 pʰɑi55to51

声音 get55

喊~话 ɕɑ55rɑ51

问~话 ŋrei35lɑ51

答应 jɑ35jɑ55

介绍 ŋu31dʐø55

回答 lɑn31se51

造谣 dʐuk55ɕen51

打听 ȵɑn35te51

十二　性质状态

凸 ɕoŋ35zuk55ȵi51

凹 te35gɑi55ȵi51

正 kʰɑr55do51

反 tɕir55ȵi51

斜 yn55dor51

横 pi35ȵi55ɑ51

竖 groŋ55ȵi55wu51

活~鱼 mi55ɕi55wu51

满水很~ dem35ȵi51

足分量~ tʂʰik55gen51

光滑鱼很~ prek55pu55ȵi55ɕo51

冷清街上~得很 tsɑŋ55gen51

浊 ȵo55mɑ51

空瓶子是~的 toŋ55pɑ51

嫩 dʑɑŋ55pu51

生 kʰoŋ55mɑ51

熟 tsʰui55ȵi51

乱 dʑo35lo55gɑ51

真 ŋo35mɑ51

假 kʰɑ55lɑ51

暗光~ mi31sot55bi51

闷热 tsʰɑ55pɑ55tsʰe55do51

破碗~了 pʰot55du51

缩~脖子 tek35gɑi55ȵi51

困了 go35mɑ55ʐɑi55ȵi51

瘪压~了 bɑk35mo55nu51

倒dào，~着放 gu55bi55lɑŋ55ɑ51

纯~棉衣服 tim55pɑ51

潮衣服~ tsʰi55ɕoŋ55ȵi51

强身体~ lyt31po51le55xu55

弱身体~ ly31po51le55xu55mo55nu51

焦烤~了 zik35ȵi51

清楚 kɑn51

模糊 mo55nu51

准确 ŋø55so51

耐用 pɑn31pu51

空闲 doŋ31bɑ51

涩柿子~嘴 sɑ55lɑ55lɑ51

霉烂 xum55pɑ55tɕʰɑk55ȵi51

不要紧 tɑ55gɑ55mɑ31ʐɑi55

方便很~ ȵɑ31ȵo51

浪费 tʂʰo55lɑ51

疏忽大意 zi^{31}ga^{55}ʐaŋ^{55}ma^{55}ga^{55}nu^{51}

顺利 ʐe^{31}ma^{55}

聪明 ɕaŋ^{55}pu^{51}

狡猾 kʰa^{55}la^{51}

大胆 lo^{55}xop^{55}tʰen^{55}pu^{51}

胆小 lo^{55}xop^{55}preu^{51}

慌张 ma^{55}ga^{55}nu^{51}

麻利 dʐap^{55}tɕʰa^{51}

节俭 dʐun^{31}tɕʰoŋ^{55}

厉害 ŋan^{31}pa^{51}

勇敢 lo^{55}xop^{55}tʰen^{55}pu^{51}

可怜 pʰai^{55}do^{51}

麻烦 dʑa^{55}zen^{55}pu^{51}

光荣 zik^{31}dʑe^{51}

齐心 sem^{55}tʰi^{51}

贪心 sem^{55}ŋan^{55}

拖拉(做事情~) ɕy^{31}na^{55}reŋ^{55}gu^{51}

十三　数量

十一 tɕi^{55}tʰi^{55}

十二 tɕiŋ^{55}nai^{55}

十三 tɕik^{55}som^{51}

十四 tɕi^{55}bli^{35}

十五 tɕi^{55}le^{55}ŋa^{55}

十六 tɕi^{55}gro^{51}

十七 tɕi^{55}ȵi^{51}si^{51}

十八 tɕip^{55}get^{35}

十九 tɕi^{55}du^{35}gu^{55}

二十一 kʰa^{55}li^{55}tʰi^{55}

四十 kʰai^{55}nai^{51}

五十 kʰai^{55}nai^{35}tɕi^{51}

六十 kʰai^{55}som^{55}

七十 kʰai^{55}som^{55}tɕi^{51}

八十 kʰai^{55}bli^{51}

九十 kʰai^{55}bli^{35}tɕi^{51}

一百零一 dʑa^{55}diŋ^{55}tʰi^{51}

百把个 dʑa^{35}tsaŋ^{55}gen^{51}

千把个 toŋ^{55}tʂʰa^{55}tsaŋ^{55}gen^{51}

左右 tʰo^{55}ʐa^{55}tsʰo^{55}ʐa^{51}

三四个 som^{55}bli^{55}tʰi^{51}

十几个 tɕi^{55}tsaŋ^{55}gen^{51}

十多个 tɕi^{55}tsaŋ^{55}gen^{51}

第二 aŋ^{55}ȵi^{55}pa^{51}

第三 aŋ^{55}som^{55}pa^{51}

大约 o^{55}jak^{55}se^{51}

半个 pʰe^{55}zi^{51}

倍 dap^{55}

串(一~葡萄) ɕai^{55}

间(一~房) ɕa^{55}

堆(一~垃圾) poŋ^{55}ŋu^{55}

节(一~木头) tom^{31}baŋ^{51}

庹(两臂伸展开后的长度) glam^{35}

拃(拇指和中指伸开两端间的长度) tʰo^{55}

斤(重量单位) dʑa^{31}ma^{51}

两(重量单位) li^{51}

步(走一~) gom^{31}baŋ^{51}

十四　代副介连词

这些(近指) wu^{55}tso^{55}gaŋ^{55}po^{51}

那些(中指) wu^{55}mo^{55}gaŋ^{55}po^{51}

那些(远指) wu^{55}mo^{55}gaŋ^{55}po^{51}

那些(更远指) wu^{55}mo^{55}gaŋ^{55}po^{51}

哪些 ka^{31}tɕi^{55}la^{51}

我俩 ŋa^{35}nai^{51}

咱俩 ŋɑ^{35}nai^{51}

他俩 be^{35}nai^{51}

人家 min^{31}nɑŋ^{55}

每人 t^{h}ɑm^{55}tɕin^{51}

多久 kɑ^{31}ɕi^{51}

到底 mɑ^{31}tsɑ^{51}

差不多 p^{h}e^{55}tɕ^{h}ir^{55}

起码 te^{55}nɑ^{55}ȵi^{51}

马上 ʑep^{31}gen^{51}

先~走 nɑ^{55}nɑ^{55}

后~走 dʑo^{31}gɑ^{51}

一直他~没有来 tin^{55}tɕɑ^{55}ʑɑŋ^{55}

从前 nɑː^{55}

后来指过去 dʑo^{31}gɑ^{51}

来不及 ŋoŋ^{31}mɑ^{55}mo^{55}nu^{51}

来得及 ŋoŋ^{31}mɑ^{55}ȵi^{55}

偷偷地 ŋɑ^{31}nɑŋ^{55}bi^{55}se^{51}

好~看 le^{55}xu^{55}

难~看 dʑo^{31}lo^{55}gɑ^{55}

完全 ʑɑŋ^{31}dʑoŋ^{55}

全部 tɕe^{31}gɑ^{55}ʑɑŋ^{51}

难道 te^{55}ȵɑ^{55}ȵi^{51}

究竟 mɑ^{31}tsɑ^{51}

也许 ɕin^{55}nɑ^{55}jɑŋ^{51}

一定 ten^{55}ten^{51}

暂时 t^{h}i^{55}get^{51}

互相 dep^{31}gɑ^{51}

居然 dem^{35}bɑ^{51}

像~他那样 t^{h}ɑŋ^{55}t^{h}i^{55}

第三节

其他词

一　天文地理

中国 tʂoŋ^{55}ko^{51}

美国 me^{31}ko^{51}

印度 tɕɑ^{31}kɛr^{35}

世界 tsɑm^{55}liŋ^{51}

　dʑi^{35}ti^{55}

西藏 pe^{35}

拉萨 ɬɑ^{55}sɑ^{51}

林芝 ȵin^{31}tʂ^{h}i^{55}

白马岗 pɛ^{55}mɑ^{55}kui^{51}

墨脱县 me^{31}to^{51}tsuŋ^{35}

墨脱镇 me^{31}to^{51}tʂen^{51}

德兴乡 te^{31}ɕiŋ^{51}ts^{h}o^{51}

背崩乡 pe^{31}peŋ^{55}ts^{h}o^{51}

甘登乡 kan^{31}diŋ^{55}ts^{h}o^{51}

加热萨乡 tɕɑ^{31}ʐɑ^{55}sɑ^{51}ts^{h}o^{51}

帮辛乡 paŋ^{55}ɕin^{55}ts^{h}o^{51}

格当乡 ke^{31}taŋ^{55}ts^{h}o^{51}

达木乡 tɑ^{35}mu^{51}ts^{h}o^{51}

背崩村 pe^{31}peŋ^{55}tʂuŋ^{31}ts^{h}o^{51}

江新村 tɕiaŋ^{31}ɕin^{55}tʂuŋ^{31}ts^{h}o^{51}

格林村 ke^{31}lin^{55}tʂuŋ^{31}ts^{h}o^{51}

德尔贡村 ter^{55}koŋ^{55}tʂuŋ^{31}ts^{h}o^{51}

阿苍村 ɑ^{55}ts^{h}ɑŋ^{55}tʂuŋ^{31}ts^{h}o^{51}

波东村 po^{55}toŋ^{55}tʂuŋ^{31}ts^{h}o^{51}

巴登村 pɑ^{55}toŋ^{55}tʂuŋ^{31}ts^{h}o^{51}

地东村 ti^{31}toŋ^{55}tʂuŋ^{31}ts^{h}o^{51}

西让村 ɕi^{55}ʐɑŋ^{55}tʂuŋ^{31}ts^{h}o^{51}

德兴村 te^{31}ɕiŋ^{55}tʂuŋ^{31}ts^{h}o^{51}

文朗村 wen^{55}laŋ^{55}tʂuŋ^{31}ts^{h}o^{51}

德果村 te^{31}ko^{35}tʂuŋ^{31}ts^{h}o^{51}

荷扎村 xe^{55}ʐɑ^{55}tʂuŋ^{31}ts^{h}o^{51}

那尔东村 nɑr^{31}toŋ^{55}tʂuŋ^{31}ts^{h}o^{51}

巴登则村 pɑ^{55}teŋ^{55}tse^{51}tʂuŋ^{31}ts^{h}o^{51}

易贡白村 i^{31}koŋ^{55}pe^{51}tʂuŋ^{31}ts^{h}o^{51}

北京 pe^{31}tɕiŋ^{55}

四川 si^{31}tʂuan^{35}

成都 tʂ^{h}eŋ^{35}tu^{51}

上海 ʂaŋ^{51}xai^{51}

广州 kuaŋ^{31}tʂo^{55}

云南 yn^{35}nan^{35}

昆明 kʰun^{55}miŋ^{35}

巴宜 pa^{55}i^{51}

雅鲁藏布江 ja^{31}ʐoŋ^{55}tsaŋ^{55}pu^{51}

哈果河 xa^{55}ku^{51}tsʰi^{51}

西贡河 ɕi^{55}koŋ^{51}tsʰi^{51}

西蒙河 ɕi^{55}meŋ^{55}tsʰi^{51}

大雾 muk^{55}ba^{51}tʰan^{55}bu^{51}

大雪 kʰa^{55}wa^{55}tʰan^{55}bu^{51}

地球 sa^{55}ɕa^{55}ʐi^{31}mu^{51}

南迦巴瓦山 nam^{31}tɕa^{55}pa^{31}wa^{55}la^{55}

嘎隆拉山 kʰa^{31}wu^{55}ʐoŋ^{31}la^{55}

大兴山 ta^{31}ɕiŋ^{55}la^{55}

岁山 sø^{31}la^{55}

娜姆山 na^{55}la^{51}

黄土 sa^{51}liu^{55}

石头山 gor^{35}ku^{51}la^{51}

王宫 pʰu^{55}tʂaŋ^{51}

白塔 tʂʰi^{55}diŋ^{55}

龙宫 lu^{55}pʰu^{55}tʂaŋ^{51}

大坝子 sa^{55}tɕʰa^{55}tʰan^{55}bu^{51}

激流 tsʰi^{55}pa^{55}tsa^{51}

回响 pla^{55}to^{55}pu^{51}

空气 buk^{35}

森林 po^{55}ʐen^{55}

草原 tsa^{55}tʰaŋ^{51}

二 时间方位

半月 le^{55}pʰe^{55}zi^{51}

好日子 diŋ^{55}tʂi^{55}le^{55}xu^{51}

今晚 da^{31}ɕi^{55}nop^{55}ti^{51}

今晨 da^{31}ɕi^{55}nam^{55}leŋ^{55}

今天中午 da^{31}ɕi^{55}tsʰo^{55}ʐan^{55}

明天中午 no^{31}gor^{51}tsʰo^{55}ʐan^{55}

每晚 nop^{55}ti^{51}tʰi^{51}gan^{31}tun^{55}ʐaŋ^{51}

明晚 no^{31}gor^{51}nop^{55}ti^{51}

时间 tø^{31}tsʰir^{55}

一会儿 ʑo^{31}ka^{51}

dzu^{55}gai^{55}pi^{55}ni^{51}

几天 plaŋ^{55}tak^{55}tʰi^{51}

不久 tø^{31}tsʰun^{51}maŋ^{55}pu^{55}mo^{55}nu^{51}

时间久 tø^{31}tsʰø^{51}ʐen^{55}ku^{51}

ɕa^{55}ma^{55}

有时候 tun^{31}ta^{51}ȵi^{55}

六点钟 tɕʰø^{31}tsʰø^{51}gro^{55}pa^{51}

七点钟 tɕʰø^{31}tsʰø^{51}ȵi^{51}pa^{51}

九点十五 tɕʰø^{31}tsʰø^{51}gu^{51}pa^{51}pʰe^{55}zi^{51}

九点半 tɕʰø^{31}tsʰø^{51}gu^{51}pa^{51}tɕi^{55}laŋ^{55}a^{55}

城墙 tsik^{55}pa^{51}

三 植物

白木耳 ɕi^{31}lik^{55}pa^{55}mu^{51}

茶树 tɕa^{31}ɕiŋ^{55}

柠檬树 ȵom^{55}ba^{51}ɕiŋ^{51}

橘子树 tsʰa^{55}lu^{55}ɕiŋ^{51}

花粉 men^{55}to^{55}pʰe^{55}

花椒树 jir^{31}ɕiŋ^{51}

枯树 ɕiŋ^{55}ge^{55}mu^{51}

苦瓜 a^{55}gon^{55}kʰa^{55}ɣu^{55}

苹果花 wu^{55}ɕo^{51}men^{55}to^{51}

橘子花 tsʰɑ^{55}lu^{51}men^{55}to^{51}

嫩草 ŋon^{51}pʰe^{55}mɑ^{51}

草堆 ŋon^{51}ȵik^{35}mɑ^{51}

果实 zɑ^{55}wu^{51}

果壳 kʰo^{55}pe^{51}

四　动物

动物 sem^{55}tɕɑn^{51}

雌蜂 soŋ^{55}gor^{55}mo^{55}

雄蜂 soŋ^{55}gor^{55}pʰo^{55}

毒蜘蛛 do^{35}xɑŋ^{55}prɑ^{55}mo^{51}

老鼠红色 kʰɑ^{55}ɕɑ^{55}ʑo^{51}

老鼠较大 ke^{55}ʑin^{55}

老鼠较小 kom^{55}tɕe^{51}

老鼠尾巴、肚子皆白 ʑo^{31}kɑr^{55}

老鼠肚子黑色 zi̧^{31}nɑ^{51}

马蹄 te^{55}li^{55}min^{51}

马尾 te^{55}min^{55}ŋo^{51}

米虫 dep^{35}gun^{55}

大黄蜂红嘴巴 ɕoŋ^{55}ŋo^{51}

鹞子 kʰɑ^{55}po^{51}

野狗 preŋ^{55}kʰi^{55}

野山羊红色 kʰiŋ^{51}

野山羊黑色 tɕɑ^{51}

鱼刺 ȵɑ^{55}zy^{55}pɑ^{51}

鱼尾 ȵɑ^{55}ku^{51}min^{55}ŋo^{51}

爪子 dzi^{55}boŋ^{51}

五　房舍器具

地板 pɑŋ^{55}lem^{55}

门框 ko^{55}ɕen^{51}

走廊 ke^{31}pɑ^{51}

柴火房 tsʰɑŋ^{55}tɑ^{51}

床上 ȵe^{31}tʂʰi^{55}ze^{55}kɑ^{51}

床下 ȵe^{31}tʂʰi^{55}wɑ^{55}kɑ^{51}

床头 ȵe^{31}tʂʰi^{55}gok^{35}

床尾 ȵe^{31}tʂʰi^{55}dʑok^{35}

报纸 tsʰɑ^{55}pɑr^{51}

背篓背玉米 bɑ^{31}zo̧ŋ^{51}

背篓背大米 ɕen^{51}gom^{51}

背篓背鸡 kʰɑ^{55}tɕʰo^{55}mɑ^{51}

背包打猎用、藤编 tɑ^{55}tɕo^{51}

捕鱼筐 ku^{31}zɑ^{51}

鱼笼 ŋu^{31}pur^{55}zɑ̧^{51}

茶壶 tɕɑ^{31}toŋ^{55}

塑料桶 dʑi^{31}dɑ^{55}

木架 ɕen^{51}tsʰɑt^{55}tɑ^{51}

葫芦 boŋ^{55}pu^{51}

电话 kɑr^{55}pɑr^{55}

电视机 tian^{55}ʂi^{55}tɕi^{55}

电影 lo^{55}ȵi^{55}

鼓声 dɑ^{35}get^{55}

酒壶 tɕop^{51}

酒瓶 tɕʰɑŋ^{55}ɕe^{55}dɑm^{55}

手铐 tɕɑ^{55}tʂoŋ^{55}

藤桥 bɑ^{51}zɑm^{31}pɑ^{51}

溜索 bren^{35}

马镫 jop^{35}

汤碗 pɑ^{55}tsʰi^{51}tʰoŋ^{55}ŋɑ^{51}gur^{35}kuŋ^{51}

席子 priu^{51}

六 服饰饮食

龙袍 nɑm^{31}dze^{51}

礼帽 ɕɑ^{31}mu^{51}

靴子 ɬɑm^{51}

珍珠 mu^{31}di^{55}

珠子 tɕo^{31}ʑu^{51}

颜料 ts^{h}oŋ^{55}

补丁 ɬɑn^{55}bɑ^{51}xoŋ^{55}o^{51}

刀带 tɕ^{h}u^{55}wu^{55}t^{h}ik^{55}bɑ^{51}

肉干 ɕɑ^{55}ket^{55}mu^{51}

包子 mo^{31}mo^{51}

酒 dze^{55}wu^{51}

汤炖的 du^{31}ʐɑ^{51}ku^{51}pɑ^{55}ts^{h}i^{51}

鸡汤 k^{h}ɑ^{55}ku^{51}pɑ^{55}ts^{h}i^{51}

鸡爪谷 k^{h}re^{55}

鸡爪谷饭 k^{h}re^{55}to^{51}

鸡爪谷酒 k^{h}re^{55}tɕ^{h}ɑŋ^{55}

甜酒鸡爪谷酿 k^{h}re^{55}tɕ^{h}ɑŋ^{55}ȵot^{55}pu^{51}

饺子 mo^{31}mo^{51}

辣子酱 so^{55}lo^{55}tɕ^{h}ɑ^{55}min^{51}

藏白酒 pe^{55}rɑ^{51}

药酒 man^{55}tɕ^{h}ɑŋ^{55}

荞麦粉 bre^{31}mo^{51}p^{h}e^{55}

荞麦酒 bre^{31}mo^{51}tɕ^{h}ɑŋ^{55}

荞麦面条 bre^{31}mo^{51}pu^{55}tɑŋ^{51}

手抓饭 lɑ^{55}ke^{51}zoŋ^{35}mɑ^{51}to^{51}

叶子手抓饭用 pu^{31}pu^{55}blɑp^{35}

油条 jo^{31}tiɑo^{55}

豆浆 to^{51}tɕiɑŋ^{55}

玉米粥 ɑ^{55}ɕɑm^{55}t^{h}up^{55}bɑ^{51}

玉米饼 mi^{35}de^{51}

糖果 pu^{31}ʐɑŋ^{55}

点心 k^{h}ɑp^{55}tse^{55}gu^{31}ʐi^{55}

七 身体医疗

力气 ɕom^{51}

样子 sop^{55}dɑ^{51}

病人 ŋe^{31}pɑ^{51}

刀伤 tɕ^{h}u^{55}wu^{55}ɕy^{51}

跌伤 tɕi^{55}preu^{51}

烧伤 mi^{55}ɕy^{51}

烫伤 ts^{h}i^{55}ɕy^{51}

怀孕 gɑ^{31}dʑe^{55}ȵi^{51}

长大 zu^{35}

脚背 le^{35}min^{55}ze^{55}kɑ^{51}

脚底 le^{35}min^{55}wɑ^{55}

脚跟 le^{35}min^{55}diŋ^{55}bɑ^{51}

脚尖 le^{35}min^{55}pu^{35}kɑ^{51}

脚筋 le^{35}min^{55}zɑ^{51}

脚趾缝 le^{35}min^{55}pru^{35}mɑ^{55}ɬop^{51}

精神病 ȵop^{55}tsɑŋ^{55}ŋe^{35}zɑ^{51}

开刀 ɕɑt^{55}tɕi^{55}biu^{51}

平头 tɕ^{h}ɑ^{55}t^{h}oŋ^{55}gok^{31}tɕo^{51}

上唇 k^{h}ɑ^{55}tɕom^{51}ȵɑ^{31}kɑ^{51}

下唇 k^{h}ɑ^{55}tɕom^{51}wɑ^{55}kɑ^{51}

上牙 ȵɑ^{31}ku^{51}wɑ^{51}

下牙 wɑ^{51}ku^{51}wɑ^{51}

舌根 le^{55}dzɑ^{51}

歪脖子 tɑk^{55}pɑ^{51}yn^{55}dor^{51}

胸骨 brɑŋ^{55}toŋ^{51}ʐui^{55}bɑ^{51}

牙龈 wɑ^{51}te^{55}ʐeŋ^{55}

生命 so^{55}tɕ^{h}ɑ^{55}pu^{51}zị^{51}

八　婚丧信仰

拜佛 ɬɑ^{51}tɑ^{55}pu^{51}

报丧 tɑ^{31}ẓen^{55}gɑi^{55}o^{51}

吃素 ɕɑ^{51}mɑ^{55}tṣ^{h}e^{55}k^{h}ɑn^{55}

祈祷 soŋ^{55}ŋɑn^{55}tɑ^{55}pu^{51}

哈达 k^{h}ɑ^{55}tɛr^{55}

魂魄 nɑm^{55}ɕi^{51}

水葬 ts^{h}i^{55}kɑ^{55}wɑŋ^{55}

树葬 ɕiŋ^{51}ze^{55}kɑ^{51}gɑi^{55}o^{51}

算命先生 mo^{51}ti^{55}k^{h}ɑn^{55}

献祭 tɕiŋ^{31}tɑ^{55}t^{h}oŋ^{55}o^{51}

进贡 p^{h}re^{55}wu^{51}

功劳 kɑ^{55}tṣen^{55}

许愿 mo^{55}nɑŋ^{55}

地狱 ȵe^{55}wɑ^{51}

来世 mi^{31}li^{55}tɑp^{55}bi^{55}li^{55}

九　人品称谓

白马绕杰 pe^{55}mɑ^{55}ẓop^{55}tɕie^{51}

占堆 tṣɑn^{31}tui^{51}

白玛仁青 pe^{55}mɑ^{55}tɕiŋ^{51}

大学生 lop^{55}dẓɑ^{55}t^{h}ɑn^{55}bu^{51}

中学生 lop^{55}dẓɑ^{55}but^{31}gɑ^{51}

小学生 lop^{55}dẓɑ^{55}preu^{55}

丑八怪 ȵyn^{55}pɑ^{51}

船夫 dẓu^{31}pɑ^{51}

珞巴人 luo^{51}pɑ^{55}mi^{31}zị^{55}

英雄 pɑ^{55}wu^{51}

喇嘛 lɑ^{55}mɑ^{51}

王子 se^{55}

公主 se^{55}mu^{51}

大臣 lun^{55}pu^{51}

龙王 lu^{55}dʑe^{31}po^{51}

瘦子 lyt^{31}po^{51}tɕɑm^{55}pu^{51}

地主 ŋy^{35}tɕɑ^{55}tu^{51}

奴仆 jok^{55}pu^{51}

伙伴 ẓok^{35}pɑ^{51}

仆人男 jok^{55}pu^{51}

好朋友 to^{55}sɑŋ^{55}le^{55}xu^{51}

好心人 mi^{35}le^{55}xu^{51}

好兄弟 ɑ^{55}tɕi^{55}ʑok^{55}po^{51}le^{55}xu^{51}

老相识 nɑ:^{55}mu^{55}ɕi^{55}wu^{51}

警察 tɕi^{55}ti^{55}tɕi^{55}

民兵 ʑiŋ^{31}mɑ^{51}

牧民 zi^{31}pɑ^{51}

娘家 ẓɑŋ^{55}ku^{51}k^{h}em^{55}

婆家 me^{55}nɑŋ^{55}k^{h}em^{55}

人怕媳妇的人 ȵim^{55}pɑŋ^{35}t^{h}ɑn^{55}nu^{51}

主席 tṣu^{55}ɕi^{51}

书记 ṣu^{55}tɕi^{51}

村主任 ts^{h}un^{55}tṣu^{55}ẓen^{51}

支部书记 tṣi^{55}pu^{55}ṣu^{55}tɕi^{55}

乡长 ts^{h}o^{55}pon^{55}

县长 tsuŋ^{35}pon^{55}

领导 go^{55}tɕ^{h}i^{51}

拉萨人 ɬɑ^{55}sɑ^{51}mi^{51}

拉萨话 ɬɑ^{55}sɑ^{51}get^{51}

汉语 dʑɑ^{31}get^{51}

珞巴语 luo^{51}pɑ^{55}get^{51}

十 农工商文

生活 ts^{h}o^{55}ɑ^{51}

传说 k^{h}ɑ^{55}be^{51}

办法 t^{h}ɑp^{55}ɕe^{55}

机会 ku^{31}kɑp^{51}

恩情 tʂi^{35}nɑ^{51}

回忆 sɑm^{55}lo^{51}

财产 dʑo^{51}

圈套 mɑŋ^{51}

种类 nɑ^{55}kɑ^{51}

技术 lɑk^{55}tse^{51}

案板 bɑŋ^{55}bɑ^{51}

拔草 ŋon^{51}tɕ^{h}o^{55}tu^{55}

背柴火 ɕen^{51}by^{35}ɣu^{51}

扁担 piɑn^{31}tɑn^{55}

车头 mo^{31}tʂɑ^{55}gok^{55}ti^{51}

车尾 mo^{31}tʂɑ^{55}dʑo^{35}kɑ^{51}

车祸 ŋo^{31}tʂɑ^{55}kɑ^{31}tɕi^{55}pu^{51}

裹腿 kɑŋ^{55}tʂi^{55}

酿酒器 bɑ^{55}toŋ^{51}

体育 ly^{31}tse^{51}

小船 dʐu^{31}ziŋ^{51}preu^{55}

国务院 dʑi^{55}ɕɑp^{55}k^{h}ɑŋ^{55}

银行 ny^{55}xɑŋ^{55}

零 ko^{31}pɑ^{51}

过程 tʂu^{31}lu^{55}

十一 动作行为

超过 p^{h}u^{55}piu^{51}

抽~大烟 ȵi^{31}du^{55}tɕ^{h}u^{55}wɑ^{51}

穿~裤子 dor^{31}mɑ^{51}ge^{31}nɑ^{51}

吹~笛子 tɕɑ^{55}ȵuŋ^{55}pu^{31}tɑ^{51}

打麻将 mɑ^{31}tɕɑŋ^{55}t^{h}oŋ^{55}ɑ^{51}

打仗 mɑ^{51}t^{h}oŋ^{55}ɑ^{51}

带孩子 bu^{55}tsɑ^{51}ti^{55}o^{51}

戴~耳环 ɑ^{55}loŋ^{51}lu^{55}mu^{51}

戴~帽子 ɕɑ^{31}mu^{51}lu^{55}mu^{51}

堵车 mo^{31}tʂɑ^{55}kɑ^{35}liu^{51}

哆嗦 tʂu^{55}ku^{51}

翻白眼 me^{55}loŋ^{55}pør^{55}

防火 me^{55}tu^{55}tu^{51}

放牧 zi^{31}pɑ^{51}

放火 me^{55}tu^{55}pu^{51}

过吊桥 zɑm^{31}pɑ^{51}gɑ^{31}ŋoŋ^{55}o^{51}

行礼 sɑ^{55}lɑ^{55}mi^{55}tɕo^{51}

造谣 k^{h}ɑ^{55}lɑ^{55}t^{h}oŋ^{55}o^{51}

通知 liŋ^{55}pi^{51}se^{51}

商量 tʂui^{31}t^{h}or^{51}

聚集 zum^{55}se^{51}

听从 ȵɑn^{55}nu^{51}

虎啸 tɑ^{55}get^{51}

弄湿 ʑe^{55}wu^{51}

换~衣服 tu^{55}tuŋ^{51}ble^{55}o^{51}

见面 p^{h}ø^{55}tu^{51}

交~朋友 to^{55}sɑŋ^{55}t^{h}o^{55}o^{51}

敬酒 tɕ^{h}ɑŋ^{55}tɑŋ^{55}o^{51}

承认 k^{h}ɑi^{55}lu^{55}jo^{51}

需要 kun^{35}mɑ^{55}ȵi^{51}

恳求 ɑ^{55}ɕi^{55}tɑ^{55}pu^{51}

报应 lo^{55}tɕy^{55}

报答 tʂe^{31}lɑm^{55}sui^{55}wu^{51}

感谢 ka^{55}tʂen^{55}tɕ^{h}ɛ^{51}

噘嘴 k^{h}ɑ^{55}tɕop^{51}tɑ^{51}tɕy^{55}o^{51}

砍～香蕉树 ŋa^{31}la^{51}ɕen^{51}tup^{55}ba^{51}

看守 te^{55}tsuk^{55}

看看 te^{55}te^{55}la^{51}/jo^{51}

看一下 te^{55}se^{55}ke^{51}

看见 te^{55}ts^{h}ɑ^{55}ru^{51}

te^{55}te^{55}wu^{51}

瞪 de^{51}wu^{51}

围观 p^{h}u^{55}se^{51}ti^{55}wu^{55}

展示 bø^{51}k^{h}ɑ^{51}

邀请 k^{h}ri^{55}se^{51}

治理 kin^{31}k^{h}or^{51}

准备 dʐɑ^{31}dʐik^{55}

摸 ts^{h}e^{55}wu^{51}

倒 pa^{31}ter^{55}ke^{55}wu^{51}

骂 bloŋ^{55}wu^{51}

尊敬 zi^{55}soŋ^{51}

迎接 gem^{35}ti^{55}ke^{55}wu^{51}

嘲笑 git^{35}t^{h}ɑ^{51}ru^{51}

抱～走 lom^{55}kru^{51}

抱互相～ lom^{55}tsu^{55}wu^{51}

跳～出来 jar^{55}wut^{55}pu^{51}

跳～下去 jar^{55}ke^{55}wu^{51}

吃～人 ze^{55}wu^{51}

吃～动物 tʂ^{h}e^{55}wu^{51}

叫已经～ grei^{55}wu^{51}

叫马上～ grei^{35}tɕo^{51}wu^{51}

叫准备～ grei^{35}i^{55}ku^{51}

回来 tap^{55}ɕo^{51}

回去 tap^{55}gai^{55}la^{51}

进～家门 ɑ^{55}te^{55}wu^{51}

进去 ȵiŋ^{35}ka^{55}mo^{51}

进来 ȵin^{31}ga^{51}ɕo^{51}

回到 tap^{55}ɣoŋ^{35}wu^{51}

路过 gai^{55}ȵu^{55}wu^{51}

送回 ɕu^{55}ti^{55}k^{h}u^{55}ʐu^{51}

落 nat^{55}du^{51}

掉 ɕoŋ^{51}ni^{55}wu^{51}

丢 ɕoŋ^{55}gre^{35}wu^{51}

拿～起来 tø^{51}wu^{55}ta^{51}

拿～掉 ɕe^{31}wat^{55}pu^{51}

领 k^{h}re^{55}se^{51}

收到 ȵoŋ^{55}wu^{51}

要求 ʐe^{55}wa^{51}

提议 tʂø^{31}ɕoŋ^{55}wu^{51}

躺人～ bin^{55}zui^{55}o^{55}

躺动物～ ȵai^{35}zui^{55}o^{55}

戴已经～ lun^{55}mu^{51}

戴准备～ lun^{55}ȵi^{51}sa^{55}to^{51}

戴命令 lun^{55}ma^{51}

跑步 jar^{55}/tɕ^{h}uŋ^{55}ke^{55}se^{51}

跑了 ge^{55}ke^{55}wu^{51}

烤～玉米 ɑ^{55}ɕam^{55}to^{55}ta^{51}

炸 por^{55}

扣～扣子 t^{h}ep^{55}tsi^{51}t^{h}oŋ^{55}ɑ^{51}

驮 ge^{35}wu^{51}

摆放 ter^{35}ɕaŋ^{51}tsi^{55}

劳动 ple^{55}biu^{51}

离开 k^{h}ɑ^{55}ga^{55}bi^{55}

叫蜜蜂～ soŋ^{55}gor^{55}ma^{55}ku^{51}get^{51}

叫鸟～ ɕa^{51}get^{51}

叫牛～ bɑ^{35}ku^{51}get^{51}

灭火 mi^{55}so^{55}du^{51}

爬树 ɕiŋ^{51}ze^{55}kɑ^{51}brɑt^{55}pu^{51}

拍打 so^{55}wɑ^{55}tu^{51}

跑步 jɑr^{55}pi^{51}o^{51}

陪～客人 ŋø^{35}te^{55}lɑ^{51}

扔～石头 gor^{51}wɑt^{55}pu^{51}

比赛游泳 sɑi^{55}t^{h}oŋ^{55}dʐen^{31}dor^{55}

赛跑 jɑr^{55}pi^{51}o^{51}dʐen^{31}dor^{55}

比划 lɑ^{55}tɑŋ^{55}t^{h}oŋ^{55}wu^{51}

失踪 grok^{55}wɑt^{55}tu^{51}

收工 ble^{55}ke^{51}t^{h}i^{55}mu^{51}

同意 mu^{35}t^{h}un^{55}

完 ts^{h}ɑ^{55}ru^{51}

开始 ko^{55}tsu^{55}ku^{51}

释放 t^{h}ɑ^{55}ʐu^{51}

阻止 gɑ^{55}wu^{51}

答应 k^{h}ɑi^{55}loŋ^{55}ŋu^{51}

握拳 mu^{31}tʂom^{55}pɑ^{51}tɕo^{51}

摘～手表 tɕ^{h}u^{55}tse^{55}ɕyt^{55}tɑ^{51}

摘～帽子 ɕɑ^{31}mu^{51}ɕyt^{55}tɑ^{51}

摘～香蕉 ŋɑ^{31}lɑ^{51}tɕ^{h}ot^{55}o^{51}

挂脖子 t^{h}ok^{55}ȵi^{55}wu^{51}

打开 k^{h}ɑ^{55}ɕe^{55}wu^{51}

依靠 diŋ^{55}se^{51}

碰～头 tɕek^{55}pu^{51}

获得～报应 sui^{55}ȵi^{51}

获得～东西 ȵoŋ^{55}ȵi^{51}

借～东西 tɕe^{35}wɑ^{51}

赔 bɑŋ^{31}ɕe^{51}

要回 tɑ^{55}ku^{55}tu^{51}

找麻烦 ȵe^{31}ku^{55}ʐu^{51}

关心 tʂe^{35}wɑ^{51}

安排 pɑŋ^{31}ɕe^{51}

跳舞 bru^{55}

配合 ʐɑŋ^{55}doŋ^{51}

继续 mu^{35}t^{h}un^{55}se^{51}

指 t^{h}ok^{55}pu^{51}

错过 ke^{55}wu^{51}

经过 ʐi^{35}du^{51}

闷死 buk^{35}sup^{55}se^{51}ɕi^{55}mɑ^{55}ȵi^{51}

淹死 diŋ^{35}se^{35}ɕi^{55}wu^{51}

救 tʂo^{55}liɑn^{51}

保护 soŋ^{55}tɕop^{55}

停止 ȶ^{h}em^{55}mɑ^{51}

挡 sup^{55}ȵi^{55}wu^{51}

安慰 ly^{55}se^{51}

顶～起来 jik^{35}se^{51}

掀开 k^{h}ɑ^{55}ɕi^{55}se^{51}

合不拢嘴 k^{h}ɑ^{55}mu^{55}zu^{55}mu^{51}

叼 kɑn^{55}mu^{51}

套上 ȵɑ^{31}ɕiŋ^{55}ge^{55}wu^{51}

摇 wɑk^{55}wu^{51}

赶～苍蝇 t^{h}i^{55}ʐu^{51}

倒 ʐi^{55}ke^{55}wu^{51}

挤满 dep^{55}dep^{55}pɑ^{51}

做噩梦 mi^{31}fen^{55}to^{55}pɑ^{51}doŋ^{55}to^{51}

不如 me^{31}nɑ^{55}ȵi^{51}

不敢 mɑ^{55}tɑi^{51}

不敢惹 gri^{35}mɑ^{31}te^{55}wu^{51}

不吃不喝 mɑ^{31}zɑ^{55}o^{51}mo^{55}t^{h}oŋ^{55}o^{51}

不客气 o^{31}tsɑ^{55}me^{55}ʐe^{51}

不用谢 pɑ^{55}tʂɑ^{55}mɑ^{31}ɕɑ^{55}tʂɑ^{51}

十二　性质状态

金黄色 to^{31}k^{h}ɑ^{51}sir^{55}pu^{51}

很多 ɕɑ^{55}mɑ^{55}

老实 dʐɑŋ^{35}pu^{51}

安静 dzɑm^{55}gen^{51}

热闹 tem^{55}tʂe^{55}tsɿ^{55}wu^{51}

为难 kɑ^{55}wu^{51}

难堪 ȵok^{55}tʂɑ^{51}

热情 tsi^{55}wɑ^{51}

爽快 lɑm^{31}po^{55}bi^{55}se^{51}

快乐 git^{55}pɑ^{51}

幸运 ɑp^{55}sɑ^{51}

傲慢 t^{h}oŋ^{55}tɕ^{h}ioŋ^{55}pi^{55}o^{51}

残忍 ŋɑn^{31}pɑr^{55}ȵi^{55}

痛苦 kɑ^{55}wu^{55}ʐi^{35}tu^{51}

和气 tsik^{55}pɑ^{55}le^{55}xu^{51}

长大 tsu^{55}wu^{51}

困难 kɑŋ^{55}ŋer^{55}

容易 ʐɑn^{35}pu^{51}

危险 ȵen^{55}k^{h}ɑ^{51}

快 dʑok^{35}dʑok^{35}

舒服 git^{55}pɑ^{51}

辛苦 kɑ^{55}wu^{51}

现代 sɑ^{55}dʑi^{55}

偏心 pɑ^{55}bi^{55}o^{51}

熟练 lɑ^{55}tɕo^{55}pu^{51}

孝顺 k^{h}ɑ^{55}le^{55}ȵɑn^{55}p^{h}u^{51}

诚实 tʂɑŋ^{31}pu^{51}

善良 sem^{55}le^{55}xu^{51}

奇怪 jɑm^{31}tsɑn^{51}

倒霉 le^{55}lɑm^{51}

困难 kɑŋ^{55}ŋer^{55}

长成 dzuk^{55}wu^{51}

健康 ʐen^{31}pɑ^{55}tɑŋ^{55}pɑ^{51}

易怒 tsik^{55}pɑ^{55}tsɑi^{35}ȵi^{51}lɑn^{31}bu^{51}

十三　数量

老二 pɑr^{55}mɑ^{51}

一次 t^{h}en^{55}t^{h}i^{51}

一口 kɑm^{55}t^{h}i^{55}

条 ɕɑ^{55}bru^{55}mɑ^{51}

几百个 dʑɑ^{55}k^{h}ɑ^{55}ɕi^{51}

第一遍 ʐɑp^{31}t^{h}i^{55}

几只 dɑk^{31}t^{h}i^{55}

八百 dʑɑ^{35}get^{35}

八千 toŋ^{55}tʂ^{h}ɑ^{55}get^{35}

八万 tʂ^{h}i^{55}get^{35}

初一 ʐo^{31}ʐeŋ^{51}t^{h}i^{55}pɑ^{51}

初二 ʐo^{31}ʐeŋ^{51}nɑi^{35}pɑ^{51}

初三 ʐo^{31}ʐeŋ^{51}som^{55}pɑ^{51}

二分之一 tɕɑ^{31}tɕ^{h}ɑ^{51}nɑi^{35}niŋ^{55}ke^{51}t^{h}i^{55}

三分之一 tɕɑ^{31}tɕ^{h}ɑ^{51}som^{55}niŋ^{55}ke^{51}t^{h}i^{55}

三分之二 tɕɑ^{31}tɕ^{h}ɑ^{51}som^{55}niŋ^{55}ke^{51}nɑi^{35}

四分之一 tɕɑ^{31}tɕ^{h}ɑ^{51}bli^{55}niŋ^{55}ke^{51}t^{h}i^{55}

四分之三 tɕɑ^{31}tɕ^{h}ɑ^{51}bli^{55}niŋ^{55}ke^{51}som^{55}

十分之九 tɕɑ^{31}tɕ^{h}ɑ^{51}tɕi^{55}niŋ^{55}ke^{51}du^{31}gu^{51}

百分之一 tɕɑ^{31}tɕ^{h}ɑ^{51}dʑɑ^{35}t^{h}i^{51}niŋ^{55}ke^{51}t^{h}i^{55}

百分之三 tɕɑ^{31}tɕ^{h}ɑ^{51}dʑɑ^{35}t^{h}i^{51}niŋ^{55}ke^{51}som^{55}

百分之五十 tɕɑ^{31}tɕ^{h}ɑ^{51}p^{h}ɑp^{55}tɕo^{51}

千分之一 tɕa^{31}tɕ^{h}a^{51}toŋ^{55}tʂ^{h}a^{55}t^{h}i^{51}niŋ^{55}ke^{51}t^{h}i^{55}

千分之二 tɕa^{31}tɕ^{h}a^{51}toŋ^{55}tʂ^{h}a^{55}t^{h}i^{51}niŋ^{55}ke^{51}nai^{35}

万分之一 tɕa^{31}tɕ^{h}a^{51}tʂ^{h}i^{55}t^{h}i^{51}niŋ^{55}ke^{51}t^{h}i^{55}

十四 代副介连词

自己 ŋa^{35}naŋ^{51}

各自 zʅaŋ^{35}a^{31}so^{55}so^{51}

亲自 koŋ^{51}ŋo^{35}ma^{51}

慢慢地 ŋa^{31}taŋ^{55}

赶快 tsok^{35}tsok^{55}

惊讶 ha^{55}tɕ^{h}at^{55}

其他 ɕin^{35}ta^{55}ku^{51}

一直 o^{55}ja^{55}zʅaŋ^{51}

不停地 mi^{55}t^{h}i^{55}mu^{51}

别的 ɕen^{31}tar^{51}

悄悄地 ŋa^{31}taŋ^{55}

一样 t^{h}aŋ^{55}t^{h}i^{55}

逐渐 brak^{55}bu^{51}

肯定 p^{h}e^{55}tɕir^{55}

清清楚楚 sai^{55}sai^{55}tok^{55}tok^{51}

一定 ȵe^{55}par^{55}do^{51}

如果 ge^{31}su^{51}

专门 ka^{31}pin^{55}ma^{51}

不小心 dzo^{51}ȵi^{55}zʅu^{51}

突然 ɕo^{55}ka^{51}

zʅep^{35}ken^{55}t^{h}i^{55}ka^{51}

直到今天 na^{55}diŋ^{31}ta^{35}ta^{51}

从此 o^{55}tsa^{55}ke^{51}

从来 na^{55}ge^{55}zʅaŋ^{51}

第五章 语法

第一节

词类①

根据能否充任句法结构成分，墨脱门巴语的词可以分为实词和虚词两个大类。实词有名词、数词、量词、代词、动词、形容词、副词七个小类，以及叹词和拟声词等特殊的实词类；虚词主要有语气词和助词两个小类。

一　名词

（一）语法特点

1. 后面一般带数词或量化词（quantifier）②，不能前加否定成分mɑ⁵¹、mi⁵⁵或mo⁵⁵，但在判断句中可以后加否定词men³⁵。例如：

bu⁵⁵tsɑ⁵¹　som⁵⁵ 三个孩子　　　sɑ⁵¹　ɕɑ⁵⁵mɑ⁵¹ 许多粮食

孩子　　三　　　　　　　　　　粮食　许多

gle⁵¹　tɑp⁵⁵tʰi⁵¹ 一些桃子

桃子　一些

bi³⁵　tɕi⁵¹　pe³¹ʐek⁵⁵　xui⁵⁵ʐek⁵⁵　men³⁵.

3sg　是　　藏族　　　回族　　　NEG

他是藏族，不是回族。

墨脱门巴语也有少量的数量短语，但是这些短语很少与名词进一步组合构成“数量名”

① 墨脱门巴语在类型学上属于SOV语言。这种语序与其句法结构有着密切的关联：这类语言往往体现为后置词系统，名词、代词以及体词性短语等后面带有格标记，其基本的修饰性结构都是“名-形”（N-A）类结构，等等。

② 量化词指表示数量的一类词，例如“一些”“全部”“许多”等（克里斯特尔　2000: 294）。

结构，它们大多直接做主语、宾语、状语等结构成分。例如：

a^{55}la^{55}ma^{51}la^{55} tʰi^{55} kʰor^{55} taŋ^{51} 差不多砍了一捆（柴）

差不多 一 捆 砍

ʐap^{55} tʰi^{51} har^{55}bu^{51} la^{55} ze^{55}ka^{51} ma^{55}ʐa^{51} ʐai^{51} wu^{51}.

次 一 野猫 山 上 后 到达 PFV

（有）一次野猫去山上。

2. 可以直接做主语、宾语、体词性偏正结构的定语、中心语以及判断句的谓语。例如，下面例子中的tʰaŋ^{55}ɕiŋ^{55}ka^{55}pu^{51}“唐兴嘎布”、mi^{51}“人”、ba^{51}“藤”、kʰem^{55}“家”、dʐa^{31}ʐek^{55}“汉族”分别做主语、宾语、定语、中心语、谓语。

tʰaŋ^{55}ɕiŋ^{55}ka^{55}pu^{51} gai^{51} pʰa^{55} kʰriu^{55}se^{51} gai^{55} o^{51} ȵi^{51}.

唐兴嘎布 AGT 猪 牵 走 PRES AUX

唐兴嘎布牵着猪往前走。

wu^{55}tso^{51} kʰi^{55} gai^{51} mi^{51} ŋom^{31} do^{51}.

这 狗 AGT 人 咬 PRES

这只狗会咬人。

ri^{31}boŋ^{55} gai^{51} kʰar^{55}wa^{55} tʰi^{55} kʰo^{55}se^{51} sen^{55}ge^{51} ku^{51} ʐo^{35} tɕʰok^{55}ɣu^{55}se^{51}

兔子 AGT 棍子 一 削 狮子 GEN 遗体 打捞

tʰok^{55} ba^{51} tʰek^{55}ba^{51} ɕen^{51}put^{35}ka^{51} ma^{31}ra^{55} tɕʰe^{55}pi^{51} wu^{51} ȵi^{51}.

上来 藤 绳子 树干 下 吊 PFV AUX

兔子用木棒将狮子的尸体捞了上来，用藤绳吊在一棵树上。

bi^{35} ku^{51} kʰem^{55} ka^{51} bu^{55}tsa^{51} som^{55} nou^{35}, tʰi^{51} lop^{55}dʐaŋ^{55} ka^{51},

3sg GEN 家 LOC 孩子 三 有 一 学校 LOC

tʰi^{51} kʰem^{55} ka^{51} nou^{35}, tʰi^{51} ble^{55}pi^{55} do^{51}.

一 家 LOC 有 一 工作 PRES

他们家有三个孩子，一个在学校，一个在家里，还有一个已经工作了。

bi^{35} tɕi^{51} dʐa^{31}ʐek^{55}.

3sg 是 汉族

他是汉族。

3. 在墨脱门巴语中，以名词为中心语的名词短语，其语序是“中心语＋定语”。例如：

kʰar^{55}wa^{55} tʰi^{55} 一根棍子　　gor^{51} tʰan^{55}bu^{51} tʰi^{51} 一块大石头

棍子 一　　石头 大 一

在复杂名词短语中，中心语与定语的排列次序也比较复杂。例如：

i^{55} sem^{55}tɕin^{51} ku^{51} pon^{55} t^{h}ɑn^{55}bu^{51} t^{h}i^{55} ŋe^{35} ri^{31}boŋ^{55} preu^{55}ɣu^{51} t^{h}i^{55}

2sg 野兽 GEN 官 大 一 1sg 兔子 小 一

tʂ^{h}e^{55} wu^{51} ȵi^{51}.

吃 PFV AUX

你一个大大的兽王却要吃掉一个小小的兔子。

由于墨脱门巴语是典型的SOV语言，上面例子中的定语一般位于中心语之后。但是，当出现多个定语时，一般是名词、代词修饰语置于中心语之前，形容词、数词修饰语置于中心语之后，其中形容词修饰语靠近核心名词。例如：

wu^{55}tso^{55} sem^{55}tɕin^{51} nɑi^{35}, t^{h}i^{55} nɑp^{55}bɑ^{55}pi^{55} o^{51} t^{h}i^{55} ŋe^{35} o^{51}.

这 动物 二 一 受伤 PRES 一 病 PRES

这两只动物，一个生病了，一个受伤了。

bu^{55}tsɑ^{51} ku^{51} lɑ^{55}kɑ^{51} do^{51}ɕin^{55}k^{h}ɑn^{55} mɑŋ^{55}kɑ^{51} joŋ^{35}ku^{55}le^{55}tɕ^{h}i^{51} hɑr^{55}bu^{51}

孩子 GEN 手里 饭盒 近 恰好 野猫

mɑŋ^{55}ni^{55}kɑ^{51} ʐɑi^{55} o^{51}.

旁边 摔 PRES

孩子手里的饭盒正好掉在路边的野猫旁边。

ŋe^{35} ȵin^{31}ti^{51} wu^{55}tso^{51} ɕen^{51} ku^{51} gɑŋ^{35} ȵi^{55}kɑ^{51} ȵɑi^{55} do^{51}.

1sg 白天 这 树 GEN 洞 里 睡觉 PRES

我白天就在这个树洞里睡觉。

ts^{h}o^{51} but^{35}kɑ^{51} gor^{51} t^{h}ɑn^{55}bu^{51} t^{h}i^{51} jɑ^{55} ɕo^{51} zuk^{55} nou^{35}.

湖 中间 石头 大 一 上 出来 住 有

湖心有个露出水面的大石头。

ŋe^{35} sem^{55}tɕin^{51} ku^{51} pon^{55} t^{h}ɑn^{55}bu^{51} t^{h}i^{55} ɕin^{51} ȵi^{51}.

1sg 野兽 GEN 官 大 一 是 AUX

我是兽王。

（二）名词的分类

根据不同的标准，墨脱门巴语的名词可分为多组不同的小类，如物质名词和抽象名词、普通名词和专有名词、个体名词和集合名词等。以下仅就墨脱门巴语中一些重要的名词小类作简要的说明。

1. 专有名词与普通名词

专有名词是相对于普通名词而言的，一般表示独一无二的事物。关于墨脱门巴语的专有名词，这里有三点需要注意：首先，专有名词一般不可以受数词或量化词的修饰限制；其次，普通名词一般可以进入体词性偏正结构的中心语与修饰语位置，但专有名词一般只能进入修饰语位置；再次，专有名词中的指人名词不能后加复数标记。例如：

人名：tʂɑ^{55}ɕi^{55} 扎西　　kʰɑ^{55}tɕɑ^{55} 卡佳

地名：pei^{55}tɕiŋ^{55} 北京　　pɛ^{55}mɑ^{55}kui^{51} 白马岗

物名：le^{55}plɑŋ^{51} 月亮　　plɑŋ^{51} 太阳

tɑ^{31}wɑ^{51}	kʰem^{55}	kɑ^{51}	ɑ^{31}riŋ^{55}dep^{55}	tʰø^{51}	tsʰɑ^{55}	ȵi^{51}.
达娃	家	LOC	稻子	收	完	AUX

达娃家的稻子收完了。

2. 可数名词与不可数名词

墨脱门巴语中，可数名词一般能够后加gɑŋ^{55}po^{51}表示复数，也可以接受tɑp^{55}tʰi^{51}“一些”、mɑŋ^{55}pu^{51}“许多”等量化词以及数词的修饰；不可数名词一般不接受数词的修饰。有关可数名词的复数表达的情况，见下文“名词的数”部分。

墨脱门巴语中不可数名词的主要类别是抽象名词和集合名词。例如：

抽象名词：ple^{55}ȵi^{51} 事情　　loŋ^{55}tɑ^{51} 运气

mi^{31}zek^{55} 民族　　ȵem^{55}do^{51} 气味

集合名词：tu^{55}tuŋ^{51} 衣服　　dep^{35} 书

kʰem^{55}ɕɑ^{51} 房间　　ɕo^{55}gu^{55} 纸张

3. 有生名词与非有生名词

墨脱门巴语可以在有生名词后加语素kʰu^{55}wu^{51}表示该事物较小、可爱。kʰu^{55}wu^{51}的虚化源头需要进一步探究。例如：

ȵɑ^{55}kʰu^{55}wu^{51} 鱼苗　　te^{55}kʰu^{55}wu^{51} 马驹

zɑ^{35}wɑ^{55}kʰu^{55}wu^{51} 羊羔　　kʰɑ^{55}kʰu^{55}wu^{51} 鸡崽

无生命物名词的称小通常通过把语素preu^{51}“小”加在名词之后实现。例如：

tsʰi^{55}preu^{51} 小河　　zi^{31}gu^{55}preu^{51} 小山

nɑm^{55}preu^{51} 小雨　　lem^{55}nɑŋ^{55}preu^{51} 小路

doŋ^{35}tɑn^{51}preu^{51} 小板凳　　xɑ^{55}joŋ^{51}preu^{51} 小锅

gru^{31}goŋ^{51}preu^{51} 小碗　　der^{35}mɑ^{51}preu^{51} 碟子

tɕʰu^{55}wu^{55}preu^{51} 小刀　　dʑo^{31}mo^{51}preu^{51} 小肠

le^{55}preu^{51} 小舌　　ŋe^{35}preu^{51} 小病

4. 动物名词

有生名词还可以区分出动物名词和非动物名词。动物名词中，雄性动物一般在词根的基础上通过前置或后置成分pʰo^{55}或to^{55}kɑ^{51}来表示。例如：

pʰɑ^{55} pʰo^{55} 公猪	te^{55} pʰo^{55} 公马
猪 公	马 公
boŋ^{31}mu^{51} pʰo^{51} 公驴	kʰɑ^{55}lɑ^{55} po^{51} 公鸡
驴 公	鸡 公
bɑ^{35} to^{55}kɑ^{51} 公牛	ʐɑ^{31}wɑ^{55} to^{55}kɑ^{51} 公羊
牛 公	羊 公
pʰo^{55} kʰi^{55} 公狗	pʰo^{55} li^{55} 公猫
公 狗	公 猫

雌性动物一般在词根的基础上通过前置或后置成分mo^{31}或mɑ^{55}来表示。例如：

te^{55} mo^{51} 母马	boŋ^{31}mu^{51} mo^{51} 母驴
马 母	驴 母
bɑ^{31} mɑ^{51} 母牛	kʰɑ^{55} mɑ^{51} 母鸡
牛 母	鸡 母
ʑo^{55} mɑ^{55} 母老鼠	ʐɑ^{31}wɑ^{55}dɑ^{31} mɑ^{51} 母羊
老鼠 母	羊 母
mo^{31} pʰɑ^{55} 母猪	mo^{31} li^{55} 母猫
母 猪	母 猫
mo^{31} kʰi^{55} 母狗	
母 狗	

5. 时间名词

墨脱门巴语时间名词中的大多数成员具有以下特点：能做主语、宾语等句法成分；可以自由地充任状语，表示动作行为或事件发生的时间。例如：

dɑ^{31}ɕi^{55} tɕi^{51} ȵi^{31}toŋ^{51}tɕɑ^{31}me^{55} tɕi^{55}le^{55}ŋɑ^{55} lo^{51} tɑ^{31}wɑ^{51} dʑo^{55}pɑ^{51} tsʰe^{55} tʰi^{55}.

今天 是 两千 十五 年 月 十 日 一

今天是2015年10月1日。

dɑŋ^{51} ŋe^{35} bru^{51} by^{35}ɣu^{51} te^{55} gɑi^{55} wu^{51}.

昨天 1sg 粮食 背 PRT 去 PFV

昨天我背粮食去了。

dɑ^{31}ɕi^{55} te^{55}pɑr^{55}ʐɑŋ^{51} ŋe^{35} bi^{35} sot^{55} dʑo^{51} o^{55}ȵe^{51}!

今天 一定 1sg 3sg 打 PROS PRT

今天我非打它不可！

6. 方位词

墨脱门巴语的方位词是一个封闭类，数量有限。例如：

n̥a^{31}ka^{51}	上面	wa^{55}ka^{51}	下面
ze^{55}ka^{51}	上	wa^{55}ka^{51}	下
n̥i^{55}ka^{51}	前面	dʑap^{35}ka^{51}	后面
niŋ^{35}ka^{51}	里面	tɕ^{h}i^{55}ka^{51}	外面
but^{35}ka^{51}	中间	n̥i^{55}ka^{51}	对面
maŋ^{55}ka^{51}	旁边	maŋ^{55}ka^{51}	附近
e^{55}pa^{51}	右面	jøn^{55}pa^{51}	左面
ɕar^{51}	东面	nup^{35}	西面
ɬo^{51}	南面	dʑaŋ^{35}	北面

通过观察研究，我们发现，墨脱门巴语的方位词有以下特点：

（1）语音方面，音节形式存在差异。表位置的方位词“上、下、前、后、里、外”等都是双音节形式，表方向的方位词“东、西、南、北”都是单音节形式。

（2）构词方面，构词方式不同。以是否包含词缀为标准，墨脱门巴语的方位词可分为两类：一类是主要表位置的“上、下、前、后、里、外、左、右”，它们包含词缀ka^{51}或pa^{51}，采用派生法构词；另一类是主要表方向的“东、西、南、北”，它们则是由一个语素构成的单纯词。

（3）语义方面，方位概念的表达有区分。墨脱门巴语中的表方向的方位词以及“左、右”均借自藏语，而像“上、下、前、后、里、外”这些方位词，则是墨脱门巴语固有的。

方位词在句中可直接做位移动词的宾语；或位于处所名词、时间名词之后构成以方位词为中心语的方位短语，这种方位短语在更大的短语或句子中主要做状语，或在存现句中做主语。例如：

ts^{h}i^{55} niŋ^{35}ka^{51} n̥a^{35} tʂa^{35}min^{55}tʂa^{51} sui^{55} n̥i^{51}.

水 上 鱼 各种各样的 养 AUX

水里养着各种各样的鱼。

mi^{35} o^{55}mu^{55}ka^{51} gre^{55}k^{h}a^{51} sa^{55}tɕ^{h}a^{55} toŋ^{55}pa^{51} niŋ^{35}ka^{51} zuk^{55} ma^{51}. po^{55}ʐen^{55}

3sg 那 野鸡 地方 空 里面 住 NEG 森林

niŋ^{35}ka^{51} diŋ^{51} ŋon^{51} niŋ^{35}ka^{51} p^{h}i^{55}zu^{55}wa^{51}.

里面 CONJ 草 里面 藏

野鸡不敢在空旷的地方活动，只能藏在森林、草丛里。

最后需要指出的是，在墨脱门巴语中，名词表处所时大多数需要后加处所助词ka^{51}。

例如：

bi^{35} tɑk^{55}prɑ^{55}ʐɑŋ^{51} pei^{55}tɕiŋ^{55} kɑ^{51} mi^{31}tun^{55}ke^{51} gɑi^{55} do^{51}.

3sg 经常 北京 LOC 出差 去 PRES

他经常去北京出差。

bi^{35} lɑ^{55} ze^{55} kɑ^{51} kem^{55}tɕɑ^{55} doŋ^{55}ȵoŋ^{35} wu^{51}.

3sg 山 上 LOC 野牛 看见 PFV

他在山上看见过野牛。

gur^{35}kuŋ^{51} kɑ^{51} do^{51} ʐor^{51}ȵik^{55} ȵi^{51}.

碗 LOC 饭 满 AUX

碗里的饭装得满满的。

i^{55} k^{h}em^{55} kɑ^{51} bɑ^{35} gɑ^{31}tsem^{51} nou^{35}?

2sg 家 LOC 牛 多少 有

你家有多少头牛？

（三）名词的“数”

墨脱门巴语没有类似于英语的词尾-s那样的复数标记，也没有类似于现代汉语中表达集合数的“们”。名词若想表达复数的概念，一般后加gɑŋ^{55}po^{51}这个词，类似于汉语的“些”“多”等。例如：

lop^{55}dʐɑ^{55}gɑŋ^{55}po^{51} 学生们 lop^{55}pon^{55}gɑŋ^{55}po^{51} 老师们

prɑ^{55}ɑŋ^{55}po^{51} 猴子们 bu^{55}tsɑ^{51}ɑŋ^{55}po^{51} 孩子们

ŋø^{35} gɑŋ^{55}po^{51} ŋɑ^{31}tɑŋ^{55} tʂui^{35}bi^{55}tɕɑŋ^{55} ȵi^{51}.

客人 PL 偷偷地 讨论 AUX

客人们都在悄悄地议论这件事。

bi^{35}nɑŋ^{55}gɑŋ^{55}po^{51} gɑ^{31}dʑi^{55}kɑ^{51} ʐɑi^{55} o^{51}?

3pl 哪里 来 PRES

他们从哪儿来的？

gɑŋ^{55}po^{51}并不局限于加在有生名词之后，还可跟抽象名词组合，但用例较为有限。例如：

wu^{55}tso^{51} ble^{55} gɑŋ^{55}po^{51} bi^{55}nɑŋ^{55} gɑi^{55}se^{51} t^{h}ɑk^{55}tɕe^{55} t^{h}oŋ^{55}ɑ^{51}.

这 事情 PL 3pl 去 解决 PRT

这些问题他们说自己去解决。

从上述例示可以看出，在语音与句法上，墨脱门巴语的词项gɑŋ^{55}po^{51}还具有一定的独立性，应该还处于语法化的早期阶段。

非指人的有生名词要想表示语义上的复数，墨脱门巴语往往采用后加修饰语的方式。

例如，可在词项后加te^{55}kɑ^{51}“群”、tap^{55}t^{h}i^{51}“一些”或mɑŋ^{55}pu^{51}“多”来表示。例如：

p^{h}ɑ^{55}te^{55}kɑ^{51}	猪群	jeŋ^{35}te^{55}kɑ^{51}	羊群
bɑ^{35}te^{55}kɑ^{51}	牛群	te^{51}te^{55}kɑ^{51}	马群
ɕiŋ^{51}mɑŋ^{55}pu^{51}	很多树	k^{h}em^{55}mɑŋ^{55}pu^{51}	很多房子
ri^{31}boŋ^{55}mɑŋ^{55}pu^{51}	好多兔子	prɑ^{55}mɑŋ^{55}pu^{51}	许多猴子
bu^{55}tsɑ^{51}tap^{55}t^{h}i^{51}	一些小孩子	tʂo^{31}tsi^{55}tap^{55}t^{h}i^{51}	一些桌子
wu^{55}ɕo^{51}tap^{55}t^{h}i^{51}	一些苹果	gle^{51}tap^{55}t^{h}i^{51}	一些桃子

nɑː^{55} har^{55}bu^{51} t^{h}i^{55} nou^{35}ku^{51} ȵi^{51}. plaŋ^{55} tap^{55}t^{h}i^{51} tsai^{35}mɑ^{51} zi^{35}kɑ^{35}ʐɑŋ^{51}
从前 野猫 一 有 AUX 天 一些 食物 一点
mo^{55}nu^{51} ȵi^{51}.
NEG AUX
从前，有一只野猫，它好几天没有找到食物了。

二　数词

（一）基数

1. 个数词

墨脱门巴语中一至九如下：

一	t^{h}i^{55}	二	nai^{35}	三	som^{55}	四	bli^{55}	五	le^{35}ŋɑ^{51}
六	gro^{55}	七	ȵi^{51}	八	get^{35}	九	du^{31}gu^{51}		

从语音层面看，墨脱门巴语“一”到“九”等基数词，以单音节为主，双音节的只有le^{35}ŋɑ^{51}“五”与du^{31}gu^{51}“九”。

墨脱门巴语中没有单纯表示“零”概念的数词。但是，在合成数词中可以用连接语素diŋ^{51}“和”把两个位数连接起来。例如：

dʑɑ^{55} diŋ^{51} get^{35} 一百零八
百 CONJ 八

dʑɑ^{55} diŋ^{51} t^{h}i^{51} 一百零一
百 CONJ 一

2. 位数及合成基数词

墨脱门巴语的位数词示例如下：

tɕi^{55} 十　dʑɑ^{55} 百　toŋ^{55}tʂ^{h}ɑ^{55} 千　tʂ^{h}i^{55} 万

数词“十一”至“十九”的构成方式是“tɕi^{55}＋基数词”。例如：

十一 tɕi^{55}t^{h}i^{55}　十二 tɕi^{55}nai^{55}　十三 tɕi^{55}som^{51}　十四 tɕi^{55}bli^{35}

十五　tɕi^{55}le^{55}ŋɑ^{55}　十六　tɕi^{55}gro^{51}　十七　tɕi^{55}ȵi^{51}si^{51}　十八　tɕi^{55}get^{35}

十九　tɕi^{55}du^{35}gu^{55}

“二十”至“九十”的构成方式是“k^{h}ɑ^{55}li^{51}＋基数词”，k^{h}ɑ^{55}li^{51}的合音形式为k^{h}ɑi^{55}。具体可分为两种情况。

第一，以二十的整数倍进行的表达。墨脱门巴语中，“二十”至“九十”的构成方式中，二十的整数倍表达如下：

k^{h}ɑ^{55}li^{51}　二十

k^{h}ɑi^{55}　nɑi^{51}　四十

二十　二

k^{h}ɑi^{55}　som^{55}　六十

二十　三

k^{h}ɑi^{55}　bli^{51}　八十

二十　四

第二，以二十的整数倍加十进行表达。例如：

k^{h}ɑ^{55}li^{51}　tɕi^{51}　三十

二十　十

k^{h}ɑi^{55}　nɑi^{35}　tɕi^{51}　五十

二十　二　十

k^{h}ɑi^{55}　som^{55}　tɕi^{51}　七十

二十　三　十

k^{h}ɑi^{55}　bli^{35}　tɕi^{51}　九十

二十　四　十

从上述进位系统可以看出：第一，墨脱门巴语位数有一个“k^{h}ɑi^{55}（二十）”；第二，“十一”到“十九”以位数tɕi^{55}“十”为单位构成，“二十”至“九十”的偶数以位数k^{h}ɑi^{55}为单位构成；第三，系数词后置于位数k^{h}ɑi^{55}。

上述计数方式，墨脱门巴语不但与汉语完全不同，而且与同语族的许多语言也不相同。例如藏语的“百”以下的基数词只能由位数词“十”构成。具体例子如下：

ŋap^{53}　tɕu^{53}　五十

五　十

ɕip^{12}　tɕu^{53}　ɕe^{12}　tɕiʔ^{53}　四十一

四　十　PRT　一

墨脱门巴语“二十”至“九十”中如还需表达基数词，则构成方式为“基数词＋tɕi^{51}＋基数词”。例如：

kʰɑ^{55}li^{55}　tʰi^{55}　二十一　　　kʰɑ^{55}li^{51}　tɕi^{51}　nɑi^{35}　三十二

二十　　一　　　　　　二十　　十　　二

百位以上的合成数词，其构成方式为“位数词＋基数词”，位数在前面表示相乘关系。例如：

dʑɑ^{35}　tʰi^{51}　一百　　　　　toŋ^{55}tʂʰɑ^{55}　tʰi^{51}　一千

百　　一　　　　　　　千　　　　一

tʂʰi^{55}　tʰi^{51}　一万

万　　一

百位以上含“零”的合成数词，构成方式是一般在合成数词中加上语素diŋ^{51}。例如：

dʑɑ^{55}　diŋ^{51}　get^{35}　一百零八

百　　CONJ　八

dʑɑ^{55}　diŋ^{51}　tʰi^{51}　一百零一

百　　CONJ　一

dʑɑ^{35}　diŋ^{51}　leŋ^{35}ŋɑ^{51}　一百零五

百　　CONJ　五

dʑɑ^{35}　diŋ^{51}　kʰɑi^{55}nɑi^{55}dʑi^{51}　一百五十

百　　CONJ　五十

语素diŋ^{51}有时无需添加。例如：

ȵi^{31}toŋ^{51}tɕɑ^{31}me^{55}　tɕi^{51}le^{55}ŋɑ^{55}　两千零一十五

二千　　　　　　十五

（二）序数词

墨脱门巴语中的“第”组序数词均借自藏语，但有时会对借用的序数词进行适当的调整。例如：

第一　ɑŋ^{55}dɑŋ^{55}pɑ^{51}

第二　ɑŋ^{55}ȵi^{55}pɑ^{51}

第三　ɑŋ^{55}som^{55}pɑ^{51}

老末　dʑok^{55}tʰɑk^{55}mɑ^{55}

初一　zo̧^{31}zȩŋ^{51}tʰi^{55}pɑ^{51}

初二　zo̧^{31}zȩŋ^{51}nɑi^{35}pɑ^{51}

初三　zo̧^{31}zȩŋ^{51}som^{55}pɑ^{51}

再看以下两个例句：

lun^{55}pu^{51}　ɑŋ^{55}dɑŋ^{55}pɑ^{51}　ɬo^{51}　dʑe^{31}po^{51}　ɕɑt^{55}pu^{55},　sir^{51}　dʑe^{31}po^{51}　bøu^{55}　ȵi^{51}.

大臣　第一　南　国王　说　金　国王　给　AUX

第一个大臣对南方国王说："金子是送给国王的。"

ŋe^{35} tʰen^{55} dɑŋ^{31}pu^{51}, i^{55} tʰen^{55} n̥i^{55}pɑ^{55}, bi^{35} dʑok^{55}tʰɑk^{55}mɑ^{55}.

1sg 排 第一 2sg 排 第二 3sg 老末

我排第一，你排第二，他排老末。

上述例子中，"第"组序数词均借自藏语。其中，藏语的"第一"dɑŋ^{31}pu^{51}，在墨脱门巴语中则经过类推而改造为"ɑŋ^{55}＋基数词＋pɑ^{51}"结构。语素ɑŋ^{55}因不具强制性，可省略。而"初"组序数词则采用类似于框式介词方式表达，即"ʐo^{31}zeŋ^{51}＋基数词＋pɑ^{51}"结构，这与藏语及仓洛语的表达方式均不相同。

（三）倍数

墨脱门巴语的倍数是在基数词前面加上dɑp^{55}"倍"表示。例如：

wu^{55}mo^{51} ɑi^{51} dɑ^{31}rik^{51}gɑ^{51} to^{55}mer^{55} gup^{55}dʑo^{55} gup^{55} ɕi^{55} n̥i^{55}, ŋe^{35} ku^{51}

那个 老太太 今年 岁 九十 PRT 四 AUX 1sg GEN

bi^{35}bi^{55}li^{51} dɑp^{55} ni^{55}ge^{51} tʰɑn^{55}ɕe^{51}.

年龄 倍 两 大

那老太太94岁了，是我年龄的两倍左右。

（四）约数

约数的构成方式有以下几种：

1. 在数词的后面加tsɑŋ^{55}gen^{51}来表示"～把个""～几个""～多个"等含义。例如：

dʑɑ^{35}tsɑŋ^{55}gen^{51}	百把个	toŋ^{55}tʂʰɑ^{55}tsɑŋ^{55}gen^{51}	千把个
tɕi^{55}tsɑŋ^{55}gen^{51}	十几个	tɕi^{55}tsɑŋ^{55}gen^{51}	十多个
tom^{55}me^{55}ʐe^{55}tɕi^{55}tsɑŋ^{55}gen^{51}	十多年	plɑŋ^{51}kʰɑ^{55}li^{51}tsɑŋ^{55}gen^{51}	二十多天
dʑɑ^{35}som^{55}tsɑŋ^{55}gen^{51}	三百多块	tom^{55}me^{55}ʐe^{55}kʰɑ^{55}li^{51}tɕi^{55}tsɑŋ^{55}gen^{51}	三十来岁
dʑɑ^{35}bli^{35}tʰik^{55}pɑ^{51}tsɑŋ^{55}gen^{51}	四百来只	dɑ^{35}jɑŋ^{55}dʑɑ^{35}tsɑŋ^{55}gen^{51}	一百零几块
mi^{35}dʑɑ^{35}tʰi^{55}tsɑŋ^{55}gen^{51}	一百来人	mi^{35}dʑɑ^{35}tʰi^{55}tsɑŋ^{55}gen^{51}dʑɑ^{31}kʰɑ^{55}ɕi^{51}	几百人
plɑŋ^{55}tɕi^{55}tsɑŋ^{55}gen^{51}	几十天	plɑŋ^{55}tsɑŋ^{55}gen^{51}kʰɑ^{55}ɕi^{51}	几天

lɑ^{55} ze^{55} ge^{51} mɑŋ^{55}kɑ^{51} oŋ^{55} pe^{55}le^{51} koŋ^{55}li^{51} tɕi^{55}le^{55}ŋɑ^{55} tsɑŋ^{35}gen^{31} n̥i^{51}.

山 上 ABL 旁边 到达 时候 公里 十五 多 AUX

山上到山下距离有十五公里多点。

2. 两个相邻近的数连在一起表示不确定的概数。例如：

som^{55} bli^{55} tʰi^{51} 三四个 mi^{35} dʑɑ^{35} le^{55}ŋɑ^{55} diŋ^{51} gro^{55} 五六百人

三 四 个 人 百 五 CONJ 六

bu^{55}tsɑ^{51} ku^{51} dep^{35} n̥i^{51} get^{35} nou^{35}.

小孩 GEN 书 七 八 有

小孩有七八本书。

3. 使用专用的约数词tap^{55}t^{h}i^{51}“一些”等表示约数。例如：

bu^{55}tsa^{51}tap^{55}t^{h}i^{51} 一些小孩子　　tʂo^{31}tsi^{55}tap^{55}t^{h}i^{51} 一些桌子

wu^{55}ɕo^{51}tap^{55}t^{h}i^{51} 一些苹果　　gle^{51}tap^{55}t^{h}i^{51} 一些桃子

ɑk^{55}pu^{51} ku^{51} tak^{55}pa^{51} pu^{51} tap^{55}t^{h}i^{51} k^{h}e^{55}ʐu^{51} o^{35}ȵi^{51}. ɕin^{35}ta^{55} lyt^{31}po^{51} pu^{51}

乌鸦 GEN 脖子 羽毛 一些 白 PRT 其他 身体 羽毛

tɕe^{31}ga^{55}ʐaŋ^{51} mleŋ^{55}bu^{55} nou^{35} o^{35}ȵi^{51}.

全部 黑 是 PRT

乌鸦除了脖子上有一些白毛外，其他羽毛全都变成黑不溜秋的了。

（五）分数

分数的构成方式为“tɕa^{31}tɕ^{h}ɑ^{51}＋基数词＋niŋ^{55}ke^{51}＋基数词”。例如：

tɕa^{31}tɕ^{h}ɑ^{51}nai^{35}niŋ^{55}ke^{51}t^{h}i^{55} 二分之一　　tɕa^{31}tɕ^{h}ɑ^{51}som^{55}niŋ^{55}ke^{51}t^{h}i^{55} 三分之一

tɕa^{31}tɕ^{h}ɑ^{51}som^{55}niŋ^{55}ke^{51}nai^{35} 三分之二　　tɕa^{31}tɕ^{h}ɑ^{51}bli^{55}niŋ^{55}ke^{51}t^{h}i^{55} 四分之一

tɕa^{31}tɕ^{h}ɑ^{51}bli^{55}niŋ^{55}ke^{51}som^{55} 四分之三　　tɕa^{31}tɕ^{h}ɑ^{51}tɕi^{55}niŋ^{55}ke^{51}du^{31}gu^{51} 十分之九

tɕa^{31}tɕ^{h}ɑ^{51}dʑa^{35}t^{h}i^{51}niŋ^{55}ke^{51}t^{h}i^{55} 百分之一　　tɕa^{31}tɕ^{h}ɑ^{51}p^{h}ap^{55}tɕo^{51} 百分之五十

tɕa^{31}tɕ^{h}ɑ^{51}dʑa^{35}t^{h}i^{51}niŋ^{55}ke^{51}som^{55} 百分之三　　tɕa^{31}tɕ^{h}ɑ^{51}tʂ^{h}i^{55}t^{h}i^{51}niŋ^{55}ke^{51}t^{h}i^{55} 万分之一

tɕa^{31}tɕ^{h}ɑ^{51}toŋ^{55}tʂ^{h}ɑ^{55}t^{h}i^{51}niŋ^{55}ke^{51}t^{h}i^{55} 千分之一

tɕa^{31}tɕ^{h}ɑ^{51}toŋ^{55}tʂ^{h}ɑ^{55}t^{h}i^{51}niŋ^{55}ke^{51}nai^{35} 千分之二

（六）“每”的表达

墨脱门巴语“每”的语义表达主要通过在名词后加ʐe^{55}来实现。例如：

le^{55}ʐe^{55} 每月

tom^{55}me^{55}ʐe^{55} 每年

plaŋ^{55}ʐe^{55} 每天

o^{31}mu^{55}ge^{51} gre^{55}k^{h}ɑ^{51} gai^{51} plaŋ^{55}ʐe^{55} gir^{35}se^{51} plaŋ^{51} gir^{35} ɕo^{51} ɕat^{55}pu^{55}ȵi^{51}

后来 野鸡 AGT 每天 叫 太阳 叫 出来 说

i^{51} dʑok^{35}dʑok^{35} ɕo^{51} ɕat^{55}pu^{55} ȵi^{51}.

2sg 快 出来 说 AUX

后来，野鸡天天叫醒太阳，让太阳早点出来。

有时墨脱门巴语也可通过其他方式来表达“每”的含义。例如：

bi^{35} tom^{55}me^{55}ʐe^{55} diŋ^{51} tom^{55}me^{55}ʐe^{55} k^{h}em^{55} ka^{51} ʐai^{55} do^{51}.

3sg 每年 CONJ 每年 家 LOC 回 PRES

他年年都回家。

上述例子中，“年年”的含义是通过短语的形式来表达的。

（七）数学运算

墨脱门巴语的四则运算中，运算表达方式只有加、减，没有乘、除。一级运算加法是do^{31}mɑ^{51}，减法是p^{h}ɑ^{55}wɑ^{55}dɑ^{51}。例如：

nɑi^{35}　do^{31}mɑ^{51}　nɑi^{35}　bli^{55}　jin^{51}te^{51}.

二　加　二　四　是

二加二等于四。

tɕi^{55}　p^{h}ɑ^{55}wɑ^{55}dɑ^{51}　t^{h}i^{55}　du^{31}gu^{51}　jin^{51}te^{51}.

十　减　一　九　是

十减一等于九。

三　量词

（一）基本特点

首先，墨脱门巴语的量词在整体数量上相对有限，专用的个体量词并不太多。例如：

ɕai^{55}	串	ɕa^{55}	间	poŋ^{55}ŋu^{55}	堆
tom^{31}baŋ^{51}	节	glɑm^{35}	庹	dʑa^{31}mɑ^{51}	斤
li^{51}	两	tɕ^{h}ɑ^{55}	双	gom^{31}baŋ^{51}	步
dɑ^{35}jaŋ^{55}	块	mo^{35}zi^{51}	毛	t^{h}ɑp^{55}	下

其次，墨脱门巴语的话语习惯是尽量不使用量词。个体量词在组配过程中基本上都是选择性的，用与不用对结构本身的合法性一般没有什么影响。例如：

bu^{55}tsɑ^{51}　som^{55}　三个孩子

孩子　三

te^{51}　nɑi^{35}　两匹马

马　二

ʑom^{51}　t^{h}i^{51}　一个女孩

女孩　一

（二）名量词

1. 墨脱门巴语中常用的名量词有如下这些：

ɕai^{55}	串	ɕa^{55}	间	poŋ^{55}ŋu^{55}	堆
tom^{31}baŋ^{51}	节	tɕ^{h}ɑ^{55}	双	gom^{31}paŋ^{51}	步

例如：

nɑː^{55}　gre^{55}k^{h}ɑ^{51}　diŋ^{51}　ɑk^{55}pu^{51}　gɑi^{51}　to^{55}saŋ^{55}　tɕ^{h}ɑ^{55}　le^{55}xu^{55}　ɕin^{51}.

从前　野鸡　CONJ　乌鸦　AGT　朋友　双　好　是

从前，野鸡和乌鸦是一对好朋友。

liu^{55}ȵi^{51} ɕen^{55} k^{h}or^{55} ʐɑp^{55}ʐe^{55} jɑr^{55} pe^{55}le^{51} ɕen^{55} k^{h}or^{55} dʐɑ^{35}wu^{51}

跳蚤 木柴 捆 一次 跳 时候 木柴 捆 哗啦

dʐɑ^{35}wu^{51} luk^{35}wɑ^{55} dɑ^{31}nuŋ^{51} goŋ^{55}pɑŋ^{55}ʐe^{55} jɑr^{55} pe^{55}le^{51} dɑ^{31}nuŋ^{51} goŋ^{55}pɑŋ^{55}ʐe^{55}

哗啦 掉 又 一步 跳 时候 又 一步

dʐɑ^{35}wu^{51} dʐɑ^{35}wu^{51} luk^{55}wɑ^{55} ȵi^{55}.

哗啦 哗啦 掉 AUX

跳蚤每跳一下，木柴就会哗啦哗啦掉下来。

2. 墨脱门巴语的时间量词有plɑŋ^{55}“天”、le^{55}“月”、tom^{55}me^{55}“年”、sen^{55}“夜”等。其用法主要是跟数词组合构成数量短语，数量短语可在句中做宾语、状语和补语。例如：

plɑŋ^{55} t^{h}i^{55} kɑ^{55} ɑk^{55}pu^{51} diŋ^{51} gre^{55}k^{h}ɑ^{51} nɑi^{55} ɕin^{55} niŋ^{35}kɑ^{51} tsɑi^{35}mɑ^{51}

天 一 LOC 乌鸦 CONJ 野鸡 俩 森林 里面 食物

tsɑi^{55}lɑ^{55}.

找

一天，乌鸦和野鸡去森林里找食物。

bi^{35} tom^{55}me^{55}ʐe^{55} diŋ^{51} tom^{55}me^{55}ʐe^{55} k^{h}em^{55} kɑ^{51} ʐɑi^{55} do^{51}.

3sg 每年 CONJ 每年 家 LOC 回 PRES

他年年都回家。

bi^{35} ɕɑ^{51} tʂ^{h}e^{55}ku^{51} mɑŋ^{35} ze^{51} ke^{55}pɑ^{51} ŋreŋ^{35}ȵi^{55}wu^{51} ke^{55}pɑ^{51} bø^{35}se^{51}.

3sg 肉 吃 多 吃 肚子 饱 肚子 胀

sen^{55}di^{51} t^{h}i^{51} ȵɑi^{31}lɑ^{51} mo^{55}nu^{51}.

晚 一 睡 NEG

它吃得太饱，肚子撑得发胀，一整夜无法入睡。

（三）动量词

墨脱门巴语的动量词极少，经常使用的主要有t^{h}en^{55}/ɕot^{55}/ʐɑp^{51}“次”“遍”。例如：

t^{h}en^{55} le^{55}ŋɑ^{55} te^{55}lɑ^{51} 看五次

次 五 看

ʐɑp^{51} som^{55} ɕɑt^{55}pu^{55} 说三遍

遍 三 说

wu^{55}tso^{51} dep^{35} ŋe^{35} ɕot^{55} som^{55} to^{51}.

这 书 1sg 次 三 看：PFV

这本书我看过三遍了。

（四）借用量词

墨脱门巴语既可以借用本族语中其他词类做量词，也借用其他语言中的量词。这里仅举几个借自其他语言的例子：

li^{51}	两（藏语）	dʑa^{31}ma^{51}	斤（藏语）
kuŋ^{55}li^{51}	公里（汉语）	kuŋ^{55}tʂ^{h}i^{55}	公尺（汉语）

墨脱门巴语中借用藏语、汉语的常用量词的情况，多限于门巴人中的多语者。再如：

ja^{55}ra^{55}	kuŋ^{55}li^{51}	k^{h}a^{55}li^{51}	ka^{51}	by^{35}	wu^{51},	ma^{35}ʐa^{55}	kuŋ^{55}li^{51}	k^{h}a^{55}li^{55}le^{35}ŋa^{51}	ka^{51}	by^{35}	wu^{51}.
上	公里	二十	LOC	背	PFV	下	公里	二十五	LOC	背	PFV

朝上背二十公里，朝下背二十五公里。

ŋe^{35}	da^{31}ɕi^{55}	k^{h}a^{55}	t^{h}i^{55}	diŋ^{51}	ɳa^{55}	nai^{35}	ɕa^{51}	dʑa^{31}ma^{51}	som^{51}	ɳe^{51}	wu^{51}.
1sg	今天	鸡	一	CONJ	鱼	二	肉	斤	三	买	PFV

我今天买了一只鸡、两条鱼、三斤肉。

四　代词

墨脱门巴语的代词也可分为人称代词、指示代词、疑问代词、反身代词、泛指代词五类。

（一）人称代词

在墨脱门巴语中，人称代词有单数、双数和多数之分。例如：

	单数形式		双数形式		多数形式	
第一人称	ŋe^{35}	我	ŋa^{35}nai^{51}	我俩	ŋa^{31}taŋ^{55}	我们
第二人称	i^{55}	你	i^{55}nai^{51}	你俩	i^{55}taŋ^{55}	你们
第三人称	bi^{35}	他	bi^{35}nai^{51}	他俩	bi^{35}taŋ^{55}	他们

通过分析上述例词我们可以得出如下结论：

1. 墨脱门巴语人称代词的双数形式一般是在第一人称形式基础上后加nai^{51}“二”构成。当然，调查中，我们也发现了人称代词双数的其他表现形式，如ŋa^{31}taŋ^{55}nai^{35}“我俩”等。

2. 墨脱门巴语人称代词的多数形式一般是在其单数形式上加上词缀taŋ^{55}构成。

3. 另外，人称代词也常做修饰语。例如：

ŋe^{35}	ku^{51}	a^{55}pa^{55}	我爸爸	bi^{35}	ku^{51}	bu^{55}tsa^{51}	他的孩子
1sg	GEN	爸爸		3sg	GEN	孩子	

bi^{35}	ku^{51}	doŋ^{55}pa^{51}	liu^{35}	ɳi^{51}.
3sg	GEN	脸	红	AUX

他的脸红起来了。

bi^{55} ku^{51} pu^{51} ts^{h}i^{55}gai^{35} dʑa^{55}ru^{51}, ʑam^{31}po^{51} diŋ^{51} k^{h}a^{55}po^{51} t^{h}aŋ^{55}t^{h}i^{55}

3sg GEN 羽毛 紧紧 粘 老鹰 CONJ 鹞子 一样

t^{h}a^{55}riŋ^{35}gu^{51} diŋ^{51} t^{h}un^{55}pu^{51} p^{h}en^{55}se^{51} mo^{55}nu^{51}.

远 CONJ 高 飞 NEG

胶水紧紧地粘住了乌鸦的羽毛，所以它不能再像老鹰、鹞子一样飞得又高又远了。

sen^{55}ge^{51} gai^{51} bloŋ^{55}wu^{51}, ŋe^{35} i^{55} ku^{51} a^{55}pa^{55} ku^{51} ɕa^{51}jaŋ^{31} tʂ^{h}e^{55} wu^{51}

狮子 AUX 骂 1sg 2sg GEN 父亲 GEN 肉 吃 PFV

i^{55} ku^{51} a^{55}ma^{55} ku^{51} ɕa^{51}jaŋ^{31} tʂ^{h}e^{55} wu^{51}.

2sg GEN 母亲 GEN 肉 吃 PFV

狮子怒道：“我把你父母吃了。”

（二）指示代词

1. 基本指示代词

基本指示代词有两种形式：wu^{55}tso^{51}“这”、wu^{55}mo^{51}“那”，其主要作用是指示。例如：

wu^{55}tso^{51} tɕi^{51} ŋe^{35} ku^{51} la^{55}ga^{55} t^{h}oŋ^{55}ma^{55}, wu^{55}mo^{51} tɕi^{51} i^{55} ku^{51}

这 是 1sg GEN 手 镯子 那 是 2sg GEN

la^{55}ga^{55} t^{h}oŋ^{55}ma^{55}.

手 镯子

这是我的手镯，那是你的手镯。

除了指示作用之外，指示代词还有指称作用。例如：

wu^{55}tso^{51} ȵe^{31}tup^{55} nai^{35} tɕi^{51} ŋe^{35} ku^{51}.

这 雨伞 二 是 1sg GEN

这两把雨伞是我的。

wu^{55}tso^{51} me^{35}naŋ^{55} ɕat^{55}pu^{55} k^{h}a^{55}la^{55}po^{51} gir^{35} do^{51} nam^{55}k^{h}ir^{55} ȵi^{51}.

这个 人家 说 公鸡 叫 PRES 天亮 AUX

这就是人们常说的“鸡鸣破晓”。

da^{31}nuŋ^{51} bi^{35} tsik^{55}pa^{55}zai^{35} wu^{51} ȵi^{51}. ri^{31}boŋ^{55} preu^{55} k^{h}a^{55}la^{55} t^{h}oŋ^{55}ȵi^{51}.

又 3sg 生气 PFV AUX 兔子 小 骗 AUX

ri^{31}boŋ^{55} gai^{51} ɕat^{55}pu^{55} ȵi^{51}, wu^{55}mo^{51} sem^{55}tɕin^{51} i^{55} bra^{55}tɕak^{55} do^{51} bi^{35}

兔子 AGT 说 AUX 那个 野兽 2sg 害怕 PRES 3sg

p^{h}i^{55}zu^{55} ȵi^{51}.

藏 AUX

它生气了，说："兔子骗人。"兔子说："兽王怕你，藏起来了。"

用来指代不定量的多数时，可在这两个基本代词后加上词项 gaŋ^{55}po^{51}，有时也可不加。其基本形式如下：

wu^{55}tso^{55}gaŋ^{55}po^{51}　这些　（近指）

wu^{55}mo^{55}gaŋ^{55}po^{51}　那些　（远指）

它们常出现在体词性成分前起限定作用。例如：

wu^{55}tso^{51}　mi^{51}　gaŋ^{55}po^{51}　ŋe^{35}　sem^{55}ɕin^{55}　mo^{55}nu^{51}.

这　人　PL　1sg　喜欢　NEG

这些人我恨透了。

wu^{55}tso^{51}　ble^{55}　gaŋ^{55}po^{51}　bi^{55}taŋ^{55}　gai^{55}se^{51}　t^{h}ak^{55}tɕe^{55}　t^{h}oŋ^{55}a^{51}.

这　事情　PL　3pl　去　解决　PRT

这些问题他们说自己去解决。

wu^{55}tso^{51}　p^{h}a^{55},　dʑak^{55}ba^{51}　ne^{55}k^{h}an^{51}　sot^{55}　ta^{51}.

这　猪　肥　存在　杀　PRT

这些猪，肥的宰掉。

从上述例子可以看出，在句中 gaŋ^{55}po^{51} 有时会放在所修饰名词的后面，有时该词项可不添加。

2. 处所指示代词

处所指示代词有两种形式：o^{55}tsa^{55}ka^{51}"这里"、o^{55}mu^{55}ka^{51}"那里"，它们在句中主要做状语，修饰谓词性成分。例如：

o^{55}tsa^{55}ka^{51}　pe^{31}ʐek^{55}　nou^{35}.

这里　藏族　有

这里有藏族。

i^{55}　o^{55}mu^{55}ka^{51}　plaŋ^{55}　bin^{55}zui^{55}o^{55}　do^{55}　wu^{51}　n̥i^{51}.

2sg　那里　太阳　躺　晒　PFV　AUX

你躺在那里晒太阳。

mi^{35}　o^{55}mu^{55}ka^{51}　gre^{55}k^{h}a^{51}　sa^{55}tɕ^{h}a^{55}　toŋ^{55}pa^{51}　niŋ^{35}ka^{51}　zuk^{55}　ma^{51}.

3sg　那里　野鸡　地方　空　里面　住　NEG

野鸡也不敢在空旷的地方住。

3. 方式和程度指示代词

方式和程度指示代词主要有三种形式：o^{35}ja^{51}"这样"、wu^{55}mo^{55}"那样"、kan^{35}don^{51}"这么"。方式指示代词在句中主要做状语。例如：

sen^{55}ge^{51} gai^{51} jar^{51} te^{55}ke^{51} wa^{55} ts^{h}o^{51} niŋ^{35}ka^{51} ku^{51} sen^{55}ge^{51} te^{55} pe^{55}le^{51}

狮子 AGT 下 看 PRT 湖 里面 GEN 狮子 看 时候

tak^{55}pra^{55}ʐaŋ^{51} o^{35}ja^{51} t^{h}uk^{55} n̥i^{51}.

一直 这样 发抖 AUX

狮子往下一看，湖里的狮子真的在那样发抖。

bi^{35} n̥ø^{55}se^{51} ɕat^{55}pu^{55} n̥e^{51} i^{55} ŋe^{35} le^{51} o^{35}ja^{51} mu^{55}tuk^{55} o^{35}n̥e^{51}.

3sg 疯 说 AUX 2sg 1sg DAT 这样 对待 PRT

它疯了，说："你不能这样子对我！"

i^{55} tʂe^{51}t^{h}oŋ^{55}se^{51} gor^{51} ze^{55}ka^{51} bak^{55}se^{51} n̥i^{35}, wu^{55}mo^{51} te^{55} te^{55} pe^{55}le^{51}

2sg 游泳 石头 上 趴 AUX 那样 看 看 时候

sem^{55}tɕin^{51} ku^{51} pon^{55} i^{55} duŋ^{51} te^{55}ga^{55} jo^{51} n̥i^{35}.

野兽 GEN 官 2sg 又 看 PROS AUX

你游过去，站在石头上，就能看见另一个兽王了。

（三）反身代词

墨脱门巴语反身代词由人称代词加上表示反身意义的naŋ^{55}、taŋ^{55}ʐaŋ^{35}或ʐaŋ^{35}"自己"构成。墨脱门巴语反身代词如下：

人称	单数	多数
第一人称	ŋa^{35}naŋ^{55} 我自己	ŋa^{31}taŋ^{55}ʐaŋ^{55} 我们自己
第二人称	i^{55}naŋ^{55} 你自己	i^{55}taŋ^{55}ʐaŋ^{55} 你们自己
第三人称	bi^{35}naŋ^{55} 他自己	bi^{35}taŋ^{55}ʐaŋ^{55} 他们自己

下面就上述六种反身代词形式各举一例如下：

ŋa^{35}naŋ^{55} gai^{51} toŋ^{55} wu^{51} k^{h}i^{55} tʂ^{h}a^{55}pa^{55}tʂ^{h}o^{55}po^{51} ja^{35}ʐa^{55} jar^{51} ma^{35}ʐa^{55}

1sg：REFL AGT 看 PFV 狗 花 上 跳 下

jar^{51}, ɕan^{55}ma^{51} git^{55}pa^{51} n̥i^{51}.

跳 玩 舒服 AUX

我亲眼看见那只花狗跳上跳下，可好玩了。

ŋa^{35}naŋ^{55} ŋreŋ^{35} p^{h}e^{55} dʑo^{51} n̥i^{51}.

1sg：REFL 饱 可以 PROS AUX

我自己吃饱肚子就行。

i^{55}naŋ^{55} ku^{51} ble^{55} i^{55}naŋ^{55} pe^{51}.

2sg：REFL GEN 事情 2sg：REFL IMP

你自己的事情你自己做。

bi^{35}taŋ^{55}ʐaŋ^{55} tsʰo^{51} maŋ^{55}ka^{51} ɕen^{51} tʰan^{55}bu^{51} wa^{55}ka^{51} ɣoŋ^{35} wu^{51}.

3pl：REFL 湖 旁边 树 大 下 到达 PFV

他们到了湖边的大树下。

i^{55}ʐa^{55} ma^{31}tsa^{51} mi^{51} ga^{51}tsem^{55} ʐai^{55} o^{51}?

2pl：REFL 究竟 人 多少 来 PRES

你们究竟来了多少人？

ŋe^{35} gai^{55} tsʰar^{55} pe^{55}le^{51}, bi^{35}ʐa^{55} gai^{51} zi^{35} ɕat^{55}?

1sg 走 完 后 3pl：REFL AGT 什么 说

我走了以后，他们又说了些什么？

需要指出的是，在语流中，反身代词会出现韵尾甚至音节脱落的现象，比如，i^{55}ʐa^{55}“你们”、bi^{35}ʐa^{55}“他们”均是音节taŋ^{55}脱落和音节ʐaŋ^{55}韵尾ŋ脱落后带来的结果。

（四）疑问代词

墨脱门巴语常用疑问代词有su^{55}“谁”、zi^{35}ja^{51}“什么”、ga^{31}dʑi^{55}ka^{51}“哪里”三个，分别用来指人、物、处所。在zi^{35}ja^{51}的基础上可以构成另外一些疑问指代形式。例如：zi^{35}tsʰai^{55}do^{51}“什么”、zi^{35}bi^{51}to^{51}“干什么”、zi^{35}bi^{51}se^{51}“为什么”等。

1. 指人的疑问代词形式

疑问形式是su^{55}“谁”。它可以做主、宾语、定语。例如：

wu^{55}mo^{51} tɕi^{51} su^{55} ja^{51}?

那 是 谁 QUES

那是谁？

we^{55}, ar^{55}wa^{51}, i^{55} su^{55} tsai^{55} do^{51}?

喂 年轻人 2sg 谁 找 PRES

喂，年轻人，你找谁？

ak^{55}pu^{51} gai^{51} gre^{55}kʰa^{51} ɕat^{55}pu^{55} wu^{51} ɲi^{51}, ŋa^{31}taŋ^{55}nai^{31} dʐen^{31}dor^{55} tʰoŋ^{55}

乌鸦 AGT 野鸡 说 PFV AUX 1dl 比赛 PRT

dʑo^{51} o^{55}ɲi^{51} tʰun^{55}pu^{51} diŋ^{51} tʰa^{55}riŋ^{35}gu^{51} su^{55} pʰen^{55}se^{51}?

PROS AUX 高 CONJ 远 谁 飞

乌鸦对野鸡说：“咱们比比，看谁飞得又高又远？”

gre^{55}kʰa^{51} gai^{51} ak^{55}pu^{51} le^{51} ɕat^{55}pu^{55} no^{31}gor^{35} ŋa^{31}taŋ^{55} gir^{55} su^{55} ku^{51}

野鸡 AGT 乌鸦 DAT 说 明天 1pl 叫 谁 GEN

get^{55}　tʰan^{55}bu^{51}　su^{55}　ku^{51}　get^{55}　mɑŋ^{35}　su^{55}　ku^{51}　get^{55}　ɕɑ^{55}mɑ^{55}.

声音　大　谁　GEN　声音　多　谁　GEN　声音　长

野鸡对乌鸦说："咱们明天比赛喊叫，看谁的声音洪亮，谁叫的次数多，叫的时间长。"

2. 指物的疑问代词形式

指物的疑问形式是zi^{35}jɑ^{51}"什么"。例如：

ŋe^{35}　gɑi^{55}　tsʰɑr^{55}　pe^{55}le^{51},　bi^{35}ẓɑ^{55}　gɑi^{51}　zi^{35}　ɕɑt^{55}?

1sg　走　完　后　3pl：REFL　AGT　什么　说

我走了以后，他们又说了些什么？

wu^{55}mo^{51}　tu^{55}tuŋ^{51}　dor^{31}mɑ^{51}　toŋ^{55}lɑ^{55}　ge^{31}nɑ^{51},　tʰo^{35}ẓɑ^{55}　gɑi^{55},　tsʰu^{55}ẓɑ^{55}　ẓɑi^{51},

那　衣服　裤子　破旧　穿　这边　去　那边　来

mɑ^{31}tsɑ^{51}ẓɑŋ^{51}　zi^{35}　bi^{55}　do^{51}?

究竟　什么　做　PRES

那穿破衣裳的家伙一会儿过来、一会儿过去的，到底在做什么？

i^{35}　tʰɑp^{55}ɕe^{55}　zi^{35}do^{51}jɑ^{51}　ṇi^{51}?

2sg　办法　什么　有

你有什么办法？

i^{55}　zi^{35}　zɑ^{55}　ṇɑm^{55}　do^{51}?　ŋe^{35}　zi^{35}kɑ^{35}ẓɑŋ^{51}　zɑ^{55}　ṇɑm^{55}　mo^{55}nu^{51}!

2sg　什么　吃　愿意　PRES　1sg　一点儿　吃　愿意　NEG

你想吃点什么？我什么也不想吃！

i^{55}　zi^{31}biu^{51}　sɑm^{55}　do^{51}?

2sg　什么　想　PRES

你想什么呢？

3. 指处所的疑问代词形式

基本形式是gɑ^{31}dʑi^{55}kɑ^{51}"哪里"，其变体形式为gɑ^{31}dʑi^{55}。例如：

i^{55}　ŋe^{35}　gɑ^{31}dʑi^{55}kɑ^{51}　kʰu^{55}ru^{51}　wɑ^{51}ṇi^{35}?

2sg　1sg　哪里　带领　QUES

你带我去哪里？

kʰɑi^{55}lɑ^{55}　gɑi^{51}　ɕɑt^{55}pu^{55},　sen^{55}ge^{51}　ku^{51}　ẓo^{35}　gɑ^{31}dʑi^{55}kɑ^{51}　wɑ^{51}ṇi^{35}?

老虎　AGT　说　狮子　GEN　遗体　哪里　QUES

老虎问："狮子的尸体在哪里？"

wei^{31}　ri^{31}boŋ^{55}　sem^{55}tɕin^{51}　ku^{51}　pon^{55}　gɑ^{31}dʑi^{55}kɑ^{51}　ṇi^{35}?

喂　兔子　野兽　GEN　官　哪里　在

喂！兔子！兽王在哪里？

bi^{35} ga^{31}dʑi^{55} nou^{35} wa^{51}?

3sg 哪里 在 QUES

他在哪里？

i^{55} bi^{35} ga^{31}dʑi^{55} nou^{35} wa^{51}? bi^{35} ts^{h}o^{51} niŋ^{35}ka^{51} zuk^{55} ȵi^{35}.

2sg 3sg 哪里 在 QUES 3sg 湖 里面 住 AUX

你问它在哪里？它就住在湖里。

4. 指时间的疑问代词形式

基本形式是ga^{31}ɕi^{51}“什么时候”、ga^{31}zim^{51}ga^{51}“几点”。例如：

ŋø^{35} gaŋ^{55}po^{51} ga^{31}ɕi^{51} oŋ^{35} jo^{51}?

客人 PL 什么时候 到 PROS

客人什么时候到？

i^{55} ga^{31}ɕi^{51} me^{31}to^{51} tsuŋ^{35} ka^{51} oŋ^{31} jo^{51}?

2sg 什么时候 墨脱 县 LOC 来 PROS

你什么时候来墨脱县？

bi^{55} ga^{31}ɕi^{51} pe^{31}tɕiŋ^{55} ka^{51} gai^{55} jo^{51}?

3sg 什么时候 北京 LOC 去 PROS

他什么时候去北京？

tɕ^{h}ø^{31}ts^{h}ø^{51} ga^{31}zim^{51}ga^{51} ȵi^{51}?

时间 几点 是

几点了？

tɕ^{h}ø^{31}ts^{h}ø^{51} gu^{51}pa^{51} p^{h}e^{55}zi^{51}. tɕ^{h}ø^{31}ts^{h}ø^{51} gu^{51}pa^{51} tɕi^{55}laŋ^{55}a^{55}.

时间 九 半 时间 九 十五

九点半。九点十五。

5. 指方式的疑问代词形式

指方式的疑问形式有两个：ka^{31}ja^{55}和kan^{35}don^{51}“怎么”。例如：

i^{55} kan^{35}ja^{51} ȵin^{31}tʂ^{h}i^{55} ka^{51} gai^{55} jo^{51}? mo^{31}tʂa^{55} zuŋ^{55}se^{51} gai^{55} jo^{51}.

2sg 怎么 林芝 LOC 去 PROS 汽车 开 去 PROS

你怎么去林芝？开车去。

i^{55} kan^{31}ɕi^{55} tap^{55} jo^{51}? pak^{31}pa^{51} gut^{55}laŋ^{55}se^{51} jo^{51}.

2sg 怎么 回 PROS 摩托车 骑 PROS

你想怎么回？骑摩托车。

ɑk^{55}pu^{51} gɑi^{51} kɑn^{35}don^{51} tʰi^{55}ʐu^{55} zi^{35}bi^{55}nɑ^{55}jɑŋ^{51} gre^{55}kʰɑ^{51} lo^{55}mɑ^{51} mo^{55}nu^{51}.

乌鸦 AGT 怎么 追 不管 野鸡 抱 NEG

乌鸦无论怎么追也追不上野鸡。

6. 指原因的疑问代词形式

指原因的疑问形式只有一个zi^{35}bi^{51}se^{51}“为什么”。例如：

i^{55} ŋe^{35} le^{51} kʰɑ^{55}lɑ^{55} tʰoŋ^{55}se^{51} zi^{35}bi^{51}se^{51} jɑ^{51}ȵi^{51}?

2sg 1sg DAT 骗 PRT 为什么 QUES

你为什么骗我？

ʈʂɑ^{55}ɕi^{55} zi^{35}bi^{51}se^{51} ȵin^{31}ʈʂʰi^{55} kɑ^{51} mɑ^{51} gɑi^{55} jo^{51}?

扎西 为什么 林芝 LOC NEG 去 PROS

扎西为什么不去林芝了？

ʈʂʰɑŋ^{55}ɕi^{55} zi^{35}bi^{51}se^{51} kʰɑ^{31} gɑi^{55} jo^{51}?

昌西 为什么 离开 去 PROS

昌西为什么离开了？

ri^{31}boŋ^{55} gɑi^{51} lɑn^{31}se^{51}pi^{55} wu^{51} ȵi^{51}.ŋe^{35} i^{55} le^{51} kʰɑ^{55}lɑ^{55} tʰoŋ^{55}se^{51} zi^{35}bi^{51}se^{51}

兔子 AGT 回答 PFV AUX1sg 2sg DAT 骗 PRT 为什么

jɑ^{51}ȵi^{51}? i^{55} bi^{35} le^{51} te^{55}lɑ^{51} lyt^{31}po^{51} ʐɑŋ^{51}jɑ^{55}ʐɑŋ^{51} brɑ^{55}tɕɑk^{55}se^{51} tʰuk^{55}~tʰuk^{55}

QUES 2sg 3sg DAT 看 身体 全部 害怕 发抖~REDUP

ȵi^{51}.

AUX

兔子回答道：“我为什么要骗你呢？你看它害怕你了，全身发抖。”

7. 指数量的疑问代词形式

其基本形式是gɑ^{31}tsem^{51}“多少”。例如：

i^{55} kʰem^{55} kɑ^{51} bɑ^{35} gɑ^{31}tsem^{51} nou^{35}?

2sg 家 LOC 牛 多少 有

你家有多少头牛？

i^{55} gɑi^{55}se^{51} grɑŋ^{55} bi^{35} te^{51} dʐo^{51} gɑŋ^{55} niŋ^{35}kɑ^{51} pʰɑ^{55} gɑ^{31}tsem^{51} ȵi^{51}?

2sg 去 猪圈 数 看 PROS 猪圈 里面 猪 多少 有

你数数看，这猪圈里有多少头猪？

i^{55}ʐɑ^{55} mɑ^{31}tsɑ^{51} mi^{51} gɑ^{51}tsem^{55} ʐɑi^{55} o^{51}?

2pl：REFL 究竟 人 多少 来 PRES

你们究竟来了多少人？

8. 疑问代词的非疑问用法

墨脱门巴语的疑问指代形式基本上都有非疑问用法，具体表现为任指与虚指两种用法。例如：

ŋa^{31}taŋ^{55}nai^{35} su^{55} naː^{55} oŋ^{35} na^{55}ȵi^{51} su^{55} za^{55} dʑo^{51} o^{55}ne^{51}.

1dl 谁 先 到 如果 谁 吃 PROS PRT

我们两个谁先到谁先吃。

i^{55} zi^{35}tsen^{55} za^{55}se^{51} dʑak^{35}ba^{51} t^{h}un^{55} jaŋ^{55} ma^{51} to^{51} t^{h}a^{55}riŋ^{35} jaŋ^{55} ma^{51} to^{51} p^{h}en^{55}se^{51}.

2sg 什么 吃 胖 高 也 NEG PRT 远 也 NEG PRT 飞

你什么都吃，吃得太胖，飞不高，也飞不远。

bi^{35} gai^{51} la^{51} zoŋ^{35}boŋ^{51} ga^{31}dʑi^{55} ga^{31}dʑi^{55} ŋor^{31}se^{55} pe^{55}le^{51} ma^{31}ra^{55} ts^{h}o^{51} niŋ^{35}ka^{51} sen^{55}ge^{51} gai^{51} jaŋ^{55} ga^{31}dʑi^{55} ga^{31}dʑi^{55} ŋor^{31}se^{55} o^{35}ȵe^{51}.

3sg AGT 手 抓 到处 到处 挠 时候 下来 湖 里面 狮子 AGT 也 到处 到处 挠 PRT

他挥舞前爪乱抓，湖里的狮子也挥舞前爪乱抓。

上述例子中，su^{55}“谁”指“任何人”，zi^{35}tsen^{55}“什么”指“任何东西”，ga^{31}dʑi^{55}“哪里”指“任何地方”，这些都是疑问代词的任指用法。

su^{55} ku^{51} no^{55}tsaŋ^{55} su^{55} k^{h}em^{55} ka^{51} tap^{55} k^{h}u^{55} jo^{51}.

谁 GEN 东西 谁 家 LOC 回 带 PROS

谁的东西谁带回家。

上述例子中su^{55}“谁”指“某个人”，这是疑问代词的虚指用法。

（五）泛指代词

墨脱门巴语的泛指代词主要有一个：me^{35}naŋ^{55}“别人”“人家”“大家”。例如：

me^{35}naŋ^{55} ku^{51} ble^{55} zaŋ^{55} tsaŋ^{55}gen^{51} zu^{35}a^{51}.

别人 GEN 事情 1pl：INCL 多 坐

人家的事情咱们别多管。

wu^{55}tso^{51} me^{35}naŋ^{55} ɕat^{55}pu^{55} k^{h}a^{55}la^{55}po^{51} gir^{35} do^{51} nam^{55}k^{h}ir^{55} ȵi^{51}.

这个 人家 说 公鸡 叫 PRES 天亮 AUX

这就是人们常说的“鸡鸣破晓”。

me^{55}naŋ^{55}tso^{51} gaŋ^{55}po^{51} kan^{55}nu^{55} i^{55} git^{35}t^{h}a^{51}ru^{51} jo^{51}.

人们 PL 知道 2sg 嘲笑 PROS

世人知道了，都会嘲笑你的。

五 动词

动词的主要功能是充任小句的谓语或谓语核心。不同的动词小类及不同的动词形式在语法功能上有程度不等的差异。

（一）动词类别

借鉴传统语法的某些做法，对墨脱门巴语中一些重要的动词小类，本节将展开扼要的描写和分析。

1. 动作动词

动作动词是可以附加各种准形态成分①的动词小类。例如：

dɑ^{31}ɕi^{55}	ŋɑ^{31}tɑŋ^{55}	zi̥^{31}gu^{51}	ze^{55}kɑ^{51}	gɑi^{55}	dʑo^{51}.
今天	1pl：INCL	山	上	去	PROS

咱们今天上山去吧。

bi^{35}	ts^{h}oŋ^{55}kɑŋ^{55}	gɑi^{55}se^{51}	ɕɑ^{51}	ȵe^{51}	wu^{51}.
3sg	商店	去	肉	买	PFV

他要去街上买肉。

ŋe^{35}	tɑ^{31}tɑ^{51}	lɑ^{55}	kɑ^{51}	ɕen^{55}	tup^{55}	do^{51}.
1sg	现在	山上	LOC	柴	砍	PRES

我正在山上砍柴。

bi^{35}zɑ̥^{51}	lu^{55}ȵi^{55}	te^{55}ze̥^{51}	gɑi^{55}	o^{51}.
3pl	电影	看	去	PRES

他们看电影去了。

bi^{35}zɑ̥^{51}	ʑe^{55}	t^{h}oŋ^{55}se^{51}	bruk^{55}~bruk^{55}se^{51},	ɕɑn^{55}se^{51}	zɑk^{55}	ȵi^{51}.
3pl	唱	PRT	跳~REDUP	玩	高兴	AUX

他们边唱边跳，玩得可高兴了。

2. 心理活动动词

墨脱门巴语常见的心理动词主要有以下这些：

sem^{55}sɑm^{55}to^{51}	想念	sɑm^{55}ɕe^{51}	打算
brɑ^{55}tɕɑk^{55}do^{51}	怕	jik^{35}tɕ^{h}e^{55}ȵi^{55}	相信
kit^{55}po^{55}ȵi^{51}/ɕin^{55}to^{51}	喜欢	nɑ^{55}lɑm^{51}gɑi^{35}mo^{55}nu^{51}	讨厌

① 我们认为，与很多同语支语言类似，墨脱门巴语中的语法形式还只是准形态成分。高名凯、石安石（1963：158）认为语法形式所表示的语法范畴常见的有数、性、格、体、时、人称和式等。

具体例子如下：

i^{55} zi^{31}biu^{51} sɑm^{55} do^{51}?

2sg 什么 想 PRES

你想怎么样？

bi^{35} ʑom^{51} t^{h}i^{51} ɳɑ^{55} jo^{51} ɳɑ^{55}mɑ^{55} mo^{55}nu^{51}.

3sg 女孩 一 睡觉 PROS 愿意 NEG

她不敢一个人睡觉。

o^{55}mu^{55}kɑ^{51} gre^{55}k^{h}ɑ^{51} ɑk^{55}pu^{51} le^{51} brɑ^{55}tɕɑk^{55} do^{51}.

那时 野鸡 乌鸦 DAT 怕 PRES

从此以后，野鸡开始害怕乌鸦。

ŋe^{35} kɑŋ^{35}min^{55}ts^{h}e^{51} mɑp^{31}dʑɑ^{51} ku^{51} pu^{51} le^{55}xu^{55} ɕin^{55} do^{51}.

1sg 非常 孔雀 GEN 羽毛 漂亮 喜欢 PRES

我很喜欢孔雀的漂亮羽毛。

3. 存现动词

墨脱门巴语的存现动词主要有两个，分别是nou^{35}“有”和ɳi^{51}“有、住”。

（1）nou^{35}。例如：

i^{55} ku^{51} k^{h}em^{55} kɑ^{51} mi^{51} gɑ^{31}tsem^{51} nou^{35}？

2sg GEN 家 LOC 人 多少 有

你家有几口人？

i^{55} k^{h}em^{55} kɑ^{51} bɑ^{35} gɑ^{31}tsem^{51} nou^{35}?

2sg 家 LOC 牛 多少 有

你家有多少头牛？

ts^{h}o^{51} but^{35}kɑ^{51} gor^{51} t^{h}ɑn^{55}bu^{51} t^{h}i^{51} jɑ^{55} ɕo^{51} zuk^{55} nou^{35}.

湖 中间 石头 大 一 上 出来 住 有

湖心有个露出水面的大石头。

ri^{31}boŋ^{55} gɑi^{51} lɑn^{31}se^{51}, sem^{55}tɕin^{51} ku^{51} pon^{55} i^{55} t^{h}ɑŋ^{55}t^{h}i^{55} dɑ^{31}nuŋ^{51} t^{h}i^{55} nou^{35}.

兔子 AGT 回答 野兽 GEN 官 2sg 一样 又 一 有

兔子回答：“和你一般大小的兽王还有一个。”

（2）ɳi^{51}。例如：

ʐi^{31}gu^{51} mɑŋ^{55}gɑ^{55} wu^{55}mo^{51} ʐɑ^{55}wɑ^{55} tei^{55}t^{h}oŋ^{55}bi^{55}li^{51} dʑɑ^{55}diŋ^{51}get^{35} ɳi^{51}.

山 附近 那 羊 一共 一百零八 有

山下那群羊有一百零八只。

sem^{55}tɕin^{51} ku^{51} pon^{55} gɑ^{31}dʑi^{55}kɑ^{51} n̥i^{51}?

野兽 GEN 官 哪里 在

兽王在哪里?

4. 助动词

墨脱门巴语的助动词数量较少，常见的主要有两个：n̥ɑ^{55}mɑ^{55}/ge^{55}wu^{55}nu^{51}“愿意”和ɕin^{55}te^{55}“能”“应该”。例如：

i^{55} ʐ̥ɑi^{35} jo^{51} ɕin^{55}te^{55} dʑi^{51}? ŋe^{35} ʐ̥ɑi^{35} jo^{51}.

2sg 来 PROS 能 PRT 1sg 来 PROS

你能来吗? 我能来。

ŋɑ^{31}ʐ̥ɑ^{51} me^{31}me^{51} ku^{51} tɑm^{55} n̥ɑŋ^{55} dʑo^{51} ku^{51} ge^{55}wu^{55}nu^{51}.

1pl 爷爷 GEN 故事 听 PROS PRT 愿意

我们很愿意听爷爷讲故事。

gre^{55}k^{h}ɑ^{51} dʐ̥ɑi^{31}wu^{51} ɕin^{55}te^{55}, ji^{31}nɑ^{55}jɑŋ^{51} ɑk^{55}pu^{51} gɑi^{51} k^{h}ɑi^{55}lu^{55} mo^{31}.

野鸡 赢 应该 但是 乌鸦 AGT 输 NEG

野鸡虽然赢了，但乌鸦不认输。

ŋe^{35} gɑi^{55} jo^{51} n̥ɑ^{55} mo^{55}nu^{51}, ɕin^{55}tɑr^{51} ɕin^{55}nɑ^{55}jɑŋ^{51} ŋe^{35} kɑ^{51} ɕɑt^{55} tɑi^{55} mo^{55}nu^{51}.

1sg 去 PROS 愿意 NEG 但是 也许 1sg LOC 说 敢 NEG

虽然我也不想去，但又不便当面说。

（三）动词的体貌

体是观察时间进程中的事件构成的一种方式，貌则是与时间无关的类似于体的现象。墨脱门巴语的“体貌”成分复杂多样。据目前的调查资料，该语言主要包括三种体，即即行体（PROS）、现行体（PRES）和已行体（PFV）。体和貌都与动词关系密切，因此，本书将体与貌一并放在动词框架下加以讨论。

1. 即行体

即行体表示动作行为即将进行。墨脱门巴语的即行体采用的是在谓语动词后添加体标记jo^{51}或dʑo^{51}这样的构成形式。例如：

ŋø^{35} gɑŋ^{55}po^{51} gɑ^{31}ɕi^{51} oŋ^{35} jo^{51}?

客人 PL 什么时候 到 PROS

客人什么时候到？

i^{55} nɑ^{55} ŋe^{31}so^{51} pe^{51}, ŋe^{35} bi^{35} le^{51} tsʰui^{55}tɑ^{51} ŋri^{35}te^{51} jo^{51}.

2sg 先 休息 IMP 1sg 3sg DAT 试 问 PROS

你先休息休息，我试着跟她谈谈。

ȵo^{55}tsɑŋ^{55} me^{55}pʰe^{55}do^{51} dʑo^{51} ȵi^{51} gen^{55}dzɑp^{55} bi^{55}ku^{55} jo^{51}.

东西 坏 PROS AUX 如果 赔偿 PROS

弄坏了人家的东西是一定要赔偿的。

sen^{55}ge^{51} i^{55} doŋ^{55}pɑ^{51} liu^{35} nou^{35} dʑo^{51} mo^{55}nu^{51} wɑ^{51}?

狮子 2sg 脸 红 有 PROS NEG QUES

狮子，你脸不红吗？

2. 现行体

现行体主要表示动作正在进行，或动作、状态的持续或存在。在墨脱门巴语中，现行体的标记是do^{51}。例如：

ŋe^{35} tɑ^{31}tɑ^{51} lɑ^{55} kɑ^{51} ɕen^{55} tup^{55} do^{51}.

1sg 现在 山 LOC 柴 砍 PRES

我正在山上砍柴。

bi^{35} tom^{55}me^{55}ʐe^{55} diŋ^{51} tom^{55}me^{55}ʐe^{55} kʰem^{55} kɑ^{51} ʐɑi^{55} do^{51}.

3sg 每年 CONJ 每年 家 LOC 回 PRES

他年年都回家。

wu^{55}tso^{51} kʰi^{55} gɑi^{51} mi^{51} ŋom^{31} do^{51}.

这 狗 AGT 人 咬 PRES

这只狗会咬人。

3. 已行体

已行体表示参照时间之前已经发生或完成的动作行为或实现的状态。墨脱门巴语的已行体标记主要是wu^{51}。例如：

ŋe^{35} dɑ^{31}ɕi^{55} kʰɑ^{55} tʰi^{55} diŋ^{51} ȵɑ^{55} nɑi^{35} ɕɑ^{51} dzɑ^{31}mɑ^{51} som^{51} ȵe^{51} wu^{51}.

1sg 今天 鸡 一 CONJ 鱼 二 肉 斤 三 买 PFV

我今天买了一只鸡、两条鱼、三斤肉。

ŋe^{35} tɑp^{55}~tɑp^{55}se^{51} tsʰɑi^{55} pe^{55}le^{51}, ŋo^{31}mɑ^{55}ʐɑŋ^{51} tsʰɑi^{55}toŋ^{55} wu^{51}.

1sg 来~REDUP 找 后 真地 找到 PFV

我找了一遍又一遍，终于找着了。

dɑŋ^{51} ŋy^{35} grok^{55} wɑt^{55}kʰɑn^{51} tsɑi^{55}toŋ^{51} wu^{51} wɑ^{51}?

昨天 钱 丢失 PASS 找到 PFV QUES

昨天丢失的钱找到了吗?

(四)动词的“态”

态又叫语态，它一般跟动词相关，关乎小句的整体格局。陆绍尊（1984）认为错那门巴语的“态”有自动、使动两类。其中使动采用附加成分表示。下面主要介绍一下我们调查到的墨脱门巴语“使动态”的情况。

墨脱门巴语的使动态主要是通过动词前后的附加形式实现的。其主要标记是前加成分te^{31}gɑ^{51}或后加成分wɑ^{55}pu^{51}。例如：

bi^{35} ke^{55}t^{h}ɑr^{55} do^{51}. ŋe^{35} bi^{35} ku^{51} bu^{55}tsɑ^{51} te^{31}gɑ^{51} ke^{55}t^{h}ɑr^{55} do^{51}.

3sg 笑 PRES 1sg 3sg GEN 孩子 CAUS 笑 PRES

他笑了。我把他的小孩逗笑了。

k^{h}ɑ^{55}wɑ^{55} ŋe^{35} gɑi^{51} ʑy^{35} wɑ^{55}pu^{51}.

雪 1sg AGT 融化 CAUS

我把雪融化了。

bu^{55}tsɑ^{51} le^{51} ji^{55}gi^{55} bri^{55} wɑ^{55}pu^{51}.

小孩 DAT 字 写 CAUS

让小孩写字。

墨脱门巴语的自动态与使动态采用两种完全不同的表达形式，自动态没有固有的语法形式，而使动态则主要通过在动词前后附加一定的语法形式来实现。请对比：

ɕen^{51} gru^{55}goŋ^{51} p^{h}ot^{55} wɑ^{55}n̥i^{51}.

木 碗 破 AUX

木碗破了。

ŋe^{35} ku^{51} ɕen^{51}gru^{55}goŋ^{51} p^{h}ot^{55} wɑ^{55}pu^{51}.

1sg GEN 木碗 破 CAUS

我把木碗打破了。

t^{h}ek^{55}bɑ^{51} tɕ^{h}o^{55}se^{55}.

绳子 断

绳子断了。

ŋe^{35} ku^{51} t^{h}ek^{55}bɑ^{51} tɕ^{h}o^{55}gɑi^{55}se^{55} wɑ^{55}pu^{51}.

1sg GEN 绳子 断 CAUS

我把绳子弄断了。

(五)动词的“式”

墨脱门巴语动词的“式”范畴可分为陈述、祈求、命令、疑问等。这一语法范畴主要通过动词后的附加成分表示。

1. 祈求式

墨脱门巴语的祈求式表示对第二人称的祈求和希望等意愿，主要通过在动词后面添加附加成分pe^{51}或tɑ^{55}来表示。例如：

i^{55}nɑi^{35} gɑi^{51} kʰɑ^{55} sot^{55} tɑ^{55}.
2dl AGT 鸡 杀 IMP
你们俩把鸡杀了。

i^{55} gɑi^{55}se^{51} tu^{55}tuŋ^{51} tsok^{35} wot^{55} pe^{51}.
2sg 去 衣服 快 拿 IMP
请你把衣服收起来。

i^{55}nɑi^{55} ȵi^{55}pɑr^{55}to^{51} lop^{55}dʑoŋ^{55} le^{55}xu^{51} pe^{51}.
2dl 一定 学习 好 IMP
你们俩一定要好好地学习。

i^{55}nɑŋ^{55} ku^{51} ble^{55} i^{55}nɑŋ^{55} pe^{51}.
2sg：REFL GEN 事情 2sg：REFL IMP
你自己的事情自己做。

2. 命令式

墨脱门巴语命令式主要表示对第二人称的建议、劝阻、命令和禁止等意愿。其主要通过在动词后面添加附加成分lɑ^{51}来表示。例如：

i^{55} tɑp^{55} mɑ^{51} gɑi^{55} lɑ^{51}.
2sg 返回 NEG 去 IMP
你别回去了。

dɑ^{31}ɕi^{55} i^{55} tɕʰi^{55}kɑ^{51} mɑ^{51} gɑi^{55} lɑ^{51}.
今天 2sg 外面 NEG 去 IMP
今天不要出门了。

3. 疑问式

墨脱门巴语疑问式主要表示疑问语气。其标记是wɑ^{51}。例如：

i^{55} to^{55}ɕe^{55}ʐi̥^{55}kʰɑn^{55} toŋ^{55} do^{51} wɑ^{51}?
2sg 乞丐 看见 PRES QUES
你看见那乞丐了吗？

tʂɑ^{55}ɕi^{55} pe^{31}tɕiŋ^{55} kɑ^{51} gɑi^{55} jo^{51} wɑ^{55}?
扎西 北京 LOC 去 PROS QUES

扎西要去北京吗？

ri^{31}boŋ^{55} gɑi^{51} ɕɑt^{55}pu^{55}, sen^{55}ge^{51} i^{55} doŋ^{55}pɑ^{51} liu^{35} nou^{35} dʑo^{51} mo^{55}nu^{51} wɑ^{51}?

兔子 AGT 说 狮子 2sg 脸 红 存在 PROS NEG QUES

兔子说：“狮子，你不脸红啊？”

bi^{35} gɑ^{31}dʑi^{55} nou^{35} wɑ^{51}?

3sg 哪里 在 QUES

他在哪里？

（六）动词的“重叠”

墨脱门巴语中存在动词重叠现象。具体例子如下：

ŋe^{35} tɑp^{55}~tɑp^{55}se^{51} tsʰɑi^{55} pe^{55}le^{51}, ŋo^{31}mɑ^{55}ʐɑŋ^{51} tsʰɑi^{55}toŋ^{55} wu^{51}.

1sg 来~REDUP 找 后 真地 找到 PFV

我找了一遍又一遍，终于找着了。

i^{55} bi^{35} le^{51} te^{55}lɑ^{51} lyt^{31}po^{51} ʐɑŋ^{51}jɑ^{55}ʐɑŋ^{51} brɑ^{55}tɕɑk^{55}se^{51} tʰuk^{55}~tʰuk^{55} ȵi^{51}.

2sg 3sg DAT 看 身体 全部 害怕 发抖~REDUP AUX

你看它害怕你了，全身发抖。

bi^{35}ʐɑ^{51} ʐe^{55} tʰoŋ^{55}se^{51} bruk^{55}~bruk^{55}se^{51}, ɕɑn^{55}se^{51} zɑk^{55} ȵi^{51}.

3pl 唱 PRT 跳~REDUP 玩 高兴 AUX

他们边唱边跳，玩得可高兴了。

i^{55} gɑi^{51} sen^{55}ge^{51} dɑr^{55}ro^{51} ɕi^{55}ȵe^{51} ʐo^{35} gɑ^{31}dʑi^{55}kɑ^{51} nou^{35} wɑ^{51}ȵi^{35}? ŋe^{35} te^{55}~te^{55} jo^{51} ȵi^{35}.

2sg AGT 狮子 打 死 遗体 哪里 在 QUES 1sg 看~REDUP PROS AUX

我想看看死去的狮子在哪里。

通过调查与观察以上例子，我们发现：

1. 墨脱门巴语动词的重叠主要限于单音节、可持续的动作动词，一般采用VV模式。

2. 动词重叠后，在句子中做谓语；动词重叠做谓语并未发现体貌成分的共现，也没有发现类似于现代汉语的“V了V”或“V一V”形式。

3. 墨脱门巴语动词的重叠主要表达语义上的重复（repetition），表示事件的反复出现。

六　形容词

墨脱门巴语的形容词可充任谓语核心，并且可以在其后加ȵi^{51}等附加成分。例如：

bi^{35}　ku^{51}　doŋ^{55}pɑ^{51}　liu^{35}　ȵi^{51}.

3sg　GEN　脸　红　AUX

他的脸红了起来。

gur^{35}kuŋ^{51}　kɑ^{51}　do^{51}　ʑor^{51}ȵik^{55}　ȵi^{51}.

碗　LOC　饭　满　AUX

碗里的水满满的。

tɕʰiu^{55}　le^{55}xu^{51}　tɑ^{51}ȵi^{51},　ji^{31}nɑi^{55}jɑŋ^{51}　goŋ^{35}tʰen^{55}　ȵi^{51}.

刀　好　IMP　但是　贵　AUX

这刀好是好，就是太贵了点。

下面我们对墨脱门巴语形容词的语法功能做简要的描写分析。

（一）语法功能

1. 做体词性偏正短语的定语。例如：

lem^{31}nɑŋ^{51}　se^{55}ʐu^{51}　新路

路　新

dor^{31}mɑ^{51}　toŋ^{55}lɑ^{55}　破裤子

裤子　破

从以上例子我们可以看出，形容词做定语时一般后置于中心语。

2. 做谓词性偏正结构的修饰成分，一般也后置于中心语。例如：

ʐo^{35}ʐɑm^{55}　le^{55}xu^{51}　乐于助人　　lop^{55}dʑoŋ^{55}　le^{55}xu^{51}　好好学习

帮助　好　　学习　好

3. 做补充结构的补语成分。例如：

tʰø^{51}　tsʰɑ^{55}　收完

收　完

tɑŋ^{35}　tsʰɑ^{55}　砍完

砍　完

ɕan^{55}dʑo^{51}　git^{55}pɑ^{51}ȵi^{51}　好玩

玩　舒服

do^{51}　ze^{55}　tsʰɑ^{55}　吃完饭

饭　吃　完

4. 做谓语。例如：

bi^{35} ɕɑ^{51} tʂ^{h}e^{55}ku^{51} mɑŋ^{35} ze^{51} ke^{55}pɑ^{51} ŋreŋ^{35}ȵi^{55} wu^{51} ke^{55}pɑ^{51} bø^{35}se^{51}.

3sg 肉 吃 多 吃 肚子 饱 PFV 肚子 胀

它吃得太饱，肚子撑得发胀。

gur^{35}kuŋ^{51} kɑ^{51} do^{51} ʐor^{51}ȵik^{55} ȵi^{51}.

碗 LOC 饭 满 AUX

碗里的饭装得满满的。

（二）"级"范畴

表达比较级时，墨脱门巴语形容词一般需要加上标记ɕi^{55}，其最高级则是通过重叠形容词或形容词中部分语素的方式来实现的。例如：

ʐop^{31}tɕie^{51} me^{35}nɑŋ^{55} ge^{51} t^{h}un^{55}pu^{51} ɕi^{55} ȵi^{51}.

绕杰 人家 COMPR 高 PRT AUX

绕杰比别人高。

wu^{55}tso^{55} bɑŋ^{55}lep^{55} wu^{55}mo^{51} bɑŋ^{55}lep^{55} ge^{51} dok^{55} ɕi^{55} ȵi^{51}.

这 板子 那 板子 COMPR 厚 PRT AUX

这板子比那板子厚多了。

ʐop^{31}tɕie^{51} tok^{55}t^{h}ɑn^{55}pu^{51} ȵi^{51}, tʂɑn^{31}tui^{51} tok^{55}t^{h}ɑn^{55} ɕi^{55} ȵi^{51},

绕杰 胖 AUX 占堆 胖 PRT AUX

tʂɑ^{55}ɕi^{55} tok^{55}t^{h}ɑn^{55}pu^{51} t^{h}ɑn^{55}pu^{51} ȵi^{51}.

扎西 胖 胖 AUX

绕杰胖，占堆比较胖，扎西最胖。

ʐop^{31}tɕie^{51} t^{h}un^{55}pu^{51} ȵi^{51}, tʂɑn^{31}tui^{51} t^{h}un^{55} ɕi^{55} ȵi^{51}, tʂɑ^{55}ɕi^{55}

绕杰 高 AUX 占堆 高 PRT AUX 扎西

t^{h}un^{55}t^{h}ɑn^{55} t^{h}ɑn^{55} ȵi^{51}.

高 高 AUX

绕杰高，占堆比较高，扎西最高。

七 副词

墨脱门巴语的副词是个半封闭的类，其功能特点是只能做状语。下面我们对其作简要的分类描写和分析。

（一）程度副词

程度副词主要修饰形容词和动词，用来表示性质、状貌的程度。其主要成员大致有：ŋan^{31}pɑ^{51}"很"、tsu^{55}t^{h}i^{55}ʐ̥ɑŋ^{51}/zi^{35}kɑ^{35}ʐ̥ɑŋ^{51}"一点儿"、kaŋ^{35}min^{55}ts^{h}e^{51}"非常"、ŋaŋ^{55}ɕe^{51}"更"、t^{h}ɑn^{55}n̥i^{51}"太"、p^{h}e^{55}tɕ^{h}ir^{55}"差不多"等。

程度副词在句子中做状语。例如：

i^{55} zi^{35} zɑ^{55} n̥ɑm^{55} do^{51}? ŋe^{35} zi^{35}kɑ^{35}ʐ̥ɑŋ^{51} zɑ^{55} n̥ɑm^{55} mo^{55}nu^{51}!
2sg 什么 吃 愿意 PRES 1sg 一点儿 吃 愿意 NEG
你想吃点什么？我什么也不想吃！

tɕ^{h}iu^{55} goŋ^{35}t^{h}en^{55} t^{h}ɑn^{55} n̥i^{51}.
刀 贵 太 AUX
刀太贵了。

mi^{55} tsik^{55}pɑ^{55} kaŋ^{35}min^{55}ts^{h}e^{51} gre^{55}k^{h}ɑ^{51} t^{h}i^{55}ʐ̥u^{55} o^{35}n̥i^{51}.
3sg 生气 非常 野鸡 追 PRT
他气愤极了，于是去追赶野鸡。

i^{55} wɑ^{55}t^{h}oŋ^{55}dʑ̥o^{51}, ŋe^{35} le^{51} zi^{55}soŋ^{51} tsu^{55}ʐ̥ɑŋ^{51} mo^{55}nu^{51}.
2sg 吹牛 1sg DAT 尊敬 一点儿 NEG
你说大话，对我太不礼貌了。

（二）时间副词

时间副词主要说明动作或事件发生的时间。墨脱门巴语时间副词具体包括以下这些：nɑ^{55}nɑ^{55}"先"、dʑ̥o^{31}kɑ^{51}"后来"、nɑː^{55}"从前"、ʑ̥ep^{31}gen^{51}"马上"、dɑ^{31}dɑ^{51}"刚才"。

以下是时间副词在句子中做状语的例子：

liu^{55} jar^{55}se^{51} gai^{55} jo^{51} ɕo^{51} jar^{55}~jar^{55}le^{55} gai^{55} n̥i^{51} pe^{55}le^{51}
跳蚤 跳 走 PROS PRT 跳~REDUP 走 AUX 时候
ʑ̥ep^{55}gen^{55} t^{h}i^{55}gɑ^{55}ʐ̥ɑŋ^{51} ɕen^{51} maŋ^{55}kɑ^{51} oŋ^{35} gai^{55} jo^{51}.
马上 一会 柴 旁边 到 去 PROS
跳蚤跳跃式前进，一会儿就到了砍柴的地方。

ʑ̥o^{31}gɑ^{51} bi^{55} ŋe^{35} le^{51} tɕ^{h}e^{55} mɑ^{51} tai^{51} le^{51}!
以后 3sg 1sg ACC 吃 NEG 敢 IMP
以后它再也不敢吃我了！

i^{55} dɑ^{31}dɑ^{51} ɕat^{55}pu^{55} sen^{55}ge^{51} ɕin^{51} sem^{55}tɕin^{51} ku^{51} pon^{55}.
2sg 刚 说 狮子 是 野兽 GEN 官
你刚才说狮子是兽类之王。

（三）频度副词

频度副词描述一段时间内动作或事件的反复情况。墨脱门巴语频度副词主要有以下这些：

din^{55}tɕaŋ^{55}ʐaŋ^{51}/tak^{55}prɑ^{55}ʐaŋ^{51}“经常”、dɑ^{31}nuŋ^{51}“又、再”、dɑ^{31}dɑ^{51}ʐaŋ^{51}“还”。例如：

bi^{35} tak^{55}prɑ^{55}ʐaŋ^{51} pei^{55}tɕiŋ^{55} kɑ^{51} mi^{31}tun^{55}ke^{51} gai^{55} do^{51}.

3sg 经常 北京 LOC 出差 去 PRES

他经常去北京出差。

mi^{35} tsik^{55}pɑ^{55}zai^{35}se^{51} dɑ^{31}nuŋ^{51} mɑ^{31}tsaŋ^{55}pu^{51} tɕ^{h}i^{55}kɑ^{51} wat^{55}doŋ^{55} wu^{51}.

3sg 生气 又 雅鲁藏布江 里面 扔 PFV

他气得把青蛙又扔进了雅鲁藏布江里。

bu^{55}tsa^{51} dɑ^{31}dɑ^{51}ʐaŋ^{51} k^{h}em^{55} kɑ^{51} tap^{55} mo^{55}nu^{51}, ɕin^{51} ɑ^{31} men^{51}?

孩子 还 家 LOC 回 NEG 是 QUES NEG

孩子还没回家，是不是？

（四）范围副词

范围副词用以限制动作或事件涉及对象或数量的范围。常见的范围副词有ge^{35}kɑ^{55}“都”、dep^{35}gɑ^{51}“一起”、dom^{35}se^{51}“一共”、tɕe^{31}gɑ^{55}ʐaŋ^{51}“全”等。例如：

bi^{35} ku^{51} k^{h}em^{55} kɑ^{51} mi^{51} tɕe^{31}gɑ^{55}ʐaŋ^{51} ɲe^{35} ɲu^{55}ɕe^{55} jo^{51}.

3sg GEN 家 LOC 人 全部 1sg 熟悉 PROS

他全家人我都熟悉。

lun^{55}pu^{51} diŋ^{51} maŋ^{55}ts^{h}o^{55} dem^{55}tʂe^{51} ɕo^{55} ge^{35}kɑ^{55}.

大臣 CONJ 百姓 婚礼 来 都

大臣和百姓都来参加婚礼。

bi^{35}taŋ^{55} dep^{35}gɑ^{51} ba^{51} ȵa^{55}kɑ^{51} ze^{55}kɑ^{51} za^{51} p^{h}en^{55}se^{51}.

3pl 一起 藤 上 果实 吃 飞

它们一起飞到藤树上吃藤果。

（五）方式副词

方式副词表示动作行为进行的方式、状态等。常见的方式副词主要有ŋɑ^{31}taŋ^{55}“偷偷地”“慢慢地”等。例如：

ŋø^{35} gaŋ^{55}po^{51} ŋɑ^{31}taŋ^{55} tʂui^{35}bi^{55}tɕaŋ^{55} ȵi^{51}.

客人 PL 偷偷地 讨论 AUX

客人们都在悄悄地议论这件事。

ɕe^{51} gai^{55} ŋɑ^{31}taŋ^{55} te^{35} ʑok^{55} mo^{55}nu^{51} ɕo^{51} dʑi^{35} ŋɑ^{31}taŋ^{55} te^{35} tsu^{55}

虱子 AGT 慢慢地 走 快 NEG PRT 然后 慢慢地 走 追

pe^{55}le^{51} dʑi^{51} dʑø^{55}dʑo^{55}ɕa^{51} oŋ^{51}.

时候 然后 晚 到

虱子走得很慢，因为慢，就比跳蚤到达得晚。

（六）语气副词

语气副词主要表达对所述动作或事件的主观态度。墨脱门巴语语气副词主要有ȵi^{31}par^{55}to^{51} “一定”、ɕin^{55}nɑ^{55}jɑŋ^{51} “也许” 等。例如：

i^{55}nai^{55} ȵi^{31}par^{55}to^{51} lop^{55}dʑoŋ^{55} le^{55}xu^{51} pe^{51}.

2dl 一定 学习 好 IMP

你们俩一定要好好地学习。

ŋe^{35} gai^{55} jo^{51} ȵɑ^{55} mo^{55}nu^{51}, ɕin^{55}tɑr^{51} ɕin^{55}nɑ^{55}jɑŋ^{51} ŋe^{35} kɑ^{51} ɕɑt^{55}

1sg 去 PROS 愿意 NEG 但是 也许 1sg LOC 说

tɑi^{55} mo^{55}nu^{51}.

敢 NEG

虽然我也不想去，但又不便当面说。

（七）否定副词①

墨脱门巴语表达否定的形式有mo^{55}nu^{51}、mɑ^{51}、nu^{51}和men^{35}四个。

1. 墨脱门巴语主要的否定成分是mo^{55}nu^{51}。例如：

ŋe^{35} mɑ^{31}tsɑ^{55}ʐɑŋ^{51} tɕɑu^{35}ʐɑi^{55}mo^{55}nu^{51}, tsu^{55}t^{h}i^{55}ʐɑŋ^{51} gɑi^{55} ȵɑ^{55} mo^{55}nu^{51}.

1sg 的确 太累 一点儿 去 愿意 NEG

我实在太累了，所以一点儿都不想去。

i^{55} zi^{35} zɑ^{55} ȵɑm^{55} do^{51}? ŋe^{35} zi^{35}kɑ^{35}ʐɑŋ^{51} zɑ^{55} ȵɑm^{55} mo^{55}nu^{51}!

2sg 什么 吃 愿意 PRES 1sg 一点儿 吃 愿意 NEG

你想吃点什么？我什么也不想吃！

wu^{55}tso^{51} mi^{51} gɑŋ^{55}po^{51} ŋe^{35} sem^{55}ɕin^{55} mo^{55}nu^{51}.

这 人 PL 1sg 喜欢 NEG

这些人我恨透了。

mo^{55}nu^{51}可省略为mo^{55}或nu^{51}。例如：

wu^{55}tso^{51} no^{55}tsɑŋ^{55} ts^{h}u^{55}ʐɑ^{55} wot^{55} t^{h}o^{55}ʐɑ^{55} k^{h}ur^{51} dʑɑ^{55}zen^{55}pu^{51} ȵi^{51},

这 东西 那边 拿 这边 拿 麻烦 AUX

i^{55} no^{55}tsɑŋ^{55} mo^{55} k^{h}u^{55}ʐɑ^{51}.

2sg 东西 NEG 拿

这东西拿来拿去太费事了，你就别拿了。

---

① 墨脱门巴语的四个否定形式的性质可能不同。为方便讨论，我们暂都放于此处。

sai^{35} ma^{51} gen^{35} ma^{51} tɕe^{31}ga^{55} nu^{51}.
吃 NMLZ 穿 NMLZ 愁 NEG
吃的、穿的都不愁。

2. 墨脱门巴语的另一个经常使用的否定成分是ma^{51}。例如：

wu^{55}tso^{51} ku^{51} ȵe^{55}ts^{h}or^{55} ŋe^{35}ʐaŋ^{51} ma^{51} ka^{55}nu^{51}, i^{55} gai^{55}se^{51} me^{35}naŋ^{55} le^{51} ŋrei^{35} la^{51}!
这 GEN 事情 1sg：REFL NEG 清楚 2sg 去 别人 DAT 问 IMP
这件事我也不清楚，你去问别人吧！

a^{55}ma^{55} tap^{55} mo^{55} oŋ^{51}. a^{55}ma^{55} da^{31}nuŋ^{55} tap^{55} oŋ^{35} mo^{55}nu^{51}. i^{55} tap^{55} ma^{51} gai^{55} la^{51}.
妈妈 返回 NEG 到 妈妈 又 返回 到 NEG 2sg 返回 NEG 去 PRT
妈妈不会来了。妈妈还没回来。你别回去了。

3. 墨脱门巴语判断动词的否定形式是men^{35}。例如：

bi^{35} tɕi^{51} pe^{31}ʐek^{55} xui^{55}ʐek^{55} men^{35}.
3sg 是 藏族 回族 NEG
他是藏族，不是回族。

八 叹词

墨脱门巴语的叹词相对丰富，功能也比较复杂。具体可分为以下两类。

（一）表情类。例如：

ai^{55}ja^{51}! a^{55}ra^{55} gre^{55} do^{51}!
哎呀 好 疼 PRES
哎呀！好疼！

ai^{55}ja^{51}! i^{55} ŋe^{35} bra^{55}tɕak^{55} ɕo^{51}!
哎呀 2sg 1sg 害怕 PRT
哎呀，你吓死我啦！

o^{55} ŋe^{35} ta^{35} kan^{55} ɕo^{51}!
噢 1sg PRT 明白 PRT
噢，我明白了！

pei^{51} i^{55} ŋu^{35}ts^{h}ɑi^{55} mo^{55} ɕo^{51}!
呸 2sg 害羞 NEG PRT
呸，真不要脸！

xɑ^{55} xɑ^{55} wu^{55} ɕɑn^{55}dʑo^{51} git^{55}pɑ^{51} ȵi^{51}!
哈 哈 这 玩 舒服 AUX
哈哈，真好玩！

ɑi^{51}! tɑ^{31}tɑ^{51} le^{55}lɑm^{51} wu^{55}loŋ^{55} ɕo^{51}!
唉 现在 倒霉 运气 PRT
唉，这几天真是倒霉！

（二）提醒类。例如：

wɑi^{51}, bi^{35}nɑŋ^{55}gɑŋ^{35}po^{51} nɑ^{55}rɑŋ^{51} gɑi^{55} ts^{h}i^{55} ȵi^{51}?
喂 3pl：REFL 早 走 完 AUX
喂！他们早已经走了吧？

we^{55}, ɕɑr^{55}wɑ^{51}, i^{55} su^{55} tsɑi^{55} do^{51}?
喂 年轻人 2sg 谁 找 PRES
喂，年轻人，你找谁？

wai, get^{55} preu^{55} get^{55}!
哎 声音 小 声音
哎，小声点儿！

九 拟声词

拟声词，是模仿自然声音的词。例如：

xu^{55} xu^{55} ɬot^{55}wo^{55}do^{51} 呼呼刮风
呼 呼 刮风

wu^{55} wu^{55} ŋø^{35}do^{51} 呜呜大哭
呜 呜 哭

p^{h}u^{55}tʂ^{h}i^{55} git^{35}t^{h}ɑ^{55}zu^{55} 扑哧笑了
扑哧 笑

dzɑ^{35}wu^{51} dzɑ^{35}wu^{51} luk^{35}wɑ^{55} 哗啦哗啦掉下来
哗啦 哗啦 掉

十 语气词

墨脱门巴语的语气词主要出现在句子末尾。下面我们对墨脱门巴语常用的三个语气词进行简要介绍。

（一）语气词 wɑ^{51}

wɑ^{51}的主要功能是放在句末表示疑问语气。例如：

i^{55}	to^{55}ɕe^{55}zi̜^{55}k^{h}ɑn^{55}	toŋ^{55}	do^{51}	wɑ^{51}?
2sg	乞丐	看见	PRES	QUES

你看见那乞丐了吗？

dɑŋ^{51}	ŋy^{35}	grok^{55}	wɑt^{55}k^{h}ɑn^{51}	tsɑi^{55}toŋ^{51}	wu^{51}	wɑ^{51}?
昨天	钱	丢失	PASS	找到	PFV	QUES

昨天丢失的钱找到了吗？

tʂɑ^{55}ɕi^{55}	tɑ^{31}tsen^{55}bi^{35}	jo^{51}	wɑ^{55},	k^{h}ɑ^{55}tɕɑ^{55}	tɑ^{31}tsen^{55}bi^{35}	jo^{51}?
扎西	留	PROS	QUES	卡佳	留	PROS

扎西留下，还是卡佳留下？

（二）语气词 pe^{51}

pe^{51}的主要功能是放在句末表示祈使语气，主要表达劝告或协商的语气。例如：

i^{55}	gɑi^{55}se^{51}	tu^{55}tuŋ^{51}	tsok^{35}	wot^{55}	pe^{51}.
2sg	去	衣服	快	拿	IMP

请你把衣服收起来。

i^{55}nɑi^{55}	ȵi^{31}pɑr^{55}to^{51}	lop^{55}dʑoŋ^{55}	le^{55}xu^{51}	pe^{51}.
2dl	一定	学习	好	IMP

你们俩一定要好好地学习。

i^{55}nɑŋ^{55}	ku^{51}	ble^{55}	i^{55}nɑŋ^{55}	pe^{51}.
2sg：REFL	GEN	事情	2sg：REFL	IMP

你自己的事情自己做。

（三）语气词 lɑ^{51}

lɑ^{51}主要表示对第二人称的建议、劝阻、命令和禁止等意愿。例如：

i^{55}	tɑp^{55}	mɑ^{51}	gɑi^{55}	lɑ^{51}.
2sg	返回	NEG	去	IMP

你别回去了。

dɑ^{31}ɕi^{55}	no^{31}gor^{35}	nɑŋ^{31}ti^{51}	nɑm^{35}ts^{h}ok^{55}	mɑ^{31}ȵi^{51}	ɑi^{55}	diŋ^{51}	me^{31}me^{51}	tɕ^{h}i^{55}kɑ^{51}
今天	明天	后天	下雨	PRT	奶奶	CONJ	爷爷	外面

ma^{51} gai^{55} la^{51}.

NEG 去 IMP

今天、明天和后天都有雨，爷爷和奶奶都不能出门了。

十一 助词

在墨脱门巴语中，助词是表示句子内各种成分语法关系、语法意义的主要方式之一。墨脱门巴语的助词主要分为以下五类：

（一）属格助词

墨脱门巴语表达领属关系的手段相对单一，主要是在名词及其修饰性成分之间添加属格助词ku^{51}。例如：

mi^{35} ku^{51} la^{55} ka^{51} dʑa^{31}tsa^{55} preu^{55}ɣu^{51} ku^{51} teŋ^{55} ka^{51} tɕʰe^{55}ga^{51} o^{51}.

3sg GEN 手 LOC 黄牛 小 GEN 屁股 LOC 拍 PRES

他用手拍了一下小黄牛的屁股。

gre^{55}kʰa^{51} se^{55}re^{55}ko^{55}re^{55}, po^{55}ʐen^{55} niŋ^{35}ka^{51} gai^{55} dʑo^{51} n̥i^{51}, ŋon^{51} niŋ^{35}ka^{51}

野鸡 勤快 森林 里面 去 PROS AUX 草 里面

gai^{55} dʑo^{51} n̥i^{51}, gun^{51} diŋ^{51} tak^{55}tak^{55}pa^{51} ʐa^{35} ku^{51} kʰa^{55}lum^{51} tsai^{35}se^{51}

去 PROS AUX 虫子 CONJ 青蛙 鸟 GEN 蛋 找

ɕo^{55} n̥i^{51}.

来 AUX

野鸡勤快，每天穿过森林，钻过草丛，找来许多虫子、青蛙和鸟蛋等食物。

指示代词或人称代词作为修饰成分，一般放在被修饰成分前，此时不需加属格助词。例如：

wu^{55}tso^{51} ble^{55} gaŋ^{55}po^{51} bi^{55}taŋ^{55} gai^{55}se^{51} tʰak^{55}tɕe^{55} tʰoŋ^{55}a^{51}.

这 事情 PL 3sg：REFL 去 解决 PRT

这些问题他们说自己去解决。

i^{55} kʰem^{55} ka^{51} ba^{35} ga^{31}tsem^{51} nou^{35}?

2sg 家 LOC 牛 多少 有

你家有多少头牛？

bi^{35} ku^{51} kʰem^{55} ka^{51} mi^{51} tɕe^{31}ga^{55}ʐaŋ^{51} ŋe^{35} ŋu^{55}ɕe^{55} jo^{51}.

3sg GEN 家 LOC 人 全部 1sg 熟悉 PROS

他全家人我都熟悉。

属格助词构成的体词性短语可以在判断句中做宾语，有时也可做定语。例如：

wu^{55}tso^{51} ȵe^{31}tup^{55} nɑi^{35} tɕi^{51} ŋe^{35} ku^{51}.

这 雨伞 二 是 1sg GEN

这两把雨伞是我的。

wu^{55}tso^{51} ɑ^{55}mɑ^{55} gɑi^{51} ȵe^{51} wu^{51} ku^{51} ʂu^{51}.

这 妈妈 AGT 买 PFV GEN 菜

这是妈妈买的菜。

（二）施格助词

墨脱门巴语中，当施事主语为有生命物时，其后一般要添加施格助词gɑi^{51}。例如：

p^{h}ɑ^{55}ɑ^{55}mɑ^{55} gɑi^{51} p^{h}ɑ^{55}p^{h}o^{55}wu^{55} le^{35}ŋɑ^{51} brɑŋ^{35} ȵi^{55}.

母猪 AGT 小猪 五 生 AUX

老母猪下了五头小猪崽。

wu^{55}tso^{51} k^{h}i^{55} gɑi^{51} mi^{51} ŋom^{31} do^{51}.

这 狗 AGT 人 咬 PRES

这只狗会咬人。

ŋøn^{55}pɑ^{55} gɑi^{51} ri^{31}boŋ^{55} sot^{55} ȵi^{51}.

猎人 AGT 兔子 杀 AUX

猎人打死了兔子。

同时，在墨脱门巴语中，施格助词也可表达工具的语义角色。例如：

lop^{55}dʐɑ^{55} gɑi^{51} mɑu^{35}pi^{55} gɑi^{51} ji^{35}gi^{35} tʂui^{35} do^{51}. ŋe^{35} wu^{55}tso^{51} tɕ^{h}u^{55}wu^{55}

学生 AGT 毛笔 AGT 字 写 PRES 1sg 这 刀

gɑi^{51} ɕɑ^{55} tok^{55} do^{51}.

AGT 肉 切 PRES

学生们用毛笔写字。我用这把刀切肉。

从我们的初步调查中可以看出，在墨脱门巴语中，工具助词应该不占优势，它的使用非常受限。

（三）与格助词

与格（dative）表达的是动词跟与事等论元之间的语法关系。在墨脱门巴语中，与格成分主要表现为间接宾语，一般要后置与格助词le^{51}。例如：

bi^{35} gɑi^{51} ʐok^{31}po^{51} le^{51} ȵu^{55}gu^{55} t^{h}i^{51} bøu^{55} ȵi^{51}.

3sg AGT 弟弟 DAT 笔 一 给 AUX

他给了弟弟一支笔。

i^{55}	nɑ^{55}	ŋe^{31}so^{51}	pe^{51},	ŋe^{35}	bi^{35}	le^{51}	tsʰui^{55}tɑ^{51}	ŋri^{35}te^{51}	jo^{51}.
2sg	先	休息	IMP	1sg	3sg	DAT	试	问	PROS

你先休息休息，我试着跟她谈谈。

墨脱门巴语的受益格（benefactive）一般也加助词le^{51}。例如：

ɑ^{55}mɑ^{55}	gɑi^{51}	ŋe^{35}	le^{51}	tu^{55}tuŋ^{51}	se^{55}ẓu^{55}	tʰi^{51}	tʰik^{55}pi^{51}.
妈妈	AGT	1sg	BEN	衣服	新	一	缝

妈妈为我缝了一件新衣服。

dep^{35}	loŋ^{35}wot^{55}se^{51}	me^{35}nɑŋ^{55}	gɑŋ^{55}po^{51}	le^{51}	n̥om^{55}	pe^{51}.
粮食	运来	大家	PL	BEN	分	IMP

粮食运来后就分给大家了。

（四）处所助词

墨脱门巴语表示地点或处所时，一般需要后置处所助词kɑ^{51}。例如：

ɕen^{55}	kɑ^{51}	te^{51}	nɑi^{35}	tok^{55}	n̥i^{51}.
树	LOC	马	两	拴	AUX

树上拴着两匹马。

ŋe^{35}	tɑ^{31}tɑ^{51}	lɑ^{55}	kɑ^{51}	ɕen^{55}	tup^{55}	do^{51}.
1sg	现在	山	LOC	柴	砍	PRES

我正在山上砍柴。

bi^{35}	tɑk^{55}prɑ^{55}ẓɑŋ^{51}	pei^{55}tɕiŋ^{55}	kɑ^{51}	mi^{31}tun^{55}ke^{51}	gɑi^{55}	do^{51}.
3sg	经常	北京	LOC	出差	去	PRES

他经常去北京出差。

这里需要注意的是，墨脱门巴语的处所助词也承担了工具助词的功能，在句中用于标记工具名词，介引动作所借助的工具。例如：

mi^{51}	gɑŋ^{55}po^{51}	gɑi^{51}	tɕɑ^{55}xɑ^{55}jɑŋ^{55}	kɑ^{51}	to^{51}tɕø^{55}	do^{51}.
人	PL	AGT	铁锅	INST	做饭	PRES

人们用铁锅做饭。

tʰɑŋ^{55}ɕiŋ^{55}kɑ^{55}pu^{51}	mi^{35}	ku^{51}	bɑ^{35}	le^{51}	lɑ^{55}	kɑ^{51}	tsʰop^{55}pu^{55}.
唐兴嘎布	2sg	GEN	牦牛	DAT	手	INST	指

唐兴嘎布用手指了指他的牦牛。

（五）从格助词

从格又称夺格（ablative），多用于标记来源，引入动词与空间、时间成分之间的关系。墨脱门巴语表示从格一般需要加处所助词ge^{51}，这与比较助词使用的语法标记相同。例如：

la^{55} ze^{55} ge^{51} maŋ^{55}ka^{51} oŋ^{55} pe^{55}le^{51} koŋ^{55}li^{51} tɕi^{55}le^{55}ŋa^{55} tsaŋ^{35}ge^{31} n̥i^{51}.

山 上 ABL 旁边 到达 时候 公里 十五 多 AUX

山上到山下有十五多公里。

墨脱门巴语中用来引出比较基准（即参照对象）的助词也是ge^{51}。该助词一般出现在被比较的成分之后。例如：

a^{55}tɕe^{55} ge^{51} pi^{35}pe^{55}le^{51} zok^{31}po^{51} zɨŋ^{35}ɕe^{55} n̥i^{51}.

哥哥 COMPR 多 弟弟 长 AUX

哥哥比弟弟高多了。

wu^{55} ts^{h}o^{55}ts^{h}i^{51} naː^{51} ge^{51} tsu^{55}t^{h}i^{51} ɕi^{55} n̥i^{51}.

这 河水 以前 COMPR 多 PRT AUX

河水比以前少多了。

第二节

短语

墨脱门巴语的语法以语序和虚词等分析性手段为主，这在短语结构层面表现得尤为突出。本节主要对墨脱门巴语短语的结构类型及其功能进行描述，以便为进一步讨论墨脱门巴语的句子结构模式、句类和句式等问题奠定基础。

一　结构关系类型

从结构看，墨脱门巴语的短语主要有并置短语、偏正短语、中补短语、宾动短语、主谓短语、连谓短语六种基本类型。下面我们分别进行简要的分析与描写。

（一）并置短语

墨脱门巴语的并置短语可再分为两类，即并列短语和同位短语。

1. 并列短语

并列短语中的成分一般会采用助词diŋ^{51}来连接。例如：

liu^{55}　diŋ^{51}　ɕe^{51}　跳蚤和虱子

跳蚤　CONJ　虱子

ge^{35}gen^{51}　diŋ^{51}　lop^{55}dʐɑ^{55}　老师和学生

老师　CONJ　学生

po^{55}ʐen^{55}　niŋ^{35}kɑ^{51}　diŋ^{51}　ŋon^{51}　niŋ^{35}kɑ^{51}　森林与草地

森林　里面　CONJ　草　里面

2. 同位短语

同位短语又称复指短语，指构成短语的不同成分指称同一个事物。例如：

i^{55}　sem^{55}tɕin^{51}　ŋe^{35}　ge^{51}　pon^{55}　t^{h}i^{55}　ŋe^{35}　ri^{31}boŋ^{55}　preu^{55}　t^{h}i^{55}　ge^{51}

2sg　野兽　1sg　COMPR　官　一　1sg　兔子　小　一　COMPR

dẓen^{31}dor^{55}.

比赛

你一个兽王竟然要跟我这么小的兔子比试。

me^{31}me^{51} kʰɑi^{55}lɑ^{55} i^{55} gok^{55}te^{55} proŋ^{55}ɑ^{51} jɑ^{55}ẓɑ^{51} te^{55}~te^{55}~te^{55} ȵi^{51}.

爷爷 虎 2sg 头 抬 上 看～REDUP～REDUP AUX

虎爷爷，请你抬头看个仔细。

上举例子中，i^{55} sem^{55}tɕin^{51}“你一个兽王”、me^{31}me^{51} kʰɑi^{55}lɑ^{55}“虎爷爷”均为同位短语。

（二）偏正短语

偏正短语包括体词性偏正短语和谓词性偏正短语两类。

1. 体词性偏正短语

体词性偏正短语以体词性词语为中心语。根据修饰语的位置，我们可以把体词性偏正短语分为“定＋中”短语和“中＋定”短语两类。

（1）名词、代词做定语

做定语时，名词、代词可放在中心语之前或之后，定语和中心语之间可加成分标记 ku^{51}，也可不加。例如：

tɑ^{31}wɑ^{51} kʰem^{55} 达娃家

达娃 家

i^{55} ku^{51} kʰem^{55} 你家

2sg GEN 家

lɑ^{55}put^{55} kɑ^{51} kʰɑ^{55}wɑ^{55} 山坡的雪

山坡 LOC 雪

me^{31}me^{51} ku^{51} tɑm^{55} 爷爷的故事

爷爷 GEN 故事

ŋe^{35} mɑŋ^{55}kɑ^{51} 我面前

1sg 面前

i^{55} ku^{51} mɑŋ^{55}kɑ^{51} 你面前

2sg GEN 面前

tsʰo^{51} but^{35}kɑ^{51} gor^{51} tʰɑn^{55}bu^{51} tʰi^{51} 湖中心的一块大石头

湖 中间 石头 大 一

mɑp^{31}dʑɑ^{51} ku^{51} pu^{51} le^{55}xu^{55} 孔雀的漂亮羽毛

孔雀 GEN 羽毛 漂亮

（2）数（量）词做定语

数词做定语一般放在中心语之后，定语和中心语之间不加成分标记。例如：

ȵe^{31}tup^{55} nɑi^{35} 两把雨伞

雨伞 二

kʰi^{55} tʰi^{51} 一条狗

狗 一

lun^{55}pu^{51} som^{55} 三个大臣

大臣 三

dep^{35} ȵi^{51} get^{35} 七八本书

书 七 八

（3）谓词性词语做定语

谓词性词语做定语一般放在中心语之前，定语在中心语之后的情况也存在。定语和中心语之间有时可加标记ku^{51}，有时也可不加。例如：

wu^{55}tso^{51} a^{55}ma^{55} gai^{51} ȵe^{51} wu^{51} ku^{51} ʂu^{51}.

这 妈妈 AGT 买 PFV GEN 菜

这是妈妈买的菜。

daŋ^{51} ŋy^{35} grok^{55} wat^{55}k^{h}an^{51} tsai^{55}toŋ^{51} wu^{51} wa^{51}?

昨天 钱 丢失 PASS 找到 PFV QUES

昨天丢失的钱找到了吗？

上举例子中，a^{55}ma^{55} gai^{51}ȵe^{51}wu^{51}“妈妈买”、grok^{55}wat^{55}k^{h}an^{51}“丢失”均是谓词性成分做定语，前者在定语与中心语之间添加了附加成分ku^{51}。

（4）形容词做定语

形容词做定语一般放在中心语之后。例如：

lem^{31}naŋ^{51} se^{55}ʐu^{51} 新路

路 新

ɕe^{55} a^{55}ma^{55}le^{51} 大虱子

虱子 大

ts^{h}i^{51} diŋ^{55}riŋ^{35}gu^{51} 深水

水 深

lyt^{31}po^{51} le^{55}xu^{55} 漂亮的身体

身体 漂亮

2. 谓词性偏正短语

谓词性偏正短语以谓词为中心语，一般语序是“状＋中”短语，也存在少量“中＋状”短语。在这类短语中，充任状语成分的词类主要是形容词和副词，时间名词和处所名词在一定条件下也可做状语。充任中心语的词类主要是动词和形容词。例如：

na:^{55} oŋ^{35} 先到

先 到

t^{h}i^{55}ga^{55}ʐaŋ^{51} oŋ^{35}jo^{51} 马上到达

马上 到达

zi^{31}ga^{55}ʐaŋ^{51} ɕat^{55} 一起说

都 说

ja^{55}ʐa^{51} te^{55} 向上看

上 看

kaŋ^{35}min^{55}ts^{h}e^{51} le^{55}xu^{55} 非常漂亮

非常 漂亮

ma^{31}tsa^{55}ʐaŋ^{51} tɕau^{35}ʐai^{55}mo^{55}nu^{51} 很累

很 累

墨脱门巴语的“中＋状”短语例示如下：

lop^{55}dʑoŋ^{55} le^{55}xu^{51} 好好学习

学习 好

ʐo^{35}ʐam^{55} le^{55}xu^{51} 乐于助人

帮助 好

diŋ^{55} ts^{h}e^{51} 很深

深 很

zi^{55}soŋ^{51} tsu^{55}ʐaŋ^{51} mo^{55}nu^{51} 一点不尊敬

尊敬 一点儿 NEG

（三）中补短语

墨脱门巴语的中补短语主要有“补＋中”短语和“中＋补”短语两种类型。充任补语成分的词类主要是形容词和副词，时间名词和数词在一定条件下也可做补语。充任中心语的词类主要是动词和形容词。例如：

tʰø^{51}　tsʰɑ^{55}　收完
收　完

ɕan^{55}se^{51}　zɑk^{55}　玩得高兴
玩　高兴

gok^{55}ȵi^{51}　ɕi^{55}wu^{51}　冻死
冻　死

dɑr^{55}ro^{51}　sot^{55}　打死
打　杀

ɕan^{55}dʑo^{51}　git^{55}pɑ^{51}ȵi^{51}　好玩
玩　舒服

ȵɑ^{55}se^{51}　kɑn^{51}　听清楚
听　清楚

ȵɑi^{31}lɑ^{51}　git^{55}pɑ^{51}　睡得香
睡　舒服

墨脱门巴语中，也存在一定的“补＋中”短语，时间名词和数词做补语时较多采用这一形式。具体例子如下：

tsɑŋ^{55}mɑ^{51}　kʰrø^{55}lɑ^{55}　洗干净
干净　洗

dʑok^{31}pu^{51}　jɑr^{55}ʐɑ^{51}　跑得快
快　走

ŋɑ^{31}tɑŋ^{55}　gɑ^{31}lɑ^{51}　走得慢
慢　走

tep^{35}　som^{55}　ȵe^{51}　买三本
本　三　买

ɕot^{55}　som^{55}　te^{51}　看三遍
遍　三　看

tʰen^{55}　le^{55}ŋɑ^{55}　te^{55}lɑ^{51}　看五次
次　五　看

ʐɑp^{51}　som^{55}　ɕɑt^{55}pu^{55}　说三遍
遍　三　说

tʰen^{55}　nɑi^{35}　gɑi^{55}lɑ^{51}　去两趟
趟　两　去

（四）宾动短语

根据宾语的数目，这一短语可分为两种类型：单宾语结构和双宾语结构。

1. 单宾语结构

（1）宾语的主要语义类型

① 受事宾语　例如：

ɕɑ^{51}　tʂʰe^{55}　吃肉
肉　吃

ɕen^{55}　tup^{55}　砍柴
柴　砍

kem^{55}tɕɑ^{55}　sot^{55}　杀野牛
野牛　杀

tsʰɑ^{55}lu^{51}　tɕʰot^{55}wɑ^{55}　摘橘子
橘子　摘

② 对象宾语 例如：

ȵɑ^{55} sui^{55} 养鱼
鱼 养

ŋy^{35} tsɑi^{55}toŋ^{51} 找到了钱
钱 找到

sɑ^{55} go^{55}bɑ^{51} 挖地
土地 挖

plɑŋ^{51} kɑ^{55}tʂen^{55}tɕ^{h}ɛ^{51} 感谢太阳
太阳 感谢

ŋe^{35} kɑŋ^{35}min^{55}ts^{h}e^{51} mɑp^{31}dʑɑ^{51} ku^{51} pu^{51} le^{55}xu^{55} ɕin^{55} do^{51}.
1sg 非常 孔雀 GEN 羽毛 漂亮 喜欢 PRES
我很喜欢孔雀的漂亮羽毛。

③ 结果宾语 例如：

k^{h}em^{55} ze^{51}dʑok^{55}ȵi^{51} 盖房子
房 建造

tu^{55}tuŋ^{51} se^{55}ʐu^{55} t^{h}i^{51} t^{h}ik^{55} 缝制一件新衣服
衣服 新 一 缝

④ 其他宾语 例如：

mo^{31}tʂɑ^{55} zuŋ^{55}se^{51} 开汽车
汽车 开

ʐi^{31}gu^{51} bɑ^{31}wu^{51} 爬山
山 爬

pe^{31}tɕiŋ^{55} kɑ^{51} gɑi^{55} 去北京
北京 LOC 去

pɑk^{31}pɑ^{51} gut^{55}lɑŋ^{55}se^{51} 骑摩托车
摩托车 骑

（2）宾语的句法类型

① 体词性词语

体词性词语做宾语一般不需要加附加助词。例如：

ŋe^{35} tɑ^{31}tɑ^{51} lɑ^{55} kɑ^{51} ɕen^{55} tup^{55} do^{51}.
1sg 现在 山 LOC 柴 砍 PRES
我正在山上砍柴。

dɑŋ^{55} ŋe^{35} bru^{51} by^{35}ɣu^{51} te^{55} gɑi^{55} wu^{51}.
昨天 1sg 粮食 背 PRT 去 PFV
昨天我背粮食去了。

② 谓词性词语

墨脱门巴语的谓词性宾语一般放在助动词前面。例如：

i^{55} zi^{35} zɑ^{55} ȵɑm^{55} do^{51}? ŋe^{35} zi^{35}kɑ^{35}ʐɑŋ^{51} zɑ^{55} ȵɑm^{55} mo^{55}nu^{51}!
2sg 什么 吃 愿意 PRES 1sg 一点儿 吃 愿意 NEG
你想吃点什么？我什么也不想吃！

i^{55} ʐɑi^{35} jo^{51} ɕin^{55}te^{55} dʑi^{51}? ŋe^{35} ʐɑi^{35} jo^{51}.
2sg 来 PROS 能 PRT 1sg 来 PROS

你能来吗？我能来。

上述例子中，zi^{35}zɑ^{55}“吃什么”、ʑɑi^{35}jo^{51}“来”均是谓词性宾语。

我们在调查中也发现了谓词性词语放在动词后面的现象。例如：

dɑŋ^{51} bi^{35} gɑi^{51} kʰɑi^{55}loŋ^{55} dɑ^{31}nuŋ^{51} no^{31}gor^{35} ɕɑŋ^{55} te^{55} ʑɑi^{35} jo^{51}.

昨天 3sg AGT 答应 再 明天 玩 PRT 来 PROS

昨天他答应了我的要求，说是明天再来玩。

2.双宾语结构

墨脱门巴语中能进入双宾结构的动词不多，一般是给予类动词。在此结构中，间接宾语在直接宾语之前，且需加附加助词le^{51}。例如：

bi^{35} gɑi^{51} ʑok^{31}po^{51} le^{51} ȵu^{55}gu^{55} tʰi^{51} bøu^{55} ȵi^{51}.

3sg AGT 弟弟 DAT 笔 一 给 AUX

他给了弟弟一支笔。

ŋe^{35} ku^{51} ɑ^{55}pɑ^{55} gɑi^{51} bi^{35}nɑŋ^{55} bu^{55}tsɑ^{51} le^{51} dʑɑ^{55} get^{55}.

1sg GEN 爸爸 AGT 3sg：REFL 孩子 DAT 汉语 说

我爸爸教他的孩子说汉语。

ɑ^{55}mɑ^{55} gɑi^{51} ŋe^{35} le^{51} tu^{55}tuŋ^{51} se^{55}ʑu^{55} tʰi^{51} tʰik^{55}pi^{51}.

妈妈 AGT 1sg BEN 衣服 新 一 缝

妈妈为我缝了一件新衣服。

上述例子中，ʑok^{31}po^{51}le^{51}ȵu^{55}gu^{55}tʰi^{51}bøu^{55}“给弟弟一支笔”、bi^{35}nɑŋ^{55}bu^{55}tsɑ^{51}le^{51}dʑɑ^{55}get^{55}“教孩子汉语”、ŋe^{35}le^{51}tu^{55}tuŋ^{51}se^{55}ʑu^{55}tʰi^{51}tʰik^{55}pi^{51}“为我缝了一件新衣服”均为双宾结构。

（五）主谓短语

主谓短语是表示陈述与被陈述关系的短语。此短语中主语一般是体词性词语，谓语一般是谓词性词语。例如：

ge^{35}gen^{51} diŋ^{51} lop^{55}dʑɑ^{55} gɑŋ^{35}po^{51} lɑn^{55}tʰiŋ^{55} kɑ^{51} ɕɑn^{55}zuk^{55} ȵi^{51}.

老师 CONJ 学生 PL 操场 LOC 玩 AUX

老师和学生们在操场上玩。

ŋe^{35} mɑ^{31}tsɑ^{55}ʑɑŋ^{51} tɕɑu^{35}ʑɑi^{55}mo^{55}nu^{51}.

1sg 的确 太累

我实在太累了。

i^{55} nɑ^{55} ŋe^{31}so^{51} pe^{51}.

2sg 先 休息 IMP

你先休息休息。

主谓短语在句中可以做主语、宾语和定语等。例如：

bi^{35} ma^{51} gai^{55}na^{51} p^{h}e^{55} dʑo^{51}, i^{55} gai^{55}ku^{35} jo^{51} ʐaŋ^{51}.

3sg NEG 去 行 PROS 2sg 去 PROS 必须

他不去也行，但你不去不行。

上述例子中，bi^{35}ma^{51}gai^{55}na^{51}“他不去”是主谓短语在句中做主语。

（六）连谓短语

连谓短语是指两个或以上谓词性词语连用形成的短语。这类短语中间无语音停顿，没有关联词语，没有复句间的复杂逻辑关系。例如：

bi^{35} ts^{h}oŋ^{55}kaŋ^{55} gai^{55}se^{51} ɕa^{51} ȵe^{51} wu^{51}.

3sg 商店 去 肉 买 PFV

他要去街上买肉。

i^{55} gai^{55}se^{51} tu^{55}tuŋ^{51} tsok^{35} wot^{55} pe^{51}.

2sg 去 衣服 快 拿 IMP

请你快去把衣服收起来。

me^{31}me^{51} k^{h}ai^{55}la^{55} i^{55} gok^{55}te^{55} proŋ^{55}a^{51} ja^{55}ʐa^{51} te^{55}~te^{55}~te^{55} ȵi^{51}.

爷爷 虎 2sg 头 抬 上 看～REDUP～REDUP AUX

虎爷爷，请你抬头看个仔细。

上述例子中，ts^{h}oŋ^{55}kaŋ^{55}gai^{55}se^{51}ɕa^{51}ȵe^{51}“去街上买肉”、gai^{55}se^{51}tu^{55}tuŋ^{51}tsok^{35}wot^{55}“去收衣服”、gok^{55}te^{55}proŋ^{55}a^{51}ja^{55}ʐa^{51}te^{55}te^{55}te^{55}“抬头看”都是连谓短语。

二 句法功能类别

根据句法功能，墨脱门巴语的短语可以分为体词性短语和非体词性短语两类，下面我们分类加以描写。

（一）体词性短语

体词性短语一般不充当谓语，主要充当主语、定语和宾语。例如：

wu^{55}tso^{51} k^{h}i^{55} gai^{51} mi^{51} ŋom^{31} do^{51}.

这 狗 AGT 人 咬 PRES

这只狗会咬人。

da^{31}ɕi^{55} sen^{55}ge^{51} diŋ^{51} k^{h}ai^{55}la^{55} ri^{31}boŋ^{55} tʂø^{35} ma^{51} te^{51}.

今天 狮子 CONJ 老虎 兔子 惹 NEG PRT

至今，狮子和老虎不敢惹兔子。

bi^{35} gai^{51} lyt^{31}po^{51} t^{h}u^{55}se^{55} o^{35}ja^{51} pe^{55}le^{51} ts^{h}o^{51} niŋ^{35}ka^{51} ku^{51} sen^{55}ge^{51}

3sg AGT 身体 摇晃 那样 时候 湖 里面 GEN 狮子

gai^{51} jaŋ^{55} lyt^{31}po^{51} t^{h}u^{55}se^{55} o^{35}ja^{51} o^{35}n̥e^{51}.

AGT 也 身体 摇晃 那样 PRT

它晃动身体，湖里的狮子也晃动身体。

上述例子中，wu^{55}tso^{51}k^{h}i^{55}“这只狗”、sen^{55}ge^{51}diŋ^{51}k^{h}ai^{55}la^{55}“狮子和老虎”、bi^{35}gai^{51}lyt^{31}po^{51}“它的身体”是体词性短语做主语，ts^{h}o^{51}niŋ^{35}ka^{51}“湖里面”则是体词性成分做定语。

（二）非体词性短语

非体词性短语有两类：谓词性短语和副词性短语。谓词性短语主要在句中充当谓语。这里仅讨论谓词性短语。

在墨脱门巴语中，谓词性短语主要有主谓短语、动词短语和形容词短语。例如：

bi^{35} ku^{51} k^{h}em^{55} ka^{51} mi^{51} tɕe^{31}ga^{55}ʐaŋ^{51} ŋe^{35} ŋu^{55}ɕe^{55} jo^{51}.

3sg GEN 家 LOC 人 全部 1sg 熟悉 PROS

他全家人我都熟悉。

ŋe^{35} ʐip^{55}gen^{55}ka^{51} tap^{55}ɣoŋ^{35} wu^{51}.

1sg 一会儿 回来 PFV

我一会儿就回来。

se^{55}mu^{51} som^{55} kaŋ^{35}min^{55}ts^{h}e^{51} le^{55}xu^{55}.

公主 三 非常 漂亮

三公主很漂亮。

上例中ŋe^{35}ŋu^{55}ɕe^{55}jo^{51}“我熟悉”、ʐip^{55}gen^{55}ka^{51}tap^{55}ɣoŋ^{35}wu^{51}“一会儿回来”、kaŋ^{35}min^{55}ts^{h}e^{51}le^{55}xu^{55}“很漂亮”分别是主谓短语、动词短语、形容词短语做谓语。

第三节

句子

一　句子成分

墨脱门巴语的句子成分主要有主语、谓语、宾语、定语、状语和补语。

（一）主语

主语是一个主谓句中谓语部分所要陈述的对象。墨脱门巴语中充当主语的主要是体词性词语，如名词、代词或数量短语等，也有少部分是谓词性词语充任的。例如：

ʂu^{55}tɕi^{51}　mi^{51}　le^{55}xu^{51}　nou^{35}.

书记　人　好　是

书记是好人。

bi^{35}　ku^{51}　kʰem^{55}　kɑ^{51}　bu^{55}tsɑ^{51}　som^{55}　nou^{35},　tʰi^{51}　lop^{55}dʐɑŋ^{55}　ȵin^{55}kɑ^{51},

3sg　GEN　家　LOC　孩子　三　有　一　学校　里

tʰi^{51}　kʰem^{55}　kɑ^{51}　nou^{35},　tʰi^{51}　ble^{55}pi^{55}　do^{51}.

一　家　LOC　有　一　工作　PRES

他们家有三个孩子，一个在学校，一个在家里，还有一个已经工作了。

wu^{55}tso^{51}　pʰɑ^{55},　dʐɑk^{55}bɑ^{51}　ne^{55}kʰɑn^{51}　sot^{55}　tɑ^{51},　tɕɑm^{55}pu^{51}　ne^{55}kʰɑn^{51}　pu^{31}ʐiŋ^{55}

这　猪　肥　存在　杀　PRT　瘦　存在　山

ȵin^{55}kɑ^{51}　tʰɑ^{55}ʐu^{51}.

里　放

这些猪呢，肥的宰掉，瘦的放到山上去。

sɑi^{35}　mɑ^{51}　gen^{35}　mɑ^{51}　tɕe^{31}gɑ^{55}　nu^{51}.

吃　NMLZ　穿　NMLZ　愁　NEG

吃的、穿的都不愁。

ɕen^{55} tup^{55}pa^{55} a^{55}pa^{55} ɕin^{51}.

树 砍 爸爸 是

砍树的是爸爸。

上述例子中，ʂu^{55}tɕi^{51}“书记”、bi^{35}ku^{51}k^{h}em^{55}“他家”、t^{h}i^{51}“一”、wu^{55}tso^{51}p^{h}a^{55}“这些猪”是名词性成分做主语，sai^{35}ma^{51}gen^{35}ma^{51}“吃的、穿的”ɕen^{55}tup^{55}pa^{55}“砍树的”则是谓词性成分做主语。

（二）谓语

谓语是相对于主语而言的，是一个主谓句中对主语做出陈述的成分。墨脱门巴语中充当谓语的主要是谓词性词语，如动词、形容词等。体词性成分也可直接充当谓语，但大多会添加判断动词等。例如：

mi^{51} gaŋ^{55}po^{51} gai^{51} tɕa^{55}xa^{55}jaŋ^{55} ka^{51} to^{51}tɕø^{55} do^{51}.

人 PL AGT 铁锅 INST 做饭 PRES

人们用铁锅做饭。

wu^{55}tso^{51} ȵa^{55} noŋ^{55}ɕe^{55}ka^{51} dʑa^{31}ma^{51} le^{35}ŋa^{51} ʐai^{31}jo^{55}.

这 鱼 至少 斤 五 APPR

这条鱼至少有五斤重。

tsun^{55}tʂaŋ^{51} mi^{51} le^{55}xu^{51} nou^{35}.

村主任 人 好 是

村主任可是个好人。

上述例子中，tɕa^{55}xa^{55}jaŋ^{55}ka^{51}to^{51}tɕø^{55}“用铁锅做饭”是谓词性成分做谓语，noŋ^{55}ɕe^{55}ka^{51}dʑa^{31}ma^{51}le^{35}ŋa^{51}“至少五斤重”、mi^{51}le^{55}xu^{51}“好人”则是体词性成分做谓语。

（三）宾语

宾语是述语动词支配、制约的对象。墨脱门巴语的宾语一般由体词性词语充当，类型主要有受事宾语、与事宾语等。例如：

ŋe^{35} da^{31}ɕi^{55} k^{h}a^{55} t^{h}i^{55} diŋ^{51} ȵa^{55} nai^{35} ɕa^{51} dʑa^{31}ma^{51} som^{51} ȵe^{51} wu^{51}.

1sg 今天 鸡 一 CONJ 鱼 二 肉 斤 三 买 PFV

我今天买了一只鸡、两条鱼、三斤肉。

wu^{55}tso^{51} ku^{51} ȵe^{55}ts^{h}or^{55} ŋe^{35}ʐaŋ^{51} ma^{51} ka^{55}nu^{51}, i^{55} gai^{55}se^{51}

这 GEN 事情 1sg：REFL NEG 清楚 2sg 去

me^{35}naŋ^{55} le^{51} ŋrei^{35} la^{51}!

别人 DAT 问 IMP

这件事我也不清楚，你去问别人吧！

上述例子中，kʰɑ55tʰi55diŋ51n̥ɑ55nɑi35ɕɑ51dʑɑ31mɑ51som51“一只鸡、两条鱼、三斤肉”、me35nɑŋ55“别人”是体词性词语做宾语。

墨脱门巴语中也存在谓词性宾语。例如：

dɑŋ51 bi35 gɑi51 kʰɑi55loŋ55 dɑ31nuŋ51 no31gor35 ɕɑŋ55 te55 ʐɑi35 jo51.

昨天 3sg AGT 答应 再 明天 玩 PRT 来 PROS

昨天他答应了我的要求，说是明天再来玩。

bi35 i55 le51 dʐen31dor55 tʰoŋ55ɑ51 te31tɑ51 jo51 n̥i35.

3sg 2sg DAT 比赛 PRT 等待 PROS AUX

他等着跟你比赛。

上述例子中，dɑ31nuŋ51no31gor35ɕɑŋ55te55ʐɑi35“明天再来玩”i55le51dʐen31dor55tʰoŋ55ɑ51“跟你比赛”是谓词性词语做宾语。

（四）定语

定语是用来修饰、限定、说明名词或代词的成分。墨脱门巴语中，体词性词语与谓词性词语都可以做定语。例如：

i55nɑŋ55 ku51 ble55 i55nɑŋ55 pe51.

2sg：REFL GEN 事情 2sg：REFL IMP

你自己的事情你自己做。

pʰɑ55ɑ55mɑ55 gɑi51 pʰɑ55pʰo55wu55 le35ŋɑ51 brɑŋ35 n̥i55.

母猪 AGT 小猪 五 生 AUX

老母猪下了五头小猪崽。

wu55mo51 tu55tuŋ51 dor31mɑ51 toŋ55lɑ55 ge31nɑ51, tʰo35ʐɑ55 gɑi55, tsʰu55ʐɑ55 ʐɑi51, mɑ31tsɑ51ʐɑŋ51 zi35 bi55 do51?

那 衣服 裤子 破旧 穿 这边 去 那边 来 究竟 什么 做 PRES

那穿破衣裳的家伙一会儿过来、一会儿过去的，到底在做什么？

dɑŋ51 ŋy35 grok55 wɑt55kʰɑn51 tsɑi55toŋ51 wu51 wɑ51?

昨天 钱 丢失 PASS 找到 PFV QUES

昨天丢失的钱找到了吗？

wu55tso51 ɑ55mɑ55 gɑi51 n̥e51 wu51 ku51 ʂu51.

这 妈妈 AGT 买 PFV GEN 菜

这是妈妈买的菜。

上述例子中，i^{55}nɑŋ^{55}“你自己”、le^{35}ŋɑ^{51}“五”、wu^{55}mo^{51}“那”、toŋ^{55}lɑ^{55}“破旧”是体词性成分做定语，grok^{55}wɑt^{55}k^{h}ɑn^{51}“丢失”、ȵe^{51}wu^{51}“买”是谓词性词语做定语。

（五）状语

状语是状中结构短语中谓语的修饰语，用以对谓语或谓语中心语进行修饰、限制。墨脱门巴语的状语大都由形容词性或副词性词语充当。例如：

bi^{35}nɑŋ^{55}gɑŋ^{35}po^{51} nɑ^{55}rɑŋ^{51} gɑi^{55} ts^{h}i^{55} ȵi^{51}?
3pl：REFL 早 走 完 AUX
他们早已经走了吧？

ŋø^{35} gɑŋ^{55}po^{51} ŋɑ^{31}tɑŋ^{55} tʂui^{35}bi^{55}tɕɑŋ^{55} ȵi^{51}.
客人 PL 偷偷地 讨论 AUX
客人们都在悄悄地议论这件事。

ri^{31}boŋ^{55} zɑk^{55}se^{51} tɑp^{55}se^{51} ts^{h}ɑŋ^{51} mɑŋ^{55}kɑ^{51} ɣoŋ^{35} wu^{51} ȵi^{51}. ȵɑi^{31}lɑ^{51}
兔子 高兴 回 窝 旁边 到达 PFV AUX 睡
git^{55}pɑ^{51} k^{h}ɑi^{55}lɑ^{55} t^{h}i^{55} ɣoŋ^{35} wu^{51} ȵi^{51}.
舒服 老虎 一 来 PFV AUX
兔子高兴地回到窝边，睡得正香，这时来了一只老虎。

上述例子中，nɑ^{55}rɑŋ^{51}“早”、ŋɑ^{31}tɑŋ^{55}“偷偷地”是副词性词语做状语，zɑk^{55}se^{51}“高兴”是形容词性词语做状语。

墨脱门巴语的状语也可由体词性词语充当。例如：

wu^{55}tso^{51} no^{55}tsɑŋ^{55} ts^{h}u^{55}ʐɑ^{55} wot^{55} t^{h}o^{55}ʐɑ^{55} k^{h}ur^{51} dʑɑ^{55}zen^{55}pu^{51} ȵi^{51},
这 东西 那边 拿 这边 拿 麻烦 AUX
i^{55} no^{55}tsɑŋ^{55} mo^{55} k^{h}u^{55}ʐɑ^{51}.
2sg 东西 NEG 拿
这东西拿来拿去太费事了，你就别拿了。

上述例子中，ts^{h}u^{55}ʐɑ^{55}“那边”、t^{h}o^{55}ʐɑ^{55}“这边”是体词性成分做状语。

（六）补语

补语是中补结构短语中补充说明中心语的结果、程度等的成分。墨脱门巴语中做补语成分的主要是形容词性或副词性词语，时间名词或数词等在一定条件下也可做补语。例如：

tɑ^{31}wɑ^{51} k^{h}em^{55} kɑ^{51} ɑ^{31}riŋ^{55}dep^{55} t^{h}ø^{51} ts^{h}ɑ^{55} ȵi^{51}, ji^{31}nɑ^{55}jɑŋ^{51} kə^{31}ɕi^{55}
达娃 家 LOC 稻子 收 完 AUX 但是 格西
k^{h}em^{55} kɑ^{51} ɑ^{31}riŋ^{55}dep^{55} t^{h}ø^{51} ts^{h}ɑ^{55}ʐɑ^{55} mo^{55}nu^{51}.
家 LOC 稻子 收 完 NEG

达娃家的稻子收完了，但格西家的稻子还没有收完。

ȵɑi^{31}lɑ^{51}　git^{55}pɑ^{51}　k^{h}ɑi^{55}lɑ^{55}　t^{h}i^{55}　ɣoŋ^{35}　wu^{51}　ȵi^{51}.

睡　舒服　老虎　一　来　PFV　AUX

睡得正香，这时来了一只老虎。

ri^{31}boŋ^{55}　gɑi^{51}　k^{h}ɑi^{55}lɑ^{55}　p^{h}e^{55}zi^{51}　kɑ^{31}　wu^{51}　ȵi^{51}.　k^{h}ɑi^{55}lɑ^{55}　gɑi^{51}　ɕɑt^{55}pu^{55}

兔子　AGT　老虎　半　走　PFV　AUX　老虎　AGT　说

sen^{55}ge^{51}　ku^{51}　ʐo^{35}　gɑ^{31}dʑi^{55}kɑ^{51}　wɑ^{51}ȵi^{35}?

狮子　GEN　遗体　哪里　QUES

兔子领着老虎，走到半路时，老虎说："狮子的尸体在哪里？"

上述例子中，ts^{h}ɑ^{55}"完"、git^{55}pɑ^{51}"舒服"是形容词性词语做补语，p^{h}e^{55}zi^{51}"半"则是数量词语做补语。

二　单句

依据句子结构，墨脱门巴语的句子可以分为单句和复句两个大的类别。下面我们主要从句型、句类和句式三个角度对墨脱门巴语的单句进行描写。

（一）句型

句型是指单句句法成分的配置格局。基于句型视角，墨脱门巴语的单句可分为主谓句和非主谓句两个次类。

1. 主谓句

根据充任谓语核心词语的词性，主谓句可以分为以下几个小类：

（1）动词谓语句

动词谓语句中的谓语主要由动词或动词短语充任。例如：

ŋɑ^{31}tɑŋ^{55}nɑi^{35}　ɕen^{55}　tup^{55}　dʑo^{51}.

1dl　柴　砍　PROS

我们去砍柴了。

tɑː^{35}　ŋɑ^{31}tɑŋ^{55}nɑi^{35}　tɕ^{h}ɑŋ^{55}　diŋ^{51}　do^{51}　dep^{35}gɑ^{51}　tø^{35}se^{55}　dʐɑ^{31}dʐik^{35}　jo^{51}

以前　1dl　酒　CONJ　饭　一起　时间　准备　PROS

o^{55}ne^{51}.

PRT

我们先前一起准备酒和饭。

liu^{55}　gɑi^{51}　tsik^{55}pɑ^{51}zɑi^{35}　ȵi^{51}.

跳蚤　AGT　生气　AUX

跳蚤很生气。

上述例子中，ɕen^{55}tup^{55}“砍柴”、tɕʰaŋ^{55}diŋ^{51}do^{51}dep^{35}ga^{51}tø^{35}se^{55}dʐa^{31}dʐik^{35}“一起准备酒和饭”是动词短语做谓语，tsik^{55}pa^{51}zai^{35}“生气”是动词做谓语。

（2）形容词谓语句

形容词谓语句中的谓语主要由形容词或形容词短语充任。例如：

bi^{35} ku^{51} kʰem^{55} ka^{51} mi^{51} tɕe^{31}ga^{55}ʐaŋ^{51} ŋe^{35} ŋu^{55}ɕe^{55} jo^{51}.

3sg GEN 家 LOC 人 全部 1sg 熟悉 PROS

他全家人我都熟悉。

bi^{35} ku^{51} doŋ^{55}pa^{51} liu^{35} ȵi^{51}.

3sg GEN 脸 红 AUX

他的脸红了起来。

上述例子中，ŋu^{55}ɕe^{55}“熟悉”、liu^{35}“红”均是形容词做谓语。

（3）名词谓语句

名词谓语句中的谓语主要由名词或体词性短语充任。例如：

wu^{55}tso^{51} ŋe^{35} ku^{51} tu^{55}tuŋ^{51}, wu^{55}mo^{51} tɕi^{51} mi^{31} ku^{51}, ȵe^{31}tʂʰi^{55} ze^{55}ka^{51}

这 1sg GEN 衣服 那 是 2sg GEN 床 上

ȵi^{31}kʰan^{55} me^{35}naŋ^{55} ku^{51} ɕo^{51}.

在 人家 GEN PRT

这是我的衣服，那是你的，床上摆着的是人家的。

wu^{55}tso^{51} tsʰi^{51} maŋ^{35}na^{55}ȵi^{51} kuŋ^{55}tʂʰi^{55} le^{35}ŋa^{51} ʐai^{35}ma^{55} ȵi^{55}.

这 河 最多 米 五 APPR AUX

这条河最多有五米宽。

ʐi^{31}gu^{51} maŋ^{55}ga^{55} wu^{55}mo^{51} ʐa^{55}wa^{55} tei^{55}tʰoŋ^{55}bi^{55}li^{51} tɕa^{35}diŋ^{51}get^{35} ȵi^{51}.

山 附近 那 羊 一共 一百零八 有

山下那群羊有一百零八只。

上述例子中，ŋe^{35}ku^{51}tu^{55}tuŋ^{51}“我的衣服”、kuŋ^{55}tʂʰi^{55}le^{35}ŋa^{51}“五米”、tɕa^{35}diŋ^{51}get^{35}“一百零八”均是体词性短语做谓语。

2. 非主谓句

分不出主语和谓语的单句叫非主谓句，它可以分为以下几类：

（1）动词性非主谓句

动词性非主谓句主要由动词或动词短语构成。例如：

wu^{55} ɕɑn^{55}dʑo^{51} git^{55}pɑ^{51} ȵi^{51}! 真好玩!

这 玩 舒服 AUX

p^{h}e^{55} dʑo^{51} o^{55}ȵi^{51}! 可以!

可以 PROS PRT

（2）形容词性非主谓句

形容词性非主谓句主要由形容词或形容词性短语构成。例如：

le^{55}xu^{51} ȵi^{51}! 好!

好 PRT

gre^{55} do^{51}! 疼!

疼 PRES

（3）名词性非主谓句

名词性非主谓句主要由名词或体词性短语构成。例如：

mu^{31}ri^{51}!

蛇

蛇!

sem^{55}tɕin^{51} ku^{51} pon^{55} me^{31}me^{51}, i^{55} ŋe^{35} ȵin^{31}kɑ^{51} ɕo^{51}.

野兽 GEN 官 爷爷 2sg 1sg 里面 进来。

兽王爷爷，您跟我来。

上述例子中，第一例属于单个名词mu^{31}ri^{51}“蛇”独立成句。第二个例子中，sem^{55}tɕin^{51}ku^{51}pon^{55}me^{31}me^{51}“兽王爷爷”则是由体词性短语构成的呼语句。

（4）叹词句

由叹词构成的句子为叹词句。例如：

ɑi^{55}jɑ^{51}! 哎呀!

e^{35}! 哎!

ø^{35}! 咦!

（5）拟声词句

由拟声词构成的句子为拟声词句。例如：

dʐɑ^{35}wu^{51}! 哗啦!

xu^{55} xu^{55}! 呼呼!

wu^{55} wu^{55}! 呜呜!

p^{h}u^{55}tʂ^{h}i^{55}! 扑哧!

（二）句类

句类是根据句子的语气所做出的分类。墨脱门巴语的单句可分为陈述句、疑问句、祈使句和感叹句四类。

1. 陈述句

陈述句可进一步分为四类：判断句、叙述句、评议句和描写句。

（1）判断句

判断句是用于判断人或事物性质、状态的句子。墨脱门巴语中，判断句可使用判断动词，但不常使用语气词。例如：

wu^{55}tso^{51} ŋe^{35} ku^{51} tu^{55}tuŋ^{51}.

这 1sg GEN 衣服

这是我的衣服。

tɕ^{h}iu^{55} le^{55}xu^{51} tɑ^{51}n̥i^{51}, ji^{31}nɑi^{55}jɑŋ^{51} goŋ^{35}t^{h}en^{55} n̥i^{51}.

刀 好 IMP 但是 贵 AUX

这刀好是好，就是太贵了点。

dɑ^{31}ɕi^{55} tɕi^{51} n̥i^{31}toŋ^{51}tɕɑ^{31}me^{55} tɕi^{55}le^{55}ŋɑ^{55} lo^{51} tɑ^{31}wɑ^{51} dʑo^{55}pɑ^{51} ts^{h}e^{55} t^{h}i^{55}.

今天 是 两千 十五 年 月 十 日 一

今天是2015年10月1日。

（2）叙述句

叙述句是指对事件、状态的变化进行陈述的句子。墨脱门巴语的叙述句中，语气词一般不会出现在句末。例如：

bi^{35}ʐɑ^{51} lu^{55}n̥i^{55} te^{55}ʐe^{51} gɑi^{55} o^{51}.

3pl 电影 看 去 PRES

他们看电影去了。

i^{55}nɑi^{35} gɑi^{51} k^{h}ɑ^{55} sot^{55} tɑ^{55}.

2dl AGT 鸡 杀 PRT

你们俩把鸡杀了。

bi^{35} ku^{51} doŋ^{55}pɑ^{51} liu^{35} n̥i^{51}.

3sg GEN 脸 红 AUX

他的脸红了起来。

（3）评议句

评议句是对人或事物的状态进行评议的句子。这类句子的核心谓词通常由形容词性词语充任。例如：

ʐi^{35}gu^{51} ʐe^{35}kɑ^{51} k^{h}ɑ^{55}wɑ^{55} k^{h}e^{55}ʐu^{51} ȵi^{55}, lɑ^{55}put^{55} kɑ^{51} k^{h}ɑ^{55}wɑ^{55} k^{h}er^{55}

山 边 雪 白的 AUX 山坡 LOC 雪 白的

ɕi^{55} ȵi^{51}, lɑ^{55} ze^{55}kɑ^{51} k^{h}ɑ^{55}wɑ^{55} k^{h}er^{55} ɕi^{55} ge^{51} k^{h}er^{55} ɕi^{55} ȵi^{51}.

PRT AUX 山 顶 雪 白的 PRT PRT 白的 PRT AUX

山边的雪是白的，山坡上的雪更白，而山顶的雪最白。

（4）描写句

描写句是对人或事物的状态进行描写的句子。例如：

ŋe^{35} tɑ^{31}tɑ^{51} lɑ^{55} kɑ^{51} ɕen^{55} tup^{55} do^{51}.

1sg 现在 山 LOC 柴 砍 PRES

我正在山上砍柴。

bi^{35} ʑom^{51} t^{h}i^{51} ȵɑ^{55} jo^{51} ȵɑ^{55}mɑ^{55} mo^{55}nu^{51}.

3sg 女孩 一 睡觉 PROS 愿意 NEG

她不敢一个人睡觉。

2. 疑问句

疑问句可进一步分为四类：是非问句、特指问句、正反问句和选择问句。

（1）是非问句

是非问句是要求针对整个句子的预设命题进行肯定或否定回答的句子。例如：

i^{55} to^{55}ɕe^{55}ʐi^{55}k^{h}ɑn^{55} toŋ^{55} do^{51} wɑ^{51}?

2sg 乞丐 看见 PRES QUES

你看见那乞丐了吗？

i^{55} ʐɑi^{35} jo^{51} ɕin^{55}te^{55} dʑi^{51}? ŋe^{35} ʐɑi^{35} jo^{51}.

2sg 来 PROS 是 PRT 1sg 来 PROS

你能来吗？我能来。

dɑŋ^{51} ŋy^{35} grok^{55} wɑt^{55}k^{h}ɑn^{51} tsɑi^{55}toŋ^{51} wu^{51} wɑ^{51}?

昨天 钱 丢失 PASS 找到 PFV QUES

昨天丢失的钱找到了吗？

上述例子均表示中性疑问。是非问句也可以表示有求证语气的疑问。例如：

bi^{35}nɑŋ^{55}gɑŋ^{35}po^{51} nɑ^{55}rɑŋ^{51} gɑi^{55} ts^{h}ɑ^{55} ȵi^{51}?

3sg：REFL 早 走 完 AUX

他们早已走了吧？

i^{55} sem^{55}tɕin^{51} niŋ^{35}kɑ^{51} pon^{55} t^{h}i^{55} ɕin^{51}. ŋe^{35} tsu^{55}ʐɑŋ^{51} t^{h}i^{55} ri^{31}boŋ^{55} tʂ^{h}e^{55}

2sg 野兽 里面 官 一 是 1sg 一点儿 一 兔子 吃

jo^{51} wa^{51}?

PROS QUES

你是兽王，真的要吃我这只小兔子吗？

（2）特指问句

特指问句是指用疑问代词表达疑问，说话者希望对方就疑问做出答复的句子。例如：

i^{55} ku^{51} k^{h}em^{55} ka^{51} mi^{51} ga^{31}tsem^{51} nou^{35}?

2sg GEN 家 LOC 人 多少 有

你家有几口人？

bi^{35}taŋ^{55}gaŋ^{55}po^{51} ga^{31}dʑi^{55}ka^{51} z̧ai^{55} o^{51}?

3pl 哪里 来 PRES

他们从哪儿来的？

i^{55} k^{h}em^{55} ka^{51} ba^{35} ga^{31}tsem^{51} nou^{35}?

2sg 家 LOC 牛 多少 有

你家有多少头牛？

ŋø^{35} gaŋ^{55}po^{51} ga^{31}ɕi^{51} oŋ^{35} jo^{51}?

客人 PL 什么时候 到 PROS

客人什么时候到？

有时特指问句后还会添加疑问词ja^{51}或者wa^{51}。例如：

bi^{55} tɕi^{51} su^{55} ja^{51}?

他 是 谁 QUES

他是谁？

bu^{55}tsa^{51} ga^{31}dʑi^{55} nou^{35} wa^{51}?

孩子 哪里 在 QUES

他在哪里？

（3）正反问句

墨脱门巴语中的正反问句粗略可分为三种格式：

①“OV＋NEG＋V”格式；

i^{55} gai^{55} jo^{51} ma^{51} gai^{55} jo^{51}?

2sg 去 PROS NEG 去 PROS

你去不去？

ȵu^{35} do^{51} za^{55} jo^{51} ma^{51} za^{55} jo^{51}?

2sg 饭 吃 PROS NEG 吃 PROS

你吃不吃饭？

i^{55} no^{31}gor^{35} ɬɑ^{55}sɑ^{51} kɑ^{51} gɑi^{55} jo^{51} mɑ^{51} gɑi^{55}?

2sg 明天 拉萨 LOC 去 PROS NEG 去

你明天去不去拉萨呢？

②“OV＋NEG”格式

ʐop^{31}tɕie^{51} pe^{31}tɕiŋ^{55} kɑ^{51} gɑi^{55} jo^{51} mɑ^{51} jin^{55}?

绕杰 北京 LOC 去 PROS NEG AUX

是不是绕杰去了北京？

mɑ^{51} gɑi^{55}./gɑi^{55} jo^{51}.

NEG 去 去 PROS

不是。/是。

③附加问，即先说出陈述内容，后加ɕin^{51}ɑ^{31}men^{51}“是不是”。例如：

bu^{55}tsɑ^{51} dɑ^{31}dɑ^{51}ʐɑŋ^{51} k^{h}em^{55} kɑ^{51} tɑp^{55} mo^{55}nu^{51} ɕin^{51} ɑ^{31} men^{51}?

孩子 还 家 LOC 回 NEG 是 QUES NEG

孩子还没回家，是不是？

bi^{55} do^{51} zɑ^{55} gɑi^{55} jo^{51} ɕin^{51} ɑ^{31} men^{51}?

3sg 饭 吃 去 PROS 是 QUES NEG

他去吃饭了，是不是？

bi^{55} ts^{h}ɑ^{55}lu^{51} tɕ^{h}ot^{55}wɑ^{55} ɕin^{51} ɑ^{31} men^{51}?

3sg 橘子 摘 是 QUES NEG

他去摘橘子了，是不是？

men^{51}./ɕin^{51}.

NEG 是

不是。/是。

（4）选择问句

墨脱门巴语的选择问句一般采用两个小句直接并列的形式来表达。例如：

tʂɑ^{55}ɕi^{55} tɑ^{31}tsen^{55}bi^{35} jo^{51} wɑ^{55}, k^{h}ɑ^{55}tɕɑ^{55} tɑ^{31}tsen^{55}bi^{35} jo^{51}?

扎西 留 PROS QUES 卡佳 留 PROS

是扎西留下，还是卡佳留下？

i^{55}nɑi^{55} tu^{55}tuŋ^{51} ts^{h}oŋ^{55} jo^{51} wɑ55, i^{55}nɑi^{55} ʂu^{55} ts^{h}oŋ^{55} jo^{51}?

2dl 衣服 卖 PROS QUES 2dl 菜 卖 PROS

你俩卖衣服还是卖菜？

3. 祈使句

祈使句是表示命令、劝阻、请求或建议的句子。例如：

da^{31}çi^{55} ŋa^{31}taŋ^{55} zi̥^{31}gu^{51} ze^{55}ka^{51} gai^{55} jo^{51}.

今天 1pl：INCL 山 上 去 PROS

咱们今天上山去吧。

i^{55}nai^{55} n̥i^{31}par^{55}to^{51} lop^{55}dʑoŋ^{55} le^{55}xu^{51} pe^{51}.

2dl 一定 学习 好 IMP

你们俩一定要好好地学习。

i^{55} gai^{55}se^{51} tu^{55}tuŋ^{51} tsok^{35} wot^{55} pe^{51}.

2sg 去 衣服 快 拿 IMP

请你把衣服收起来。

i^{55} tap^{55} ma^{51} gai^{55} la^{51}.

2sg 返回 NEG 去 IMP

你别回去了！

4. 感叹句

感叹句可分为纯叹词句、非叹词句、叹词与非叹词共现句三个类别。例如：

（1）纯叹词句

liu^{55} gai^{51} çat^{55}to^{55}n̥ik^{55}na^{55}n̥i^{51}, a^{35}! ŋe^{35} kan^{55}nu^{51} ço^{51}!

跳蚤 AGT 说 啊 1sg 懂得 PRT

跳蚤说："啊！我懂了！"

sen^{55}ge^{51} gai^{51} tsik^{55}pa^{55}zai^{35} çat^{55}pu^{55}, wei^{51}! wei^{51}! sem^{55}tçin^{51} dʑok^{35} k^{h}riu^{55} ta^{51}!

狮子 AGT 生气 说 喂 喂 野兽 快 牵来 PRT

狮子生气地说："喂！喂！把那个兽王牵来！快快牵来！"

上述例子中的a^{35}"啊"、ai^{55}ja^{51}"哎呀"、wei^{51}"喂"就是纯粹的叹词句。

（2）非叹词句

a^{55}ra^{55} ŋan^{31}pa^{51} do^{51}!

好 厉害 PRES

真厉害！

上述例子中的a^{55}ra^{55}ŋan^{31}pa^{51}"真厉害"就是非叹词句。

（3）叹词与非叹词共现句

ɑi^{55}jɑ^{51}!　ri^{31}boŋ^{55}!　ɑ^{55}rɑ^{55}　gre^{55}　do^{51}!

哎呀　兔子　好　疼　PRES

哎呀！兔子，好疼！

上述例子中的ɑi^{55}jɑ^{51}!“哎呀！”是叹词句，ɑ^{55}rɑ^{55}gre^{55}“好疼!”则是纯粹的非叹词句。

（三）句式

1. 存现句

墨脱门巴语最典型的存现动词是nou^{35}，可表示处所义、领有义和存在义，可出现于处所结构、领有结构和存现结构。墨脱门巴语存现句的基本格式是“处所＋存现物＋存现动词”。例如：

so^{51}　ȵɑ^{55}kɑ^{51}　ɕɑ^{51}　p^{h}o^{55}　t^{h}i^{55}　nou^{35}.

竹子　上　鸟　雄　一　有

竹藤上有只雄鸟。

wu^{55}　li^{31}min^{51}　bø^{35}tsu^{55}　niŋ^{35}kɑ^{51}　no^{55}tsɑŋ^{55}　nou^{35}.

那　腿　肿　里面　东西　有

那条发肿的腿中有东西。

ʑɑŋ^{35}　dʑe^{31}po^{51}　p^{h}u^{55}tʂɑŋ^{51}　dʑɑp^{35}kɑ^{51}　doŋ^{55}ʑɑ^{51}　t^{h}i^{55}　nou^{35}.

北　国王　王宫　后面　花园　一　有

北国王王宫后面有个花园。

墨脱门巴语中的存现句主要表示静态。除了上述存现动词外，墨脱门巴语还存在其他动词出现于存现结构的情况。例如：

ɕen^{55}　kɑ^{51}　te^{51}　nɑi^{35}　tok^{55}　ȵi^{51}.

树　LOC　马　两　拴　AUX

树上拴着两匹马。

ts^{h}i^{55}　niŋ^{35}kɑ^{51}　ȵɑ^{55}　tʂɑ^{35}min^{55}tʂɑ^{51}　sui^{55}　ȵi^{51}.

水　上　鱼　各种各样的　养　AUX

水里养着各色各样的鱼。

dʐok^{31}tsi^{51}　wɑ^{55}kɑ^{51}　k^{h}i^{55}　t^{h}i^{51}　ȵɑi^{35}　ȵi^{51}.

桌子　下　狗　一　躺　AUX

桌子下躺着一只狗。

墨脱门巴语存现句的否定形式是一般使用否定成分mo^{55}nu^{51}。例如：

bi^{35}　ku^{51}　k^{h}em^{55}　kɑ^{51}　bu^{55}tsɑ^{51}　som^{55}　mo^{55}nu^{51}.

3sg　GEN　家　LOC　孩子　三　NEG

他家没有三个孩子。

2. 双宾句

双宾句是指句中出现指人和指物两种宾语的句子。出现在墨脱门巴语双宾语句式中的动词主要有三类：给予类，告知类和问教类。

（1）给予类

墨脱门巴语中进入双宾句的典型的给予类动词主要有bøu^{55}“给”、t^{h}ik^{55}“缝”等。例如：

bi^{35} gɑi^{51} ʐok^{31}po^{51} le^{51} ȵu^{55}gu^{55} t^{h}i^{51} bøu^{55} ȵi^{51}.

3sg AGT 弟弟 DAT 笔 一 给 AUX

他给了弟弟一支笔。

ɑ^{55}mɑ^{55} gɑi^{51} ŋe^{35} le^{51} tu^{55}tuŋ^{51} se^{55}ʐu^{55} t^{h}i^{51} t^{h}ik^{55}pi^{51}.

妈妈 AGT 1sg BEN 衣服 新 一 缝

妈妈为我缝了一件新衣服。

（2）告知类

墨脱门巴语中进入双宾句的典型的告知类动词主要是get^{55}“说”等。例如：

ŋe^{35} ku^{51} ɑ^{55}pɑ^{55} gɑi^{51} bi^{35}nɑŋ^{55} bu^{55}tsɑ^{51} le^{51} dʑɑ^{55} get^{55}.

1sg GEN 爸爸 AGT 3sg：REFL 孩子 DAT 汉语 说

我爸爸教他的孩子说汉语。

（3）问教类

墨脱门巴语中进入双宾句的典型的问教类动词主要是ŋrei^{35}“问”等。例如：

wu^{55}tso^{51} ku^{51} ȵe^{55}ts^{h}or^{55} ŋe^{35}ʐɑŋ^{51} mɑ^{51} kɑ^{55}nu^{51}, i^{55} gɑi^{55}se^{51}

这 GEN 事情 1sg：REFL NEG 清楚 2sg 去

me^{35}nɑŋ^{55} le^{51} ŋrei^{35} lɑ^{51}!

别人 DAT 问 IMP

这件事我也不清楚，你去问别人吧！

i^{55} nɑ^{55} ŋe^{31}so^{51} pe^{51}, ŋe^{35} bi^{35} le^{51} ts^{h}ui^{55}tɑ^{51} ŋri^{35}te^{51} jo^{51}.

2sg 先 休息 IMP 1sg 3sg DAT 试 问 PROS

你先休息休息，我试着跟她谈谈。

从上述例子我们可以看出，在墨脱门巴语中，间接宾语前常添加附加助词le^{51}。

3. 比较句

表示差比时，墨脱门巴语一般是需要在比较主题后加比较标记ge^{51}。例如：

ɑ^{55}tɕe^{55} ge^{51} pi^{35}pe^{55}le^{51} ʐok^{31}po^{51} ʑiŋ^{35}ɕe^{55} ȵi^{51}.

哥哥 COMPR 多 弟弟 长 AUX

哥哥比弟弟高多了。

i^{55} sem^{55}tɕin^{51} ŋe^{35} ge^{51} pon^{55} t^{h}i^{55} ŋe^{35} ri^{31}boŋ^{55} preu^{55} t^{h}i^{55}
2sg 野兽 1sg COMPR 官 一 1sg 兔子 小 一
ge^{51} dʐen^{31}dor^{55}.
COMPR 比赛

你一个兽王竟然要跟我这么小的兔子比试。

三 复句

（一）联合复句

联合复句一般包括并列、顺承、选择和递进四小类。联合复句的分句间有时会加上关联词语。

1. 并列复句

典型的并列复句中，两个分句在意义和结构上基本平行。我们目前还未发现分句间使用关联词语的情况。例如：

wu^{55}tso^{51} tɕi^{51} ŋe^{35} ku^{51} la^{55}ga^{55} t^{h}oŋ^{55}ma^{55}, wu^{55}mo^{51} tɕi^{51} i^{55} ku^{51} la^{55}ga^{55}
这 是 1sg GEN 手 镯子 那 是 2sg GEN 手
t^{h}oŋ^{55}ma^{55}.
镯子

这是我的手镯，那是你的手镯。

ŋe^{35} t^{h}en^{55} daŋ^{31}pu^{51}, i^{55} t^{h}en^{55} ȵi^{55}pa^{55}, bi^{35} dʑok^{55}t^{h}ak^{55}ma^{55}.
1sg 排 第一 2sg 排 第二 3sg 老末

我排第一，你排第二，他排老末。

ja^{55}ra^{55} kuŋ^{55}li^{51} k^{h}a^{55}li^{51} ka^{51} by^{35} wu^{51}, ma^{35}ʐa^{55} kuŋ^{55}li^{51} k^{h}a^{55}li^{55}le^{35}ŋa^{51} ka^{51}
上 公里 二十 LOC 背 PFV 下 公里 二十五 LOC
by^{35} wu^{51}.
背 PFV

朝上背二十公里，朝下背二十五公里。

2. 顺承复句

顺承复句是指分句前后有相承关系的复句。墨脱门巴语顺承复句的分句间一般会加上关联词语pe^{55}le^{51}“时候”。例如：

wu^{55}mo^{51} ŋon^{55}pa^{51} ts^{h}u^{55}ʐa^{55} ʐai^{55}se^{51} t^{h}o^{55}ʐa^{55} gai^{55}se^{51} tap^{55} pe^{55}le^{51}
那 猎人 那边 进来 这边 出去 回来 时候
po^{35}ʐeŋ^{55}k^{h}a^{51} t^{h}i^{55} wot^{55} ȵi^{51}.
野鸡 一 拿 AUX

那猎人进来以后又出去了，随后拿回来一只野鸡。

ŋe^{35} tɑp^{55}~tɑp^{55}se^{51} ts^{h}ɑi^{55} pe^{55}le^{51}, ŋo^{31}mɑ^{55}ẓɑŋ^{51} ts^{h}ɑi^{55}toŋ^{55} wu^{51}.

1sg 来~REDUP 找 后 真地 找到 PFV

我找了一遍又一遍，终于找着了。

ŋe^{35} gɑi^{55} ts^{h}ɑr^{55} pe^{55}le^{51}, bi^{35}ẓɑ^{55} gɑi^{51} zi^{35} ɕɑt^{55}?

1sg 走 完 后 3pl：REFL AGT 什么 说

我走了以后，他们又说了些什么？

ri^{31}boŋ^{55} gɑi^{51} ts^{h}ɑŋ^{51} mɑŋ^{55}kɑ^{51} plɑŋ^{55} do^{55} wu^{51} pe^{55}le^{51} sen^{55}ge^{51} t^{h}i^{55} ɕo^{55} o^{55}ȵi^{51}.

兔子 AGT 窝 旁边 太阳 晒 PFV 时候 狮子 一 来 AUX

兔子躺在窝边晒太阳，来了一头狮子。

nɑm^{35} ze^{55}kɑ^{51} te^{55}te^{55} pe^{55}le^{51} nɑm^{35} ŋɑ^{55}u^{51} ȵi^{51}.

天 上 看 时候 天 蓝 AUX

往天上看是蓝天。

3. 选择复句

选择复句主要分为疑问选择复句和直陈选择复句两类。

（1）疑问选择句。例如：

tɑ^{31}wɑ^{51} gɑi^{55}se^{51} ɕɑ^{51} ȵe^{51} wu^{51} wɑ^{55}, tɑ^{31}wɑ^{51} gɑi^{55}se^{51} ṣu^{55} ȵe^{51} wu^{51}?

达娃 去 肉 买 PFV QUES 达娃 去 菜 买 PFV

达娃去买肉了，还是去买菜了？

ẓop^{31}tɕie^{51} pe^{31}tɕiŋ^{55} kɑ^{51} gɑi^{55} jo^{51} wɑ^{55}, ẓop^{31}tɕie^{51} ɬɑ^{55}sɑ^{51} kɑ^{51} gɑi^{55} jo^{51}?

绕杰 北京 LOC 去 PROS QUES 绕杰 拉萨 LOC 去 PROS

绕杰是去北京，还是去拉萨？

（2）直陈选择句。例如：

mi^{55}ɕi^{55}wu^{55}ku^{51} tɑ^{55} gɑi^{51} tɕ^{h}e^{55} wu^{51} mi^{55}ɕi^{55}wu^{55}ku^{51} tɑ^{55} sot^{55}pu^{51}.

或者 老虎 AGT 吃 PFV 或者 老虎 杀

或者被老虎吃掉，或者把老虎打死。

mi^{55}ɕi^{55}wu^{55}ku^{51} lop^{55}dẓɑ^{55} kɑ^{51} gɑi^{55} jo^{51} mi^{55}ɕi^{55}wu^{55}ku^{51} k^{h}em^{55}

要么 学校 LOC 去 PROS 要么 家

ka^{51}　tap^{55}　gai^{55}　jo^{51}.

LOC　回　去　PROS

要么去学校，要么回家。

mi^{55}ɕi^{55}wu^{55}ku^{51}　pe^{51}　lop^{55}　dʑo^{51}　mi^{55}ɕi^{55}wu^{55}ku^{51}　dʑa^{31}　jik^{55}　lop^{55}　dʑo^{51}.

要么　藏　学　PROS　要么　汉　字　学　PROS

要么学藏文，要么学汉文。

4. 递进复句

递进复句主要指后一分句比前一分句意思更近一层的句子。通常情况下，递进复句的分句之间要用关联词语。例如：

zi̥^{35}gu^{51}　ze^{35}ka^{51}　kʰa^{55}wa^{55}　kʰe^{55}zu̥^{51}　ȵi^{55},　la^{55}put^{55}　ka^{51}　kʰa^{55}wa^{55}　kʰer^{55}

山　边　雪　白的　AUX　山坡　LOC　雪　白的

ɕi^{55}　ȵi^{51},　la^{55}　ze^{55}ka^{51}　kʰa^{55}wa^{55}　kʰer^{55}　ɕi^{55}　ge^{51}　kʰer^{55}　ɕi^{55}　ȵi^{51}.

PRT　AUX　山　顶　雪　白的　PRT　PRT　白的　PRT　AUX

山边的雪是白的，山坡上的雪更白，而山顶的雪最白。

bi^{35}　gau^{55}ku^{55}jaŋ^{51}　ɕat^{55}　gan^{55}　dʑo^{51}　ple^{55}jaŋ^{51}pi^{55}　gan^{55}　dʑo^{51}.

3sg　不但　说　会　PROS　干活　会　PROS

他不但会说，而且会做。

（二）偏正复句

偏正复句主要包括条件、假设、因果和转折四类。

1. 条件复句

条件复句是偏句提出条件，正句表示满足条件的情况下所产生的结果的复句。条件复句可进一步分为有条件和无条件两个小类。

（1）有条件句。例如：

dep^{35}　loŋ^{35}wot^{55}se^{51}　me^{35}naŋ^{55}　gaŋ^{55}po^{51}　le^{51}　ȵom^{55}　pe^{51}.

粮食　运来　大家　PL　BEN　分　IMP

粮食运来后就分给大家了。

ŋreŋ^{35}　ze^{55}　do^{51}　no^{31}gor^{35}　dzen^{31}dor^{55}　tʰoŋ^{55}　dʑo^{51}　sam^{55}lo^{55}　ȵi^{51}.

饱　吃　PROS　明天　比赛　PRT　PRES　想　AUX

吃饱了，明天才有力气比赛。

（2）无条件句

无条件类复句主要表示在任何条件下正句都会产生同样的结果。例如：

zi^{35}bi^{55}na^{55}jaŋ^{51}　i^{55}　ŋe^{35}　le^{51}　a^{31}ɕi^{55}ta^{55}pu^{51}　ȵi^{51},　da^{31}ɕi^{55}　i^{55}　tʂʰe^{55}

不管　2sg　1sg　DAT　祈求　AUX　今天　1sg　吃

jo^{55} ȵi^{51}.

PROS AUX

不管你怎么说，我今天一定要把你吃掉。

ɑk^{55}pu^{51} gɑi^{51} kɑn^{35}don^{51} tʰi^{55}ʐu^{55} zi^{35}bi^{55}nɑ^{55}jɑŋ^{51} gre^{55}kʰɑ^{51} lo^{55}mɑ^{51}

乌鸦 AGT 怎么 追 不管 野鸡 抱

mo^{55}nu^{51}.

NEG

乌鸦无论怎么追也追不上野鸡。

2. 假设复句

假设复句是偏句表示假设性条件，正句表示假设实现后所产生的结果。假设复句常使用关联词语 gen^{55}dzɑp^{55}、nɑ^{55}ȵi^{51} “如果”。例如：

ȵo^{55}tsɑŋ^{55} me^{55}pʰe^{55}do^{51} dʑo^{51} ȵi^{51} gen^{55}dzɑp^{55}, bi^{55}ku^{55} jo^{51}.

东西 坏 PROS AUX 如果 赔偿 PROS

弄坏了人家的东西是一定要赔偿的。

plɑŋ^{55} le^{55}xu^{51}tsʰi^{55} nɑ^{55}ȵi^{51}, ɑ^{55}ɕɑm^{55} pʰot^{55}te^{55}gɑ^{55} jo^{51}.

天 好 如果 玉米 收 PROS

如果天气好的话，我们就收玉米去。

3. 因果复句

因果复句是正句表示结果，偏句表示原因或理由的复句。例如：

ŋe^{35} mɑ^{31}tsɑ^{55}ʐɑŋ^{51} tɕɑu^{35}ʐɑi^{55}mo^{55}nu^{51}, tsu^{55}tʰi^{55}ʐɑŋ^{51} gɑi^{55} ȵɑ^{55} mo^{55}nu^{51}.

1sg 的确 太累 一点儿 去 愿意 NEG

因为我实在太累了，所以一点儿都不想去。

ri^{31}boŋ^{55} gɑi^{51} ɕɑt^{55}pu^{55} ȵi^{51}, wu^{55}mo^{51} sem^{55}tɕin^{51} i^{55} brɑ^{55}tɕɑk^{55} do^{51},

兔子 AGT 说 AUX 那个 野兽 2sg 害怕 PRES

bi^{35} pʰi^{55}zu^{55} ȵi^{51}.

3sg 藏 AUX

兔子说：“那个兽王怕你，所以它藏了起来。”

dɑ^{31}ɕi^{55} nɑm^{35}tsʰok^{55} do^{51} ŋɑ^{31}tɑŋ^{55} kʰem^{55} kɑ^{51} tɑp^{55} mɑ^{51} gɑi^{55} jo^{51}.

今天 下雨 PRES 1pl 家 LOC 回 NEG 去 PROS

因为今天下雨，所以我们不回家了。

i^{55} gɑi^{51} bi^{55} le^{51} bloŋ^{55} wu^{51} tɑ^{31}tɑ^{51} bi^{55} gɑi^{51} tsik^{55}pɑ^{55}zɑi^{35}

2sg AGT 3sg DAT 骂 PFV 现在 3sg AGT 生气

ȵi^{51}	ɕo^{51}!
AUX	PRT

因为你骂了他，所以现在他生气了。

4. 转折复句

转折复句是指正句跟偏句的意思相反或相对的复句。墨脱门巴语表示转折时的关联词语是 i^{31}na^{55}jaŋ^{51} “但是”、ɕin^{55}tar^{51} “可是”。例如：

ta^{31}wa^{51}	k^{h}em^{55}	ka^{51}	a^{31}riŋ^{55}dep^{55}	t^{h}ø^{51}	ts^{h}a^{55}	ȵi^{51},	ji^{31}na^{55}jaŋ^{51}	kə^{31}ɕi^{55}
达娃	家	LOC	稻子	收	完	AUX	但是	格西

k^{h}em^{55}	ka^{51}	a^{31}riŋ^{55}dep^{55}	t^{h}ø^{51}	ts^{h}a^{55}ʐa^{55}	mo^{55}nu^{51}.
家	LOC	稻子	收	完	NEG

达娃家的稻子收完了，但格西家的稻子还没有收完。

ŋe^{35}	gai^{55}	jo^{51}	ȵa^{55}	mo^{55}nu^{51},	ɕin^{55}tar^{51}	ɕin^{55}na^{55}jaŋ^{51}	ŋe^{35}	ka^{51}	ɕat^{55}
1sg	去	PROS	愿意	NEG	可是	又	1sg	LOC	说

tai^{55}	mo^{55}nu^{51}.
敢	NEG

虽然我也不想去，但又不便当面说。

第六章 语料

第一节

语法例句

001 老师和学生们在操场上玩。

ge^{35}gen^{51} diŋ^{51} lop^{55}dʐɑ^{55} gɑŋ^{55}po^{51} lɑn^{55}t^{h}iŋ^{55} kɑ^{51} ɕɑn^{55}zuk^{55} ȵi^{51}.

老师 CONJ 学生 PL 操场 LOC 玩 AUX

002 老母猪下了五头小猪崽。

p^{h}ɑ^{55}ɑ^{55}mɑ^{55} gɑi^{51} p^{h}ɑ^{55}p^{h}o^{55}wu^{55} le^{35}ŋɑ^{51} brɑŋ^{35} ȵi^{55}.

母猪 AGT 小猪 五 生 AUX

003 我爸爸教他们的孩子说汉语。

ŋe^{35} ku^{51} ɑ^{55}pɑ^{55} gɑi^{51} bi^{35}nɑŋ^{55} bu^{55}tsɑ^{51} le^{51} dʑɑ^{55} get^{55}.

1sg GEN 爸爸 AGT 3sg：REFL 孩子 DAT 汉语 说

004 村子里事事都有人做，人人都很高兴。

ŋɑ^{31}tɑŋ^{55} tʂuŋ^{31}ts^{h}o^{55} niŋ^{35}kɑ^{51} ble^{55} ɕɑ^{55}mɑ^{55}ȵi^{55} t^{h}ɑm^{55}tɕin^{51} gɑi^{51} ble^{55}

1pl 村子 里面 事情 都 每人 AGT 事情

le^{55}xu^{51} bi^{35} do^{51}, mi^{51} t^{h}ɑm^{55}tɕin^{51} zɑk^{55} ȵi^{51}.

好好 做 PRES 人 每人 高兴 AUX

005 咱们今天上山去吧。

dɑ^{31}ɕi^{55} ŋɑ^{31}tɑŋ^{55} zɿ^{31}gu^{51} ze^{55}kɑ^{51} gɑi^{55} jo^{51}.

今天 1pl：INCL 山 上 去 PROS

006 你家有几口人?

i^{55} ku^{51} k^{h}em^{55} kɑ^{51} mi^{51} gɑ^{31}tsem^{51} nou^{35}？

2sg GEN 家 LOC 人 多少 有

007 你自己的事情自己做。

i^{55}nɑŋ^{55} ku^{51} ble^{55} i^{55}nɑŋ^{55} pe^{51}.

2sg：REFL GEN 事情 2sg：REFL IMP

008 这是我的手镯，那是你的手镯。

wu^{55}tso^{51} tɕi^{51} ŋe^{35} ku^{51} lɑ^{55}gɑ^{55} t^{h}oŋ^{55}mɑ^{55}, wu^{55}mo^{51} tɕi^{51} i^{55} ku^{51} lɑ^{55}gɑ^{55}

这 是 1sg GEN 手 镯子 那 是 2sg GEN 手

t^{h}oŋ^{55}mɑ^{55}.

镯子

009 这些问题他们说自己去解决。

wu^{55}tso^{51} ble^{55} gɑŋ^{55}po^{51} bi^{55}tɑŋ^{55} gɑi^{55}se^{51} t^{h}ɑk^{55}tɕe^{55} t^{h}oŋ^{55}ɑ^{51}.

这 事情 全部 3pl 去 解决 PRT

010 他是谁？

wu^{55}mo^{51} tɕi^{51} su^{55}jɑ^{51}?

那 是 谁

011 你想吃点什么？我什么也不想吃！

i^{55} zi^{35} zɑ^{55} ȵɑm^{55} do^{51}? ŋe^{35} zi^{35}kɑ^{35}ʐɑŋ^{51} zɑ^{55} ȵɑm^{55} mo^{55}nu^{51}!

2sg 什么 吃 愿意 PRES 1sg 一点儿 吃 愿意 NEG

012 他们从哪儿来的？

bi^{35}nɑŋ^{55}gɑŋ^{55}po^{51} gɑ^{31}dʑi^{55}kɑ^{51} ʐɑi^{55} do^{51}?

3pl 哪里 来 PRES

013 你想怎么样？

i^{55} zi^{31}biu^{51} sɑm^{55} do^{51}?

2sg 什么 想 PRES

014 你家有多少头牛？

i^{55} k^{h}em^{55} kɑ^{51} bɑ^{35} gɑ^{31}tsem^{51} nou^{35}?

2sg 家 LOC 牛 多少 有

015 客人什么时候到？

ŋø^{35} gɑŋ^{55}po^{51} gɑ^{31}ɕi^{51} oŋ^{35} jo^{51}?

客人 PL 什么时候 到 PROS

016 今天的会就开到这里。

dɑ^{31}ɕi^{55} ku^{51} ts^{h}un^{55}di^{51} o^{55}tsɑ^{51} ts^{h}ɑ^{55} ȵi^{55} dʑo^{51}.

今天 GEN 会 这里 完 AUX PRES

017　**粮食运来后就分给大家了。**

dep^{35} loŋ^{35}wot^{55}se^{51} me^{35}naŋ^{55} gaŋ^{55}po^{51} le^{51} n̥om^{55} pe^{51}.

粮食 运来 大家 PL BEN 分 IMP

018　**人家的事情咱们别多管。**

me^{35}naŋ^{55} ku^{51} ble^{55} ʐaŋ^{55} tsaŋ^{55}gen^{51} zu^{35}a^{51}.

别人 GEN 事情 1pl：INCL 多 坐

019　**这件事我也不清楚，你去问别人吧！**

wu^{55}tso^{51} ku^{51} n̥e^{55}ts^{h}or^{55} ŋe^{35}ʐaŋ^{51} ma^{51} ka^{55}nu^{51}, i^{55} gai^{55}se^{51}

这 GEN 事情 1sg：REFL NEG 清楚 2sg 去

me^{35}naŋ^{55} le^{51} ŋrei^{35} la^{51}!

别人 DAT 问 IMP

020　**今天是2015年10月1日。**

da^{31}ɕi^{55} tɕi^{51} n̥i^{31}toŋ^{51}tɕa^{31}me^{55} tɕi^{55}le^{55}ŋa^{55} lo^{51} ta^{31}wa^{51} dʑo^{55}pa^{51} ts^{h}e^{55} t^{h}i^{55}.

今天 是 两千 十五 年 月 十 日 一

021　**那老太太94岁了，是我年龄的两倍左右。**

wu^{55}mo^{51} ai^{51} da^{31}rik^{51}ga^{51} to^{55}mer^{55} gup^{55}dʑo^{55} gup^{55} ɕi^{55} n̥i^{55}, ŋe^{35} ku^{51}

那个 老太太 今年 岁 九十 PRT 四 PRT 1sg GEN

bi^{35}bi^{55}li^{51} dap^{55} ni^{55}ge^{51} t^{h}an^{55}ɕe^{51}.

年龄 倍 两 大

022　**山下那群羊有一百零八只。**

ʐi^{31}gu^{51} maŋ^{55}ga^{55} wu^{55}mo^{51} ʐa^{55}wa^{55} tei^{55}t^{h}oŋ^{55}bi^{55}li^{51} tɕa^{35}diŋ^{51}get^{35} n̥i^{51}.

山 附近 那 羊 一共 一百零八 有

023　**我排第一，你排第二，他排老末。**

ŋe^{35} t^{h}en^{55} daŋ^{31}pu^{51}, i^{55} t^{h}en^{55} n̥i^{55}pa^{55}, bi^{35} dʑok^{55}t^{h}ak^{55}ma^{55}.

1sg 排 第一 2sg 排 第二 3sg 老末

024　**我今天买了一只鸡、两条鱼、三斤肉。**

ŋe^{35} da^{31}ɕi^{55} k^{h}a^{55} t^{h}i^{55} diŋ^{51} n̥a^{55} nai^{35} ɕa^{51} dʑa^{31}ma^{51} som^{51}

1sg 今天 鸡 一 CONJ 鱼 二 肉 斤 三

n̥e^{51} wu^{51}.

买 PFV

025　**这本书我看过三遍了。**

wu^{55}tso^{51} dep^{35} ŋe^{35} ɕot^{55} som^{55} to^{51}.

这 书 1sg 次 三 看：PFV

026 你数数看，这圈里有几头猪？

i^{55} gɑi^{55}se^{51} grɑŋ^{55} bi^{35} te^{51} dʑo^{51} gɑŋ^{55} niŋ^{35}kɑ^{51} p^{h}ɑ^{55} gɑ^{31}tsem^{51} ȵi^{51}?

2sg 去 猪圈 数 看 PROS 猪圈 里面 猪 多少 有

027 这两把雨伞是我的。

wu^{55}tso^{51} ȵe^{31}tup^{55} nɑi^{35} tɕi^{51} ŋe^{35} ku^{51}.

这 雨伞 二 是 1sg GEN

028 他年年都回家。

bi^{35} tom^{55}me^{55}ʐe^{55} diŋ^{51} tom^{55}me^{55}ʐe^{55} k^{h}em^{55} kɑ^{51} ʐɑi^{55} do^{51}.

3sg 每年 CONJ 每年 家 LOC 回 PRES

029 他要去街上买肉。

bi^{35} ts^{h}oŋ^{55}kɑŋ^{55} gɑi^{55}se^{51} ɕa^{51} ȵe^{51} wu^{51}.

3sg 商店 去 肉 买 PFV

030 我正在山上砍柴。

ŋe^{35} tɑ^{31}tɑ^{51} lɑ^{55} kɑ^{51} ɕen^{55} tup^{55} do^{51}.

1sg 现在 山 LOC 柴 砍 PRES

031 昨天我背粮食去了。

dɑŋ^{55} ŋe^{35} bru^{51} by^{35}ɣu^{51} te^{55} gɑi^{55} wu^{51}.

昨天 1sg 粮食 背 PRT 去 PFV

032 你们俩一定要好好地学习。

i^{55}nɑi^{55} ȵi^{31}pɑr^{55}to^{51} lop^{55}dʑoŋ^{55} le^{55}xu^{51} pe^{51}.

2dl 一定 学习 好 PRT

033 他们看电影去了。

bi^{35}ʐɑ^{51} lu^{55}ȵi^{55} te^{55}ʐe^{51} gɑi^{55} o^{51}.

3pl 电影 看 去 PRES

034 他在山上看见过野牛。

bi^{35} lɑ^{31} ze^{55}kɑ^{51} kem^{55}tɕɑ^{55} doŋ^{55}ȵoŋ^{35} wu^{51}.

3sg 山 上 野牛 看见 PFV

035 你们今后一定要互相学习，互相帮助，互敬互爱！

i^{55}ʐɑ^{55} ʑo^{31}gɑ^{51} ȵi^{55}pɑr^{55}to^{51} p^{h}en^{55}ts^{h}ø^{55} nɑi^{35} gɑ^{51} lop^{55}dʑoŋ^{55} diŋ^{51} ze^{55}gor^{55}

2pl 以后 一定 互相 二 PRT 学习 CONJ 尊敬

ʑo^{35}ʐɑm^{55} le^{55}xu^{51} pe^{51}!

帮助 好 IMP

036　请你帮他把衣服收起来。

i^{55}　gai^{55}se^{51}　tu^{55}tuŋ^{51}　tsok^{35}　wot^{55}　pe^{51}.

2sg　去　衣服　快　拿　IMP

037　地震把新修的路震垮了。

saŋ^{55}gui^{55}　tʰoŋ^{55}se^{51}　lem^{31}naŋ^{51}　se^{55}ʐu^{51}　pak^{55}　ȵi^{51}.

地震　震　路　新　垮　AUX

038　你们俩把鸡杀了。

i^{55}nai^{35}　gai^{51}　kʰa^{55}　sot^{55}　ta^{55}.

2dl　AGT　鸡　杀　PRT

039　你看见那乞丐了吗？

i^{55}　to^{55}ɕe^{55}ʐi^{55}kʰan^{55}　toŋ^{55}　do^{51}　wa^{51}?

2sg　乞丐　看见　PRES　QUES

040　他笑了。我把他的小孩逗笑了。

bi^{35}　ke^{55}tʰar^{55}　do^{51}.　ŋe^{35}　bi^{35}　ku^{51}　bu^{55}tsa^{51}　te^{31}ga^{51}　ke^{55}tʰar^{55}　do^{51}.

3sg　笑　PRES　1sg　3sg　GEN　孩子　CAUS　笑　PRES

041　那猎人进来以后又出去了，随后拿回来一只野鸡。

wu^{55}mo^{51}　ŋon^{55}pa^{51}　tsʰu^{55}ʐa^{55}　ʐai^{55}se^{51}　tʰo^{55}ʐa^{55}　gai^{55}se^{51},　tap^{55}　pe^{55}le^{51}

那　猎人　那边　进来　这边　出去　回来　时候

po^{35}ʐeŋ^{55}kʰa^{51}　tʰi^{55}　wot^{55}　ȵi^{51}.

野鸡　一　拿　AUX

042　我亲眼看见那只花狗跳上跳下，可好玩了。

ŋa^{35}naŋ^{55}　gai^{51}　toŋ^{55}　wu^{51}　kʰi^{55}　tʂʰa^{55}pa^{55}tʂʰo^{55}po^{51}　ja^{35}ʐa^{55}　jar^{51}

1sg：REFL　AGT　看　PFV　狗　花　上　跳

ma^{35}ʐa^{55}　jar^{51},　ɕan^{55}ma^{51}　git^{55}pa^{51}　ȵi^{51}.

下　跳　玩　舒服　AUX

043　朝上背四十里，朝下背五十里。

ja^{55}ra^{55}　kuŋ^{55}li^{51}　kʰa^{55}li^{51}　ka^{51}　by^{35}　wu^{51},　ma^{35}ʐa^{55}　kuŋ^{55}li^{51}　kʰa^{55}li^{55}le^{35}ŋa^{51}

上　公里　二十　LOC　背　PFV　下　公里　二十五

ka^{51}　by^{35}　wu^{51}.

LOC　背　PFV

044　这东西拿来拿去太费事了，你就别拿了。

wu^{55}tso^{51}　no^{55}tsaŋ^{55}　tsʰu^{55}ʐa^{55}　wot^{55}　tʰo^{55}ʐa^{55}　kʰur^{51}　dʑa^{55}zen^{55}pu^{51}　ȵi^{51},

这　东西　那边　拿　这边　拿　麻烦　AUX

i^{55} no^{55}tsɑŋ^{55} mo^{55} k^{h}u^{55}ʐɑ^{51}.

2sg 东西 NEG 拿

045 那穿破衣裳的家伙一会儿过来、一会儿过去的，到底在做什么？

wu^{55}mo^{51} tu^{55}tuŋ^{51} dor^{31}mɑ^{51} toŋ^{55}lɑ^{55} ge^{31}nɑ^{51}, t^{h}o^{35}ʐɑ^{55} gɑi^{55}, ts^{h}u^{55}ʐɑ^{55}

那 衣服 裤子 破旧 穿 这边 去 那边

ʐɑi^{51}, mɑ^{31}tsɑ^{51}ʐɑŋ^{51} zi^{35} bi^{55} do^{51} ?

来 究竟 什么 做 PRES

046 他是藏族，不是回族。

bi^{35} tɕi^{51} pe^{31}ʐek^{55} xui^{55}ʐek^{55} men^{35}.

3sg 是 藏族 回族 NEG

047 他们家有三个孩子，一个在学校，一个在家里，还有一个已经工作了。

bi^{35} ku^{51} k^{h}em^{55} kɑ^{51} bu^{55}tsɑ^{51} som^{55} nou^{35}, t^{h}i^{51} lop^{55}dʐɑŋ^{55} ȵin^{55}kɑ^{51},

3sg GEN 家 LOC 孩子 三 有 一 学校 里

t^{h}i^{51} k^{h}em^{55} kɑ^{51} nou^{35}, t^{h}i^{51} ble^{55}pi^{55} do^{51}.

一 家 LOC 有 一 工作 PRES

048 我们很愿意听爷爷讲故事。

ŋɑ^{31}ʐɑ^{51} me^{31}me^{51} ku^{51} tɑm^{55} ȵɑŋ^{55} dʑo^{51} ku^{51} ge^{55}wu^{55}nu^{51}.

1pl 爷爷 GEN 故事 听 PROS PRT 愿意

049 这只狗会咬人。

wu^{55}tso^{51} k^{h}i^{55} gɑi^{51} mi^{51} ŋom^{31} do^{51}.

这 狗 AGT 人 咬 PRES

050 她不敢一个人睡觉。

bi^{35} ʐom^{51} t^{h}i^{51} ȵɑ^{55} jo^{51} ȵɑ^{55}mɑ^{55} mo^{55}nu^{51}.

3sg 女孩 一 睡觉 PROS 愿意 NEG

051 你能来吗？我能来。

i^{55} ʐɑi^{35} jo^{51} ɕin^{55}te^{55} dʑi^{51}? ŋe^{35} ʐɑi^{35} jo^{51}.

2sg 来 PROS 是 PRT 我 来 PROS

052 这些人我恨透了。

wu^{55}tso^{51} mi^{51} gɑŋ^{55}po^{51} ŋe^{35} sem^{55}ɕin^{55} mo^{55}nu^{51}.

这 人 PL 1sg 喜欢 NEG

053 达娃家的稻子收完了，但格西家的稻子还没有收完。

tɑ^{31}wɑ^{51} k^{h}em^{55} kɑ^{51} ɑ^{31}riŋ^{55}dep^{55} t^{h}ø^{51} ts^{h}ɑ^{55} ȵi^{51}, i^{31}nɑ^{55}jɑŋ^{51} kə^{31}ɕi^{55}

达娃 家 LOC 稻子 收 完 AUX 但是 格西

k^{h}em^{55} kɑ^{51} ɑ^{31}riŋ^{55}dep^{55} t^{h}ø^{51} ts^{h}ɑ^{55}ʐɑ^{55} mo^{55}nu^{51}.

家 LOC 稻子 收 完 NEG

054 **我找了一遍又一遍，终于找着了。**

ŋe^{35} tɑp^{55}~tɑp^{55}se^{51} ts^{h}ɑi^{55} pe^{55}le^{51}, ŋo^{31}mɑ^{55}ʐɑŋ^{51} ts^{h}ɑi^{55}toŋ^{55} wu^{51}.

1sg 来~REDUP 找 后 真地 找到 PFV

055 **你先休息休息，我试着跟她谈谈。**

i^{55} nɑ^{55} ŋe^{31}so^{51} pe^{51}, ŋe^{35} bi^{35} le^{51} ts^{h}ui^{55}tɑ^{51} ŋri^{35}te^{51} jo^{51}.

2sg 先 休息 IMP 1sg 3sg DAT 试 问 PROS

056 **他们边唱边跳，玩得可高兴了。**

bi^{35}ʐɑ^{51} ʑe^{55} t^{h}oŋ^{55}se^{51} bruk^{55}~bruk^{55}se^{51}, ɕɑn^{55}se^{51} zɑk^{55} ȵi^{51}.

3pl 唱 PRT 跳~REDUP 玩 高兴 AUX

057 **吃的、穿的都不愁。**

sɑi^{35} mɑ^{51} gen^{35} mɑ^{51} tɕe^{31}gɑ^{55} nu^{51}.

吃 NMLZ 穿 NMLZ 愁 NEG

058 **这些猪呢，肥的宰掉，瘦的放到山上去。**

wu^{55}tso^{51} p^{h}ɑ^{55}, dʑɑk^{55}bɑ^{51} ne^{55}k^{h}ɑn^{51} sot^{55} tɑ^{51}, tɕɑm^{55}pu^{51} ne^{55}k^{h}ɑn^{51} pu^{31}ʐiŋ^{55}

这 猪 肥 存在 杀 PRT 瘦 存在 山

ȵin^{55}kɑ^{51} t^{h}ɑ^{55}ʐu^{51}.

里 放

059 **他的脸红起来了。**

bi^{35} ku^{51} doŋ^{55}pɑ^{51} liu^{35} ȵi^{51}.

3sg GEN 脸 红 AUX

060 **碗里的饭装得满满的。**

gur^{35}kuŋ^{51} kɑ^{51} do^{51} ʑor^{51}ȵik^{55} ȵi^{51}.

碗 LOC 饭 满 AUX

061 **山边的雪是白的，山坡上的雪更白，而山顶的雪最白。**

ʐi^{35}gu^{51} ʐe^{35}kɑ^{51} k^{h}ɑ^{55}wɑ^{55} k^{h}e^{55}ʐu^{51} ȵi^{55}, lɑ^{55}put^{55} kɑ^{51} k^{h}ɑ^{55}wɑ^{55} k^{h}er^{55}

山 边 雪 白的 AUX 山坡 LOC 雪 白的

ɕi^{55} ȵi^{51}, lɑ^{55} ze^{55}kɑ^{51} k^{h}ɑ^{55}wɑ^{55} k^{h}er^{55} ɕi^{55} ge^{51} k^{h}er^{55} ɕi^{55} ȵi^{51}.

PRT AUX 山 顶 雪 白的 PRT PRT 白的 PRT AUX

062 **这把刀好是好，就是太贵了点。**

tɕ^{h}iu^{55} le^{55}xu^{51} tɑ^{51}ȵi^{51}, ji^{31}nɑi^{55}jɑŋ^{51} goŋ^{35}t^{h}en^{55} ȵi^{51}.

刀 好 IMP 但是 贵 AUX

063 弄坏了人家的东西是一定要赔偿的。

ȵo^{55}tsaŋ^{55} me^{55}p^{h}e^{55}do^{51} dʑo^{51} ȵi^{51} gen^{55}dzap^{55} bi^{55}ku^{55} jo^{51}.

东西 坏 PROS AUX 如果 赔偿 PROS

064 他经常去北京出差。

bi^{35} tak^{55}pra^{55}ʐaŋ^{51} pei^{55}tɕiŋ^{55} ka^{51} mi^{31}tun^{55}ke^{51} gai^{55} do^{51}.

3sg 经常 北京 LOC 出差 去 PRES

065 昨天他答应了我的要求，说是明天再来玩。

daŋ^{51} bi^{35} gai^{51} k^{h}ai^{55}loŋ^{55} da^{31}nuŋ^{51} no^{31}gor^{35} ɕaŋ^{55} te^{55} ʐai^{35} jo^{51}.

昨天 3sg AGT 答应 再 明天 玩 PRT 来 PROS

066 我一会儿就回来。

ŋe^{35} ʐip^{55}gen^{55}ka^{51} tap^{55}ɣoŋ^{35} wu^{51}.

1sg 一会儿 回来 PFV

067 村主任可是个好人。

tsun^{55}tʂaŋ^{51} mi^{51} le^{55}xu^{51} nou^{35}.

村主任 人 好 是

068 这条鱼至少有五斤重。

wu^{55}tso^{51} ȵa^{55} noŋ^{55}ɕe^{55}ka^{51} dʑa^{31}ma^{51} le^{35}ŋa^{51} ʐai^{31}jo^{55}.

这 鱼 至少 斤 五 APPR

069 这条河最多有五米宽。

wu^{55}tso^{51} ts^{h}i^{51} maŋ^{35}na^{55}ȵi^{51} kuŋ^{55}tʂ^{h}i^{55} le^{35}ŋa^{51} ʐai^{35}ma^{55} ȵi^{55}.

这 河 最多 米 五 APPR AUX

070 他全家人我都熟悉。

bi^{35} ku^{51} k^{h}em^{55} ka^{51} mi^{51} tɕe^{31}ga^{55}ʐaŋ^{51} ŋe^{35} ŋu^{55}ɕe^{55} jo^{51}.

3sg GEN 家 LOC 人 全部 1sg 熟悉 PROS

071 妈妈不会来了。/妈妈还没回来。/你别回去了。

a^{55}ma^{55} tap^{55} mo^{55} oŋ^{51}./a^{55}ma^{55} da^{31}nuŋ^{55}ʐaŋ^{55} tap^{55} oŋ^{35} mo^{55}nu^{51}.

妈妈 返回 NEG 到 /妈妈 还 返回 到 NEG

i^{55} tap^{55} ma^{51} gai^{55} la^{51}.

2sg 返回 NEG 去 PRT

072 客人们都在悄悄地议论这件事。

ŋø^{35} gaŋ^{55}po^{51} ŋa^{31}taŋ^{55} tʂui^{35}bi^{55}tɕaŋ^{55} ȵi^{51}.

客人 PL 悄悄地 讨论 AUX

073 你们究竟来了多少人？

i^{55}ʐa^{55} ma^{31}tsa^{51} mi^{51} ga^{51}tsem^{55} ʐai^{55} o^{51}?

2pl：REFL 究竟 人 多少 来 PRES

074 他不去也行，但你不去不行。

bi^{35} ma^{51} gai^{55}na^{51} p^{h}e^{55} dʑo^{51}, i^{55} gai^{55}ku^{35} jo^{51} ʐaŋ^{51}.

3sg NEG 去 行 PROS 2sg 去 PROS 必须

075 这是我的衣服，那是你的，床上摆着的是人家的。

wu^{55}tso^{51} ŋe^{35} ku^{51} tu^{55}tuŋ^{51}, wu^{55}mo^{51} tɕi^{51} mi^{31} ku^{51}, ȵe^{31}tʂ^{h}i^{55} ze^{55}ka^{51}

这 1sg GEN 衣服 那 是 2sg GEN 床 上

ȵi^{31}k^{h}an^{55} me^{35}naŋ^{55} ku^{51} ɕo^{51}.

在 人家 GEN PRT

076 猎人打死了兔子。/猎人把兔子打死了。/兔子被猎人打死了。

ŋøn^{55}pa^{55} gai^{51} ri^{31}boŋ^{55} sot^{55} ȵi^{51}.

猎人 AGT 兔子 杀 AUX

/ŋøn^{55}pa^{55} gai^{51} ri^{31}boŋ^{55} sot^{55} ts^{h}a^{55} ȵi^{51}.

/猎人 AGT 兔子 杀 完 AUX

ri^{31}boŋ^{55} ȵi^{51} ŋøn^{55}pa^{55} gai^{51} sot^{55} ȵi^{51}.

兔子 ACC 猎人 AGT 杀 AUX

077 他给了弟弟一支笔。

bi^{35} gai^{51} ʑok^{31}po^{51} le^{51} ȵu^{55}gu^{55} t^{h}i^{51} bøu^{55} ȵi^{51}.

3sg AGT 弟弟 DAT 笔 一 给 AUX

078 妈妈为我缝了一件新衣服。

a^{55}ma^{55} gai^{51} ŋe^{35} le^{51} tu^{55}tuŋ^{51} se^{55}ʐu^{55} t^{h}i^{51} t^{h}ik^{55}pi^{51}.

妈妈 AGT 1sg BEN 衣服 新 一 缝

079 学生们用毛笔写字。/我用这把刀切肉。

lop^{55}dʐa^{55} gai^{51} mau^{35}pi^{55} gai^{51} ji^{35}gi^{35} tʂui^{35} do^{51}.

学生 AGT 毛笔 AGT 字 写 PRES

ŋe^{35} wu^{55}tso^{51} tɕ^{h}u^{55}wu^{55} gai^{51} ɕa^{55} tok^{55} do^{51}.

1sg 这 刀 AGT 肉 切 PRES

080 人们用铁锅做饭。

mi^{51} gaŋ^{55}po^{51} gai^{51} tɕa^{55}xa^{55}jaŋ^{55} ka^{51} to^{51}tɕø^{55} do^{51}.

人 PL AGT 铁锅 INST 做饭 PRES

081 树上拴着两匹马。

çen^{55} ka^{51} te^{51} nai^{35} tok^{55} ȵi^{51}.

树 LOC 马 两 拴 AUX

082 水里养着各色各样的鱼。

ts^{h}i^{55} niŋ^{35}ka^{51} ȵa^{55} tʂa^{35}min^{55}tʂa^{51} sui^{55} ȵi^{51}.

水 上 鱼 各种各样的 养 AUX

083 桌子下躺着一只狗。

dʐok^{31}tsi^{51} wa^{55} ka^{51} k^{h}i^{55} t^{h}i^{51} ȵai^{35} ȵi^{51}.

桌子 下 LOC 狗 一 躺 AUX

084 山上到山下有三十多里地。

la^{55} ze^{55} ge^{51} maŋ^{55}ka^{51} oŋ^{55} pe^{55}le^{51} koŋ^{55}li^{51} tɕi^{55}le^{55}ŋa^{55} tsaŋ^{35}ge^{31}

山 上 ABL 旁边 到达 时候 公里 十五 多

ȵi^{51}.

AUX

085 哥哥比弟弟高多了。

a^{55}tɕe^{55} ge^{51} pi^{35}pe^{55}le^{51} ʑok^{31}po^{51} ʑiŋ^{35}çe^{55} ȵi^{51}.

哥哥 COMPR 多 弟弟 长 AUX

086 小弟跟爷爷上山打猎去了。

ʑok^{31}po^{51} gai^{51} me^{31}me^{51} te^{35}ga^{51} po^{31}riŋ^{55}ga^{51} gai^{55} ȵi^{51}.

弟弟 AGT 爷爷 一起 打猎 去 AUX

087 今天、明天和后天都有雨，爷爷和奶奶都不能出门了。

da^{31}çi^{55} no^{31}gor^{35} naŋ^{31}ti^{51} nam^{35}ts^{h}ok^{55} ma^{31}ȵi^{51} ai^{55} diŋ^{51} me^{31}me^{51} tɕ^{h}i^{55}ka^{51}

今天 明天 后天 下雨 PRT 奶奶 CONJ 爷爷 外面

ma^{51} gai^{55} la^{51}.

NEG 去 IMP

088 买苹果或香蕉都可以。

wu^{55}ço^{51} ŋe^{35} na^{55}jaŋ^{55} p^{h}e^{55} dʑo^{51}, ŋa^{31}la^{51} ŋe^{35} na^{55}jaŋ^{55} p^{h}e^{55} dʑo^{51}.

苹果 买 的话 可以 PROS 香蕉 买 的话 可以 PROS

089 哎呀！好疼！

ai^{55}ja^{51}! a^{55}ra^{55} gre^{55} do^{51}!

哎呀 好 疼 PRES

090 昨天丢失的钱找到了吗？

daŋ^{51} ŋy^{35} grok^{55} wat^{55}k^{h}an^{51} tsai^{55}toŋ^{51} wu^{51} wa^{51}?

昨天 钱 丢失 PASS 找到 PFV QUES

091 他们早已经走了吧？

bi^{35}naŋ^{55}gaŋ^{35}po^{51} na^{55}raŋ^{51} gai^{55} ts^{h}i^{55} ȵi^{51}?

3pl：REFL 早 走 完 AUX

092 我走了以后，他们又说了些什么？

ŋe^{35} gai^{55} ts^{h}ar^{55} pe^{55}le^{51}, bi^{35}ʐa^{55} gai^{51} zi^{35} ɕat^{55}?

1sg 走 完 后 3pl：REFL AGT 什么 说

093 叔叔昨天在山上砍柴的时候，看见一只大大的野猪。

a^{55}ku^{55} gai^{51} daŋ^{51} ɕen^{55} tup^{55} te^{51} gai^{55} pe^{55}le^{51}, peŋ^{55}p^{h}a^{55}

叔叔 AGT 昨天 树 砍 PRT 去 时候 野猪

t^{h}an^{55}bu^{51} t^{h}i^{55} toŋ^{55} ȵi^{51}.

大的 一 看见 AUX

094 藏族住在上游，纳西族住在下游。

per^{31}ʐek^{55} mi^{51} ts^{h}i^{55} tui^{55}ka^{51} zuk^{55} ȵi^{51}, na^{55}ɕi^{55} ku^{51} mi^{51} gaŋ^{55}po^{51}

藏族 人 水 上游 住 AUX 纳西 GEN 人 全部

ts^{h}i^{55} tɕo^{35}ka^{51} zuk^{55} ȵi^{51}.

水 下游 住 AUX

095 他不单会说，而且也很会做。

bi^{35} gau^{55}ku^{55}jaŋ^{51} ɕat^{55} gan^{55} dʑo^{51} ple^{55}jaŋ^{51}pi^{55} gan^{55} dʑo^{51}.

3sg 不但 说 会 PROS 干活 会 PROS

096 是扎西留下，还是卡佳留下？

tʂa^{55}ɕi^{55} ta^{31}tsen^{55}bi^{35} jo^{51} wa^{55}, k^{h}a^{55}tɕa^{55} ta^{31}tsen^{55}bi^{35} jo^{51}?

扎西 留 PROS QUES 卡佳 留 PROS

097 虽然我也不想去，但又不便当面说。

ŋe^{35} gai^{55} jo^{51} ȵa^{55} mo^{55}nu^{51}, ɕin^{55}tar^{51} ɕin^{55}na^{55}jaŋ^{51} ŋe^{35} ka^{51} ɕat^{55}

1sg 去 PROS 愿意 NEG 但是 也许 1sg LOC 说

tai^{55} mo^{55}nu^{51}.

敢 NEG

098 因为我实在太累了，所以一点儿都不想去。

ŋe^{35} ma^{31}tsa^{55}ʐaŋ^{51} tɕau^{35}ʐai^{55}mo^{55}nu^{51}, tsu^{55}t^{h}i^{55}ʐaŋ^{51} gai^{55} ȵa^{55} mo^{55}nu^{51}.

1sg 的确 太累 一点儿 去 愿意 NEG

099　**如果天气好的话，我们就收玉米去。**

plɑŋ^{55}	le^{55}xu^{51}ts^{h}i^{55}	nɑ^{55}ȵi^{51},	ɑ^{55}ɕɑm^{55}	p^{h}ot^{55}te^{55}gɑ^{55}	jo^{51}.
天	好	如果	玉米	收	PROS

100　**我们现在多积肥，是为了明年多打粮食。**

ŋɑ^{35}tɑŋ^{55}	gɑi^{51}	sɑ^{51}	ɕɑ^{55}mɑ^{51}	sok^{55}ȵi^{55}	dʑo^{51},	mren^{51}	dep^{35}	mɑŋ^{35}ɕe^{55}
1pl	AGT	肥料	许多	存	PROS	明年	粮食	多

ȵoŋ^{55}	jo^{51}.
收获	PROS

第二节

话语材料

一 歌谣

1. 欢聚一堂

ɑ^{31}ʐou^{55}jou^{51}　ɕɑ^{51}dʑɑk^{55}bɑ^{51}　tsɑ^{55}ʐɑ^{55}　ɑ^{31}ʐou^{55}　goŋ^{31}mɑ^{55}　ɑ^{31}ʐi^{55}　ɕɑ^{51}dʑɑk^{55}bɑ^{51}

（衬词）　肥沃　草原　（衬词）　边　山　肥沃

tsɑ^{55}ʐɑ^{55}　ɑ^{31}ʐou^{55}　tsɑ^{55}　tsɑ^{55}　ɑ^{55}e^{55}se^{55}　ɑ^{31}lɑ^{31}jɑ^{31}ɑ^{55}　tɑ^{31}　mɑ^{31}bu^{51}　zɑ^{35}

草原　（衬词）　草原　草原　（衬词）　（衬词）　群　马　吃

ge^{35}kɑ^{55}　e^{55}.

一起　（衬词）

肥沃的草原上，成群的马在吃（草）。

ɑ^{31}ʐou^{55}jou^{51}　gi^{31}tɕ^{h}e^{35}　o^{55}ɕin^{51}　le^{55}mo^{55}lɑm^{51}　t^{h}i^{55}　gɑi^{51}　ɑ^{31}ʐou^{55}　tsum^{35}ɕin^{51}se^{55}

（衬词）　吃草　PROS　缘分　一　AGT　（衬词）　相聚

ɑ^{31}ʐou^{55}　tsum^{35}ɕin^{55}se^{55}.

（衬词）　相聚

我们一起吃草，为的是一生一世聚在一起，欢聚在一起，永远欢聚在一起。

二 故事

1. 跳蚤和虱子

tɑː^{35}　ŋɑ^{31}tɑŋ^{55}　tɑm^{55}　ɕin^{51}　nɑ^{55}ȵe^{51}　liu^{55}　diŋ^{51}　ɕe^{51}　nɑi^{35}　ku^{51}　tɑm^{55}

以前　1pl　故事　是　听　跳蚤　CONJ　虱子　两　GEN　故事

ɕin51. tam55 ga51tɕʰa51ȵik55 dʑi35 ŋa31taŋ55 gaŋ31ter55 taː35 ŋa31taŋ55nai35 liu55
是 故事 讲 然后 1pl 比如 以前 1dl 跳蚤

gai51 ɕat55 ȵi55 ŋa31taŋ55nai35 ɕin55na51ȵi55 ɕe51li55ta55pa51 to55saŋ55pi35 dʑo51
AGT 说 AUX 1dl 是 然后 交朋友 PROS

o55ne51. dʑi35 to55saŋ55 ɕin55na51ȵi51 pi35pi55li51 ka31ja35 pi55ȵik55na55 ȵi51? dʑi35
PRT 然后 朋友 是 交 怎么 交 AUX 然后

ŋa31taŋ55nai35 to55saŋ55 ka31ja55pi55 jo51 ɕat55 ȵi51 to55saŋ55 ka31ja55 ɕat55
1dl 朋友 怎么 PROS 说 AUX 朋友 怎么 说

pe55le51 ɕin55na55. taː35 ŋa31taŋ55nai35 tɕʰaŋ55 diŋ51 do51 dep35ga51 tø35se55
后 AUX 以前 1dl 酒 CONJ 饭 一起 时间

ɕin55na51 dʐa31dʐik35pi35 dʑo51 o55ne51. dʑi35 dʐa31dʐik35 dʑo51 ȵi51 pe55le51
是 准备 PROS PRT 然后 准备 PROS AUX 时候

dʑi35 ɕe51 gai51 pʰe55 dʑo51 ne51. dʑi35 mi55nai35 do51 diŋ51 tɕʰaŋ55 ɕin55na55
之后 虱子 AGT 可以 PROS PRT 然后 3dl 饭 CONJ 酒 是

dʐa31dʐik55. dʐa31dʐik55 tsʰar55se55, dʑi35 ŋa31taŋ55nai35 za55 dʑo51 ȵi51 ɕat55
准备 准备 完成 然后 1dl 吃 PROS AUX 说

ȵi51. za55 dʑo51 ɕat55pi51 ma55ʐaŋ51dʑi35 liu55 gai51 ɕin55na55 taː35 ŋa31taŋ55nai35
AUX 吃 PROS 说 于是 跳蚤 AGT 是 以前 1dl

ɕen55 a55gi55 jo51. ɕen55 a55 gai55se55 tsʰu55ʐa51 ɕen55 ɬor55 tʰi55 wa55 ʐe51
柴 砍 PROS 柴 砍 去 那边 柴 捆 一 重 每人

pø55se51 tsʰu55ʐa51 oŋ35 pe55le51 ɕin55na55. ŋa31taŋ55nai35 su55 naː55 oŋ35na55 su55
背 那边 回 后 是 1dl 谁 先 到 谁

za55 jo51 o55ne51. dʑi35 liu55 gai51 o55ja55 ɕat55ȵik51. dʑi35 a55kʰa55 taː35
吃 PROS PRT 然后 跳蚤 AGT 可以 说 然后 但是 以前

ŋe35 ti35 mo55nu51 ɕo51ta35 dʑø35dʑø35 lø35jo55ta51. mi35 dʑok55pu55 ɕin55
1sg 追 NEG 跟 后面 没办法 2sg 快 是

jar55~jar55se55 gai55se51 ʐep55gen55 tʰi55ga55ʐaŋ51 oŋ35 jo51 ɕen55 kʰor55 taŋ55 oŋ35
跳~REDUP 走 一会儿 马上 到 PROS 柴 捆 放好 回

taː35 ŋe35 za55 jo51 mo55nu51 ɕa35ȵik55se51ɕa35 ɕe51 gai51 ɕat55 ȵi55. sem55lo55
以前 1sg 吃 PROS NEG 任何东西 虱子 AGT 说 AUX 心

o55ja55 tʰoŋ55 ȵi55, ji55na55jaŋ51 ta35ga55 ma31ʐai51 pʰe55 dʑo51 o55ȵi51, ɕe51 gai51
可以 想 AUX 但是 事儿 没有 可以 PROS PRT 虱子 AGT

k^{h}ɑi^{55}loŋ^{55} wu^{51}.
答应 PFV

讲一个跳蚤和虱子的故事。跳蚤对虱子说："咱们交个朋友吧。"虱子问："怎么交朋友呢？"跳蚤说："咱俩有酒一起喝，有饭一起吃，然后（我们各自）回家准备。"虱子说："可以。"之后它两个就回家准备酒饭了。它俩要一起吃饭时，跳蚤说："咱俩先去砍柴，谁先砍完到家谁就先吃。怎么样？"虱子想："我走得很慢，没办法。你跳着走，比我快，一会儿就能砍完到家，我最后什么也吃不到。"但是，它仍然说："可以。"

ja^{35}dʑi^{35} gɑi^{55} dʑo^{51} gɑi^{55} ȵi^{51}. gɑi^{55} pe^{55}le^{51} ɕin^{55}nɑ^{55} dʑi^{35} liu^{55} jar^{55}se^{51}
然后 去 PROS 走 AUX 走 时候 是 然后 跳蚤 跳

gɑi^{55} jo^{51} ɕo^{51}. jar^{55}~jar^{55}le^{55} gɑi^{55} ȵi^{51} pe^{55}le^{51} ʐep^{55}gen^{55} t^{h}i^{55}gɑ^{55}ʐɑŋ^{51} ɕen^{51}
走 PROS PRT 跳~REDUP 走 AUX 时候 马上 一会儿 柴

mɑŋ^{55}gɑ^{51} oŋ^{35}gɑ^{55}jo^{51}. dʑi^{35} ɕe^{51} gɑi^{51} dʑi^{51} ŋɑ^{31}tɑŋ^{51} ŋɑ^{31}tɑŋ^{51} ŋɑ^{31}tɑŋ^{51}
旁边 到 然后 虱子 AGT 然后 慢慢地 慢慢地 慢慢地

ŋɑ^{31}tɑŋ^{51} te^{35} ʐok^{55} mo^{55}nu^{51} ɕo^{51}. dʑi^{35} ŋɑ^{31}nɑŋ^{55} ŋɑ^{31}nɑŋ^{55} ŋɑ^{31}nɑŋ^{55} ŋɑ^{31}nɑŋ^{55}
慢慢地 走 快 NEG PRT 然后 慢慢地 慢慢地 慢慢地 慢慢地

te^{35} tsu^{55} pe^{55}le^{51} dʑi^{51} ʐø^{55}ʐo^{55} ɕɑ^{51}oŋ^{51}. dʑi^{35} ɕe^{51} dʑø^{55}dʑø^{55} oŋ^{35} liu^{55}
走 追 后 然后 晚 到 然后 虱子 晚 到 跳蚤

dʑi^{35} ɕen^{55} k^{h}or^{55} tɑŋ^{35} ts^{h}ɑ^{55} ȵi^{51} ɑ^{55}k^{h}ɑ^{55}. tɑː^{35} bi^{35} nɑ^{55}nɑ^{55} oŋ^{35}. do^{51}
然后 木柴 捆 砍 完 AUX 放 以前 3sg 先 到 饭

diŋ^{51} tɕ^{h}ɑŋ^{55} bi^{35} gɑi^{51} zɑ^{55} jo^{51} tɑ^{35} ŋe^{35} mo^{55}nu^{51} ɕo^{35}, dʑi^{35} sam^{55}lo^{55}
CONJ 酒 3sg AGT 吃 PROS 后 1sg NEG PRT 然后 心想

o^{55}ja^{55} t^{h}oŋ^{55} ȵi^{51} bi^{35} ɕen^{55} tup^{51} ȵi^{55}. dʑi^{35} ɕen^{55} tup^{51}se^{55} ɕen^{55}
这样 想 AUX 3sg 木柴 砍 AUX 然后 木柴 砍 木柴

tup^{51}dʑi^{35}ja^{51} ɑ^{55}lɑ^{55}mɑ^{55}lɑ^{55} t^{h}i^{55} k^{h}or^{55} tɑŋ^{51}~tɑŋ^{51} tsu^{55} pe^{55}le^{51} liu^{55} dʑok^{55}po^{55}
砍 差不多 一 捆 砍~REDUP 追 时候 跳蚤 很快

tɑː^{35} bi^{35} nɑ^{55}nɑ^{55} k^{h}or^{55} pi^{35}se^{55}dʑi^{55} gɑi^{55} ȵi^{51} gɑi^{55} ts^{h}ɑ^{55}se^{55} ɕen^{55} k^{h}or^{55}
以前 3sg 先 捆 背 走 AUX 走 完 木柴 捆

ts^{h}ɑ^{55}se^{55}.
完

去砍柴时，跳蚤跳得很快，一会儿就到了砍柴的地点。虱子走得慢，所以跟跳蚤比，它到达的时间晚。当虱子到达的时候，跳蚤已经把木柴砍完了。虱子想："跳蚤先回家，饭和酒肯定它先吃，我吃不到了。"它边想边砍柴。等虱子差不多砍完的时候，跳蚤已经背着砍好的柴先走了。

dʑi^{55} ʑo^{55}ʑo^{55} ŋa^{55}taŋ^{55} ŋa^{55}taŋ^{55} ŋa^{55}taŋ^{55} ŋa^{55}taŋ^{55} pi^{35}se^{51} te^{35} tsuk^{55} te^{35}
后 晚 慢慢地 慢慢地 慢慢地 慢慢地 背 走 追 走

tsuk^{55} na^{55}ȵi^{55} oŋ^{35} te^{55} na^{55}. dʑi^{35} liu^{55}ȵi^{51} ɕen^{55} k^{h}or^{55} ʐap^{55} ʐe^{55} jar^{55} pe^{55}le^{51}
追 这样 到 走 PRT 然后 跳蚤 木柴 捆 遍 每 跳 时候

ɕen^{55} k^{h}or^{55} dʐa^{35}wu^{51} dʐa^{35}wu^{51} luk^{35}wa^{55} ȵi^{55} da^{31}nuŋ^{51} goŋ^{55}paŋ^{55} ʐe^{55} jar^{55}
木柴 捆 哗啦 哗啦 掉 AUX 又 步 每 跳

pe^{55}le^{51} da^{31}nuŋ^{51} goŋ^{55}paŋ^{55} ʐe^{55} dʐa^{35}wu^{51} dʐa^{35}wu^{51} luk^{55}wa^{55} ȵi^{55}, o^{31}ja^{35}
时候 又 步 每 哗啦 哗啦 掉 AUX 这样

pi^{35} dʐa^{35}wu^{51}. dʑi^{35} ɕe^{51}ȵi^{51} ŋa^{31}taŋ^{55} ŋa^{31}taŋ^{55} ŋa^{31}taŋ^{55} ŋa^{31}taŋ^{55} luk^{55}gu^{55}
背 哗啦 然后 虱子 慢慢地 慢慢地 慢慢地 慢慢地 掉

luk^{55}gu^{55} luk^{55}gu^{55} luk^{55}gu^{55} ʑo^{35}ʑo^{35} ʐai^{55} ȵi^{51} dʑi^{35} ɕen^{55} k^{h}or^{55} goŋ^{55}po^{51}
掉 掉 掉 晚 返回 AUX 然后 木柴 捆 全部

luk^{55}gu^{55} ȵi^{55} ȵom^{55} ɕo^{51}. dʑi^{35} jar^{35}se^{51} bi^{35} gai^{51} ȵa^{35}ge^{51} ŋa^{31}taŋ^{55} ŋa^{31}taŋ^{55}
掉 AUX NEG PRT 然后 跳 3sg AGT 上面 慢慢地 慢慢地

ŋa^{31}taŋ^{55} ŋa^{31}taŋ^{55} ŋa^{31}taŋ^{55} ŋa^{31}taŋ^{55} ŋa^{31}taŋ^{55} gor^{55}se^{51} dʑi^{35} gor^{35}se^{51} dʑi^{35}
慢慢地 慢慢地 慢慢地 慢慢地 慢慢地 绕着 然后 绕着 然后

ŋa^{31}taŋ^{55} ŋa^{31}taŋ^{55} ŋa^{31}taŋ^{55} ŋa^{31}taŋ^{55} lu^{35}gu^{55} lu^{35}gu^{55}. dʑi^{35} gai^{55}se^{55} k^{h}em^{55}ma^{51}
慢慢地 慢慢地 慢慢地 慢慢地 掉 掉 然后 走 家

oŋ^{35} ȵi^{31} ta^{51}.
到 AUX 前面

跳蚤走后，虱子把木柴捆好，在后面慢慢地走。跳蚤跳着走路，所以它一跳，木柴就会掉下来。因为慢慢地往回走，虱子的木柴反而没有掉下来。因为虱子走得很慢，它的木柴没有掉下来，反而先到家了。

dʑi^{35} na^{55} oŋ^{35} jar^{35} ta^{35} ŋe^{35} na^{55} oŋ^{35} wu^{55}, ŋa^{31}taŋ^{55}nai^{35} ku^{51} ɬa^{55}zik^{55}ɕen^{35}
然后 先 到 跳 前面 1sg 先 到 PFV 1dl GEN 打赌

zi^{31}ga^{55}ʐaŋ^{51} ɕat^{55} dʑo^{51}mo^{55}nu^{51} ȵik^{55}pa^{55}liŋ^{51}, dʑi^{35} ɕen^{55} k^{h}or^{55} na^{55}se^{51} tsu^{35}
一起 说 慢 后 然后 木柴 捆 放好 休息

ŋe^{35} su^{55}pi^{35} tsu^{51}. dʑi^{35} do^{51} za^{55} tɕ^{h}aŋ^{55} t^{h}oŋ^{55} ȵik^{55}la^{35}t^{h}i^{55} za^{55} t^{h}oŋ^{55}pi^{51}se^{51}
1sg 休息 休息 然后 饭 吃 酒 喝 全部 吃 喝

ɕin^{55}na^{55}. dʑi^{35} bi^{35} tsuk^{55}mi^{51} ŋe^{35} tsu^{55} tsu^{35}pi^{35} tsuk^{55} pa^{55}ʑiŋ, t^{h}ap^{55} gor^{51}
是 然后 3sg 休息 1sg 休息 休息 休息 一会 灶 石头

zi^{55}ga^{55} par^{35} tsuk^{55}ȵi^{51} t^{h}ap^{55} gor^{51}zi^{55} ga^{55} par^{35}se^{55} tsuk^{55} pe^{51}. dʑi^{35} liu^{55}
上面 趴 休息 灶 石头 上面 趴 休息 IMP 然后 跳蚤

ɕen^{55} k^{h}or^{55} da^{31}nuŋ^{51} sar^{51} da^{31}nuŋ^{51} goŋ^{55}paŋ^{55} ʐe^{55} jar^{51} pe^{55}le^{51} da^{31}nuŋ^{51}
木柴 捆 又 捆好 又 步 每 跳 时候 又

dʐa^{35}wu^{51} gen^{51} luk^{55}wa^{51} da^{31}nuŋ^{51} k^{h}or^{51}sar^{51} da^{31}nuŋ^{51} dʐa^{35}wu^{51} gen^{51} luk^{55}wa^{51}
哗啦 PRT 掉 又 捆好 又 哗啦 PRT 掉

o^{55}ja^{55} pi^{55}se^{55} ʑo^{35}ʑo^{35}lø^{35} dʑi^{35} nop^{55}ti^{55} oŋ^{35} ȵi^{55}. dʑi^{35} nop^{55}ti^{51} oŋ^{55} ɕen^{55}
这样 背 后面 然后 晚上 到 AUX 然后 晚上 到 木柴

ɕin^{55} na^{55}na^{35}ȵik^{55} gai^{55}ti^{55} ȵi^{51} gai^{55}ti^{55}na^{55} do^{51}jaŋ^{55} za^{55} ts^{h}a^{55}ʐu^{55} tɕ^{h}aŋ^{55} jaŋ^{55}
是 放 去 AUX 去 饭 吃 完 酒 也

jaŋ^{55} t^{h}oŋ^{55} ts^{h}a^{55}ʐu^{55} tɕe^{31}ga^{55}ʐaŋ^{51} mo^{55}nu^{51} dʑø^{55}ȵik^{55} ȵi^{51}.
也 喝 完 全部 NEG 留下 AUX

虱子先到家，心想：“我们俩打赌谁先到谁先吃。”所以，虱子把木柴筐放好，休息了一会，然后它就把饭和酒全吃完了。酒足饭饱，它在灶台旁休息。跳蚤背着的木柴走着走着就会掉下去，只能捆好再走。就这样，反反复复，很久它才到家。到家已经很晚了，它把木柴放好后就去看虱子，发现虱子把饭吃完了，酒也喝完了，什么也没有剩下。

dʑi^{35} liu^{55} gai^{51} tsik^{55}pa^{51}tsai^{35} ȵi^{51}. a^{55}k^{h}a^{55} tɕe^{31}ga^{55}ʐaŋ^{51} mo^{55}nu^{51} ɕe^{51}ji^{51}
然后 跳蚤 AGT 生气 AUX 放下 全部 NEG 虱子

zi^{35}ja^{51} ŋe^{35} le^{51} do^{51} diŋ^{51} tɕ^{h}aŋ^{55} tsu^{55} jaŋ^{55} mi^{35}ȵu^{51}. dʑi^{35} i^{51} zup^{55}ge^{55}ʐaŋ^{51}
怎么 1sg DAT 饭 CONJ 酒 PL 也 NEG 后 2sg 全部

za^{55} t^{h}oŋ^{55}pi^{35}gø^{35} jo^{51} ts^{h}a^{55}. zi^{35}ja^{51} i^{35} le^{51} zu^{55}ʐaŋ^{51} mi^{35} ȵu^{35}ȵik^{55}se^{55}.
吃 喝 PRES 完 什么 2sg DAT 2sg 人 吃

dʑi^{55} liu^{55} gai^{51} ɕat^{55} ȵi^{55}. dʑi^{35} ɕe^{51} gai^{51} lan^{31}se^{51} t^{h}oŋ^{55} ȵi^{51}
然后 跳蚤 AGT 说 AUX 然后 虱子 AGT 回答 PRT AUX

ŋa^{31}taŋ^{55}nai^{35} dʑi^{51} su^{55} na^{55}na^{55} oŋ^{35} na^{55} dʑi^{51} su^{55} za^{55}tɕ^{h}a^{51}piu^{51} su^{55} ʑo^{55}ʑo^{55}
1dl 然后 谁 先 到 先 后 谁 吃 谁 慢

oŋ^{35}na^{55} mo^{55}nu^{51} gu^{51}. ŋa^{31}taŋ^{55}nai^{35} ku^{51} k^{h}a^{55}tsik^{55} dʑo^{51}u^{35} ȵi^{51} ɕin^{51}
到 NEG PRT 1dl GEN 打赌 有 AUX 是

wa^{55} men^{51}? k^{h}a^{55}tsik^{55}pi^{55} ts^{h}a^{55}se^{55} t^{h}ap^{55}ɕe^{55} mo^{55}nu^{51} ɕo^{55}. ŋa^{31}nai^{35}
QUES NEG 打赌 完 办法 NEG PRT 1dl

za^{55}o^{55}ȵik^{55}se^{51} lan^{31}se^{51} o^{55}ja^{55} t^{h}oŋ^{55} ȵi^{55}. dʑi^{35} liu^{55} gai^{51} ɕat^{55} do^{51},
吃完 回答 这样 说 AUX 然后 跳蚤 AGT 说 PRES

ŋɑ^{31}tɑŋ^{55}nai^{35} kʰem^{55}gen^{51} wot^{55}luk^{51} dʐɑn^{35}dʐɑ^{55}ɕin^{51}, tø^{35}luk^{51} dʐɑn^{35}dʐɑ^{55}ɕin^{51}

1dl 家里 拿 一样 拿 一样

ŋe^{35} le^{51} zu^{55}ʐɑŋ^{55} mo^{55}nu^{51}.

1sg DAT 一点儿 NEG

跳蚤很生气，对虱子说：“你为啥什么东西都没有留下？我的饭和酒你全都吃了，你为什么一点都没有剩呢？”虱子说：“我们说好的，谁先到谁先吃，谁后到谁没有吃的。我们俩既然打赌说了，我先到的，当然就把我俩的都吃完了。”跳蚤说：“我们两个从家里拿的东西都是一样的，我什么也没吃到。”

dʑi^{55} o^{55}jɑ^{51} ɕɑt^{55}se^{51}, dʑi^{35} bi^{35}nai^{51} tʰɑ^{55}mo^{51}tʰoŋ^{51} ȵi^{51} tʰɑ^{55}mo^{51}tʰoŋ^{55}

然后 这样 说 然后 3dl 吵架 AUX 吵架

mi^{55}dʐu^{55}ɕɑ^{51}mɑ^{55} tʰɑ^{55}mo^{55}tʰoŋ^{55}. tʰɑ^{55}mo^{55}tʰoŋ^{55} ɕɑ^{51}mɑ^{55}lɑ^{55} dʑi^{35} liu^{55} gɑi^{51}

很久 吵架 吵架 很久 然后 跳蚤 AGT

nɑ^{55}lɑ^{55}mɑ^{55} gɑi^{55} o^{51}. dʑi^{51} me^{35}pot^{55}ȵou^{55} ȵi^{51}. bi^{35} tom^{55}pɑ^{55} tɕʰiu^{55}o^{55}se^{51}.

恨 去 PRES 然后 点火 AUX 3sg 火把 拿

dʑi^{35} liu^{55} gɑi^{51} o^{55} ɕin^{55}nɑ^{55} ɕe^{55} ɑ^{55}mɑ^{55}le^{51} brɑŋ^{35}toŋ^{55} kɑ^{51} ȵom^{55}tʰoŋ^{55}

然后 跳蚤 AGT 这样 是 虱子 大的 胸口 LOC 捅

ȵi^{51}. tɑ^{31}tɑ^{51} ɕe^{51} ku^{51} brɑŋ^{35}toŋ^{55} kɑ^{51} men^{35} po^{51}ȵik^{55}lɑ^{55}.

AUX 现在 虱子 GEN 胸口 LOC 没 毛

于是，它们两个吵了起来。吵了很久，跳蚤很生气，拿着火把朝虱子的胸口捅去。现在虱子胸口没毛就是这样造成的。

（尼玛仁青讲述，2016.8.11）

2. 兔子和狮子

ri^{31}boŋ^{55} gɑi^{51} tsʰɑŋ^{51} mɑŋ^{55}kɑ^{51} plɑŋ^{55} do^{55} wu^{51} pe^{55}le^{51} sen^{55}ge^{51} tʰi^{55}

兔子 AGT 窝 旁边 太阳 晒 PFV 时候 狮子 一

ɕo^{55} o^{55}ȵi^{51}. sen^{55}ge^{51} gɑi^{51} bloŋ^{55}wu^{51}, ŋe^{35} i^{55} ku^{51} ɑ^{55}pɑ^{55} ku^{51} ɕɑ^{51}jɑŋ^{31}

来 AUX 狮子 AGT 骂 1sg 2sg GEN 父亲 GEN 肉

tʂʰe^{55}wu^{51} i^{55} ku^{51} ɑ^{55}mɑ^{55} ku^{51} ɕɑ^{51}jɑŋ^{31} tʂʰe^{55}wu^{51}. ŋe^{35} ɕin^{55}nɑ^{55} ʐi^{31}tɑ^{55} pon^{55}

吃 2sg GEN 母亲 GEN 肉 吃 1sg 是 动物 官

i^{55} ku^{51} mɑŋ^{55}kɑ^{51} ɣoŋ^{35} wu^{51}. zi^{55}soŋ^{51} tsu^{55}ʐɑŋ^{51} mo^{55}nu^{51} i^{55} jɑ^{35}ʐɑ^{55}

2sg GEN 面前 到达 PFV 尊敬 一点儿 NEG 2sg 上

laŋ^{31}se^{51} ŋe^{35} maŋ^{55}ka^{51} gem^{35}ke^{55} tsu^{55}ʐaŋ^{51} ma^{51} ʐai^{35} jo^{51}. dʑi^{35} ʐim^{35}
站 1sg 面前 迎接 一点儿 NEG 来 PROS 然后 招呼

ma^{31}nu^{51} ŋe^{35}ʐaŋ^{51} ma^{51} ɕa^{51} ɣoŋ^{35} wu^{51} ȵi^{51}. i^{55} o^{55}mu^{55}ka^{51} plaŋ^{55}
NEG 1sg：REFL NEG 说 到达 PFV AUX 2sg 那里 太阳

bin^{55}zui^{55} o^{51} do^{55} wu^{51} ȵi^{51}. ri^{31}boŋ^{55} i^{55} ŋan^{31}ȵo^{51} ŋe^{35} i^{55} dar^{55}ro^{51}
躺 PRES 晒 PFV AUX 兔子 2sg 方便 1sg 2sg 打

sot^{55} dʑo^{51} ɕo^{51}. da^{31}ɕi^{55} ŋe^{35} i^{55} tʂ^{h}e^{55} jo^{51}. ri^{31}boŋ^{55} gai^{51} ɕat^{55}pu^{55}.
杀 PROS PRT 今天 1sg 2sg 吃 PROS 兔子 AGT 说

sen^{55}ge^{51} i^{55} doŋ^{55}pa^{51} liu^{35} nou^{35} dʑo^{51} mo^{55}nu^{51} wa^{51}? i^{55} sem^{55}tɕin^{51}
狮子 2sg 脸 红 存在 PROS NEG QUES 2sg 野兽

niŋ^{35}ka^{51} pon^{55} t^{h}i^{55} ɕin^{51}. ŋe^{35} tsu^{55}ʐaŋ^{51} t^{h}i^{55} ri^{31}boŋ^{55} tʂ^{h}e^{55} jo^{51} wa^{51}?
里面 官 一 是 1sg 一点儿 一 兔子 吃 PROS QUES

me^{55}naŋ^{55}tso^{51} gaŋ^{55}po^{51} kan^{55}nu^{55} i^{55} git^{35}t^{h}a^{51}ru^{51} jo^{51}. i^{55} gan^{31}tun^{51} sem^{55}tɕin^{51}
人们 都 知道 2sg 嘲笑 PROS 2sg 整个 野兽

t^{h}an^{55}bu^{51} ti^{55}ka^{51} dʐen^{31}dor^{55} t^{h}oŋ^{55}taŋ^{55} ȵi^{51} i^{55} ŋan^{31}pa^{51} jo^{51} ȵi^{51}. i^{55}
大 跟 比赛 比划 AUX 2sg 厉害 PROS AUX 2sg

sem^{55}tɕin^{51} ŋe^{35} ge^{51} pon^{55} t^{h}i^{55} ŋe^{35} ri^{31}boŋ^{55} preu^{55} t^{h}i^{55} ge^{51} dʐen^{31}dor^{55}.
野兽 1sg 比 官 一 1sg 兔子 小 一 比 比赛

me^{55}naŋ^{55}tso^{51} gaŋ^{55}po^{51} kan^{55}nu^{55} ȵi^{51} git^{35}t^{h}a^{55}se^{55} mek^{55}ts^{h}i^{51} ɕap^{55} dʑo^{51} ȵi^{35}
人们 PL 知道 AUX 笑 眼泪 溢出 PROS AUX

ɕo^{51}. sen^{55}ge^{51} gai^{51} ɕat^{55}pu^{55} ŋe^{35} gan^{31}tun^{51} t^{h}aŋ^{55}t^{h}i^{55} ga^{31}dʑi^{55} ȵi^{35}? i^{55}
出来 狮子 AGT 说 1sg 整个 一样 哪里 在 2sg

gai^{51} bi^{35} ɕa^{55}ra^{55} ta^{51}! ri^{31}boŋ^{55} gai^{51} lan^{31}se^{51}. sem^{55}tɕin^{51} ku^{51} pon^{55}
AGT 3sg 叫 PRT 兔子 AGT 回答 野兽 GEN 官

i^{55} t^{h}aŋ^{55}t^{h}i^{55} da^{31}nuŋ^{51} t^{h}i^{55} nou^{35}. i^{55} bi^{35} ga^{31}dʑi^{55} nou^{35} wa^{51}? bi^{35}
2sg 一样 又 一 有 2sg 3sg 哪里 在 QUES 3sg

ts^{h}o^{51} niŋ^{35}ka^{51} zuk^{55} ȵi^{35}. sen^{55}ge^{51} gai^{51} tsik^{55}pa^{55}zai^{35} ɕat^{55}pu^{55}, wei^{51}
湖 里面 住 AUX 狮子 AGT 生气 说 喂

wei^{51} sem^{55}tɕin^{51} dʑok^{35} k^{h}riu^{55} ta^{51}! dʑok^{35} dʑok^{35} k^{h}riu^{55} ta^{51}! ri^{31}boŋ^{55}
喂 野兽 快 牵来 PRT 快 快 牵来 PRT 兔子

gai^{51} ɕat^{55}pu^{55} ȵi^{51}. sem^{55}tɕin^{51} ku^{51} pon^{55} me^{31}me^{51} i^{55} ŋe^{35} ȵin^{31}ka^{51}
AGT 说 AUX 野兽 GEN 官 爷爷 2sg 1sg 里面

ɕo^{51}!

进来

兔子在窝边躺着晒太阳，这时来了一头狮子。狮子怒道："我是兽王。你见到我也不起来迎接，甚至连招呼也不打，你不尊敬我。你躺在那里晒太阳。兔子，你要明白，我能轻松地打死你。今天，我就要吃掉你，我也会吃掉你的父母。"兔子说："狮子，你不脸红嘛，你是兽王，却要吃掉我这个小小的兔子！世人知道了，会嘲笑你的。要比就和你一样大小的动物比，那才算你厉害。你那么厉害的兽王，却跟我这么小的兔子比试，人们知道了，会笑掉大牙的。"狮子说："跟我一般大小的动物在哪里？你把它叫过来！"兔子回答："跟你一般大小的兽王还有一个，它就住在湖里。"狮子怒道："喂！喂！把那个兽王叫来！快把它叫来！"兔子说："兽王爷爷，您跟我来！"

ri^{31}boŋ^{55} gai^{51} sen^{55}ge^{51} ts^{h}o^{51} maŋ^{55}ka^{51} ɣoŋ^{35} wu^{51} ȵi^{35}. ts^{h}o^{51} but^{35}ka^{51}

兔子 AGT 狮子 湖 旁边 到达 PFV AUX 湖 中间

gor^{51} t^{h}an^{55}bu^{51} t^{h}i^{51} ja^{55} ɕo^{51} zuk^{55} nou^{35}. ri^{31}boŋ^{55} gai^{51} sen^{55}ge^{51} le^{51}

石头 大 一 上 出来 住 有 兔子 AGT 狮子 DAT

ɕat^{55}pu^{55} ȵi^{51}, i^{55} tʂe^{51}t^{h}oŋ^{55}se^{51} gor^{51}ze^{55} ka^{51} bak^{55}se^{51} ȵi^{51}, wu^{55}mo^{51} te^{55}~te^{55}

说 AUX 2sg 游泳 石头 上 趴 AUX 那样 看~REDUP

pe^{55}le^{51} sem^{55}tɕin^{51} ku^{51} pon^{55} i^{55} duŋ^{51} te^{55} ga^{51} jo^{51} ȵi^{51}. bi^{35}

时候 野兽 GEN 官 2sg 又 看 PRT PROS AUX 3sg

i^{55} le^{51} dʐen^{31}dor^{55} t^{h}oŋ^{55}a^{51} te^{31}ta^{51} jo^{51} ȵi^{35}. sen^{55}ge^{51} tsik^{55}pa^{55}zai^{35} ȵi^{51}

2sg DAT 比赛 PRT 等待 PROS AUX 狮子 生气 AUX

gai^{55} wu^{51} ȵi^{51}. bi^{35} gor^{51} ze^{55}ka^{51} bak^{55}se^{51} ȵi^{51} nam^{35} ze^{55}ka^{51} te^{55}~te^{55}

过去 PFV AUX 3sg 石头 上 趴 AUX 天 上 看~REDUP

pe^{55}le^{51} nam^{35} ŋa^{55}u^{51} ȵi^{51}. wa^{55}ka^{51} te^{55}~te^{55} pe^{55}le^{51} sen^{55}ge^{51} bi^{35}naŋ^{55}

时候 天 蓝 AUX 下 看~REDUP 时候 狮子 3sg：REFL

t^{h}aŋ^{55}t^{h}i^{55} ŋa^{35}naŋ^{55} de^{51}wu^{51} ȵi^{51}. bi^{35} ku^{51} sem^{51} niŋ^{35}ka^{51} ri^{31}boŋ^{55} gai^{51} ɕat^{55}

一样 自己 瞪 AUX 3sg GEN 心 里面 兔子 AGT 说

k^{h}a^{55} mo^{55}nu^{51} ȵi^{51}. ŋo^{35}ma^{51}ʐaŋ^{51} sem^{55}tɕin^{51} ku^{51} pon^{55} t^{h}i^{55} ŋe^{35} t^{h}aŋ^{55}t^{h}i^{55}

假 NEG AUX 真 野兽 GEN 官 一 1sg 一样

dʐen^{31}dor^{55}. sa^{55}tɕ^{h}a^{55} ȵa^{31}ka^{51} sem^{55}tɕin^{51} ku^{51} pon^{55} t^{h}aŋ^{55}t^{h}i^{55} ma^{51} re^{55}ȵi^{51}.

比赛 地 上面 野兽 GEN 官 一样 NEG AUX

da^{31}ɕi^{55} te^{55}par^{55}ʐaŋ^{51} ŋe^{35} bi^{35} sot^{55} dʑo^{51} o^{51}ȵe^{51}!

今天 一定 1sg 3sg 杀死 PROS PRT

兔子把狮子领到湖边，湖心有个露出水面的大石头。兔子对狮子说：“你游过去，站在石头上，就能看见另一个兽王了。它在等着同你比试呢？”狮子非常生气，于是就游了过去。它站在大石头上，往上看是蓝天，往下看是一个跟自己长得一样的狮子，那只狮子也在看着自己。它想：“兔子说的果真不假，真有一个兽王想和我比试。天底下绝对不能有两个兽王，今天我非打死它不可。”

bi^{35} wa^{51} zem^{55}se^{55} kʰa^{55} dʑaŋ^{31}se^{55} pe^{55}le^{51} tsʰo^{51} niŋ^{35}ka^{51} sen^{55}ge^{51} gai^{51}

3sg 牙 龇 嘴巴 张 时候 湖 里面 狮子 AGT

jaŋ^{55} wa^{51} zem^{55}se^{55} kʰa^{55} dʑaŋ^{31}se^{55} o^{51}ȵe^{51}. bi^{35} gai^{51} lyt^{31}po^{51} tʰu^{55}se^{55} o^{35}ja^{51}

也 牙 龇 嘴巴 张 PRT 3sg AGT 身体 摇晃 那样

pe^{55}le^{51} tsʰo^{51} niŋ^{35}ka^{51} ku^{51} sen^{55}ge^{51} gai^{51} jaŋ^{55} lyt^{31}po^{51} tʰu^{55}se^{55} o^{35}ja^{51} o^{35}ȵe^{51}.

时候 湖 里面 GEN 狮子 AGT 也 身体 摇晃 那样 PRT

bi^{35} gai^{51} la^{51} zoŋ^{35}boŋ^{51} ga^{31}dʑi^{55} ga^{31}dʑi^{55} ŋor^{31}se^{55} pe^{55}le^{51} ma^{31}ra^{55} tsʰo^{51}

3sg AGT 手 抓 到处 到处 挠 时候 下来 湖

niŋ^{35}ka^{51} sen^{55}ge^{51} gai^{51} jaŋ^{55} ga^{31}dʑi^{55} ga^{31}dʑi^{55} ŋor^{31}se^{55} o^{35}ȵe^{51}. bi^{35} gai^{51}

里面 狮子 AGT 也 到处 到处 挠 PRT 3sg AGT

kʰa^{55} dʑaŋ^{31}se^{51} tʰan^{55}bu^{51} grai^{55}se^{51} pe^{55}le^{51} tsʰo^{51} niŋ^{35}ka^{51} sen^{55}ge^{51} jaŋ^{55}

嘴 张开 大 吆喝 时候 湖 里面 狮子 也

kʰa^{55} dʑaŋ^{31}se^{51} tʰan^{55}bu^{51} grai^{55} o^{35}ȵe^{51}. bi^{35} ȵø^{55}se^{51} ɕat^{55}pu^{55} ȵe^{51}. i^{55} ŋe^{35}

嘴巴 张开 大 吆喝 PRT 3sg 疯 说 AUX 2sg 1sg

le^{51} o^{35}ja^{51} mu^{55}tuk^{55} o^{35}ȵe^{51}. sen^{55}ge^{51} gai^{51} ɕom^{51} tsʰo^{51} niŋ^{35}ka^{51} ku^{51}

DAT 那样 对待 PRT 狮子 AGT 猛地 湖 里面 GEN

sen^{55}ge^{51} jar^{55}se^{51} zum^{35}toŋ^{55} wu^{51} ȵe^{51}. tsʰo^{51} ɕa^{55}ma^{55} bon^{35} ȵi^{51}. gok^{55}se^{51}

狮子 跳 扑 PFV AUX 水 长 浮 AUX 冷

lyt^{31}po^{51} tʰuk^{55} wu^{51} ȵi^{51}. ri^{31}boŋ^{55} le^{51} ɕat^{55}pu^{55}, wei^{31} ri^{31}boŋ^{55} sem^{55}tɕin^{51}

身体 发抖 PFV AUX 兔子 DAT 说 喂 兔子 野兽

ku^{51} pon^{55} ga^{31}dʑi^{55} ka^{51}ȵi^{51}? ri^{31}boŋ^{55} gai^{51} lan^{31}se^{51}pi^{55} wu^{51} ȵi^{51}. ŋe^{35} i^{55}

GEN 官 哪里 有 兔子 AGT 回答 PFV AUX 1sg 2sg

le^{51} kʰa^{55}la^{55} tʰoŋ^{55}se^{51} zi^{35}bi^{51}se^{51} ja^{51} ȵi^{51}? i^{55} bi^{35} le^{51} te^{55}la^{51} lyt^{31}po^{51}

DAT 骗 PRT 为什么 QUES AUX 2sg 3sg DAT 看 身体

ʐaŋ^{51}ja^{55}ʐaŋ^{51} bra^{55}tɕak^{55}se^{51} tʰuk^{55}~tʰuk^{55} ȵi^{51}. tsʰo^{51} niŋ^{35}ka^{51} ku^{51} sen^{55}ge^{51}

全部 害怕 发抖~REDUP AUX 湖 里面 GEN 狮子

te^{55} pe^{55}le^{51} tak^{55}pra^{55}ʐaŋ^{51} o^{35}ja^{51} tʰuk^{55} ȵi^{51}. wu^{55}mo^{51} bi^{35} jar^{55}se^{51} zum^{35}se^{51} te^{55}

看 时候 一直 那样 发抖 AUX 那 3sg 跳 扑 看

pe^{55}le^{51} zi^{35}ka^{35}ʐaŋ^{51} ma^{51} zum^{35}wu^{51} ȵi^{51}. da^{31}nuŋ^{51} bi^{35} tsik^{55}pa^{55}zai^{35} wu^{51}
时候 一点儿 NEG 扑 AUX 又 3sg 生气 PFV
ȵi^{51}. ri^{31}boŋ^{55} preu^{55} k^{h}a^{55}la^{55} t^{h}oŋ^{55}ȵi^{51}. ri^{31}boŋ^{55} gai^{51} ɕat^{55}pu^{55} ȵi^{51}. wu^{55}mo^{51}
AUX 兔子 小 骗 AUX 兔子 AGT 说 AUX 那个
sem^{55}tɕin^{51} i^{55} bra^{55}tɕak^{55} do^{51} bi^{35} p^{h}i^{55}zu^{55} ȵi^{51}. i^{55} ts^{h}i^{51} niŋ^{35}ka^{51} diŋ^{55}
野兽 2sg 害怕 PRES 3sg 藏 AUX 2sg 水 里面 深
ts^{h}e^{51} ka^{51} diŋ^{55} tsai^{55}la^{55} ȵi^{51} tsai^{55} doŋ^{55} jo^{51} ȵi^{51}. sen^{55}ge^{51} gai^{51}
很 LOC CONJ 找 AUX 找 抓 PROS AUX 狮子 AGT
da^{31}nuŋ^{51} ts^{h}i^{51} niŋ^{35}ka^{51} jar^{55} wu^{51} ȵi^{51}. ts^{h}i^{51}diŋ^{55} riŋ^{35}gu^{51} sen^{55}ge^{51} gai^{51}
又 水 里面 跳 PFV AUX 水 深 狮子 AGT
ɕa^{55}ma^{55} sai^{55} wu^{51} ȵi^{51}. sai^{55} pe^{55}le^{51} gok^{55} ȵi^{51} ɕi^{55} wu^{51} ȵi^{51}.
很多 游泳 PFV AUX 游泳 时候 冻 AUX 死 PFV AUX

它龇牙咧嘴，湖里的狮子也龇牙咧嘴；它晃动身体，湖里的狮子也晃动身体；它挥舞前爪，湖里的狮子也挥舞前爪；它张口大吼，湖里的狮子也张口大吼。它气得快疯了，说："你不能这样对待我！"它向湖里的狮子扑去。在湖中，狮子冻得浑身发抖，它很长时间才浮出水面。见到兔子后，它对兔子说："喂！兔子，哪有另外的兽王？"兔子回答道："我为什么要骗你呢？你看它害怕你了，在全身发抖呢。"狮子向下观望，看见湖里的狮子真的在发抖。它又扑了下去，但仍然什么也没有抓到。它非常生气，说："小兔子骗人。"兔子说："那个兽王怕你了，它藏起来了。你要在水深之处多找一会才能抓到它。"狮子又扑了下去，它在水底游了许多圈，越游越没力气，最后冻死了。

ts^{h}i^{51} niŋ^{35}ka^{51} tø^{35}ts^{h}ø^{51} ʐen^{55}ku^{51} bi^{35} ʐo^{35} bon^{35} wu^{51} ȵi^{51}. ri^{31}boŋ^{55} gai^{51}
水 里面 时间 长 3sg 遗体 浮 PFV AUX 兔子 AGT
k^{h}ar^{55}wa^{55} t^{h}i^{55} k^{h}o^{55}se^{51} sen^{55}ge^{51} ku^{51} ʐo^{35} tɕ^{h}ok^{55}ɣu^{55}se^{51} t^{h}ok^{55} ba^{51}
棍子 一 削 狮子 GEN 遗体 打捞 上来 藤
t^{h}ek^{55}ba^{51} ɕen^{51} put^{35}ka^{51} ma^{31}ra^{55} tɕ^{h}e^{55}pi^{51} wu^{51} ȵi^{51}. ri^{31}boŋ^{55} zak^{55}se^{51} tap^{55}se^{51}
绳子 树 干 下 吊 PFV AUX 兔子 高兴 回
ts^{h}aŋ^{51} maŋ^{55}ka^{51} ɣoŋ^{35} wu^{51} ȵi^{51}. ȵai^{31}la^{51} git^{55}pa^{51} k^{h}ai^{55}la^{55} t^{h}i^{55} ɣoŋ^{35} wu^{51}
窝 旁边 到达 PFV AUX 睡 舒服 老虎 一 来 PFV
ȵi^{51}. k^{h}ai^{55}la^{55} gai^{51} ri^{31}boŋ^{55} le^{51} ɕat^{55}pu^{55} ȵi^{51}. ŋe^{35} i^{55} ku^{51} a^{55}ma^{55} tʂ^{h}e^{55}
AUX 老虎 AGT 兔子 DAT 说 AUX 1sg 2sg GEN 母亲 吃
wu^{51} ɕo^{55} wu^{51} ȵi^{51}. ŋe^{35} sem^{55}tɕin^{51} ku^{51} pon^{55} t^{h}an^{55}bu^{51} t^{h}i^{55} ɕin^{51} ȵi^{51}.
PFV 来 PFV AUX 1sg 野兽 GEN 官 大 一 是 AUX

su^{51}t^{h}i^{55}jaŋ^{51} ŋe^{35} ku^{51} ȵa^{31}ka^{51} k^{h}ɑi^{55} mɑ^{31}rɑi^{55} ȵi^{51}. i^{55} ŋe^{35} le^{51} te^{55}lɑ^{51}
再 1sg GEN 上面 承认 NEG AUX 2sg 1sg DAT 看

mo^{55}nu^{51} ȵi^{51} zi^{55}pu^{51}zi^{31}ʐɑŋ^{55} mo^{55}nu^{51} ȵi^{51}. ŋe^{35} i^{55} tʂ^{h}e^{55} jo^{51} ȵi^{51}.
NEG AUX 尊敬 NEG AUX 2sg 1sg 吃 PROS AUX

ri^{31}boŋ^{55} gɑi^{51} ɕɑt^{55}pu^{55} ȵi^{51}. i^{55} sem^{55}tɕin^{51} ku^{51} pon^{55} t^{h}an^{55}bu^{51} ɕin^{51}
兔子 AGT 说 AUX 2sg 野兽 GEN 官 大 是

ŋɑ^{31}tɑŋ^{55} k^{h}ɑi^{55}loŋ^{55} wu^{51} ȵi^{51}. i^{55} sem^{55}tɕin^{51} ku^{51} pon^{55} t^{h}an^{55}bu^{51} t^{h}i^{55}
1pl 承认 AUX AUX 2sg 野兽 GEN 官 大 一

ŋe^{35} ri^{31}boŋ^{55} preu^{55}ɣu^{51} t^{h}i^{55} tʂ^{h}e^{55} ȵi^{51} me^{35}nɑŋ^{35} nɑŋ^{35}ts^{h}o^{55} gɑŋ^{55}po^{51}
1sg 兔子 小 一 吃 AUX 人们 大众 全部

git^{35}t^{h}ɑ^{55}ʐu^{55} jo^{51} ȵi^{51}. i^{55} gɑi^{51} o^{35}jɑ^{51} git^{35} ɕɑt^{55}se^{51} i^{55} ŋu^{35}ts^{h}ɑi^{55} ȵi^{51}
笑 PROS AUX 2sg AGT 这样 笑 说 2sg 害羞 AUX

mo^{55}nu^{51} wɑ^{51}? i^{55} gɑi^{51} sen^{55}ge^{51} le^{51} dʐen^{31}dor^{55} t^{h}oŋ^{55}ɑ^{51} sen^{55}ge^{51} tɕi^{51}
NEG QUES 2sg AGT 狮子 DAT 比赛 PRT 狮子 是

pɑ^{55}wu^{51} ɕin^{51}. k^{h}ɑi^{55}lɑ^{55} gɑi^{51} ɕɑt^{55}pu^{55} ȵi^{51}. sen^{55}ge^{51} sem^{55}tɕin^{51} ku^{51} pon^{55}
英雄 AUX 老虎 AGT 说 AUX 狮子 野兽 GEN 官

ɕin^{51}te^{51}. ji^{31}nɑ^{55}jɑŋ^{51} bi^{35} gɑi^{51} ŋe^{35} le^{51} ŋɑn^{31}pɑ^{51} mo^{55}nu^{51}. i^{55} ŋe^{35} le^{51}
是 但是 3sg AGT 1sg DAT 厉害 NEG 2sg 1sg DAT

ɑ^{31}ɕi^{55}tɑ^{55}pu^{51} ȵi^{51}. dɑ^{31}ɕi^{55} i^{55} tʂ^{h}e^{55} jo^{51} ȵi^{51}. i^{55} wɑ^{55}t^{h}oŋ^{55}dʐo^{51} ŋe^{35} le^{51}
祈求 AUX 今天 2sg 吃 PROS AUX 2sg 吹牛 1sg DAT

zi^{55}soŋ^{51} tsu^{55}ʐɑŋ^{51} mo^{55}nu^{51} ri^{31}boŋ^{55} gɑi^{51} lan^{31}se^{51} ȵi^{51}. i^{55} dɑ^{31}dɑ^{51} ɕɑt^{55}pu^{55}
尊敬 一点儿 NEG 兔子 AGT 回答 AUX 2sg 刚 说

sen^{55}ge^{51} ɕin^{51} sem^{55}tɕin^{51} ku^{51} pon^{55}. ŋe^{35} gɑi^{51} dɑr^{55}ro^{51} ɕi^{55}ȵe^{51}. k^{h}ɑi^{55}lɑ^{55}
狮子 是 野兽 GEN 官 1sg AGT 打 死 老虎

gɑi^{51} ɕɑt^{55}pu^{55} ȵi^{51}. ʐu^{51} gɑi^{51} lɑŋ^{55}pɑ^{55}tɕ^{h}e^{55} le^{51} gɑ^{55}go^{51} ɕɑt^{55}pu^{55}
AGT 说 AUX 老鼠 AGT 大象 DAT 话 说

ŋu^{35}ts^{h}ɑi^{55} ȵi^{51} mo^{55}nu^{51} wɑ^{51}? i^{55} gɑi^{51} sen^{55}ge^{51} dɑr^{55}ro^{51} ɕi^{55}ȵe^{51} zo^{35}
害羞 AUX NEG QUES 2sg AGT 狮子 打 死 遗体

gɑ^{31}dʑi^{55}kɑ^{51} nou^{35} wɑ^{51}ȵi^{35}? ŋe^{35} te^{55}~te^{55} jo^{51} ȵi^{35}. ri^{31}boŋ^{55} gɑi^{51}
哪里 在 QUES 1sg 看~REDUP PROS AUX 兔子 AGT

lan^{31}se^{51}pi^{55}. ri^{31}boŋ^{55} nɑ^{55}ge^{55}ʐɑŋ^{51} k^{h}ɑ^{55}lɑ^{55}t^{h}oŋ^{55} ȵi^{51} mo^{55}nu^{51} i^{55} gɑi^{55} te^{55}
回答 兔子 从来 撒谎 AUX NEG 2sg 出去 看

ȵi^{51}.
AUX

过了很长时间，狮子的尸体才漂浮上来。兔子用木棒把它捞上来，用藤绳吊在一棵树杈上。然后，它得意地回到窝边休息。睡得正香时，来了一只老虎。老虎对兔子说：“我是兽类之王，再也没有比我更厉害的了。你看都不看我一眼，也不尊敬我。我吃了你和你妈妈。”兔子说：“我们都承认，你是野兽之王。你一个大大的兽王却要吃掉一个小小的兔子，天下人都会嘲笑你的。你说这样的话，你不害羞吗？你和狮子去比比吧，它才是英雄呢。”老虎说：“狮子是兽王，但它也比不过我。不管你怎么说，我今天一定要把你吃掉。你说大话，对我太不礼貌了。”兔子回答道：“你刚才说狮子是兽王，它已经被我打死了。”老虎说：“你大言不惭，真不害羞。你打死了狮子，死狮子在哪里呢？你让我看看。”兔子回答说：“兔子从来不说假话，你不信就跟我来看看。”

ri^{31}boŋ^{55} gai^{51} k^{h}ai^{55}la^{55} p^{h}e^{55}tse^{51} ka^{31} wu^{51} ȵi^{51}. k^{h}ai^{55}la^{55} gai^{51} ɕat^{55}pu^{55}
兔子 AGT 老虎 半 走 PFV AUX 老虎 AGT 说
sen^{55}ge^{51} ku^{51} ʐo^{35} ga^{31}dʑi^{55}ka^{51} wa^{51}ȵi^{35}? i^{55} ŋe^{35} ga^{31}dʑi^{55}ka^{51} k^{h}u^{55}ru^{51}
狮子 GEN 遗体 哪里 QUES 2sg 1sg 哪里 带领
wa^{51}ȵi^{35}? k^{h}a^{55}la^{55} ma^{31}gai^{55} la^{51}! ŋe^{35} ta^{31}ta^{51} i^{55} tʂ^{h}e^{55}ȵi^{51} jo^{55} ȵi^{51}. ri^{31}boŋ^{55}
QUES 撒谎 NEG PRT 1sg 现在 2sg 吃 PROS AUX 兔子
gai^{51} ɕat^{55}pu^{55} ȵi^{51}. i^{55} ts^{h}ap^{55}ts^{h}ap^{55} ma^{31}re^{51}! ʐep^{31}gen^{51} ɣoŋ^{35} wu^{51}!
AGT 说 AUX 2sg 着急 别 马上 到达 PFV
ʐep^{31}gen^{51} ɣoŋ^{35} wu^{51}! bi^{35}naŋ^{55} mu^{35}t^{h}un^{55}se^{51} gai^{55}la^{51}. bi^{35}naŋ^{55} ts^{h}o^{51}
马上 到达 PFV 3sg：REFL 继续 走 3sg：REFL 湖
maŋ^{55}ka^{51} ɕen^{51} t^{h}an^{55}bu^{51} wa^{55}ka^{51} ɣoŋ^{35} wu^{51}. ri^{31}boŋ^{55} gai^{51} k^{h}ai^{55}la^{55} le^{51}
旁边 树 大 下 到达 PFV 兔子 AGT 老虎 DAT
ɕat^{55}pu^{55}. me^{31}me^{51} k^{h}ai^{55}la^{55} i^{55} gok^{55}te^{55} proŋ^{55}a^{51} ja^{55}ʐa^{51} te^{55}~te^{55}~te^{55}
说 爷爷 虎 2sg 头 抬 上 看~REDUP~REDUP
ȵi^{51}. k^{h}ai^{55}la^{55} ja^{55}ʐa^{51} te^{55}~te^{55}~te^{55} tɕe^{31}ga^{55}ʐaŋ^{51} sem^{51} ȵiŋ^{55}ka^{51}
AUX 老虎 上 看~REDUP~REDUP 全部 心 里面
par^{55}wu^{51} ȵi^{51}. ŋe^{35} sen^{55}ge^{51} ge^{51} ɕom^{51} preu^{55}ɣu^{51} ȵi^{51}. ri^{31}boŋ^{55}
吓 AUX 1sg 狮子 COMPR 力气 小 AUX 兔子
preu^{55}ɣu^{51} sen^{55}ge^{51} sot^{55} ɕi^{55}ȵe^{51}. ŋe^{35} dar^{55}ro^{51} ʐep^{31}gen^{51} xi^{55}nu^{55}ʐe^{35} jo^{51}. bi^{35}
小 狮子 杀 死 1sg 打 马上 可以 PROS 3sg
sam^{55}lo^{55} t^{h}oŋ^{55}t^{h}oŋ^{55}se^{51} t^{h}oŋ^{55}t^{h}oŋ^{55}se^{51} bra^{55}tɕak^{55}se^{51}. ge^{55}gen^{51}bra^{55}ʐaŋ^{51} bla^{51}
想 越 越 害怕 马上 影子

mo^{55}nu^{51}.　dɑ^{31}ɕi^{55}　sen^{55}ge^{51}　diŋ^{51}　k^{h}ɑi^{55}lɑ^{55}　ri^{31}boŋ^{55}　tʂø^{35}　mɑ^{31}te^{51}.
NEG　今天　狮子　CONJ　老虎　兔子　惹　NEG

兔子跟老虎走到半路，老虎说："狮子在哪里？你想把我领到哪里去呢？你不要再骗人了，我现在就吃掉你。"兔子说，"你不要着急。马上就到，马上就到。"它们继续向前走。到了湖边的树下，兔子骄傲地对老虎说："虎爷爷，你抬头仔细看。"老虎抬头一看，吓了一跳，心想："我比狮子力气还小一些，小小的兔子能打死狮子，更能打死我了。"它越想越害怕，一扭头就跑得没影没踪了。直到今天，狮子和老虎还不敢惹兔子呢。

（尼玛仁青讲述，2016.8.11）

3．野猫和青蛙

nɑː^{55}　hɑr^{55}bu^{51}　t^{h}i^{55}　nou^{35}ku^{51}　ȵi^{51}.　plaŋ^{55}　tap^{55}t^{h}i^{51}　tsai^{35}mɑ^{51}　zi^{35}kɑ^{35}ʐɑŋ^{51}
从前　野猫　一　有　AUX　天　一些　食物　一点

mo^{55}nu^{51}　ȵi^{51}.　kaŋ^{35}min^{55}ts^{h}e^{51}　prem^{35}ȵe^{55}　o^{51}.　wu^{55}tso^{51}　lo^{55}kɑ^{51}　lɑ^{55}kɑ^{51}　jar^{51}
NEG　AUX　非常　饿　PRES　这　对面　山　跳

wu^{55}mo^{51}　lo^{55}kɑ^{51}　lɑ^{55}kɑ^{51}　jar^{51}.　wu^{55}tso^{51}　k^{h}ap^{55}dɑŋ^{55}　ti^{55}kɑ^{55}　jar^{51}　wu^{55}mo^{51}
那　对面　山　跳　这　坡　到　跳　那

k^{h}ap^{55}dɑŋ^{55}　ti^{55}kɑ^{55}　jar^{51}.　miao^{55}　miao^{55}　gi^{35}　o^{51}.　ʐap^{55}　t^{h}i^{51}　hɑr^{55}bu^{51}　lɑ^{55}
坡　到　跳　喵　喵　叫　PRES　次　一　野猫　山

ze^{55}ki^{51}　mɑ^{55}ʐɑ^{51}　ʐɑi^{51}　wu^{51}.　ts^{h}i^{55}mɑ^{55}kɑ^{51}　ɣoŋ^{35}　pe^{55}le^{51}　tak^{55}tak^{55}pɑ^{51}　t^{h}i^{55}　doŋ^{55}
上　后　到达　PFV　河岸　到达　时候　青蛙　一　遇见

wu^{51}　tɕ^{h}e^{55}ȵi^{55}ku^{51}　sɑ^{55}　ȵi^{51}.　tak^{55}tak^{55}pɑ^{51}　kan^{55}nu^{55}　hɑr^{55}bu^{51}　bi^{51}　tɕ^{h}e^{55}
PFV　吃　想　AUX　青蛙　知道　野猫　3sg　吃

ts^{h}ɑ^{55}ʐu^{51}.　git^{35}t^{h}ɑ^{55}se^{55}　ɕat^{55}pu^{55}　i^{55}　dɑ^{31}ɕi^{55}　prem^{55}ȵe^{55}se^{55}　pu^{35}　gem^{55}se^{51}pi^{35}　do^{51}
掉　笑　说　2sg　今天　饿　又　渴　PRES

wɑ^{51}?　hɑr^{55}bu^{51}　lan^{31}se^{51}　o^{51},　ɕin^{51}　ŋe^{35}　plaŋ^{55}　tap^{55}t^{h}i^{51}　do^{51}　mɑ^{51}　zɑ^{55}　o^{51}.
QUES　野猫　回答　PRES　是　1sg　天　一些　饭　NEG　吃　PRES

tak^{55}tak^{55}pɑ^{51}　ɕat^{55}pu^{55}　ŋe^{35}　i^{55}　nop^{55}ti^{51}　do^{55}　ŋreŋ^{35}　do^{55}　tʂ^{h}e^{51}pi^{35}　o^{51}.
青蛙　说　1sg　2sg　晚　饭　饱　饭　吃　PRES

hɑr^{55}bu^{51}　sem^{55}　ȵi^{51}　tak^{55}tak^{55}pɑ^{51}　kam^{55}　t^{h}i^{55}kɑ^{51}　tɕ^{h}e^{55}　na^{55}ȵi^{51}　ŋreŋ^{35}
野猫　想　AUX　青蛙　口　一　吃　可以　饱

mo^{55}nu^{51}.

NEG

从前，有一只野猫，好几天没有找到食物了，所以非常饿。它在山上来回跑动，喵喵乱叫。野猫到了山下，在河岸遇见一只青蛙，于是想把它吃掉。青蛙知道野猫想吃掉自己，笑着问道："你今天又饿又渴？"野猫回答说："是的，我已经很多天没吃饭了。"青蛙说："那晚上我请你吃饭吧。"野猫想："如果吃青蛙的话，我一口就能吃下去，但那还是吃不饱。"

tap^{55}se^{55} ŋrei^{35} o^{51} i^{55} n̥i^{55}le^{51} ge^{55}bɑŋ^{51} ŋø^{55} tø^{51}tsɑi^{55}mɑ^{51} zi^{55}pi^{51}ku^{55}
着急 问 PRES 2sg 东西 些 1sg 食物 什么

nou^{35}? tak^{55}tak^{55}pɑ^{51} ɕat^{55}pu^{55} har^{55}bu^{51} i^{55} lem^{35}nɑŋ^{55} mɑŋ^{55}kɑ^{51} pʰi^{55}se^{51}
有 青蛙 说 野猫 2sg 路 旁边 躲

te^{35}zu^{51}wɑ^{55}. plɑŋ^{51} tʰin^{55} pe^{55}le^{51} bu^{55}tsɑ^{51} tʰi^{55} lɑ^{55}kɑ^{51} do^{51}tsɑi^{55} mɑ^{51}ɕe^{31}se^{51}
等待 太阳 落 时候 小孩 一 手里 食物 拿

ɑ^{55}pɑ^{55} le^{51} nop^{55}ti^{51} do^{55} ɕu^{55}kʰu^{55}ʐu^{51}. tak^{55}tak^{55}pɑ^{51} lem^{35}nɑŋ^{55} but^{35}kɑ^{51} bu^{55}tsɑ^{51}
爸爸 BEN 晚 饭 送 青蛙 路 中间 小孩

gɑi^{55} n̥in^{35}kɑ^{51} te^{35}zu^{51} bu^{55}tsɑ^{51} gɑi^{51} dzo^{51}n̥i^{55}ʐu^{51} gɑi^{55}se^{51} tak^{55}tak^{55}pɑ^{51} le^{51}
过来 里面 等 小孩 AGT 不小心 走 青蛙 DAT

tɕʰɑk^{55}pi^{55}o^{51}. bu^{55}tsɑ^{51} tɕɑk^{55} gɑi^{55}se^{51} ʐi^{35}gɑi^{55} o^{51}. bu^{55}tsɑ^{51} ku^{51} lɑ^{55} kɑ^{51}
踩 孩子 害怕 走 摔 PRES 孩子 GEN 手 LOC

do^{51}ɕin^{55}kʰɑn^{55} mɑŋ^{55}kɑ^{51} joŋ^{35}ku^{55}le^{55}tɕʰi^{51} har^{55}bu^{51} mɑŋ^{55}ni^{55}kɑ^{51} ʐɑi^{55} o^{51}.
饭盒 旁边 恰好 野猫 旁边 摔 PRES

野猫着急地问："你有什么东西让我吃吗？"青蛙就让野猫躲藏在路边。太阳落山时，一个小孩拿着饭盒给种地的父亲去送晚饭。青蛙在路中间等着小孩，小孩不小心，一脚踩到了青蛙，他吓了一跳，栽了个大跟斗，手里的饭盒正好掉在路边的野猫身边。

har^{55}bu^{51} gɑi^{51} dʑok^{35}pu^{55} ŋreŋ^{35}ti^{51} zɑi^{55} o^{51}. bu^{55}tsɑ^{51} ɑn^{55}pɑ^{51} tɕi^{55}
野猫 AGT 快 饱 吃 PRES 小孩 严重 跌倒

ŋɑ^{31}tɑŋ^{55} jɑ^{55}ʐɑ^{51} lɑŋ^{55}wu^{51}. bu^{55}tsɑ^{51} gɑi^{55} tsʰɑ^{55} pe^{55}le^{51} tak^{55}tak^{55}pɑ^{51} har^{55}bu^{51}
慢慢 上 站 小孩 走 完 时候 青蛙 野猫

n̥i^{55}kɑ^{51} ɣoŋ^{35} wu^{51}. har^{55}bu^{51} tʰo^{55}ʐɑ^{55}ʐi^{55} tsʰu^{55}ʐɑ^{55}ʐi^{55} bi^{55}zu^{51} o^{55}. ŋrei^{35} pe^{55}le^{51}
面前 到达 PFV 野猫 这边 那边 躺 PRES 问 时候

i^{55} zi^{35}bi^{51}to^{51}? har^{55}bu^{51} gɑi^{51} ɕat^{55}pu^{55}, ŋe^{35} so^{55}lo^{55} tɕʰe^{55}se^{51} ke^{55}pɑ^{55} ŋe^{55}se^{51}
2sg 干什么 野猫 AGT 说 1sg 辣椒 吃 肚子 疼

ŋe^{35}kʰe^{55}se^{55}pi^{55} do^{51}. tɑk^{55}tɑk^{55}pɑ^{51} gai^{51} ɕat^{55}pu^{55} ŋe^{35} i^{55} le^{51} tsai^{35}mɑ^{51} ɕe^{55}
拉肚子 PRES 青蛙 AGT 说 1sg 2sg BEN 食物 拿
tø^{35}se^{51} tɕʰɑk^{55}bi^{55}se^{51} lyt^{31}po^{51} ʐɑŋ^{31}dʑoŋ^{55} gre^{55} do^{51}.
时间 踩 身体 完全 疼 PRES

野猫吃了小孩子的饭，吃饱了。小孩摔得特别严重，很久才爬起来。小孩走后，青蛙来到野猫面前，就看见野猫在地上滚来滚去，便问："你在干什么？"野猫说："我吃到了辣椒，肚子疼，还拉肚子。"青蛙说："我为了让你吃饱饭，被踩得浑身疼痛。"

wu^{55}tso^{55} sem^{55}tɕin^{51} nai^{35} tʰi^{55} nap^{55}ba^{55}pi^{55} o^{51} tʰi^{55} ŋe^{35} o^{51}. sa^{55}tɕʰɑ^{55}
这 动物 二 一 受伤 PRES 一 病 PRES 地方
tsʰɑi^{55}se^{51} ŋe^{35}so^{51}pi^{55} o^{51}. oŋ^{35}mu^{55}ge^{51} har^{55}bu^{51} gai^{51} bru^{51} diŋ^{51} pak^{55}ɕen^{55}
找 休息 PRES 从此 野猫 AGT 粮食 CONJ 蔬菜
jaŋ^{51} mɑ^{51} tɕʰe^{51} tɑk^{55}tɑk^{55}pɑ^{51} ku^{51} lɑ^{55} nøn^{55}bi^{55}se^{51} tʰoŋ^{55}gu^{51} ɕoŋ^{55} o^{51}
也 NEG 吃 青蛙 GEN 手 压 短 变 PRES
dʑap^{35} ku^{51} li^{35}min^{51} tɕʰɑk^{55} bi^{55}se^{51} ʐiŋ^{35}gu^{51} ɕoŋ^{55} o^{51}. gok^{31}te^{51} diŋ^{51}
后面 GEN 腿 踩 压 长 变 PRES 头 CONJ
lyt^{31}po^{51} tɕʰɑk^{55} bi^{55}se^{51} lep^{55}daŋ^{55} ɕoŋ^{55} o^{51} me^{55}loŋ^{55} tɕʰɑk^{55} bi^{55}se^{51}
身体 踩 压 短 变 PRES 眼睛 踩 压
tɕʰi^{55}kɑ^{51} ɕoŋ^{55} o^{51}.
外出 变 PRES

它们两个，一个生病了，一个受伤了，于是各自找地方休息去了。从此，野猫再也不敢吃粮食和蔬菜了。青蛙前面的腿被踩得短短的，后面的腿被踩得长长的，头和身子被踩得扁扁的，眼睛被踩得凸了出来。

plaŋ^{55} tap^{55} tʰi^{51} ȵin^{55}kɑ^{51} dɑ^{31}noŋ^{51} tap^{55}se^{51} tɑk^{55}tɑk^{55}pɑ^{51} tʂʰɑk^{55}pu^{51}. dɑ^{31}nuŋ^{51}
天 些 一 去 又 返回 青蛙 遇到 又
bi^{35} tɕʰe^{55}ku^{51} sɑ^{55}mo^{51}. kʰɑ^{55}lɑ^{55} tʰoŋ^{55}se^{51} le^{55}se^{51} ŋrei^{35} o^{51}, i^{55} ȵin^{31}ti^{51}
3sg 吃 想 装 PRT 好心 问 PRES 2sg 白天
gɑ^{31}dʑi^{55} ȵai^{55} do^{51}? tɑk^{55}tɑk^{55}pɑ^{51} tsʰop^{55}se^{51} o^{55}mo^{51} ɕen^{51} tsaŋ^{51} kʰɑ^{55}tɕaŋ^{51}
哪里 睡觉 PROS 青蛙 指 那 树 刺 口
ȵiŋ^{51}ȵi^{55}kɑ^{51} ȵai^{55} do^{51}. ŋe^{35} ȵin^{31}ti^{51} wu^{55}tso^{51} ɕen^{51} ku^{51} gaŋ^{35} ȵi^{55}kɑ^{51} ȵai^{55}
里面 睡觉 PRES 1sg 白天 这 树 GEN 洞 里 睡觉
do^{51}. no^{31}gor^{35} aŋ^{55}doŋ^{55}ȵi^{55} ɕen^{51} ze^{55}kɑ^{51} brat^{55}gai^{55} o^{51}. tsaŋ^{51} gai^{51} tsʰo^{55}
PRES 明天 第二 树 上 爬 PRES 刺 AGT 扎

gren^{55} o^{51}. tak^{55}tak^{55}pa^{51} ɕa^{55}ma^{55} ts^{h}ai^{55} o^{51}. ɕen^{51} gaŋ^{35} jaŋ^{51} mo^{55} doŋ^{55}
疼 PRES 青蛙 很久 找 PRES 树 洞 也 NEG 遇到
wu^{51}. tak^{55}tak^{55}pa^{51} ku^{51} bla^{51} jaŋ^{51} mo^{55} doŋ^{55} wu^{51}.
PFV 青蛙 GEN 影子 也 NEG 遇到 PFV

几天后，野猫再次遇到了青蛙，仍然想吃掉它。于是野猫假装关心地问：“你白天在哪里睡觉？”有一棵树上面长满了刺，青蛙指着长满刺的树洞说：“我白天就在这个树洞里睡觉。”第二天，野猫爬树找青蛙，被树刺扎得很疼。找了很久，它既没见到树洞，也没有见到青蛙。

tak^{55}tak^{55}pa^{51} tsai^{35} nam^{55} ts^{h}ai^{55}ti^{51} ʐai^{55} pe^{55}le^{51} tap^{55}se^{51}ʐa^{55} har^{55}bu^{51}
青蛙 食物 晚上 找 去 时候 又 野猫
tʂ^{h}ak^{55}pu^{51}. ŋe^{35} ɕat^{55}pu^{51} ȵin^{31}ti^{51} su^{55} ŋe^{35} tɕ^{h}e^{55}ku^{51} sa^{55}mo^{51} wa^{51}? ŋe^{35} ti^{55}le^{55}
遇到 1sg 说 白天 谁 1sg 吃 想 QUES 1sg 一直
mla^{51} p^{h}oŋ^{55} t^{h}oŋ^{55}o^{51}. ʑo^{31}ga^{51} bi^{55} ŋe^{35} le^{55} tɕ^{h}e^{55} ma^{51} tai^{51} la^{51}. har^{55}bu^{51}
箭 射击 PFV 以后 3sg 1sg ACC 吃 NEG 敢 IMP 野猫
tsaŋ^{51} gai^{51} ts^{h}o^{55}pi^{55} o^{51}. sem^{51} niŋ^{35}ka^{51} kan^{55}nu^{55} la^{51} k^{h}a^{55}ga^{55} ɕat^{55} ma^{51}
刺 AGT 扎 PRES 心 里面 明白 IMP 嘴里 说 NEG
tai^{51} o^{51}. da^{31}nuŋ^{51} tak^{55}tak^{55}pa^{51} tɕ^{h}e^{55}ku^{51} sa^{55}mo^{51}. o^{55}mo^{55}ke^{51} da^{31}se^{51} ŋrei^{35}
敢 PRES 又 青蛙 吃 想 于是 还 问
o^{51} o^{55}ja^{55} i^{55} no^{31} ga^{31}dʑi^{55} ȵai^{55} do^{51}? tak^{55}tak^{55}pa^{51} gai^{51} sa^{55} ze^{55}ka^{51}
PRES 那么 2sg 明天 哪里 睡 PRES 青蛙 AGT 地 上面
ɕoŋ^{55}ŋo^{51} gaŋ^{35} t^{h}i^{35} ȵi^{35} ȵik^{55}se^{51} doŋ^{55}ȵi^{55} ɕat^{55}ȵi^{51}, ŋe^{35} ku^{51} li^{31}min^{51}
黄蜂 洞 那 有 遇到 又 说 1sg GEN 腿
ma^{55}ȵa^{55}mo^{51} ɕen^{51} ze^{55}ka^{51} brat^{55} ma^{51} tai^{51}. no^{31}gor^{51}ge^{51} ŋe^{51} sa^{55}ka^{55} gaŋ^{35}
不方便 树 上面 爬 NEG 敢 明天 1sg 土 洞
niŋ^{35}ka^{51} ŋe^{31}so^{51} zuk^{51} jo^{51}. o^{55}tsa^{55} gaŋ^{35} niŋ^{35}ka^{51} ɕoŋ^{55}ŋo^{51} tɕ^{h}e^{55}se^{51} zuk^{51}
里面 休息 居住 PROS 这里 洞 里面 黄蜂 吃 居住
jo^{51}. dʑin^{31}da^{55}pu^{51} sem^{55}tɕin^{51} gai^{51} no^{55} na^{55}gai^{51}. har^{55}bu^{51} gai^{51}
PROS 但是 野兽 AGT NEG 打扰 野猫 AGT
ha^{55}tɕ^{h}at^{55}se^{51} ŋrei^{35} o^{51} i^{55} ɕoŋ^{55}ŋo^{51} gai^{51} tɕ^{h}e^{55}se^{51} bra^{55}tɕak^{55} ma^{55}nu^{55}
惊讶 问 PRES 2sg 黄蜂 AGT 吃 怕 NEG
wa^{51}? tak^{55}tak^{55}pa^{51} gai^{51} lan^{31}se^{51}pi^{55} o^{51} ŋe^{35} ɕoŋ^{55}ŋo^{51} tɕ^{h}e^{55} pe^{55}le^{51}
QUES 青蛙 AGT 回答 PRES 1sg 黄蜂 吃 时候

bra^{55}zi^{35}tɕak^{55} jo^{51}? har^{55}bu^{51} gai^{51} tak^{55}tak^{55}pa^{51} ɕat^{55} pe^{55}le^{51} bi^{35} ku^{51} sem^{55}
怕什么 PROS 野猫 AGT 青蛙 说 时候 3sg GEN 心
niŋ^{35}kɑ^{51} tsu^{55}t^{h}i^{55} bra^{55}tɕak^{55} o^{51}. bi^{35} ti^{35}te^{31}se^{51} sam^{55}lo^{55} t^{h}oŋ^{55}t^{h}oŋ^{55}se^{51}.
里面 一点 怕 PRES 3sg 走 想 反复
tak^{55}tak^{55}pa^{51} ʐɑŋ^{55} ɕoŋ^{55}ŋo^{51} le^{51} bra^{55}tɕak^{55} mo^{55}no^{55} lɑ^{51}. ŋe^{35} jaŋ^{55}
青蛙 自己 黄蜂 ACC 害怕 NEG IMP 1sg 也
bra^{55}ma^{55}tɕak^{55}.
不怕

晚上，青蛙找食物时又遇见了野猫，于是对它说："白天的时候有人想吃我，我一直用箭射它，以后它再也不敢了！"因为被刺扎了，野猫心里明白，但又不敢说出来。它仍然想吃掉青蛙，于是又问："明天你在哪里睡觉？"青蛙指着地上的土蜂洞说："我不方便爬树，明天开始就在洞内休息。在这里既可以吃土蜂，又不会被别的动物打扰。"野猫吃惊地问："你不怕土蜂蜇你吗？"青蛙回答："土蜂我都敢吃，怕什么？"野猫听青蛙这么一说，心里有点害怕，它边走边想："青蛙都不怕土蜂，我也不怕。"

no^{31}gor^{35} ɑŋ^{55}doŋ^{55}ȵi^{55} ts^{h}o^{55}ʐɑn^{55} ȵiŋ^{55}kɑ^{51} har^{55}bu^{51} ʐɑi^{55} o^{51}. bi^{35} ŋɑ^{31}nɑŋ^{51}
明天 第二 上午 里面 野猫 来 PRES 3sg 悄悄地
ɕoŋ^{55}ŋo^{51} gɑŋ^{35} mɑŋ^{55}kɑ^{51} oŋ^{55} pe^{55}le^{51} te^{55}ru^{51} ts^{h}ɑ^{55} mɑ^{51} te^{55} wu^{51}.
黄蜂 洞 旁边 到达 时候 看 完 NEG 看 PFV
o^{55}mu^{55}ke^{51} jɑ^{55} oŋ^{55} pe^{55}le^{51} ɕoŋ^{55}ŋo^{51} ku^{31} ts^{h}ɑŋ^{55}kɑ^{51} git^{35}t^{h}i^{55}se^{51} to^{55}ʐɑ^{55}
那样 跑 到达 时候 黄蜂 GEN 窝 一下 钻
o^{51}. ɕoŋ^{55}ŋo^{51} ku^{31} ts^{h}ɑŋ^{55} ʐɑŋ^{35} gɑŋ^{55}ʐɑŋ^{55} to^{55}ʐɑ^{55}se^{51}. ɕoŋ^{55}ŋo^{51} ʐɑŋ^{55}ku^{51}
PRES 黄蜂 GEN 窝 自己 洞 钻 黄蜂 自己
bra^{55}tɕak^{55} o^{51}. o^{55}mu^{55}ke^{51} p^{h}en^{55} ʐɑi^{55}se^{51} zu^{35}p^{h}u^{55}se^{51} tɕ^{h}e^{55} pe^{55}le^{51} lyt^{35}po^{51}
害怕 PRES 那样 飞 来 一起 吃 时候 身体
ʐɑŋ^{35} bø^{35} ȵi^{51}. nop^{55}ti^{55} tak^{55}tak^{55}pa^{51} tsai^{35}ma^{51} ts^{h}ɑi^{35}se^{51} ʐɑi^{35} pe^{55}le^{51} tap^{55}se^{51}
都 肿 AUX 晚上 青蛙 食物 找 来 时候 返回
ʐɑŋ^{35} har^{55}bu^{51} tʂ^{h}ɑk^{55}pu^{51}. ɑi^{51} dɑ^{31}ɕi^{55} ŋe^{35} ŋe^{35}so^{51} pe^{55}le^{51} su^{55} ŋe^{35} tɕ^{h}e^{55}ku^{51}
自己 野猫 遇到 哎 今天 1sg 休息 时候 谁 1sg 吃
sɑ^{55}mo^{51} wɑ^{51}? ŋe^{35} ku^{51} dʑe^{35}mɑ^{51} ȵin^{55}kɑ^{51} tot^{55}se^{51} liu^{55} ʐeŋ^{35} dʐo^{51} oŋ^{55}
想 QUES 1sg GEN 沙子 里面 烧 红 撒 PROS 去
pe^{55}le^{51} bi^{35} ɕy^{51}ȵi^{55} wu^{51}. te^{35} tɑ^{35} ŋe^{35} tɕ^{h}e^{55}ti^{51} tɑi^{55} mɑ^{51} tɑi^{55} wɑ^{51}? har^{55}bu^{51}
时候 3sg 伤 PFV 看 后 1sg 吃 敢 NEG 敢 QUES 野猫

sem^{51} niŋ^{35}ka^{51} kan^{55}nu^{55} la^{51}. k^{h}a^{55}ga^{55} ɕat^{55} ma^{51} tai^{51} o^{51}. har^{55}bu^{51} gai^{51}
心 里面 明白 IMP 嘴里 说 NEG 敢 PRES 野猫 AGT
tak^{55}tak^{55}pa^{51} kaŋ^{35}min^{55}ts^{h}e^{51} k^{h}ai^{55}pa^{51} ȵi^{51}ȵik^{51} sa^{55}mo^{51}. o^{55}mu^{55}ke^{51} gu^{35}zu^{55}se^{51}
青蛙 非常 聪明 AUX 想 那样 躲
tak^{55}tak^{55}pa^{51} le^{51} gø^{35} ma^{51} tai^{51} o^{51}. t^{h}a^{55}riŋ^{35}gu^{51} tai^{51} o^{51} na^{55}tiŋ^{51} ta^{31}ta^{51}
青蛙 ACC 惹 NEG 敢 PRES 远 敢 PRES 一直 现在
pe^{55}ka^{51} po^{55}ʐen^{55} niŋ^{35}ka^{51} har^{55}bu^{51} ɕa^{55}ma^{55} ȵo^{55}ȵi^{51} tak^{55}tak^{55}pa^{51} noŋ^{55}pu^{51} ȵo^{35}
到 森林 里面 野猫 许多 有 青蛙 少 有
ȵi^{51}.
AUX

第二天上午，野猫又来了，它悄悄地走到蜂洞，看都没看，一下子就钻进洞里。蜂窝被撞破了，土蜂受到惊吓，全都来蜇野猫，它全身都被蜇肿了。晚上，青蛙找食物的时候又遇见了野猫，对它说："唉，我今天睡觉的时候，感觉有人想吃我，所以我把烧红的沙子向它撒了过去，它被烫伤了，看它还敢不敢来吃我。"野猫心里明白，但不敢说话。野猫知道青蛙聪明，从此以后，就躲得远远的，不敢再惹青蛙了。所以，直到今天，森林里有野猫，却很少见到青蛙。

（尼玛仁青讲述，2016.8.11）

4. 野鸡和乌鸦

na:^{55} gre^{55}k^{h}a^{51} diŋ^{51} ak^{55}pu^{51} gai^{51} to^{55}saŋ^{55} tɕ^{h}a^{55}po^{51} le^{55}xu^{55} ɕin^{51}.
从前 野鸡 CONJ 乌鸦 AGT 朋友 对 好 是
bi^{35}naŋ^{55} ȵin^{31}ti^{51} bre^{55} tsa^{55}t^{h}aŋ^{55} tsai^{35}ma^{51} ts^{h}ai^{55} dʑo^{51} gai^{55} wu^{51} ȵi^{51}.
3sg：REFL 白天 谷物 一起 食物 找 PROS 去 PFV AUX
nop^{55}ti^{55} te^{31}ga^{51} zuk^{55} wu^{51} ȵi^{51}. gre^{55}k^{h}a^{51} se^{55}re^{55}ko^{55}re^{55} po^{55}ʐen^{55} niŋ^{35}ka^{51}
晚上 CAUS 住 PFV AUX 野鸡 勤快 森林 里面
gai^{55} dʑo^{51} ȵi^{51}. ŋon^{51} niŋ^{35}ka^{51} gai^{55} dʑo^{51} ȵi^{51}. gun^{51} diŋ^{51} tak^{55}tak^{55}pa^{51}
去 PROS AUX 草 里面 去 PROS AUX 虫子 CONJ 青蛙
ʑa^{35} ku^{55} k^{h}a^{55}lum^{51} tsai^{35}se^{51} ɕo^{55} ȵi^{51}. ak^{55}pu^{51} gai^{51} ȵin^{31} ɕen^{51} ze^{55}ka^{51}
鸟 GEN 蛋 找 来 AUX 乌鸦 AGT 白天 树 上
diŋ^{51} nam^{35} ze^{55}ka^{51} p^{h}en^{55}se^{51} dʑo^{51} wu^{51} ȵi^{51}. a^{55} a^{55} gre^{55} tsu^{51}wu^{51}
CONJ 天 上 飞 PROS PFV AUX 啊 啊 叫 少

tsai^{35}mɑ^{51} zi^{35}kɑ^{35}ʐɑŋ^{51} tsai^{55} wu^{51} ȵi^{51}. ɑk^{55}pu^{51} gɑi^{51} gre^{55}kʰɑ^{51} tsai^{35}mɑ^{51}
食物 一点儿 找 PFV AUX 乌鸦 AGT 野鸡 食物

niŋ^{35} kɑ^{51}gun^{51} diŋ^{51} tɑk^{55}tɑk^{55}pɑ^{51} ʐɑ^{35} ku^{51} kʰɑ^{55}lum^{51} tsai^{55} wu^{51} ȵi^{51}.
里面 虫子 CONJ 青蛙 鸟 GEN 蛋 找 PFV AUX

gre^{55}kʰɑ^{51} to^{55}sɑŋ^{55} kʰɑ^{55}tɑŋ^{51} tu^{51} wu^{51} ȵi^{51}. ŋɑ^{35}nɑŋ^{55} ŋreŋ^{35} pʰe^{55} wu^{51} ȵi^{51}.
野鸡 朋友 宽容 是 PFV AUX 1sg：REFL 饱 可以 PFV AUX

tø^{35}tsʰø^{51} ʐiŋ^{35}gu^{51} ɑk^{55}pu^{51} gɑi^{51} ɕɑ^{55} tʂʰe^{55} wu^{51} kit^{55} wu^{51} ȵi^{51}. pʰen^{55}se^{51}
时间 长 乌鸦 AGT 肉 吃 PFV 喜欢 PFV AUX 飞

kit^{55} wu^{51} ȵi^{51} sɑ^{55}tɕʰɑ^{55} tʰɑn^{55}bu^{51} pʰen^{55} kit^{55} wu^{51} ȵi^{51}. gre^{55}kʰɑ^{51} ʂu^{55}
喜欢 PFV AUX 地方 大 飞 喜欢 PFV AUX 野鸡 菜

tʂʰe^{55} kit^{55} wu^{51} ȵi^{51} pʰen^{55}se^{51} kit^{55} wu^{51} mo^{55}nu^{51} ji^{31}nai^{55}jɑŋ^{51} po^{55}ʐen^{55}
吃 喜欢 PFV AUX 飞 喜欢 PFV NEG 但是 森林

tɕʰuŋ^{55} kit^{55} wu^{51} ȵi^{51}.
跑 喜欢 PFV AUX

从前，野鸡和乌鸦是一对好朋友。白天它们一起去寻找食物，晚上则同吃同住。野鸡勤快，每天穿过森林，钻过草丛，收获虫子、青蛙和鸟蛋等食物。乌鸦贪玩，每天在树上、天上飞来飞去，呱呱乱叫，找来的食物也少。从野鸡找来的食物中，乌鸦挑选着吃。野鸡对朋友的挑食很宽容，它认为自己吃饱肚子就行了。久而久之，乌鸦喜欢吃荤，喜欢飞翔，喜欢在空旷的地方活动；野鸡喜欢吃素，不喜欢飞翔，喜欢在森林里活动。

plɑŋ^{51} tʰi^{55} kɑ^{51} ɑk^{55}pu^{51} gɑi^{51} gre^{55}kʰɑ^{51} ɕɑt^{55}pu^{55} wu^{51} ȵi^{51}. ŋɑ^{31}tɑŋ^{55}nɑi^{31}
天 一 LOC 乌鸦 AGT 野鸡 说 PFV AUX 1dl

dʐen^{31}dor^{55}tʰoŋ^{55} dʑo^{51} o^{55}ȵi^{51}. tʰun^{55}pu^{51} diŋ^{51} tʰɑ^{55}riŋ^{35}gu^{51} su^{55} pʰen^{55}se^{51}?
比赛 PROS AUX 高 CONJ 远 谁 飞

dʑo^{31}gɑ^{51} gre^{55}kʰɑ^{51} pʰɑ^{55}mo^{51}. ɑk^{55}pu^{51} dʐɑi^{31} wu^{51} ȵi^{51}. gre^{55}kʰɑ^{51} git^{35}tʰɑ^{55}
后来 野鸡 输 乌鸦 赢 PFV AUX 野鸡 笑

ɕɑt^{55}pu^{55}. i^{55} zi^{35}tsen^{55} zɑ^{55}se^{51} dʑɑk^{35}bɑ^{51}, tʰun^{55} jɑŋ^{55} mɑ^{51} to^{51} tʰɑ^{55}riŋ^{35} jɑŋ^{55}
说 2sg 什么 吃 胖 高 也 NEG PRT 远 也

mɑ^{51} to^{51} pʰen^{55}se^{51}. gre^{55}kʰɑ^{51} gɑi^{51} lu^{55} mo^{51} dʑo^{51}. dɑ^{31}nuŋ^{51} ku^{31}kɑp^{51}
NEG PRT 飞 野鸡 AGT 服气 NEG PROS 再 机会

tsai^{55}se^{51} dʐen^{31}dor^{55} tʰoŋ^{55}tɕo^{31}o^{55} ȵi^{51}. gre^{55}kʰɑ^{51} gɑi^{51} ɑk^{55}pu^{51} le^{51} ɕɑt^{55}pu^{55},
找 比赛 反复地 PRT 野鸡 AGT 乌鸦 DAT 说

no^{31}gor^{35} ŋɑ^{31}tɑŋ^{55} gir^{55} su^{55} ku^{51} get^{55} tʰɑn^{55}bu^{51} su^{55} ku^{51} get^{55} mɑŋ^{35}, su^{55}
明天 1pl 叫 谁 GEN 声音 大 谁 GEN 声音 多 谁

ku^{51} get^{55} ɕɑ^{55}mɑ^{55}. ɑk^{55}pu^{51} gɑi^{51} mu^{35}t^{h}un^{55}nu^{51}.

GEN 声音 长 乌鸦 AGT 同意

一天，乌鸦对野鸡说：“咱们比比，看谁飞得又高又远。”结果，野鸡输了。得胜的乌鸦嘲笑说：“你什么都吃，吃得太胖，飞不高，飞不远。”野鸡不服气，想找机会再比一次。野鸡对乌鸦说，“咱们明天比赛喊叫，看谁的声音洪亮，叫的次数多，叫的时间长。”乌鸦同意了。

gre^{55}k^{h}ɑ^{51} nop^{55}ti^{55} do^{51} ze^{55} ts^{h}ɑ^{55} nɑ^{55}oŋ^{55} ȵɑi^{31}lɑ^{51}. ɑk^{55}pu^{51} gɑi^{51} ɕɑ^{51}

野鸡 夜晚 饭 吃 完 早 睡 乌鸦 AGT 肉

mu^{35}t^{h}un^{55}se^{51} tʂ̥^{h}e^{55} wu^{51} sɑm^{55}lo^{55} wu^{51} ȵi^{51}. ŋreŋ^{35} get^{55} gir^{35}pɑ^{51} ŋreŋ^{35} ze^{55}

继续 吃 PFV 想 PFV AUX 饱 声音 叫 饱 吃

do^{51} no^{31}gor^{35} dʐ̥en^{31}dor^{55}t^{h}oŋ^{55} dʐ̥o^{51} sɑm^{55}lo^{55} ȵi^{51}. bi^{35} ɕɑ^{51} tʂ̥^{h}e^{55}

PROS 明天 比赛 PRES 想 AUX 3sg 肉 吃

ku^{51}mɑŋ^{35} ze^{51} ke^{55}pɑ^{51} ŋreŋ^{35}ȵi^{55} wu^{51} ke^{55}pɑ^{51} bø^{35}se^{51}. sen^{55}di^{51} t^{h}i^{51} ȵɑi^{31}lɑ^{51}

多 吃 肚子 饱 PFV 肚子 胀 晚 一 睡

mo^{55}nu^{51}. no^{31}gor^{35} ɑŋ^{55}ȵi^{55} gre^{55}k^{h}ɑ^{51} lɑŋ^{31}se^{51} ɑk^{55}pu^{51} le^{51} ɕɑ^{55} wu^{51} ȵi^{51}.

NEG 明天 第二 野鸡 起床 乌鸦 DAT 喊 PFV AUX

dʐ̥en^{31}dor^{55} ko^{55}tsu^{55} pe^{55}le^{51} gre^{55}k^{h}ɑ^{51} gɑi^{51} tɕi^{55}li^{55} tɕi^{55}li^{55} gri^{35} wu^{51} ȵi^{51}.

比赛 开始 时候 野鸡 AGT 叽里 叽里 叫 PFV AUX

grei^{35} pe^{55}le^{51} doŋ^{55}pɑ^{51} liu^{35}se^{51} tɑk^{55}pɑ^{51} t^{h}ɑn^{35}bu^{55}se^{51}. plɑŋ^{51} ɕoŋ^{35}do^{51}. ɑk^{55}pu^{51}

叫 时候 脸 红 脖子 粗 太阳 出来 乌鸦

gir^{35} do^{51}. jɑŋ^{55} ji^{31}nɑi^{55}jɑŋ^{51} bi^{35} mɑ^{55}ʐ̥ɑi^{55}ȵi^{51} ŋɑn^{31}pɑ^{51}. grɑi^{55} do^{51} ɕo^{55}kɑ^{51}.

叫 PRES 也 但是 3sg 困 很 吆喝 PRES 一会儿

o^{31}mu^{55}ge^{51} gem^{55} do^{51} ts^{h}i^{51} t^{h}oŋ^{55} gɑi^{55}. o^{31}mu^{55}ge^{51} ke^{55}pɑ^{51} diŋ^{55}do^{55} ŋe^{35}tɑŋ^{55}

或者 渴 PRES 水 喝 去 或者 肚子 胀 拉屎

gɑi^{55} o^{35}ȵi^{51}. dʐ̥en^{31}dor^{55} ts^{h}ɑ^{55}ru^{51} ɑk^{55}pu^{51} p^{h}ɑ^{55}mo^{51} ɕin^{55}te^{55}, ji^{31}nɑ^{55}jɑŋ^{51} k^{h}ɑi^{55}lu^{55}

去 PRT 比赛 完 乌鸦 输 是 但是 承认

mo^{31} o^{35}ȵi^{51}.

NEG PRT

晚上，野鸡吃完饭早早睡了。乌鸦继续吃肉，它想：“吃饱了，明天才有力气比赛。”可它吃得实在太饱，肚子撑得发胀，一整夜无法入睡。第二天一早，野鸡起来叫醒了乌鸦。比赛开始，野鸡一直叽里叽里地叫，叫得脸红脖子粗，一直叫到太阳出来。乌鸦也叫，可它非常疲惫，只是有气无力地哇哇叫了一阵。之后它不是口渴去喝水，就是肚胀去拉屎。比赛结束，乌鸦输了，但它不肯认输。

bi^{35}nai^{55} k^{h}ap^{55}zø^{51} o^{35}ȵi^{51}. bi^{35}nai^{55} gai^{55}se^{51} plaŋ^{51} tsai^{55}la^{55} k^{h}ɑ^{51}ɕat^{55}k^{h}ɑ^{51}
3dl 吵架 PRT 3dl 去 太阳 找 评判
o^{35}ȵi^{51}. plaŋ^{51} gai^{51} ɕat^{55}pu^{55} ŋe^{35} gre^{55}k^{h}ɑ^{51} get^{55} t^{h}an^{55}bu^{51} tø^{35}ts^{h}ø^{51} grai^{55}
PRT 太阳 AGT 说 1sg 野鸡 声音 大 时间 喊
o^{35}ȵi^{51}. ŋe^{35} ɕo^{51}la^{51} pe^{55}le^{51} i^{55}nai^{35} dẓen^{31}dor^{55}. ŋe^{35} te^{55}~se^{51} gre^{55}k^{h}ɑ^{51}
PRT 1sg 出来 以后 2dl 比赛 1sg 看~REDUP 野鸡
dẓai^{31} wu^{51}. gre^{55}k^{h}ɑ^{51} plaŋ^{51} le^{55}xu^{51} ka^{55}tṣen^{55}tɕ^{h}ɛ^{51} o^{35}ȵi^{51}. o^{31}mu^{55}ge^{51}
赢 PFV 野鸡 太阳 好 感谢 PRT 后来
gre^{55}k^{h}ɑ^{51} gai^{51} plaŋ^{55}t^{h}i^{51} gan^{31}tun^{51} grei^{35}se^{51} plaŋ^{51} grei^{35} ɕo^{51}, ɕat^{55}pu^{55}. ȵi^{51}
野鸡 AGT 天 每 叫 太阳 叫 出来 说 AUX
i^{51} dʑok^{35} dʑok^{35} ɕo^{51} ɕat^{55}pu^{55} ȵi^{51}. wu^{55}tso^{51} me^{35}naŋ^{55} ɕat^{55}pu^{55}
2sg 快 快 出来 说 AUX 这个 人们 说
k^{h}ɑ^{55}la^{55}po^{51} gir^{35} do^{51} nam^{55}k^{h}ir^{55} ȵi^{51}.
公鸡 叫 PRES 天亮 AUX

它俩争吵了起来。之后它们去找太阳评理。太阳说："我是被野鸡洪亮的叫声闹醒的。我出来后一直看你们比赛，野鸡赢了。"野鸡十分感激太阳的裁决。后来，野鸡天天喊醒太阳，让太阳早点出来。这就是人们常说的"鸡鸣破晓"的来源。

bi^{35} grei^{35} pe^{55}le^{51} doŋ^{55}pɑ^{51} liu^{35}se^{51} dzor^{55}bɑ^{51} t^{h}an^{35}bu^{55}se^{51}. tø^{35}ts^{h}ø^{51} ẓen^{55}ku^{51}
3sg 叫 后 脸 红 冠 粗 时间 久
gre^{55}k^{h}ɑ^{51} doŋ^{55}pɑ^{51} liu^{35}se^{51} dzor^{55}bɑ^{51} t^{h}an^{35}bu^{55}se^{51}. gre^{55}k^{h}ɑ^{51} dẓai^{31} wu^{51} ɕin^{55}te^{55}
野鸡 脸 红 冠 粗 野鸡 赢 PFV 是
ji^{31}nai^{55}jaŋ^{51} ɑk^{55}pu^{51} gai^{51} k^{h}ai^{55}lu^{55} mo^{51}. gre^{55}k^{h}ɑ^{51} gai^{51} git^{35}t^{h}i^{55} tɕ^{h}e^{55} o^{35}ȵi^{51}.
但是 乌鸦 AGT 输 NEG 野鸡 AGT 一下 教训 PRT
plaŋ^{55} t^{h}i^{55} ka^{55} ɑk^{55}pu^{51} diŋ^{51} gre^{55}k^{h}ɑ^{51} nai^{55} ɕin^{55} niŋ^{35}ka^{51} tsai^{35}ma^{51}
天 一 LOC 乌鸦 CONJ 野鸡 俩 森林 里面 食物
tsai^{55}la^{55}. map^{31}dʑɑ^{51} ku^{51} pu^{51} le^{55}xu^{55} t^{h}i^{55} doŋ^{55} wu^{51}. map^{31}dʑɑ^{51} gai^{55}
找 孔雀 GEN 羽毛 漂亮 一 遇见 PFV 孔雀 走
ts^{h}ar^{55}se^{55} ɑk^{55}pu^{51} zak^{55} ȵi^{51} gre^{55}k^{h}ɑ^{51} ɕat^{55}pu^{55}. ŋe^{35} kaŋ^{35}min^{55}ts^{h}e^{51}
完 乌鸦 高兴 AUX 野鸡 说 1sg 非常
map^{31}dʑɑ^{51} ku^{51} pu^{51} le^{55}xu^{55} ɕin^{55} do^{51}. ŋɑ^{31}nai^{35} bi^{35} t^{h}aŋ^{55}t^{h}i^{55} le^{55}xu^{55}.
孔雀 GEN 羽毛 漂亮 喜欢 PRES 1dl 3sg 一样 漂亮
ɑk^{55}pu^{51} gai^{51} ɕat^{55}pu^{55} gre^{55}k^{h}ɑ^{51} dẓɑ^{31}len^{51} dʑo^{51} ku^{31}kap^{51} t^{h}i^{55} nou^{35} ɕo^{51}.
乌鸦 AGT 说 野鸡 报仇 PROS 机会 一 有 PRT

bi^{35} lam^{31}tsaŋ^{55} ak^{55}pu^{51} ɕat^{55}pu^{55}, ŋe^{35} t^{h}ap^{55}ɕe^{55} t^{h}i^{55} nou^{35}. ŋa^{31}nai^{35} map^{31}dʑa^{51}
3sg 马上 乌鸦 说 1sg 办法 一 有 1dl 孔雀

t^{h}aŋ^{55}t^{h}i^{55} le^{55}xu^{55} dʑor^{55} nou^{35} o^{35}ȵi^{51}. ak^{55}pu^{51} gai^{51} ts^{h}ap^{55}ts^{h}ap^{55} ŋrei^{35} o^{35}ȵi^{51},
一样 漂亮 变 有 PRT 乌鸦 AGT 着急 问 PRT

i^{35} t^{h}ap^{55}ɕe^{55} zi^{35}do^{51}ja^{51} ȵi^{51}? gre^{55}k^{h}a^{51} gai^{51} ɕat^{55}pu^{55} ŋa^{31}taŋ^{55}nai^{35} tɕe^{51}
2sg 办法 什么 有 野鸡 AGT 说 1dl 胶水

diŋ^{51} ts^{h}oŋ^{55} tsai^{55}o^{55} dʑo^{51} ȵi^{51}. map^{31}dʑa^{51} ku^{31} lyt^{31}po^{51} ka^{51} pi^{51}ti^{51}se^{51}
CONJ 颜料 找 PROS AUX 孔雀 GEN 身体 LOC 根据

ŋa^{31}nai^{35} lyt^{31}po^{51} ka^{51} bø^{51} dʑor^{55} o^{35}ȵi^{51}. ŋa^{31}taŋ^{55}nai^{35} map^{31}dʑa^{51}
1dl 身体 LOC 一样 像 PRT 1dl 孔雀

t^{h}aŋ^{55}t^{h}i^{55} le^{55}xu^{55} dʑor^{55}wa^{55}tu^{51}. i^{51} tʂø^{35}bø^{51} me^{55}loŋ^{55} tɕu^{55}ma^{55} o^{35}ȵi^{51}.
一样 漂亮 变 2sg 画 眼睛 闭 PRT

野鸡叫得脸红冠粗，时间长了，它的脸和鸡冠又红又大。虽然野鸡赢了，但乌鸦不认输，所以野鸡想再教训它一顿。一天，乌鸦和野鸡去森林里找食物，遇到了漂亮的孔雀。孔雀走后，乌鸦高兴地对野鸡说：“我非常喜欢孔雀的漂亮羽毛，如果咱俩像它一样美该多好呀。”乌鸦的话，给野鸡提供了一个报复的机会。它马上对乌鸦说：“我有个办法，可以让咱俩都变得像孔雀那样漂亮。”乌鸦急忙问：“什么办法？”野鸡说：“咱俩先把胶水和各种颜料找来，照着孔雀的样子在身上进行设计，之后咱俩就变得像孔雀一样漂亮了。不过，设计的时候都要闭上眼。”

gre^{55}k^{h}a^{51} gai^{51} ɕat^{55}pu^{55} ak^{55}pu^{51} i^{51} ts^{h}oŋ^{55} tsai^{55}la^{55} ŋɛ^{35} tɕe^{51} tsai^{55}la^{55}
野鸡 AGT 说 乌鸦 2sg 颜料 找 1sg 胶水 找

ɕo^{35}ȵi^{51}. ʑep^{31}gen^{51} tsai^{55}la^{55} ɕo^{35}ȵi^{51}. gre^{55}k^{h}a^{51} ts^{h}oŋ^{55} diŋ^{51} ts^{h}i^{51} gro^{55}wa^{51}
PRT 马上 找 PRT 野鸡 颜料 CONJ 水 搅拌

ɕo^{35}ȵi^{51}. ak^{55}pu^{51} gai^{51} mi^{55} le^{51} lyt^{31}po^{51} naŋ^{55} tʂø^{35} na^{55} ɕat^{55}pu^{55}. zu^{55}t^{h}i^{51}
PRT 乌鸦 AGT 3sg DAT 身体 自己 画 先 说 一会儿

tʂø^{35}pi^{51} gre^{55}k^{h}a^{51} map^{31}dʑa^{51} t^{h}aŋ^{55}t^{h}i^{55} dʑor^{55}wa^{55}tu^{51}. ak^{55}pu^{51} gai^{51} ts^{h}ap^{55}ts^{h}ap^{55}
画 野鸡 孔雀 一样 变成 乌鸦 AGT 着急

tʂø^{51}t^{h}oŋ^{55}se^{51} mi^{55} tɕu^{55}se^{51} gre^{55}k^{h}a^{51} gai^{51} tʂø^{51} te^{31} o^{35}ȵi^{51}. gre^{55}k^{h}a^{51} gai^{51}
画 3sg 闭 鸡 AGT 画 等 PRT 野鸡 AGT

ak^{55}pu^{51} me^{55}loŋ^{55} tɕu^{55}ma^{55} ts^{h}oŋ^{55} mleŋ^{55}bu^{55} niŋ^{35}ka^{51} tɕe^{51} lo^{31}se^{51} ko^{55}tsu^{55}
乌鸦 眼睛 闭 颜料 黑 里面 胶水 掺 开始

o^{35}ȵi^{51}. ak^{55}pu^{51} ku^{51} lyt^{31}po^{51} nak^{55}tsa^{51} mleŋ^{55}bu^{55} tsu^{55} dʑor^{55} o^{35}ȵi^{51}.
PRT 乌鸦 GEN 身体 墨 黑 开始 变 PRT

野鸡让乌鸦找颜料，自己找胶水。很快东西就凑齐了。野鸡把各种颜料和水搅和在一起，让乌鸦先在自己身上涂画。一会儿，野鸡变得跟孔雀一样漂亮了。乌鸦也急着打扮自己，所以早早就闭上双眼等野鸡的涂画。野鸡趁乌鸦闭眼，赶紧在黑色颜料里加入了胶水。它在乌鸦身上涂画，把乌鸦染成了黑漆漆的。

ɑk^{55}pu^{51} me^{55}loŋ^{55} pʰe^{55}lɑ^{51} gre^{55}kʰɑ^{51} ku^{51} go^{35}kor^{55}kɑ^{51} tʰip^{35} o^{35}ɳi^{51}. mi^{55}
乌鸦 眼睛 睁 野鸡 GEN 骗 受到 PRT 3sg

tsik^{55}pɑ^{55} kɑŋ^{35}min^{55}tsʰe^{51} gre^{55}kʰɑ^{51} tʰi^{55}ʐu^{55} o^{35}ɳi^{51}. ɑk^{55}pu^{51} ku^{51} lyt^{31}po^{51} pu^{51}
生气 非常 野鸡 追 PRT 乌鸦 GEN 身体 羽毛

tɕe^{31}gɑ^{55}ʐɑŋ^{51} zi^{51}kɑ^{55} dʑɑ^{55}ru^{51} o^{35}ɳi^{51}. pʰen^{55}se^{51} mo^{55}nu^{51} sɑ^{55} ze^{55}kɑ^{51} jɑr^{55} zu^{55}ɑ^{51}
全部 油漆 粘 PRT 飞 NEG 地 上 跳 蹲

o^{35}ɳi^{51}. zun^{55}mi^{55}ke^{55}wu^{51} tɑk^{55}pɑ^{51} bɑ^{51} gor^{31}bɑ^{51} niŋ^{35}kɑ^{51} jik^{35}pi^{51} o^{35}ɳi^{51}. tɑk^{55}pɑ^{51}
PRT 不小心 脖子 藤 圈儿 里 套 PRT 脖子

ku^{51} pu^{51} kø^{35} pe^{55}le^{51} se^{35}gɑi^{55}se^{51} kʰe^{55}ʐu^{51} dʑor^{55}wɑ^{55}tu^{51} ɑk^{55}pu^{51} gɑi^{51}
GEN 羽毛 遇见 后 掉 白 变 乌鸦 AGT

kɑn^{35}don^{51} tʰi^{55}ʐu^{55} zi^{35}bi^{55}nɑ^{55}jɑŋ^{51} gre^{55}kʰɑ^{51} lo^{55}mɑ^{51} mo^{55}nu^{51}. mi^{55} tsik^{55}pɑ^{55}zɑi^{35}
怎么 追 不管 野鸡 抱 NEG 3sg 生气

ɳi^{51} tʰɑŋ^{55}tɕʰɑt^{55}ɳi^{51} gre^{55}kʰɑ^{51} diŋ^{51} tɑm^{55}tsʰik^{55} nou^{35}.
AUX 累 野鸡 跟 仇恨 有

乌鸦睁开眼睛，发现自己上了野鸡的当，气愤极了，就拼命地追赶野鸡。但它全身的羽毛都被胶水粘住了，所以无法飞翔，只能在地上跑。一不小心，乌鸦的脖子套在了藤圈里，脖子上的黑胶碰掉了一些，脖子变成了白色。乌鸦无论怎么追也追不上野鸡。它又气又累，从此和野鸡结了仇怨。

ɑk^{55}pu^{51} ku^{51} tɑk^{55}pɑ^{51} pu^{51}tɑp^{55} tʰi^{51} kʰe^{55}ʐu^{51} o^{35}ɳi^{51}. ɕin^{35}tɑ^{55} lyt^{31}po^{51}
乌鸦 GEN 脖子 羽毛 一些 白 PRT 其他 身体

pu^{51} tɕe^{31}gɑ^{55}ʐɑŋ^{51} mleŋ^{55}bu^{55} nou^{35} o^{35}ɳi^{51}. mi^{55} ku^{51} pu^{51} tsʰi^{55}gɑi^{35} dʑɑ^{55}ru^{51}
羽毛 全部 黑 是 PRT 3sg GEN 羽毛 紧紧 粘

ʐɑm^{31}po^{51} diŋ^{51} kʰɑ^{55}po^{51} tʰɑŋ^{55}tʰi^{55} tʰɑ^{55}riŋ^{35}gu^{51} diŋ^{51} tʰun^{55}pu^{51} pʰen^{55}se^{51}
老鹰 CONJ 鹞子 一样 远 CONJ 高 飞

mo^{55}nu^{51}. gre^{55}kʰɑ^{51} sɑm^{55}lo^{55}tʰoŋ^{55} jo^{51} mo^{55}nu^{51} ɑk^{55}pu^{51} le^{51} tɑm^{55}tsʰik^{55}
NEG 野鸡 想 PROS NEG 乌鸦 DAT 仇恨

nou^{35}. mi^{35} o^{55}jɑ^{55} gi^{51}gɑi^{55}se^{51} ŋy^{31}pɑ^{51} ɕoŋ^{55}se^{51} pu^{51} lyt^{31}po^{51} le^{55}xu^{55} zɑi^{35}
有 3sg 那样 逃 汗 掉 羽毛 身体 漂亮 丢

o^{35}ȵi^{51}. mi^{35} dʑo^{31}gɑ^{51} map^{31}dʑɑ^{51} t^{h}ɑŋ^{55}t^{h}i^{55} dʑor^{55} mɑ^{31}tɕɑŋ^{51}. o^{55}mu^{55}kɑ^{51}
PRT 3sg 后来 孔雀 一样 变 NEG 那时
gre^{55}k^{h}ɑ^{51} ɑk^{55}pu^{51} le^{51} brɑ^{55}tɕɑk^{55} do^{51}. mi^{35} o^{55}mu^{55}kɑ^{51} gre^{55}k^{h}ɑ^{51} sɑ^{55}tɕ^{h}ɑ^{55}
野鸡 乌鸦 DAT 怕 PRES 3sg 那时 野鸡 地方
toŋ^{55}pɑ^{51} niŋ^{35}kɑ^{51} zuk^{55} mɑ^{51}. po^{55}ʐen^{55} niŋ^{35}kɑ^{51} diŋ^{51} ŋon^{51} niŋ^{35}kɑ^{51}
空 里面 住 NEG 森林 里面 CONJ 草 里面
p^{h}i^{55}zu^{55}wɑ^{51}.
藏

从这天起，除了脖子上有一些白毛外，乌鸦其他的羽毛全都变成了黑色的。因为胶水紧紧地粘住了乌鸦的羽毛，所以它不能再像老鹰、鹞子一样飞得又高又远了。野鸡也没有想到会跟乌鸦结下仇怨。它惊慌逃跑的时候，汗水把身上漂亮的图案冲掉了许多。最后，野鸡也没有变得像孔雀那样漂亮。从此以后，野鸡就一直害怕乌鸦。野鸡不敢在空旷的地方活动，只能在森林、草丛里活动。

（尼玛仁青讲述，2017.7.12）

5. 竹子和藤树的传说

ɬo^{51} dʑe^{31}po^{51} se^{51} som^{55} nou^{35}, dʑɑŋ^{35} dʑe^{31}po^{51} se^{55}mu^{51} nou^{35}. se^{51} som^{55}
南 国王 王子 三 有 北 国王 公主 有 王子 三
diŋ^{51} se^{55}mu^{51} som^{55} kɑŋ^{35}min^{55}ts^{h}e^{51} le^{55}xu^{55}. dʑɑŋ^{35} dʑe^{31}po^{51} kɑn^{55}nu^{55} ʑo^{31}gɑ^{51}
CONJ 公主 三 非常 漂亮 北 国王 知道 以后
lun^{55}pu^{51} som^{55} pɑŋ^{31}ɕe^{51} hɑr^{31}tɑr^{51} sir^{51} k^{h}u^{55}ru^{51} t^{h}oŋ^{55} wu^{51}, ɬo^{51} dʑe^{31}po^{51}
大臣 三 安排 哈达 金 带 PRT PFV 南 国王
ɕek^{31}di^{55}ge^{55} wu^{51}, se^{51} som^{55} mɑk^{31}po^{51} ɕoŋ^{55}ti^{51} ɬo^{51} dʑe^{31}po^{51} t^{h}ui^{55} wu^{51}
提亲 PFV 王子 三 女婿 成为 南 国王 听 PFV
ʑo^{31}gɑ^{51} ɕɑt^{55}pu^{55}, ŋe^{35} t^{h}ui^{55} wu^{51} se^{55}mu^{51} som^{55} sem^{51}dzɑm^{31}pu^{51} ɕin^{51} ȵi^{51},
以后 说 1sg 听 PFV 公主 三 贤惠 是 AUX
bi^{35}nɑŋ^{55} mi^{51} nɑi^{35} mɑk^{35}pɑ^{51} pɑk^{31}sɑr^{51} ɕoŋ^{55} wu^{51}? ŋe^{35} k^{h}ɑi^{55}lu^{55}mu^{51}
3sg：REFL 人 二 丈夫 妻子 成为 PFV 1sg 答应
lun^{55}pu^{51} ŋrei^{35} lɑ^{51} gɑ^{31}ɕi^{51} tɕ^{h}ɑŋ^{55}se^{55}? ɬo^{51} dʑe^{31}po^{51} ɕɑt^{55}pu^{55}, mren^{51} ɕin^{51}
大臣 问 IMP 什么时候 结婚 南 国王 说 明年 是
ȵi^{51}, du^{55}mɑ^{51} tø^{35}ts^{h}ø^{51} le^{55}xu^{51} se^{51} som^{55} ɣoŋ^{35} t^{h}oŋ^{55} wu^{51}.
AUX 挑 时间 好 王子 三 去 PRT PFV

南方国王有个排行第三的王子，北方国王有个排行第三的公主。三王子和三公主长得都很漂亮。北方国王派三名大臣带着哈达和金子向南方国王提亲，他想让三王子成为自己的女婿。南方国王见到三位大臣后说："听说北方国王的三公主聪明、贤惠，我也想让他们两个人结为夫妻。我同意这门亲事。"大臣问："那什么时候成亲呢？"南方国王说："明年吧，请贵国国王挑一个好日子，我派三王子去送彩礼。"

dʑaŋ^{35} dʑe^{31}po^{51} kan^{55}nu^{55} ʑo^{31}ga^{51} lun^{55}pu^{51} som^{55} paŋ^{31}ɕe^{51} har^{31}tar^{51}
北 国王 知道 以后 大臣 三 安排 哈达
mren^{51}ȵi^{51} dʑaŋ^{35} dʑe^{31}po^{51} lun^{55}pu^{51} ȵi^{51} paŋ^{31}ɕe^{51} ɕin^{35}se^{51} zoŋ^{55}ŋa^{51}. lun^{55}pu^{51}
明年 北 国王 大臣 七 安排 彩礼 带 大臣
aŋ^{55}daŋ^{55}pa^{51} ɬo^{51} dʑe^{31}po^{51} ɕat^{55}pu^{55}, sir^{51} dʑe^{31}po^{51} bøu^{55} ȵi^{51} jo^{51} tsun^{55}mo^{51}
第一 南 国王 说 金 国王 给 AUX 玉 王后
bøu^{55} ȵi^{51} ŋø^{35} se^{51} som^{55} bøu^{55} ȵi^{51}. ɬo^{51} dʑe^{31}po^{51} zak^{55} ȵi^{51}. kʰem^{55}
给 AUX 银 王子 三 给 AUX 南 国王 高兴 AUX 家
nai^{35} kʰa^{55}tse^{55}tɕo^{55} wu^{51} le^{55}tɕiŋ^{55}nai^{55} tsʰe^{51} tɕi^{55}gro^{51} tɕʰaŋ^{55}se^{55}. tɕʰaŋ^{55}se^{55}
二 约定 PFV 十二月 日 十六 结婚 结婚
dem^{55}tʂe^{55} tʰan^{55}bu^{51} ȵi^{51}. lun^{55}pu^{51} diŋ^{51} maŋ^{55}tsʰo^{55} dem^{55}tʂe^{51} ɕo^{55} ge^{35}ka^{55}.
婚礼 隆重 AUX 大臣 CONJ 百姓 婚礼 来 都

第二年，北方国王派了七名大臣带着彩礼去南国接亲。第一个大臣对南方国王说："金子是送给国王的，玉器是送给王后的，银子是送给三王子的。"南方国王很高兴。两家约定十二月十六日举行婚礼。婚礼举办得隆重热闹。大臣和百姓都一起祝贺王子公主大婚。

dʑaŋ^{35} dʑe^{31}po^{51} pʰu^{55}tʂaŋ^{51} dʑap^{35}ka^{51} doŋ^{55}ʑa^{51} tʰi^{55} nou^{35}. sir^{51} men^{55}to^{51}
北 国王 王宫 后面 花园 一 有 金 花
ŋø^{35} men^{55}to^{51} zaŋ^{35} men^{55}to^{51} diŋ^{51} do^{35} mleŋ^{55}bu^{51} men^{55}to^{51} nou^{35}. dʑaŋ^{35}
银 花 铜 花 CONJ 毒 黑 花 有 北
dʑe^{31}po^{51} gai^{51} lun^{55}pu^{51} som^{55} gai^{51} men^{55}to^{51} tɕʰot^{55}wa^{55}da^{51}. bi^{35} gai^{51}
国王 AGT 大臣 三 AGT 花 摘 3sg AGT
men^{55}to^{51} le^{51} bøu^{55} ȵi^{51}. da^{31}nuŋ^{55} tʰi^{55}ka^{51} ŋrei^{35} la^{51}, ga^{31}dʑi^{55}la^{51} men^{55}to^{51}
花 DAT 给 AUX 又 一 问 IMP 哪个 花
tɕʰot^{55}wa^{55}da^{51}? wu^{55}mo^{51} gok^{31}pa^{51} ŋan^{31}pa^{51} ɕin^{51} ȵi^{51}, bi^{35} gai^{51} ɕat^{55}pu^{55}, i^{55}
摘 那个 坏 很 是 AUX 3sg AGT 说 2sg
liu^{35} ser^{55}pu^{5} kʰe^{55}ʐu^{51} ŋa^{55}u^{51} men^{55}to^{51} tɕʰot^{55}wa^{55}da^{51} mo^{55}nu^{51}. wu^{55}mo^{51}
红 黄 白 绿 花 摘 NEG 那个

mleŋ^{55}bu^{51} men^{55}to^{51} tɕ^{h}ot^{55}wɑ^{55}dɑ^{51}. se^{51} som^{55} gɑi^{51} k^{h}re^{55}tɕ^{h}ɑŋ^{55} jok^{31}pu^{51}
黑 花 摘 王子 三 AGT 鸡爪 谷酒

t^{h}oŋ^{55}ŋɑ^{51} dep^{35} tɕ^{h}ɑŋ^{55} t^{h}oŋ^{55}ŋɑ^{51} dɑ^{31}nuŋ^{51}, ɑ^{55}tɕɑŋ^{55} mleŋ^{55}bu^{51} men^{55}to^{51}
喝 米 酒 喝 又 岳父 黑 花

doŋ^{55}pɑ^{51} ze^{55}kɑ^{51} ȵi^{31}gɑ^{51} ȵi^{51}. dɑ^{31}nuŋ^{51} k^{h}ɑ^{55} niŋ^{35}kɑ^{51} tɕ^{h}e^{55} ȵi^{51}. bi^{35}
脸 上 放 AUX 又 嘴巴 里面 嚼 AUX 3sg

k^{h}ɑ^{55} ge^{31}pu^{51} ɕoŋ^{55} wu^{51} sɑ^{55}tɕ^{h}ɑ^{55} ȵɑ^{31}kɑ^{51} ʐi^{35}gɑi^{55} ȵi^{51} ɕi^{55} wu^{51} ȵi^{51}.
嘴巴 白沫 吐 PFV 地 上面 摔 AUX 死 PFV AUX

北方国王的王宫后院有一个花园，里面有金花、银花、铜花和一种有毒的黑花。北方国王派三名大臣前去摘花，献给他的女婿。一个大臣问："摘哪朵花？"被询问的大臣很坏，他说："你不要摘红花，也不要摘黄花、白花和绿花，摘那朵黑花就行了。"三王子喝过鸡爪谷酒，又喝了米酒。他不小心将岳父送给他的黑花涂在了脸上，又吃到了嘴里。一会儿，他口吐白沫，倒在地上死了。

dʑɑŋ^{35} dʑe^{31}po^{51} sam^{55}lo^{55} t^{h}oŋ^{55} jo^{51} bi^{35} p^{h}e^{31}tɕir^{55} ȵɑ^{31} mo^{55}no^{51} wu^{55}jɑ^{51}
北 国王 想 PRT PROS 3sg 可能 愿意 NEG 这样

pi^{55}se^{51}. se^{55}mu^{51} som^{55} gɑi^{51} ʐo^{35} lo^{55}mu^{51} ŋø^{35}to^{51} ȵi^{51}. ɕat^{55}pu^{55} ŋɑ^{31}tɑŋ^{55}
做 公主 三 AGT 遗体 抱 哭 AUX 说 1dl

lɑŋ^{55}pe^{51} tɕek^{55}pu^{51} mo^{55}nu^{51}. ŋe^{35} sem^{55}p^{h}ɑ^{55}mo^{51} kɑŋ^{35}min^{55}ts^{h}e^{51}. i^{55} pak^{31}sar^{51}
额头 碰 NEG 1sg 伤心 非常 2sg 妻子

k^{h}e^{55}wu^{55} do^{51} mo^{55}nu^{51}. i^{55} o^{55}tsɑ^{55} zi^{35}bi^{51}jo^{51} ɣoŋ^{35} wu^{51}? dʑe^{31}po^{51} diŋ^{51}
娶 PRES NEG 2sg 这里 干什么 到达 PFV 国王 CONJ

tsun^{55}mo^{51} ŋø^{35}to^{51} sem^{55}p^{h}ɑ^{55}mo^{51} ge^{35}kɑ^{55}. dʑe^{31}po^{51} gɑi^{51} dʑek^{35}kɑ^{55}ʐɑŋ^{51} le^{51}
王后 哭 伤心 都 国王 AGT 全部 DAT

ɕat^{55}pu^{55}, bi^{35} ge^{35}wu^{51} ŋɑ^{31}tɑŋ^{55} bi^{35} bar^{35} ȵi^{51}. bi^{35} ŋɑ^{35}tsiŋ^{55}ge^{51} ɕiŋ^{55}k^{h}ɑm^{55}kɑ^{51}
说 3sg 死 1dl 3sg 火化 AUX 3sg 早点 极乐世界

ɣoŋ^{35} wu^{51} ȵi^{51}. jok^{55}pu^{51} ɕɑ^{55}mɑ^{55} koŋ^{55}ȵi^{55} wu^{51} by^{35}ɣu^{51} ʐo^{35} but^{35}kɑ^{51}
去 PFV AUX 仆人 很多 堆 PFV 背 遗体 中间

ȵi^{31}gɑ^{51} ȵi^{51}. se^{55}mu^{51} som^{55} gɑi^{51} ɑ^{55}rɑ^{55} gur^{35}kuŋ^{51} t^{h}i^{55} dep^{31}do^{51} gur^{35}kuŋ^{51}
放 AUX 公主 三 AGT 白酒 碗 一 米饭 碗

t^{h}i^{55} bi^{35} ɕen^{55} tui^{55}lɑ^{51} me^{55} ku^{51} we^{55} ts^{h}e^{55}ni^{51} ŋɑn^{31}pɑ^{51} ȵi^{51}. me^{31}we^{55} mi^{55}
一 3sg 柴 点燃 火 GEN 光 亮 很 AUX 火焰 人

du^{31}gu^{51} t^{h}un^{55}pu^{51} bɑ^{51} wu^{51}. se^{55}mu^{51} som^{55} gɑi^{51} bruk^{55} me^{31}tsɑŋ^{51} blɑ^{51}
九 高 点燃 PFV 公主 三 AGT 跳 火海 灰
dʑor^{55}ru^{51}.
变成

北方国王知道此事以后，心想："他可能不愿结婚才这样做的吧。"三公主抱着王子的遗体，放声大哭。她哭着说："咱俩结婚连额头都没有碰一下，你就这样死了，我很难过。你既然不愿娶我为妻，到这里来干什么？"国王和王后也伤心地落下了眼泪。国王对大家说："他已经死了，把他火化了，让他早点去往生极乐吧。"于是，仆人们背来了许多柴火，堆起来，把遗体放在了柴火的中间。在柴火上面，三公主倒了一碗白酒和一碗米饭，然后把柴火点着。火光很亮，火焰有九人高。三公主然后也跳入火海，和三王子一起烧成了灰烬。

dʑɑŋ^{35} dʑe^{31}po^{51} p^{h}e^{55}zi^{51} blɑ^{51} lem^{31}nɑŋ^{51} ɳɑ^{55}kɑ^{51} p^{h}e^{55}zi^{51} lem^{31}nɑŋ^{51} wɑ^{55}kɑ^{51}
北 国王 一半 灰 路 上 一半 路 下
dze^{55} wu^{51}. tø^{35}ts^{h}un^{51} mɑŋ^{55}pu^{55} mo^{55}nu^{51} lem^{31}nɑŋ^{51} ɳɑ^{55}kɑ^{51} so^{51} su^{55} wu^{51}
洒 PFV 时间 许多 NEG 路 上 竹子 生长 PFV
lem^{31}nɑŋ^{51} wɑ^{55}kɑ^{51} bɑ^{51} su^{55} wu^{51}. so^{51} diŋ^{51} bɑ^{51} men^{55}to^{51}iŋ^{55} ɳi^{51} zɑ^{55}tɕɑi^{55}
路 下 藤 生长 PFV 竹 CONJ 藤 开花 AUX 结果
ɳi^{51} ge^{35}kɑ^{55}. so^{51} ɳɑ^{55}kɑ^{51} ɕɑ^{51} p^{h}o^{55} t^{h}i^{55} nou^{35}. bɑ^{51} ɕen^{51} ɳɑ^{55}kɑ^{51} ɕɑ^{51}
AUX 都 竹子 上 鸟 雄 一 有 藤 树 上 鸟
mo^{55} ts^{h}ɑŋ^{51} tɕø^{55} jo^{51}. ɕɑ^{51} mo^{55} ɕɑt^{55}pu^{55}, ŋɑ^{35}nɑi^{51} tɑ^{31}tɑ^{51} tɕ^{h}ɑŋ^{55}se^{55}.
雌 窝 做 PROS 鸟 雌 说 2dl 现在 结婚
bi^{35}tɑŋ^{55} dep^{35}gɑ^{51} bɑ^{51} ɳɑ^{55}kɑ^{51} ze^{55}kɑ^{51} zɑ^{51} p^{h}en^{55}se^{51}. bi^{35}nɑi^{51} ʑe^{35} t^{h}oŋ^{55}ɑ^{51}
3pl 一起 藤 上 果实 吃 飞 3dl 唱歌 PRT
dep^{35}gɑ^{51} zɑk^{55}ɳi^{51}.
一起 高兴

北方国王把他们的骨灰一半撒在了大路上，一半埋在了地里面。不久，大路上长出了竹子，地下长出了藤树。竹子和藤树都开了花，结了果。竹子上落有一只雄鸟，藤树上有一只雌鸟在堆窝。雌鸟说："咱俩结婚吧。"于是它们一起飞到了藤树上，吃了藤果。后来它们经常一起唱歌，生活得非常快乐。

（尼玛仁青讲述，2017.7.12）

6. 青蛙求亲

na:^{55} t^{h}ɑŋ^{55}ɕiŋ^{55}kɑ^{55}pu^{51} ȵi^{51} mi^{35} t^{h}i^{55} nou^{35}ku^{55}. mi^{55} ku^{51} k^{h}em^{55} ku^{51}

从前 唐兴嘎布 TOP 人 一 有 3sg GEN 家 GEN

tɑŋ^{51}kɑ^{51} ɕen^{51} ze^{55}kɑ^{51} ɑk^{55}pu^{51} ɕɑ^{55}mɑ^{51}nɑ^{55}ȵi^{51} ji^{35} ȵi^{51}. mi^{55} ku^{51} ȵe^{55}mo^{51}

前面 树 上 乌鸦 多 有 AUX 3sg GEN 妻子

ɕɑt^{55}pu^{55} ȵi^{51}, i^{55} tɕ^{h}i^{55}kɑ^{51} lo^{55}kɑ^{51} gɑi^{55}se^{51} te^{55}~te^{51} lɑ^{51}. ɑk^{55}pu^{51} ɕɑ^{55}mɑ^{51}

说 AUX 2sg 外面 对面 去 看~REDUP IMP 乌鸦 许多

p^{h}e^{51}o^{55} ɕo^{55} o^{51}. t^{h}ɑŋ^{55}ɕiŋ^{55}kɑ^{55}pu^{51} gɑi^{51} te^{55}~te^{51}se^{51} wu^{55}mo^{55}ge^{51} dɑp^{55}ʐɑi^{55}se^{51}

飞 PRT PRES 唐兴嘎布 AGT 看~REDUP 那样 回来

tɑ^{35}noŋ^{51} ȵɑi^{31}tsu^{51} o^{51}. wu^{55}mo^{55}ge^{51} bi^{35} ȵe^{55}mo^{51} dɑ^{31}nuŋ^{51} dɑp^{55}se^{51} ɕɑt^{55}pu^{55}

又 睡 PRES 那样 3sg 妻子 又 回来 说

ȵi^{51}, i^{55} dʑok^{35} gɑi^{55} te^{55}~te^{51} lɑ^{51}. tɕ^{h}i^{55}kɑ^{51} lo^{55}kɑ^{51} ts^{h}oŋ^{55}pɑ^{51}mi^{51} ɕɑ^{55}mɑ^{51}

AUX 2sg 快 去 看~REDUP IMP 外面 对面 商人 许多

oŋ^{55} ȵi^{51}. dʑi^{35} mi^{55} jɑ^{55}ʐɑ^{51} lɑŋ^{31}se^{51} tɕ^{h}i^{55}kɑ^{51} lo^{55}kɑ^{51} gɑi^{55}se^{51} te^{55}~te^{51}

来 AUX 然后 3sg 起来 站 外面 对面 去 看~REDUP

o^{35} ȵi^{51}. ts^{h}oŋ^{55}pɑ^{51}mi^{51} ɕɑ^{55}mɑ^{51}t^{h}i^{51} ŋo^{55}ŋu^{51} ɣoŋ^{35}se^{51} k^{h}em^{55} ku^{51} tɑŋ^{51}kɑ^{51}

PRES AUX 商人 许多 真正 来 家 GEN 前面

tɑp^{55}se^{51} doŋ^{55} o^{51}.

回来 遇见 PRES

从前，有一个叫唐兴嘎布的人。一天，他家的树上落满了乌鸦。他妻子说：“你去外面看看，家里来了这么多的乌鸦。”唐兴嘎布起来看了一看，又睡下了。一会儿，他妻子又说：“你快去看看，外面来了许多商人。”他又起来去外面看了看，确实很多商人从他家门前经过。

mi^{55} ɑp^{55}sɑ^{51} nou^{35}ku^{55} sir^{51} t^{h}i^{55} dʑoŋ^{55}gre^{35} wu^{51} doŋ^{55} o^{51}. mi^{35} gɑi^{51}

3sg 幸运 是 金子 一 掉落 PFV 遇到 PRES 3sg AGT

t^{h}i^{55}wu^{51}se^{51} ȵe^{55}mo^{51} lɑ^{55}kɑ^{51} bøu^{35} o^{51}. mi^{35} ku^{51} ȵe^{55}mo^{51} gɑi^{51} ɕɑt^{55}pu^{55}

捡 妻子 手里 给 PRES 3sg GEN 妻子 AGT 说

o^{51}, i^{55} ȵɑi^{35} mo^{55} dʑok^{35}ɑ^{51} wu^{55}tso^{51} sir^{51} tɕ^{h}i^{55}kɑ^{51} lo^{55}kɑ^{51} ble^{55}te^{51} k^{h}o^{55}.

PRES 2sg 睡 NEG 快 这个 金 外面 对面 交换 准备

t^{h}ɑŋ^{55}ɕiŋ^{55}kɑ^{55}pu^{51} gɑi^{51} t^{h}in^{55} niŋ^{55}kɑ^{51} tsi^{55}se^{51} lɑ^{55}kɑ^{51} sir^{51} ble^{55}te^{31} k^{h}o^{55} o^{51}.

唐兴嘎布 AGT 包 里 揣 手里 金子 交换 准备 PRES

非常巧，一块金子掉落在唐兴嘎布家门前。于是他把金子捡回来交给了妻子。他妻子说：“你不要睡了，快拿着这块金子去买东西吧。”唐兴嘎布揣着金子出去买东西了。

mi^{35} te^{55}~te^{55}se^{51} te^{55}~te^{55}se^{51} te^{51} t^{h}i^{55} te^{51}k^{h}ri^{55} k^{h}ɑn^{55}mi^{55} t^{h}i^{55} tʂ^{h}ɑ^{55}pu^{51}
他 看~REDUP 看~REDUP 马 一 牵马 人 一 遇到

o^{51}. mi^{35} gɑi^{51} te^{55} ku^{51} teŋ^{55}kɑ^{51} tɕ^{h}e^{55}doŋ^{55} wu^{51}. te^{51}k^{h}ri^{55} k^{h}ɑn^{55}mi^{55} gɑi^{51}
PRES 3sg AGT 马 GEN 屁股 拍 PFV 牵马 人 AGT

ɕɑt^{55}pu^{55}, i^{55} zi^{35}ni^{51}se^{51}ku^{55} te^{51} ku^{51} teŋ^{55}kɑ^{51} tɕ^{h}e^{55}doŋ^{55} wu^{51} jɑ^{35}?
说 2sg 为什么 马 GEN 屁股 拍 PFV QUES

t^{h}ɑŋ^{55}ɕiŋ^{55}kɑ^{55}pu^{51} ɕɑt^{55}pu^{55} ŋe^{35} ku^{51} sir^{51} wu^{55}tso^{51} t^{h}ɑn^{55}bu^{51} nou^{35} o^{35}.
唐兴嘎布 说 1sg GEN 金 这 大 有 PRES

te^{51}k^{h}ri^{55}k^{h}ɑn^{55} mi^{55} gɑi^{51} ɕɑt^{55}pu^{55}, ŋɑ^{31}tɑŋ^{55}nɑi^{55} ble^{55}wɑ^{55}. t^{h}ɑŋ^{55}ɕiŋ^{55}kɑ^{55}pu^{51}
牵马 人 AGT 说 1dl 交换 唐兴嘎布

ɕɑt^{55}pu^{55} p^{h}e^{55} dʑo^{51}. t^{h}ɑŋ^{55}ɕiŋ^{55}kɑ^{55}pu^{51} gɑi^{51} te^{51} ble^{55} sir^{51} mu^{35}t^{h}un^{55}se^{51}
说 可以 PROS 唐兴嘎布 AGT 马 交换 金子 同意

ȵi^{55}kɑ^{51} gɑi^{55} o^{51}.
前面 走 PRES

他走着走着，遇到了一个人，手里牵了一匹马，他上去拍了一下马屁股。牵马的人说：“你为什么拍我的马？”唐兴嘎布说：“你看，我有一块大金子。”牵马人说：“咱俩换一换吧！”唐兴嘎布说：“可以。”唐兴嘎布牵着用金子换来的马，继续往前走。

t^{h}ɑŋ^{55}ɕiŋ^{55}kɑ^{55}pu^{51} te^{55}~te^{55}se^{51} te^{55}~te^{55}se^{51} bi^{35} bɑ^{35} t^{h}i^{55} tʂ^{h}ɑ^{55}pu^{51} o^{51}. bi^{35}
唐兴嘎布 看~REDUP 看~REDUP 3sg 牛 一 遇到 PRES 2sg

bɑ^{35} ku^{51} teŋ^{55} kɑ^{51} tɕ^{h}e^{55}doŋ^{55} wu^{51}. bɑ^{35}k^{h}ri^{55} k^{h}ɑn^{55}mi^{55} gɑi^{51} ɕɑt^{55}pu^{55},
牛 GEN 屁股 LOC 拍 PFV 牵牛 人 AGT 说

i^{55} ŋe^{35} ku^{51} bɑ^{35} ku^{51} teŋ^{55} kɑ^{51} zi^{35} tɕ^{h}e^{55}gɑ^{51} jɑ^{35}? t^{h}ɑŋ^{55}ɕiŋ^{55}kɑ^{55}pu^{51}
2sg 1sg GEN 牛 GEN 屁股 LOC 为什么 拍 QUES 唐兴嘎布

gɑi^{51} mi^{35} ku^{51} te^{51} le^{51} ts^{h}op^{55}se^{51}ɕɑ^{51} o^{51}. bɑ^{35}k^{h}ri^{55} k^{h}ɑn^{55}mi^{55} gɑi^{51}
AGT 3sg GEN 马 DAT 指 PRES 牵牛 人 AGT

ɕɑt^{55}pu^{55} ŋɑ^{31}tɑŋ^{55}nɑi^{51} ble^{55} o^{51}. t^{h}ɑŋ^{55}ɕiŋ^{55}kɑ^{55}pu^{51} te^{51} bɑ^{35} t^{h}i^{55}
说 2dl 交换 PRES 唐兴嘎布 马 牦牛 一

ble^{55} o^{51}.
交换 PRES

走着走着，唐兴嘎布遇到一个人，手里牵了一头牛，他又去拍了一下牛屁股。牵牛的人问：“你为什么拍我的牛？”唐兴嘎布指了指他牵的马。牵牛人说：“咱俩换一换吧！”唐兴嘎布就用马换了一头牦牛。

t^{h}aŋ^{55}ɕiŋ^{55}ka^{55}pu^{51} gai^{51} ɕa^{55}ma^{55} mi^{51} gai^{55}, bi^{55}zaŋ^{35} dʑi^{55} da^{31}nuŋ^{51}
唐兴嘎布 AGT 许多 NEG 走 3sg：REFL 然后 又

dʑa^{31}tsa^{55} preu^{55}ɣu^{51} t^{h}i^{55} k^{h}riu^{55} k^{h}an^{55}mi^{55} t^{h}i^{51} tʂ^{h}a^{55}pu^{51} o^{51}. mi^{35} ku^{51}
黄牛 小 一 牵 人 一 遇见 PRES 3sg GEN

la^{55} ka^{51} dʑa^{31}tsa^{55} preu^{55}ɣu^{51} ku^{51} teŋ^{55} ka^{51} tɕ^{h}e^{55}ga^{51} o^{51}. dʑa^{31}tsa^{55}
手 LOC 黄牛 小 GEN 屁股 LOC 拍 PRES 黄牛

preu^{55}ɣu^{51} k^{h}riu^{55} k^{h}an^{55}mi^{55} ŋrei^{35} o^{51}, i^{55} zi^{35}bi^{51}se^{51} ŋe^{35} ku^{51} dʑa^{31}tsa^{55}
小 牵 人 问 PRES 2sg 为什么 1sg GEN 黄牛

preu^{55}ɣu^{51} ku^{51} teŋ^{55} ka^{51} tɕ^{h}e^{55}ga^{51} ja^{35}？ t^{h}aŋ^{55}ɕiŋ^{55}ka^{55}pu^{51} mi^{35} ku^{51}
小 GEN 屁股 LOC 拍 QUES 唐兴嘎布 2sg GEN

ba^{35} le^{51} la^{55} ka^{51} ts^{h}op^{55}pu^{55}. dʑa^{31}tsa^{55} k^{h}riu^{55} k^{h}an^{55} ɕat^{55}pu^{55},
牦牛 DAT 手 INST 指 黄牛 牵 人 说

ŋa^{31}taŋ^{55}nai^{55} ble^{55} o^{51}. t^{h}aŋ^{55}ɕiŋ^{55}ka^{55}pu^{51} gai^{51} dʑa^{31}tsa^{55} preu^{55}ɣu^{51} t^{h}i^{55} ble^{55}
2dl 交换 PRES 唐兴嘎布 AGT 牦牛 小 一 交换

o^{51}.
PRES

唐兴嘎布没走多远，又遇见一个人，手里牵了一头小黄牛，他用手拍了一下小黄牛的屁股。牵小黄牛的人问：“你为什么拍我的小黄牛？”唐兴嘎布用手指了指他的牛。牵小黄牛的人说：“咱俩换一换吧！”唐兴嘎布又用牦牛换了一头小黄牛。

t^{h}aŋ^{55}ɕiŋ^{55}ka^{55}pu^{51} gai^{51} dʑa^{31}tsa^{55} preu^{55}ɣu^{51} k^{h}riu^{55}se^{51} gai^{55}. da^{31}nuŋ^{51} mi^{51}
唐兴嘎布 AGT 黄牛 小 牵 走 又 人

t^{h}i^{55} gai^{51} p^{h}a^{55} t^{h}i^{55} k^{h}riu^{55} tʂ^{h}a^{55}pu^{51} o^{51}. da^{31}nuŋ^{51} la^{55} ka^{51} p^{h}a^{55} ku^{51}
一 AGT 猪 一 牵 遇到 PRES 又 手 INST 猪 GEN

teŋ^{55} ka^{51} tɕ^{h}e^{55}doŋ^{55} o^{51}. ŋe^{35} ku^{51} sir^{51} ka^{51} te^{51} t^{h}i^{55} ble^{55} o^{51}.
屁股 LOC 拍 PRES 1sg GEN 金 INST 马 一 交换 PRES

o^{55}mu^{55}ke^{51} te^{51} ba^{35} t^{h}i^{55} ble^{55} o^{51}. o^{55}mu^{55}ke^{51} dʑa^{31}tsa^{55} preu^{55}ɣu^{51} t^{h}i^{55}
然后 马 牦牛 一 交换 PRES 然后 黄牛 小 一

ble^{55} o^{51}. p^{h}a^{55} k^{h}riu^{55} k^{h}an^{55} gai^{51} ɕat^{55}pu^{55} i^{55} ku^{51} dʑa^{31}tsa^{55}
交换 PRES 猪 牵 人 AGT 说 2sg GEN 黄牛

preu^{55}ɣu^{51} tʰi^{51} pʰɑ^{55} ble^{55} o^{51} ɑ^{35} tʰɑŋ^{55}ɕiŋ^{55}kɑ^{55}pu^{51} gai^{51} ɕɑt^{55}pu^{55}
小 一 猪 交换 PRES QUES 唐兴嘎布 AGT 说
ŋo^{31}mɑ^{55}ʐɑŋ^{51} pʰe^{55} dʑo^{51} ȵi^{51}.
真地 可以 PROS AUX

唐兴嘎布牵着小黄牛往前走，又遇到了一个人，手里牵了一头猪，他又用手拍了下猪屁股，说：“我用金子换了一匹马，用马换了一头牦牛，又用牦牛换了这头小黄牛。”牵猪人说：“你用小黄牛换猪吗？”唐兴嘎布说：“当然可以。”

tʰɑŋ^{55}ɕiŋ^{55}kɑ^{55}pu^{51} gai^{51} pʰɑ^{55} kʰriu^{55}se^{51} gai^{55} o^{51} ȵi^{51}. kʰɑ^{55} tʰi^{51}
唐兴嘎布 AGT 猪 牵 走 PRES AUX 鸡 一
jik^{35}tsu^{55}ku^{51} mi^{55} tʰi^{51} tɕʰe^{55}doŋ^{55} o^{51}. mi^{35} gai^{51} ȵi^{55}kɑ^{51} gai^{55}se^{51} tɕʰe^{55}doŋ^{55}
提 人 一 遇见 PRES 3sg AGT 前面 走 遇见
o^{51}. kʰɑ^{55} jik^{35}tsu^{55} kʰɑn^{55} gai^{51} ɕɑt^{55}pu^{55} i^{55} zi^{35}bi^{51}se^{51} ŋe^{35} le^{51}
PRES 鸡 提 人 AGT 说 2sg 为什么 1sg DAT
tɕʰe^{55}doŋ^{55} o^{51} jɑ^{35}? tʰɑŋ^{55}ɕiŋ^{55}kɑ^{55}pu^{51} gai^{51} mi^{35} ku^{51} ble^{55} o^{51} ku^{51}
拍 PRES QUES 唐兴嘎布 AGT 3sg GEN 交换 PRES GEN
tʂu^{55}lu^{55} ɑŋ^{55}pu^{51} ɕɑt^{55}pu^{55} o^{51}. kʰɑ^{55} jik^{35}tsu^{55} kʰɑn^{55} gai^{51} ɕɑt^{55}pu^{55} i^{55}
过程 多 说 PRES 鸡 提 人 AGT 说 2sg
ku^{51} pʰɑ^{55} tʰi^{51} ŋe^{35} ku^{51} kʰɑ^{55} ble^{55} o^{51} jɑ^{35}? tʰɑŋ^{55}ɕiŋ^{55}kɑ^{55}pu^{51} gai^{51}
GEN 猪 一 1sg GEN 鸡 交换 PRES QUES 唐兴嘎布 AGT
mu^{35}tʰun^{55}pi^{51} o^{51}. tʰɑŋ^{55}ɕiŋ^{55}kɑ^{55}pu^{51} gai^{51} kʰɑ^{55} lom^{55}se^{51} dɑ^{31}nuŋ^{51} ȵi^{55}kɑ^{51}
故意 PRES 唐兴嘎布 AGT 鸡 抱 又 前面
gai^{55} o^{51}. mai^{31}ɕɑk^{55}tɑm^{51} by^{35}tsu^{55}ɣu^{51} mi^{51} tʰi^{55} tʂʰɑ^{55}pu^{51} o^{51}. mi^{55} ku^{51}
走 PRES 扫帚 背 人 一 遇见 PRES 3sg GEN
kʰɑ^{55} tʰi^{51} mi^{35} ku^{51} mai^{31}ɕɑk^{55}tɑm^{51} ble^{55} jo^{51}. te^{55}~te^{55}se^{51} te^{55}~te^{55}se^{51}
鸡 一 3sg GEN 扫帚 交换 PRES 看~REDUP 看~REDUP
mai^{31}ɕɑk^{55}tɑm^{51} dun^{55}gu^{51}loŋ^{51} tʰi^{55} kɑ^{51} ble^{55} o^{51}. dʑo^{35}gɑ^{51} dun^{55}gu^{51}loŋ^{51}
扫帚 石臼 一 INST 交换 PRES 后来 石臼
by^{35}se^{51} kʰem^{55} kɑ^{51} tɑp^{55}ɣoŋ^{35} wu^{51}.
背 家 LOC 返回 PFV

唐兴嘎布牵着猪往前走。他遇到了一个人，手里提着一只鸡，他走上前拍了一下那个人。提鸡人说：“你为什么拍我？”唐兴嘎布把交换过程又说了一遍。提鸡人说：“你用猪换我的鸡吗？”唐兴嘎布同意了。唐兴嘎布抱着鸡向前走。他又遇见一个背扫把的人，他又用鸡换成了扫把。走着走着，他又用扫把换了一个石臼，最后背了一个石臼回家了。

mi^{35} ku^{51} ȵe^{55} po^{51} dap^{55}ɣoŋ^{35}doŋ^{55} te^{55} o^{51}. sir^{51} t^{h}an^{55}bu^{51} t^{h}i^{55}
3sg GEN 妻子 丈夫 回来 看见 PRES 金 大的 一

dʑin^{35}se^{51} k^{h}u^{55}ʐu^{51} wu^{51}, no^{55}tsaŋ^{55} ɕa^{55}ma^{55} ble^{55}se^{51} sa^{55}mo^{55} o^{51}. tak^{55}pa^{51}
那么 拿 PFV 东西 许多 交换 想 PRES 脖子

broŋ^{55}se^{51} la^{55} nai^{55} ka^{51} t^{h}aŋ^{55}ɕiŋ^{55}ka^{55}pu^{51} ku^{51} ba^{31}ʐoŋ^{51} ȵin^{55}ka^{51} mu^{31}ʐu^{55}se^{51}
伸 手 两 INST 唐兴嘎布 GEN 背篓 里面 找

o^{51}. dzo^{51}ȵi^{55}ʐu^{51} ba^{31}ʐoŋ^{51} ȵin^{55}ka^{51} dun^{55}gu^{51}loŋ^{51} ʐoŋ^{55}gir^{55} ȵi^{51}. li^{31}min^{51} ka^{55}ne^{55}
PRES 不小心 背篓 里 石臼 掉 AUX 腿 砸

o^{51}. mi^{55} ku^{51} li^{31}min^{51} ʐap^{51}gen^{55} t^{h}i^{55} ka^{51} ŋan^{31}pa^{51} bø^{35}o^{51}bu^{35}. ȵe^{55}mo^{51}
PRES 3sg GEN 腿 下 一 PRT 厉害 肿 妻子

gai^{51} wu^{55} li^{31}min^{51} bø^{35}tsu^{55} niŋ^{35}ka^{51} no^{55}tsaŋ^{55} nou^{35}, la^{55} ka^{51}
AGT 那 腿 肿 里面 东西 有 手 INST

nøn^{35}se^{51}pi^{51} o^{51}. li^{31}min^{51} bø^{35}tsu^{55} niŋ^{35}ka^{51} zi^{31}ga^{55}ʐaŋ^{51} tak^{55}tak^{55}pa^{51} t^{h}i^{55} jar^{51}
压 PRES 腿 肿 里面 突然 青蛙 一 跳

oŋ^{35}. t^{h}aŋ^{55}ɕiŋ^{55}ka^{55}pu^{51} diŋ^{51} ȵe^{55}mo^{51} nai^{51} tsik^{55}pa^{55}zai^{35}se^{51}. tak^{55}tak^{55}pa^{51} sot^{55}
出来 唐兴嘎布 CONJ 妻子 两 生气 青蛙 打

ȵi^{51} sem^{55}ʐaŋ^{51} sa^{55}mo^{51} o^{51}.
AUX 心里 想 PRES

妻子看见丈夫回来了，心想：那样大的一块金子，一定会换回来许多好东西。于是她伸着脖子，翻看唐兴嘎布的背篓。不小心，石臼从背篓里掉了出来，砸了她的腿，她的腿一下子肿得很大。妻子觉得腿里好像有什么东西，就用手捏了一下，这时从里面竟然跳出来一只青蛙。唐兴嘎布和妻子都很吃惊，气得想把青蛙打死。

mi^{35}nai^{51} gai^{51} tak^{55}tak^{55}pa^{51} ɕen^{55} ku^{51} dok^{55}tsi^{51} niŋ^{35}ka^{51} ȵi^{31}se^{51}
3dl AGT 青蛙 木 GEN 臼 里面 放

dʑep^{55}pu^{51} wu^{51}. ji^{31}na^{55}jaŋ^{51} tak^{55}tak^{55}pa^{51} gai^{51} t^{h}o^{55}ʐa^{55} ts^{h}u^{55}ʐa^{55} ja^{55}tsu^{55}se^{51}
捣 PFV 但是 青蛙 AGT 这里 那里 跳

t^{h}oŋ^{51} na^{55}jaŋ^{51} mi^{51} ɕi^{55} wu^{51}. mi^{35}nai^{51} tak^{55}tak^{55}pa^{51} ʐaŋ^{35}do^{51} niŋ^{35}ka^{51} ȵi^{35}se^{51}
捣 的话 NEG 死 PFV 3dl 青蛙 磨 里面 放

dok^{55} wu^{51}. tak^{55}tak^{55}pa^{51} gai^{51} ʐaŋ^{55}do^{51}min^{51} niŋ^{35}ka^{51} p^{h}i^{55}zu^{51} dok^{55} na^{55}jaŋ^{51}
磨 PFV 青蛙 AGT 磨眼 里面 躲 磨 的话

mi^{51} ɕi^{55} wu^{51}. t^{h}aŋ^{55}ɕiŋ^{55}ka^{55}pu^{51} gai^{51} tak^{55}tak^{55}pa^{51} ʑen^{55}se^{51} la^{35} t^{h}un^{55}pu^{51} zi^{35}
NEG 死 PFV 唐兴嘎布 AGT 青蛙 拿 山 高 上

ka^{35} gor^{55} t^{h}an^{55} wat^{55}doŋ^{55} wu^{51}. mi^{35} tap^{55}se^{51} k^{h}em^{55} ȵin^{31} tak^{55}tak^{55}pa^{51}
LOC 石头 大的 扔 PFV 3sg 返回 家 进 青蛙

nou^{35} k^{h}em^{55} ka^{51} oŋ^{55}tsu^{55} wu^{51}. mi^{35} ɕat^{55}pu^{55} i^{55} ga^{31}dʑi^{55}ga^{51} gai^{55}o^{51}
有 家 LOC 看见 PFV 3sg 说 2sg 哪里 去

ja^{35} ka^{55}wu^{51}ɕo^{51} i^{35}. mi^{35} tsik^{55}pa^{55}zai^{35}se^{51} da^{31}nuŋ^{51} ma^{31}tsaŋ^{55}pu^{51} tɕ^{h}i^{55}ka^{51}
QUES 辛苦 是 3sg 生气 又 雅鲁藏布江 里面

wat^{55}doŋ^{55} wu^{51}. da^{31}nuŋ^{51} ȵin^{55} te^{55}~te^{55}pi^{51} tak^{55}tak^{55}pa^{51} ɕat^{55}pu^{55}, i^{55}
扔 PFV 又 里面 看~REDUP 青蛙 说 2sg

ga^{31}dʑi^{55}ga^{51} gai^{55} o^{51}ja^{35}? ka^{55}wu^{51}ɕo^{51} i^{35}.
哪里 去 QUES 辛苦 是

他俩先把青蛙放在了木臼里打，可是青蛙跳来跳去怎么也打不到。他俩又把青蛙放到磨里去磨，但青蛙躲到了磨眼里，也没被磨死。唐兴嘎布于是拿着青蛙，把它扔到了一座很高的山上。之后他回到家中，进门便看见青蛙正在家里。青蛙对他说：“你辛苦了！你到哪儿去了？”他气得把它又扔进了雅鲁藏布江里。但是一进门，又听到青蛙问他：“你辛苦了！你到哪里去了？”

t^{h}aŋ^{55}ɕiŋ^{55}ka^{55}pu^{51} tsik^{55}pa^{55}zai^{35}se^{51} zi^{31}ga^{55}ʐaŋ^{51} t^{h}ap^{55}ɕe^{55} mo^{31}ɕo^{55} wu^{51}. ʐo^{31}ga^{51}
唐兴嘎布 生气 非常 办法 没有 PFV 以后

t^{h}aŋ^{55}ɕiŋ^{55}ka^{55}pu^{51} diŋ^{51} mi^{35} ku^{51} ȵe^{55}mo^{51} tak^{55}tak^{55}pa^{51} bi^{35}naŋ^{55} som^{55}
唐兴嘎布 CONJ 3sg GEN 妻子 青蛙 3sg：REFL 三

dep^{35}ga^{51} ts^{h}o^{55}wa^{51}doŋ^{55} wu^{51}. plaŋ^{55} t^{h}i^{55} ȵi^{55}ka^{51} tak^{55}tak^{55}pa^{51} dʑe^{31}po^{51} ku^{51}
一起 生活 PFV 天 一 里 青蛙 国王 GEN

si^{55}mo^{51} t^{h}an^{55}bu^{51} pak^{31}sar^{51} wot^{55}de^{51}ka^{51} wu^{51}. mi^{35} dʑe^{31}po^{51} ku^{51} p^{h}u^{55}tʂaŋ^{51}
女儿 大 妻子 迎接 PFV 3sg 国王 GEN 皇宫

grai^{55} ȵi^{51}, ŋe^{35} dʑe^{31}po^{51} ku^{51} si^{55}mo^{51} t^{h}an^{55}bu^{51} pak^{31}sar^{51} wot^{55}de^{51}
吆喝 AUX 1sg 国王 GEN 女儿 大的 妻子 迎接

pak^{31}sar^{51} wot^{55}de^{51} dʑo^{51}. o^{55}mu^{55}ke^{51} dʑe^{31}po^{51} ku^{51} p^{h}u^{55}tʂaŋ^{51} niŋ^{35}ka^{51}
妻子 迎接 PROS 那样 国王 GEN 皇宫 里面

go^{55}t^{h}im^{55}baŋ^{51} ze^{55}ka^{51} pra^{55}tsuk^{51} ȵi^{51}, dʑe^{31}po^{51} ku^{51} si^{55}mo^{51} t^{h}an^{55}bu^{51}
门槛 上 喊 AUX 国王 GEN 女儿 大的

pak^{31}sar^{51} wot^{55}de^{51} pak^{31}sar^{51} wot^{55}de^{51} dʑo^{51}. o^{55}mu^{55}ke^{51} dʑe^{31}po^{51} ku^{51}
妻子 迎接 妻子 迎接 PROS 那样 国王 GEN

p^{h}u^{55}tʂaŋ^{51} niŋ^{35}ka^{51} ja^{51}se^{51} o^{55}mu^{55}ke^{51} t^{h}ap^{55} ze^{55}ka^{51} pra^{55}tsuk^{51} ȵi^{51}. dʑe^{31}po^{51}
皇宫 里 跳 那样 灶台 上 喊 AUX 国王

ku^{51} si^{55}mo^{51} tʰan^{55}bu^{51} pak^{31}sar^{51} wot^{55}de^{51} pak^{31}sar^{51} wot^{55}de^{51} dʑo^{51}.
GEN 女儿 大的 妻子 迎接 妻子 迎接 PROS

唐兴嘎布非常生气，但是也没有办法了。从此，青蛙和唐兴嘎布夫妻在一起生活。一天，青蛙准备向国王的大女儿求亲。它来到王宫前大喊：“我要娶国王的女儿！我要娶国王的女儿！”一会儿，它又跳到了王宫的门槛上大喊：“我要娶国王的女儿！我要娶国王的女儿！”最后，青蛙跳到宫里，站在灶台上大喊：“我要娶国王的女儿！我要娶国王的女儿！”

tak^{55}tak^{55}pa^{51} ku^{51} gi^{51} dʑe^{31}po^{51} ȵa^{35}la^{55} tʰui^{55} wu^{51}, dʑe^{31}po^{51} gai^{51}
青蛙 GEN 叫 国王 听见 听 PFV 国王 AGT
te^{55}~te^{55}pi^{51} tak^{55}tak^{55}pa^{51} tʰi^{55} ji^{35}. dʑe^{31}po^{51} gai^{51} ɕat^{55}pu^{55} i^{55} tɕi^{51} su^{51} ja^{35}?
看~REDUP 青蛙 一 是 国王 AGT 说 2sg 是 谁 QUES
i^{55} o^{55}tsa^{55} zi^{35}tsʰai^{55}do ja^{35}? tak^{55}tak^{55}pa^{51} ɕat^{55}pu^{55}, ŋe^{35} pak^{31}sar^{51} wot^{55}de^{51}
2sg 这里 干什么 QUES 青蛙 说 1sg 妻子 迎接
ʐai^{31} o^{35}. dʑe^{31}po^{51} ɕat^{55}pu^{55} su^{51} lu^{55}gi^{31} wu^{51} i^{55} le^{51} pak^{31}sar^{51} sui^{55}pi^{55}
来 PRES 国王 说 谁 愿意 PFV 2sg DAT 妻子 成为
ja^{35}? tak^{55}tak^{55}pa^{51} ɕat^{55}pu^{55} i^{55} mu^{35}tʰun^{55} mo^{55}no^{55} ja^{35}? dʑe^{31}po^{51} gai^{51}
QUES 青蛙 说 2sg 同意 NEG QUES 国王 AGT
lan^{31}se^{51}pi^{55} o^{51}, ɕin^{51}. dʑi^{35} tak^{55}tak^{55}pa^{51} ŋø^{35} wu^{51}. tak^{55}tak^{55}pa^{51} ŋø^{35}pi^{51} nam^{35}
回答 PRES 是 于是 青蛙 哭 PFV 青蛙 哭 天
ŋan^{31}pa^{51} tsʰok^{55} wu^{51}. nam^{35} tsʰok^{55} do^{51} kʰem^{55} maŋ^{55}pu^{51} tɕe^{31}ga^{55}ʐaŋ^{51}
厉害 下雨 PFV 雨 下 PRES 房子 许多 全部
ɕa^{55}kʰu^{55}ʐu^{51}. dʑe^{31}po^{51} bra^{55}tɕak^{55} do^{51} kʰai^{55}lu^{55} si^{55}mo^{51} tʰan^{55}bu^{51} tak^{55}tak^{55}pa^{51}
冲走 国王 害怕 PRES 同意 女儿 大 青蛙
tɕʰaŋ^{55}se^{55}pi^{55} dʑo^{51}. si^{55}mo^{51} tʰan^{55}bu^{51} gai^{55}la^{51} ȵi^{55}ga^{51} dʑe^{31}po^{51} gai^{51} bi^{35} le^{51}
结婚 PROS 女儿 大 走 前 国王 AGT 3sg DAT
ʐaŋ^{35} do^{51} tɕʰa^{55} tʰi^{51} pi^{35} wu^{51}. ŋa^{31}taŋ^{55} si^{55}mo^{51} tʰan^{55}bu^{51} le^{51} ɕat^{55}pu^{55},
磨 PRES 双 一 给 PFV 悄悄地 女儿 大的 DAT 说
i^{55} gai^{55}la^{51} ku^{31}kap^{51} tsai^{55}se^{51} bi^{35} sot^{55}ta^{55}. si^{55}mo^{51} diŋ^{51} tak^{55}tak^{55}pa^{51} nai^{55}
2sg 去 机会 找 3sg 杀 女儿 CONJ 青蛙 两
kʰem^{55} ka^{51} oŋ^{55} wu^{51}. i^{55} ku^{31}kap^{51} tsai^{55}se^{51} bi^{35} sot^{55}ta^{55}.
家 LOC 返回 PFV 2sg 机会 找 3sg 杀

青蛙的喊叫被国王听见了，国王出去一看，发现原来是一只青蛙。国王问：“你是谁？你来这里干什么？”青蛙说：“我是来求亲的。”国王说：“谁会嫁给你这样一个人？”青蛙问：“你不同意吗？”国王回答：“是的。”青蛙于是大哭起来。青蛙一哭，天就下起了大雨。雨下得太大了，很多房子被冲走了。国王非常害怕，就答应把大女儿嫁给它。大女儿走前，国王给了大女儿一副石磨做嫁妆，并悄悄地对大女儿说：“你去吧，有机会就把它杀死。”大女儿跟着青蛙回到了家，最后找机会杀死了青蛙。

（尼玛仁青讲述，2017.7.12）

7. 母亲与四兄弟

taː^{35}	a^{55}ma^{55}	tʰi^{55}	gai^{51}	tɕe^{31}na^{55}ʐaŋ^{51}	dʑa^{35}saŋ^{55}dʑi^{51}	tsai^{55}.	mi^{51}dʑi^{35}
以前	妈妈	一	AGT	全部	丈夫	找	后

dʑa^{35}saŋ^{55}	tʰi^{55}	tsʰai^{55},	bu^{35}dʑi^{51}	sø^{51}	o^{31}mu^{55}ge^{55}	a^{55}pa^{55}	da^{31}nuŋ^{55}	ɕiu^{51}.
丈夫	一	找	男孩	生:PFV	那	爸爸	又	死:PFV

dʑa^{35}saŋ^{55}	tʰi^{55}	tsʰai^{55},	o^{31}mu^{55}	bu^{55}	tʰi^{55},	o^{31}mu^{55}	ɕiu^{51}.	da^{31}nuŋ^{55}	dʑa^{35}saŋ^{55}
丈夫	一	找	然后	孩子	一	那样	死:PFV	又	丈夫

da^{31}nuŋ^{55}	dʑa^{35}saŋ^{55}pi^{55}	tsʰai^{55}se^{51}	da^{31}nuŋ^{55}	bu^{55}	sø^{51}.	dʑi^{35}	a^{55}ma^{55}	tʰi^{55}
又	丈夫	找	又	孩子	生:PFV	然后	妈妈	一

gai^{51}	bu^{55}	bli^{51}	se^{51}.	dʑi^{35}	gaŋ^{35}a^{55}	tʰan^{55}pu^{51},	a^{55}ma^{55}	gai^{51}	za^{35}	ku^{51}
AGT	男孩	四	生育	然后	困难	很	妈妈	AGT	吃	GEN

ma^{31}taŋ^{55}gi^{55}.	dʑi^{35}	bu^{55}	tʰan^{55}pu^{51}	dʑo^{51}	tsʰa^{55}	ȵi^{51}.	tʰan^{55}pu^{51}	dʑo^{51}	tsʰa^{55}
不够	然后	孩子	大	变	完	AUX	大	变	完

ȵi^{51},	dʑi^{35}	ta^{51}ji^{55}ja^{51}	a^{55}ma^{55}	gai^{51}	bu^{55}	bli^{51}	tʂui^{35}zi^{35}	jo^{55}	ȵi^{55},
AUX	然后	现在	妈妈	AGT	孩子	四	商量	PROS	AUX

tʂʰi^{55}diŋ^{55}	preu^{55}ɣu^{51}	ze^{51}	ɕo^{51}.	ma^{55}ʐa^{55}	bu^{55}	za^{55}pi^{51}	ȵi^{51}	za^{35}pu^{51}
白塔	小	建造	PROS	然后	孩子	吃	AUX	吃

do^{55}	gai^{51}	ma^{51}	taŋ^{51}gi^{51}	ge^{51}	ma^{51}	tɕʰy^{55}pa^{55}	ma^{51}	taŋ^{51},	gi^{51}ji^{55}na^{51}
饭	AGT	NEG	有	穿	NEG	富裕	NEG	有	所以

ka^{55}wu^{55}ɕo^{55}	ȵi^{51}.	dʑi^{35}	ta^{35}	a^{55}ma^{55}	gai^{51}	tʂui^{35}zi^{35}ɕoŋ^{55}	o^{51},	bi^{35}naŋ^{55}
辛苦	是	然后	现在	妈妈	AGT	商量	PROS	3sg：REFL

kʰai^{55}	dʑo^{51}.	tʂʰi^{55}diŋ^{55}	tʰi^{55}	ze^{31}	dʑo^{51}	pʰe^{55}	dʑo^{51}	ȵi^{51},	ɕat^{55}	ȵi^{55}.
同意	PROS	白塔	一	建造	PROS	可以	PROS	AUX	说	AUX

以前一位母亲找了一个丈夫。丈夫去世后她又找了一位。他们生了孩子后，丈夫就去世了。这样她前后一共找了四位丈夫，最终都去世了，只留下四个孩子与她相依为命，生

活举步维艰。虽然生活艰辛，孩子最终也长大成人了。一天，妈妈跟孩子商量想建一座小的白塔。尽管孩子们缺吃少穿，但他们还是同意了妈妈的想法。

dʑi^{35} a^{55}ma^{55} ku^{51} tʂ^{h}i^{55}diŋ^{55} t^{h}i^{55} sa^{55} t^{h}i^{51} kun^{55} dʑo^{51}. sa^{51} dʑe^{31}po^{55}

然后 妈妈 GEN 白塔 一 地 一 需要 PROS 地 国王

maŋ^{55}ka^{51} t^{h}i^{55} bi^{31} gai^{51} kun^{55}ma^{55}ȵi^{55} ɕo^{51} ȵi^{51}. dʑi^{35}ma^{55} dʑe^{31}po^{55}

旁边 一 3sg AGT 要 PROS AUX 然后 国王

maŋ^{55}ka^{51} gai^{55}se^{51}, dʑe^{55}ʑok^{55}po^{51} dʑe^{55}po^{51}ȵi^{51} jar^{55}tsi^{51}. dʑi^{55} lun^{55}po^{51} t^{h}i^{55}ge^{51}

旁边 去 国王 国王 喊 然后 大臣 一

wa^{55} tɛ^{35}se^{51}, plaŋ^{55} t^{h}i^{55} dʑe^{55}po^{51}ȵi^{55} ɕar^{35}ŋa^{55}ʐaŋ^{55} ɕar^{55} da^{31}ɕi^{55} mi^{55}na^{55}ʐaŋ^{51}

PASS 看见 天 一 国王 叫喊 叫喊 今天 人

ɕar^{55}pi^{55} ɕo^{55} o^{51} ȵi^{51}. lun^{55}po^{51} ta^{31}ʐeŋ^{55}pi^{51} dʑe^{31}po^{55}ȵi^{51} zu^{35} doŋ^{35}ta^{51}ȵi^{55}

叫喊 PRT PRES AUX 大臣 告诉 国王 坡地 荒地

t^{h}i^{51} ɕa^{51} ʐai^{35} o^{51}, dʑi^{35} a^{55}ma^{55} mo^{35}ʐen^{51} ja^{55}ra^{51}ɕo^{55} ɕa^{55} do^{51} ȵi^{51}.

一 说 来 PRES 然后 妈妈 老 上来 说 PRES AUX

dʑe^{31}po^{55} maŋ^{55}ka^{51} oŋ^{35} ȵi^{51}. dʑe^{31}po^{55} maŋ^{55}ka^{51} k^{h}ro^{55}lok^{55}ba^{51} ts^{h}ok^{55}se^{51}

国王 旁边 到达 AUX 国王 旁边 膝盖 跪

tɕ^{h}a^{51} ts^{h}a^{51}. dʑi^{35} dʑe^{31}po^{55} gai^{51}, i^{55} doŋ^{35}ta^{51} zi^{55}nu^{35}wu^{55} ts^{h}ai^{55} wu^{51}? dʑi^{35}

拜 完 然后 国王 AGT 2sg 荒地 什么 找 PFV 然后

dʑe^{31}po^{55} a^{55}ma^{55} ʐa^{51} tʂui^{55}ku^{51}, dʑi^{35} a^{55}ma^{55} mo^{55}ʐen^{55} dʑe^{31}po^{55} ȵi^{51} bu^{55}

国王 妈妈 自己 问 然后 妈妈 老 国王 TOP 孩子

bli^{51} se^{55} wu^{51} ȵi^{51}, bu^{55} bli^{51} ku^{51} a^{55}pa^{55} ʐaŋ^{51} ɕiu^{51}, bu^{55} bli^{51}

四 生育 PFV AUX 孩子 四 GEN 爸爸 自己 去世:PFV 孩子 四

jar^{55}ʐa^{51} dʑo^{51}ter^{55} ȵi^{51}. dʑi^{35} tʂ^{h}i^{55}diŋ^{55} preu^{55}ɣu^{51} ze^{55} ȵi^{51} sa^{55} t^{h}i^{51} ze^{35}

大 变 AUX 然后 白塔 小 需要 AUX 地 一 需要

ȵi^{51}. dʑe^{31}po^{55} gai^{51} p^{h}e^{55} dʑo^{51} ji^{51}. sa^{51} ga^{31}tsem^{51} kun^{55}ti^{55} ȵi^{51}? sa^{51}tɕa^{35}k^{h}aŋ^{55}

AUX 国王 AGT 可以 PROS AUX 地 多少 要 AUX 地

ga^{31}tsem^{51} kun^{55} jo^{55} ȵi^{51} ɕat^{55}. a^{55}ma^{55} mo^{55}ʐen^{55} gai^{51} laŋ^{55}ku^{55}tɕ^{h}e^{55}

多少 需要 PROS AUX 说 妈妈 老 AGT 大象

ku^{51} p^{h}iu^{51}ɣu^{51} t^{h}i^{55} k^{h}o^{55}se^{51}. wu^{55}tsu^{51} p^{h}iu^{51}ɣu^{51} t^{h}i^{51} p^{h}iu^{51}ɣu^{51} t^{h}i^{51} ku^{51}

GEN 皮 一 要 那样 皮 一 皮 一 GEN

sa^{51} t^{h}i^{51} ɕat^{55}pi^{35} ȵi^{51}. dʑi^{35} dʑe^{31}po^{55} gai^{51} p^{h}iu^{51}ɣu^{51} wu^{55}tsu^{51} t^{h}i^{55}p^{h}e^{55} dʑo^{51}

地 一 说 AUX 然后 国王 AGT 皮 那 一 可以 PROS

jin^{55}. dʑi^{35} ɕiŋ^{55}gen^{55} p^{h}e^{55} dʑo^{51}, dʑe^{31}po^{55} gai^{51} tɕ^{h}i^{31}ka^{55}laŋ^{51} p^{h}e^{55} dʑo^{51} ȵi^{51}.
AUX 然后 马上 可以 PROS 国王 AGT 修建 可以 PROS AUX

要建白塔需要一块地。妈妈就去国王的住处找他，到了后大喊："国王！国王！"国王问大臣谁叫了一整天的国王。一位大臣告诉国王，有人找他要一块地，所以喊叫了一天。国王让老妈妈进宫并接见了她。她行完礼后，国王问她想要什么样的土地。国王问后，妈妈说自己有四个孩子，他们的爸爸去世了，孩子们现在也长大了，她想要一块地盖一座小白塔。国王答应了她的请求，并问老妈妈需要多少土地。妈妈说要一块大象皮那么大的土地就可以了。国王立刻答应了妈妈的请求。

dʑi^{35} ma^{31}ʐa^{55}ta^{55}ka^{51}, ɕo^{55}ku^{51} sa^{55}kem^{55} bøu^{35}ɕo^{35} ȵi^{51}, o^{55}mu^{55} p^{h}iu^{51}ɣu^{51} bøu^{35}
然后 下来 来 地 给 AUX 这样 皮 给

ts^{h}a^{55} wu^{55}. a^{55}tɕi^{55}ʐok^{55}po^{51} bli^{55}ge^{31} dʑam^{35}po^{51} ʐok^{55}po^{51}ku^{55}dʑo^{55} nu^{55}se^{51} nuk^{55}
完 PFV 兄弟 四 软 兄弟 揉 揉

ȵi^{55}. bi^{35}taŋ^{55} kut^{55}paŋ^{51} preu^{55} tɕe^{51} grai^{51}pa^{55} dʑo^{51}. dʑe^{55}po^{55} p^{h}iu^{51} gai^{51}
AUX 3pl 线 小 全部 剪 PROS 国王 皮 AGT

gar^{35}na^{51}ȵi^{51} ga^{31}tseŋ^{55}dʑo^{55} k^{h}o^{55} ȵi^{55} tø^{35}tsaŋ^{55} le^{55}xu^{55} t^{h}i^{55} tsai^{51}. laŋ^{55}ku^{55}tɕ^{h}e^{51}
多少 多少 需要 AUX 时间 好 一 找 大象

ku^{51} p^{h}iu^{51}ɣu^{51} t^{h}i^{55}pa^{51} tɕe^{55}ȵi^{51}pa^{55} o^{31}mu^{55}ga^{51} t^{h}an^{55}pu^{55} ku^{51} sa^{51} sa^{51}
GEN 皮 一 像 那样 大 GEN 地 地

noŋ^{55}t^{h}oŋ^{55} sa^{51} noŋ^{55}t^{h}oŋ^{55} ȵi^{55}. gor^{35}sa^{55} zi^{55}gi^{55}dʑi^{35} ze^{31}pa^{55} ze^{55}ʐaŋ^{51}po^{55}. ze^{31}pa^{55}
圈占 地 圈占 AUX 石头 地 地基 修建 修建

pe^{55}le^{55} lun^{55}pu^{55} tɕ^{h}i^{55} gai^{51} doŋ^{55}ȵi^{55}, a^{55}k^{h}a^{55} dʑe^{31}po^{55}ȵi^{55} gai^{55} jin^{51}. sa^{55}
后 大臣 外面 AGT 遇到 嘴 国王 去 AUX 地

a^{55}ma^{55} mo^{31}ʐen^{55} t^{h}i^{55} sa^{55} o^{55}tse^{55} o^{55}ja^{55} zi^{55}ʐa^{55}laŋ^{55}po^{55} ma^{31}ra^{55}ɕo^{55} ȵi^{51}.
妈妈 老 一 地 这样 这样 少 下来 AUX

dʑi^{35} dʑe^{31}po^{55} gai^{51} ŋa^{55}taŋ^{31} k^{h}ai^{55}loŋ^{55} ts^{h}a^{55} ɕo^{55}. o^{55}mu^{51} tʂ^{h}i^{55}diŋ^{55}
然后 国王 AGT 1pl 答应 完 PRT 这样 白塔

bøu^{35}se^{51}. dʑi^{35} dʑe^{31}po^{55} dʑa^{55} t^{h}oŋ^{55}se^{51} ŋe^{35}so^{51} ȵi^{51}.
给 然后 国王 茶 喝 休息 AUX

妈妈把象皮大的土地给了四兄弟，他们开始揉搓。四兄弟把象皮大的土地剪成了小小的线条，国王说让他们挑个好日子选土地，要多少选多少。他们圈了很大一块地，开始建地基。一个大臣看见地基后去见国王，说："这样的话，恐怕土地不够啊。"国王说："我已经答应了那个女人。"之后国王不再理睬大臣，去喝茶休息了。

tʂʰi^{55}diŋ^{55} tɕa^{31}liŋ^{55}kʰap^{55}ɕo^{51} ta^{55} lo^{51}ȵø^{55}. dʑi^{35} a^{55}tɕi^{55}ʐok^{55}po^{51} bli^{55} gai^{51}
白塔 嘉陵 后来 取名 然后 兄弟 四 AGT

ba^{55}zu^{55}ʐaŋ^{55} zi^{55}gi^{55} ze^{55}pa^{55}gap^{55}se^{55}. dʑi^{35} poŋ^{55}mo^{55} no^{55}ku^{55} ȵi^{51}. poŋ^{35}
一直 地基 修建 然后 驴 有 AUX 驴

poŋ^{55}mo^{55} gai^{51} sa^{51} diŋ^{55} gor^{35} tɕie^{51}se^{55}. dʑi^{35} ŋor^{35} ŋor^{35} ze^{55}se^{51}tʰi^{55} kʰo^{55}pi^{55}
驴 AGT 土 CONJ 石头 运 然后 一直 一直 修建 停止

ma^{51}. dʑi^{35} wu^{55}mo^{55} ja^{55}ra^{55} ʐen^{35}se^{55} ja^{55} ze^{55}ka^{55} ze^{55} ɕo^{55}, a^{55}ma^{55}
NEG 然后 那样 上 建设 上 上面 修建 PRT 妈妈

goŋ^{55}pa^{55}zo^{55}. ta^{35}taŋ^{51} bi^{35}taŋ^{55} ku^{51} a^{55}ma^{55} goŋ^{55}pa^{55}zo^{55} gai^{55} ɕo^{35} ȵi^{51}. dʑi^{35}
去世 然后 3pl GEN 妈妈 去世 走 PRT AUX 然后

goŋ^{55}pa^{55}se^{51}zo^{55} tsar^{55} ŋa^{55}taŋ^{51} tʂʰi^{55}diŋ^{55} ɕiŋ^{55} dʑo^{51}. tʂʰi^{55}diŋ^{55} ɕiŋ^{55} pe^{55}le^{51}
去世 完 3pl 白塔 完成 PROS 白塔 完成 后

ze^{55}ka^{51} oŋ^{55} pe^{55}le^{51} ku^{31}doŋ^{55}ŋe^{55}, tʂʰi^{55}diŋ^{55} kʰap^{55}ɕo^{51} ku^{51} ze^{51} si^{55}tu^{51}
顶 到达 后 悼念 白塔 嘉陵 GEN 顶上 金子

zu^{55}, yn^{55}nu^{55}nu^{55}. o^{55}ja^{51} dʑi^{35} tʂʰi^{55}diŋ^{55} tɕa^{31}liŋ^{51}kʰap^{55}ɕo^{51} ʐen^{55}tsai^{51}. dʑi^{35} o^{55}mu^{55}
放 歪 那样 然后 白塔 嘉陵 许愿 然后 那样

la^{55}ma^{51} tʰi^{55} ɕo^{51} dʑo^{51}.
喇嘛 一 请 PROS

老妈妈给那个白塔取名叫嘉陵。四兄弟开始修建白塔，他们用驴运土和石头，不停地修建地基。白塔快要修完时妈妈去世了。四兄弟把白塔修好后，为了纪念母亲，他们在塔顶上放上了金子，但是放歪了。四兄弟请了一个法师给白塔作法祈福。

la^{55}ma^{51} ɕo^{55} wu^{51} gaŋ^{35}da^{55} gaŋ^{35}tʰi^{55}wu^{51} ȵi^{51} ɕat^{55} ȵi^{51}. ta^{35} dʑi^{55}tɕo^{55}
喇嘛 来 PFV 辛苦 辛苦 是 说 AUX 现在 立刻

bu^{55} bli^{51} oŋ^{55}laŋ^{51} tak^{55} dʑo^{51} ȵi^{51} ɕat^{55} ȵi^{51}. dʑi^{55}ja^{51} tʰan^{55}gui^{51} jar^{55}
兄弟 四 许愿 可以 PROS AUX 说 AUX 然后 老大 上来

ȵi^{35}, wu^{55}tso^{51} tʂʰi^{55}diŋ^{55} tɕa^{31}liŋ^{51}kʰap^{55}ɕo^{51} ʐen^{55} pe^{55}le^{51} gaŋ^{35}a^{55} tʰoŋ^{55}ɕo^{55} ȵi^{51}
AUX 那 白塔 嘉陵 许愿 后 困难 遇到 AUX

tɕʰi^{55} ɕa^{51}ȵiŋ^{55}ɕa^{51}doŋ^{51} ȵiŋ^{55}ɕa^{51}ɕa^{51}doŋ^{51} ʐoŋ^{55} ɕo^{55} ʐoŋ^{55} ȵi^{51}. dʑi^{55} ŋe^{55}
外面 筋疲力尽 筋疲力尽 变 PRT 变 AUX 然后 1pl

tɕʰi^{55} ma^{55}ga^{51} ɕi^{55}si^{55} mi^{31}li^{55}ta^{51} vi^{35}go^{51} boŋ^{55} kʰa^{55}dʑi^{55} oŋ^{55}tʰan^{55}ɕi^{55}mo^{55}nu^{51}.
外面 旁边 去世 后 首领 西藏 嘴巴 能说会道

boŋ^{55} pon^{51} mo^{55}laŋ^{51}tak^{55} dʑo^{51} ȵi^{51}. o^{55} mo^{55}laŋ^{51}tak^{55} pe^{55}le^{51} boŋ^{55} ku^{51}
西藏 官 许愿 PROS AUX 然后 许愿 后 西藏 GEN

dʑe^{55}po^{51} soŋ^{55}zan^{55}gan^{55}po^{55} ku^{51}lø^{55}ga^{51} gai^{55} o^{35} ȵi^{51}. dʑi^{55}
国王 松赞干布 投胎 去 PROS AUX 然后

a^{55}dʑi^{55}par^{35}ma^{55}ji^{55} ku^{55}oŋ^{55} ɕo^{55} ji^{55}. jar^{55} ŋe^{35} dʑa^{51} boŋ^{55} nai^{55} ku^{51}
老二 许愿 PRT AUX 然后 1pl 内地 西藏 两 GEN

ts^{h}oŋ^{55}k^{h}aŋ^{55}ȵi^{51} ts^{h}oŋ^{55} ge^{51} pa^{55}tɕ^{h}ɑ^{55} o^{35} ȵi^{51}. dʑi^{35}ȵi^{35} wu^{55}tso^{51} tʂ^{h}i^{55}diŋ^{55}
商店 商人 COMPR 厉害 PROS 是 然后 这 白塔

tɕa^{31}liŋ^{55}k^{h}ap^{55}ɕo^{51} ʐen^{55}, o^{35} mo^{55}laŋ^{51}tak^{55} pe^{55}le^{51} ts^{h}oŋ^{55}gon^{55} no^{31}pu^{55}tsaŋ^{55}gu^{55}
嘉陵 许愿 哦 许愿 后 商人 诺布

gai^{55} o^{51}. ta^{55}pɛr^{55}ma^{51} gai^{51} jar^{55}taŋ^{35} ŋe^{35} tʂ^{h}i^{55}diŋ^{55} tɕa^{31}liŋ^{55}k^{h}ap^{55}ɕo^{51} ʐen^{55}t^{h}ap^{55}
去 PROS 老三 AGT 说 1pl 白塔 嘉陵 许愿

ɕo^{55} ȵi^{51}. dʑi^{55} ŋe^{35} dʑa^{51} boŋ^{55} ku^{51} tʂu^{55}ȵi^{51} ji^{31}gi^{51} t^{h}oŋ^{55}na^{51}ȵi^{55}
PRT AUX 然后 1pl 内地 西藏 GEN 秘书 字 写

ŋan^{55}nu^{55}gu^{51}pi^{35} gai^{55} o^{35} ȵi^{51}. ta^{35} ʐo^{55}bu^{55} preu^{51} ɕa^{51} dʑe^{31}po^{51}
厉害 去 PROS AUX 然后 弟弟 小 说 国王

soŋ^{55}zan^{55}gan^{55}po^{55} ku^{51} preu^{55} a^{55}tɕe^{55}ʐok^{55}po^{51} preu^{55} k^{h}e^{55}pu^{55}pi^{31}ʐu^{55}tsaŋ^{55}ŋa^{51} ku^{51}lø^{55}ga^{51}
松赞干布 GEN 小 弟弟 小 凯布 投胎

gai^{55} o^{35} ȵi^{51}. dʑi^{55} bi^{35}taŋ^{55} ku^{51} ʐen^{55} ŋo^{35}ma^{51} dʑor^{55}wa^{55}tu^{51}.
去 PRT AUX 最后 3pl AGT 许愿 真 变

法师对四兄弟说，“你们修建这座白塔实在辛苦了，现在你们可以每人许下自己的一个心愿。”老大许愿说：“我太累了，想投胎到一个能说会道的藏王之家，投胎到松赞干布之家。”二哥许愿说：“我去世以后投胎到巨富之家，投胎到商业世家诺布家。”老三许愿说：“我去世以后脱胎到知识渊博之家。”四弟说：“我去世以后，投胎成松赞干布的弟弟凯布。”最后四兄弟的梦想都实现了。

（尼玛仁青讲述，2017.7.12）

三 讲述

1. 门巴节日

ŋa^{55}taŋ^{55} lo^{31}sar^{55} ku^{51} gor^{51}gi^{55} t^{h}i^{55} dʑø^{35}ji^{55} ȵi^{51}, lo^{31}sar^{55} ku^{51} gor^{51}gi^{55}
1pl 过年 GEN 方面 一 讲 AUX 过年 GEN 方面

daŋ31pu55ẓɑŋ51 dẓɑ31dẓik51, ŋɑ55taŋ35 tɑː35 pʰɑ55po55 dẓɑ31dẓik51 lo31sɑr55 ku51 pɑ55
第一 准备 1pl 以前 公猪 准备 过年 GEN 菜

dẓɑ31dẓik51. dʑi35 pʰɑ55po55 dẓɑ31dẓik51 pʰɑ55 nɑi35 o55 ku51 dẓɑ31dẓik51. gi31si51
准备 然后 公猪 准备 猪 两 年 GEN 准备 办法

mo55nu51 tʰi51. o31mu55 nɑ55tɕiŋ55gi51 dẓɑ31dẓik51 sø55 sø51 dʑi35tʰɑn31pu55 dẓik55
没 一 这样 前面 准备 养 养 大 准备

jø55ȵi51. o31mu55ge51 wɑ55kɑ51 lo31sɑr55 dʑok35to51 ɕo55 o55ȵi51, tɕʰɑŋ55gu51
AUX 这样 下面 过年 快 PRT AUX 酒

dẓɑ31dẓik51. tɕʰɑŋ55gu51 dẓɑ31dẓik51 pe55le55, ɑ55ɕɑm55pi55 tsʰɑ55 ȵi51 gɑ55bɑŋ51ṣi51
准备 酒 准备 时候 玉米 完 AUX 玉米粒

kʰri51 gro55 ŋɑ55taŋ55 ŋø55se51, ŋø55 tsʰɑ55se51gi51 tsʰo55se51. gɑ31tsem55 lu31
鸡爪谷 搅拌 1pl 炒 炒 完 煮 多少 放

ɕo55gi35? som51 diŋ51 nɑi35 bli55 ȵi55gɑ51. o31mu55ge51 lɑŋ35se55 dʑi31dɑ55 niŋ35kɑ51
AUX 三 CONJ 二 四 放 这样 站 塑料桶 里面

tsʰu55se51. mi55 ku51 gɑ31dʑi55 ȵi35 wɑ51? dʑi35gi51 o55mu55 ȵi55ku51 ji35. mi35
放 人 AGT 怎么 放 QUES 整齐 这样 放 AUX 人

ku51 o55mu55 tɕʰɑŋ55 tsʰu55 tsʰɑ55 ȵi51, tøn31tɑ51 tʰi55 gɑ55wu55ẓɑŋ51 tɕʰɑŋ55gu51
AGT 这样 酒 准备 完 AUX 事情 一 困难 酒

tøn31tɑ51 tʰi55 o55mu55 tsʰu55 tsʰɑ55se51gi51. dʑi35 ʐo31ʐo31 zi55nu55? dep35 pʰe51
事情 一 这样 准备 完 然后 以后 干什么 大米 面粉

dop55 jo51. dʑi35 ŋɑ55taŋ55 get55taŋ55 dẓɑ31dẓik51. mi31nɑŋ55 ku51 gɑŋ55ter55
磨 PROS 然后 1pl 饼子 准备 3pl GEN 的话

get55taŋ55 plɑŋ51 tɕø55 ẓen55wu51 koŋ55 ẓen55wu51. plɑŋ51 kɑ51 koŋ55 o55mu55
饼子 太阳 做 一边 晒 一边 太阳 LOC 晒 那样

gɑi55se51 koŋ55 tsʰɑ55pi55nɑ55 mɑ55 kɑ51 por55, mɑ55 kɑ51 por55 tsʰɑ55pi55nɑ55,
去 晒 完 油 LOC 炸 油 LOC 炸 完

lɑm35kɑ51 ȵiŋ55gɑ51 tsu55se51 dẓɑ31dẓik51. tʰo55ẓɑ55 tʰø55 tøn31tɑ51 tʰi55 dẓɑ31dẓik51
袋子 里面 放 准备 这 时候 事情 一 准备

tsʰɑ55ẓu51.
完

我讲一下我们节日方面的事情。过年时我们必备的是猪。过年之前，大家一般准备两头猪，生活拮据的就准备一头。猪要提前养。大家还要准备过年喝的酒。酿酒是这样的，首先把玉米磨出来的颗粒与鸡爪谷搅拌，炒好后煮熟。煮好后要放多长时间呢？一般放上三四天。备好的酒要储存在塑料桶内。怎么放置呢？要整齐地放置。准备酒这件困难的事情就完成了。然后做什么呢？要准备磨大米粉。还要准备饼子。准备饼子时，他们会边做边晒。饼子晒干后在油里炸，之后放在袋子里储存起来。这样就又准备好一件事情。

wa55ka51　ŋa55taŋ55　lo31sar55　dʑok35to51ɕo55　o51.　taː35　nor55　naŋ35ti51　ȵi35　ȵi51
下面　1pl　过年　快　PROS　然后　明天　后天　天　两

pe31ʐaŋ31　ŋa55ʐaŋ51　ba31ma51　pʰa55　diŋ51　ba35　ȵi51　kʰa51,　ba35　so55se51
首先　1pl　母牛　猪　CONJ　牛　两　有　牛　杀

dʐa31dʐik51　ȵi51.　pʰø55tsaŋ55pu51　pʰa55　so55se51.　pʰa55　dʑa55tʰoŋ55se51　pʰiu55　ka51
准备　AUX　男人　猪　杀　猪　肥的　猪皮　LOC

baŋ35ta55　ȵin55ɕa55bu31ɕoŋ51　kʰrø51　tsaŋ55ma55tɕe51,　pʰiu55waŋ55pu55go51　ɕa55naŋ51pu51
肠子　内脏　洗　干净　猪皮　瘦肉

pʰɛ51se51　ɕa55bu31　pʰɛ51tʰo55ʐa51.　dʑi55　pʰiu55　ȵiŋ55ka51　tsʰa51　lo55se51　dep55
分开　内脏　分开　然后　猪皮　里面　盐　倒　大米

pʰu55se51,　ŋa55taŋ55　tʰek55ba51　dam55se55　pʰu55se51　ȵi55.　dʑo55mo55　tɕø35tɕiaŋ55　tɕʰi55
包　1pl　绳子　捆　包　AUX　肠子　做　外面

maŋ55ka51　tʂʰi55　diŋ51　tʂʰi55se51　dʑi35　ja35ʐa51　tʂʰe55　ȵi51.　tɕʰi55　maŋ55ka51
旁边　放　CONJ　放　然后　上面　吃　AUX　外面　旁边

tʂʰi55　diŋ51　tʂʰi55se51　dʑi35　ja35ʐa51　tʂʰe55　ȵi51.　ŋa55taŋ55　ge35ma55　tʂʰi55baŋ51
放　CONJ　放　然后　上面　吃　AUX　1pl　穿的　足

dʐa31dʐik51　tsʰa55ʐai55　o51　ta35　lyt55po51　kʰrø51　tu55tuŋ51　dor31ma51pu51　kʰrø51,
准备　完　PROS　然后　身体　洗　衣服　裤子　洗

kʰem55　ȵiŋ35ga51　tsa35zu55ka51　tɕe31ka55ʐaŋ51　tsaŋ55ma55.　dʑi51　tsʰaŋ55ta51
家　里面　角落　全部　干净　然后　柴火房

tsaŋ55ma55　dʑi51　kʰrø55　jo55ku51　kʰem55　tʰor55gu55gu51　tɕe31ka55ʐaŋ51　tsaŋ55tʂʰa55
干净　然后　洗　打扫　家　周围　全部　干净

jo55ku51se51.　tsaŋ55ma55　o55mu55　dʐa55dʐik51　tʰi51　tsʰa51.
打扫　干净　这样　准备　一　完

距过年还有两天的时候，我们首先要准备杀猪杀牛，牛一般是两头。男人负责宰猪。宰杀时，要把肥肉与瘦肉分开，把内脏、猪皮等分开，洗干净。之后猪皮里放上盐与大米，用绳子把猪皮捆好。之后会做灌肠，人们可以放起来过年时食用。我们还要准备足够的衣服。要洗澡，洗衣物，把家里全部打扫得一干二净。把柴火房以及家周围打扫干净。卫生打扫干净后又完成了一件事情。

dʑi^{35} tsʰe^{55}tʰi^{51} ɕo^{55} ȵi^{51} dʑi^{35} dɑ^{31}ɕi^{55} ɑn^{55}tun^{51} ɑ^{55}pɑ^{55} diŋ^{51} ɑ^{55}mɑ^{55}

然后 初一 来 AUX 然后 今天 整整 爸爸 CONJ 妈妈

gɑi^{51} kʰu^{51}gu^{51} kʰem^{55} ȵiŋ^{55}gɑ^{51} tsu^{55}. mɑk^{31}pɑ^{51} pɑ^{31}sɑr^{51} bu^{55} gɑi^{51} ɑn^{55}tun^{51}

AGT 带 家 里 坐 女婿 妻子 孩子 AGT 整整

mi^{55} gɑi^{51} kʰem^{55} ȵiŋ^{55}ku^{51} gi^{35}wu^{55}gu^{51} mi^{35}. dʑi^{55} liŋ^{55}pi^{51} jo^{51} nor^{35}

人 AGT 家 里 分开 NEG 然后 通知 PROS 明天

tsʰe^{55}tʰi^{55}gɑ^{51} ɑ^{55}pɑ^{55} diŋ^{51} ɑ^{55}mɑ^{55} ku^{51} kʰem^{55}kɑ^{51} ɕo^{55}lo^{55} ȵi^{51}. tɕʰi^{55}kɑ^{51}

初一 爸爸 CONJ 妈妈 GEN 家 来 AUX 外面

gɑi^{55}ji^{55} mo^{55}nu^{51} ɕo^{55}lo^{55} ȵi^{51}. tɑ^{35} liŋ^{55}pi^{51}se^{51} tʂʰik^{55} diŋ^{51} tɕe^{55}kɑ^{55} tʂik^{55}

去 NEG 来 AUX 然后 通知 足 CONJ 全部 足

nor^{35} ku^{51} dʐɑ^{55}dʐik^{51}, kʰɑ^{55} gi^{51} mɑ^{51} lɑŋ^{55}se^{51} dʐɑ^{55}dʐik^{51} jø^{51}. dʐɑ^{55}dʐik^{51}

明天 GEN 准备 鸡 叫 NEG 起床 准备 AUX 准备

zi^{55}ȵi^{55}nɑ^{51} ŋɑ^{55}ʐɑŋ^{51} dɑŋ^{31}pu^{55} tɑ^{31}wɑ^{55} dɑŋ^{55}pɑ^{55} tsʰe^{55}tɕik^{55} tsʰi^{55} mu^{55}doŋ^{55}

首先 1pl 第一 月 第一 初一 水 神

tɕʰi^{55}kɑ^{51}mu^{55} nou^{35} ȵi^{51} dʑi^{35} dɑŋ^{55}ɣu^{55} dʐɑ^{55}dʐik^{51} mi^{35}de^{51} get^{55}tɑŋ^{51}

外面 有 AUX 然后 还 准备 米饼 饼子

kʰø^{55}pɑ^{51}, pu^{31}ʐɑŋ^{55} mɑ^{55}tɕi^{55}tsʰi^{35} kʰɑp^{55}tse^{55}gu^{31}ʐi^{55} dʐɑ^{55}dʐik^{51} nɑ^{51}. dʑi^{35} tsʰi^{55}

准备 糖果 一辈子 点心 准备 PRT 然后 水

jɑ^{55} ʐɑ^{51} ʐɑ^{55} som^{51} dor^{51}. ɬɑ^{55}pon^{55} tsʰi^{51} som^{51} ti^{51} tsʰi^{55}gø^{51} tsɑŋ^{55}mɑ^{55}

上 水 次 三 弹 神仙 水 三 那 水 干净

lo^{55}ȵi^{55}se^{51} tsʰi^{55} doŋ^{55} tsʰɑr^{55}se^{51}, get^{55}tɑŋ^{51} do^{31}tsɑi^{31}mɑ^{51} gu^{31}ʐi^{55}tʰɑ^{55} tsʰi^{55}

给 水 神 完 饼子 饭 等 水

ze^{51}kɑ^{31} nɑ^{55}se^{51}. tsʰi^{55} kɑ^{55}tʂen^{55}tʰɑn^{55}tʂu^{51} ȵi^{51}, tsʰi^{55} mo^{55}nu^{51} dʑi^{35}ti^{55} ze^{55}kɑ^{51}

上面 放 水 感谢 AUX 水 NEG 世界 上面

ŋɑ^{55}tɑŋ^{55} so^{55}tɕʰɑ^{55}pu^{51}ʐi^{51} tsʰo^{55}wɑ^{55} tɕɑ^{55}se^{51}tsø^{35} mo^{55}nu^{51} ȵi^{51}. dʑi^{35} ȵi^{55}ɑ^{55} do^{51}

1pl 生命 生活 过 NEG AUX 然后 放 饭

tɕø^{51} tɕʰɑŋ^{55}tsɑ^{51} bi^{35} tʂen^{55} gɑi^{55} ji^{55}. o^{31}mu^{55}ge^{51} tsʰɑ^{55} do^{51} tɕʰɑŋ^{55}

做 弄酒 3pl 感谢 去 AUX 这样 完 饭 酒

dʐɑ^{55}dʐik^{51} tsʰɑ^{55}. pɑ^{55}tɕø^{51} tʂʰi^{55}diŋ^{51} dʐɑ^{55}dʐik^{51} tsʰɑ^{55} nɑm^{55}kʰir^{55}ʐo^{55} mu^{31}tɕin^{55}

准备 完 做菜 足 准备 完 天亮 人们

tɑ^{55}liŋ^{55} ȵi^{51} gɑŋ^{35}pu^{31} tɕe^{55}gɑ^{51} tsʰu^{55}ʐɑ^{51} oŋ^{55} jo^{51}. oŋ^{55}pi^{55} dʑi^{55}jɑ^{55}

通知 AUX 全部 都 这里 来 PROS 到达 后

tɕe^{55}ga^{55}ʐɑŋ^{51} zuk^{55} ts^{h}ar^{55}pi^{55} dʑi^{35} do^{51} pa^{51} der^{55}ʐɑŋ^{55}se^{51}. tsai^{31}ma^{55}gu^{51}
一起 坐 好 然后 饭 菜 摆 吃的

zị^{35}ta^{55}ta^{51} t^{h}oŋ^{55}ma^{55}gu^{51} zị^{35}ta^{55}ta^{51} tɕe^{55}ga^{55}ʐɑŋ^{51} o^{55}mu^{55} ga^{51}ɕa^{55}zi^{51}. mi^{35} t^{h}i^{55}
各样 喝的 各样 全部 那里 摆 人 一

le^{51} do^{51} baŋ^{31}dʑioŋ^{55} t^{h}i^{55} diŋ^{31} gur^{35}kuŋ^{51} t^{h}i^{55}, o^{31}mu^{55} ze^{55}ka^{51} gam^{31}tɕ^{h}oŋ^{55}
DAT 饭 碗 一 CONJ 碗 一 这样 上面 碗

ze^{55}ka^{51} ɕa^{51}gu^{51} zị^{35}ta^{55}ta^{51}ka^{35} ȵin^{31}ɕa^{51} ts^{h}aŋ^{55}gu^{51} dʑak^{55}zị^{55}na^{51} gu^{55}lo^{55}lo^{51}
上 肉 各样 内脏 全部 肥肉 周围

baŋ^{31}dʑioŋ^{55} ts^{h}o^{55}, baŋ^{31}dʑioŋ^{55} ka^{51} dʑak^{55}mo^{51} get^{55}taŋ^{51} ts^{h}o^{51}. ŋa^{55}taŋ^{55} sa^{55}dʑi^{55}
碗 放 碗 LOC 肥肉 大的 放 1pl 新

goŋ^{55}se^{55} pa^{55}diŋ^{51} tɕe^{55}ga^{55}ʐɑŋ^{51} ŋa^{35} tso^{31}tsi^{55} ze^{55}ga^{51} ter^{35}ɕaŋ^{51}tsi^{55} o^{35}mu^{55}ga^{51}
时代 菜 全部 1pl 桌子 上 摆放 这样

zu^{35}se^{51}.
坐

到初一了。父母一整天都要待在家里，也要告知其他家人、孩子们都来父母家，在家里待上整整一天，不能外出。告知大家要准备好第二天的用品，鸡没打鸣前起床。年初一首先要准备去有神水的地方。去接神水时，要带上米饼、饼子、糖果、点心等东西。接水时，要先用手指弹三次以敬水神，水要干净。敬完水神后，还要放年货祭祀。我们应该感谢水，没有水的话我们没办法生活。放完年货后还要做饭、敬酒，继续敬水神。准备好饭菜，天亮后就会告知人们过来。大家各自就座后，就会上饭上菜。各式各样的饭菜摆放好。每人一个碗，碗里有米饭、猪肉、米饼等各式饭食。我们菜式齐全，囊括了时下的菜品。这些在桌子上摆放好后大家就准备食用了。

dʑi^{35} sa^{55}ji^{51}gaŋ^{55} ta^{55}ta^{51} zu^{55}a^{55} ȵi^{51}. tɕ^{h}aŋ^{55} tsu^{55}ʐɑŋ^{55} t^{h}oŋ^{55} ɕat^{55} dʑo^{51}.
然后 一起 现在 坐 AUX 酒 一点 喝 说话 PROS

da^{31}ɕi^{55} lo^{31}sa^{51} t^{h}an^{55}pu^{55} ts^{h}i^{55} tɕik^{55} di^{35}di^{35}ɕa^{51} ɕo^{55}wa^{51} ȵi^{55} ja^{55}ʐa^{51}
现在 节日 大 次 一 就 来 AUX 长大

bu^{55}tsaŋ^{51} p^{h}aŋ^{55}ma^{51}pu^{55} ʂu^{55}u^{35} ɕo^{55}ȵi^{51}. lo^{55}sar^{55}pu^{51} tʂa^{55}ɕi^{55}pi^{55}li^{55} ɕo^{55} ȵi^{51}.
小孩 肩膀 硬 PRT 节日 快乐 PRT AUX

dʑi^{55} a^{55}pa^{55} gai^{51} ga^{55}bu^{51}. i^{51}ʐɑŋ^{51} ku^{51} tsai^{55} t^{h}oŋ^{51} git^{55}pa^{51} ȵi^{55} tsuk^{55}lo^{55}
然后 爸爸 AGT 说话 2pl AGT 吃 喝 舒服 AUX 玩

ȵi^{51}. bu^{35} ta^{55} ɕo^{51} jøn^{55}tɕi^{55} bu^{51}min^{55} ta^{55} ɕo^{55} ȵi^{51}. ja^{55}ʐa^{51} bu^{31}tsaŋ^{55} le^{51}
AUX 儿子 PL 来 左边 女儿 PL 来 AUX 长大 孩子 DAT

ɑ55pɑ55 ɑ55mɑ51, ŋɛ35nɑi51 diŋ55se51 ʐʅ55 ʐʅ55ʐɑp55 ɕo55ȵi51. dɑ31ɕi55 le55xu55 zu35lo35
爸爸 妈妈 2dl 依靠 天 天 PRT 今天 好 坐

ȵi51. dʑi35 ɑ51pɑ55 o35jɑ51 dʑi31 ɕɑt55 dʑo51. o31mu55 ɕɑ55se51 dʑi35ti51 pɑ55pi51
AUX 然后 爸爸 这样 然后 说 PROS 这样 说 然后 爸爸

zu51. o31mu55ge51 bu55 tʰan55pu55 gɑi51 lɑŋ55se51. dʑi35 ɑ55pɑ55 le51 gɑ55xu51
坐 这样 孩子 大 AGT 站 然后 爸爸 DAT 说

ɕɑ55 dʑo51. ɑ55pɑ55 i55 kɑ55wu55ʐɑi55 ɕo55 ȵi51 ɑ55pɑ55 i55 ku51
说 PROS 爸爸 2sg 辛苦 PRT AUX 爸爸 2sg GEN

kɑ55tʂen55 ɕin51 ȵi51. ŋɑ31ʐɑ55 bu31tsɑ31 pʰu55min35 ku51 tɑ55wɑ51 tʂuŋ55. dʑi35
功劳 是 AUX 1pl 男孩 女孩 AGT 没什么 做 然后

tʰɑ55mɑ55le51 tʂi35nɑ51si55 te55 mɑ51mo55nu51 ɕo55 ȵi51, ji31nɑ55jɑŋ51 ɑ55pɑ55 ŋɑ55ʐɑ55
这辈子 恩情 报 NEG PRT AUX 但是 爸爸 1pl

sɑ55mo51tʰoŋ55 jo55 ȵi51 dʑi31 tɕʰi55gi51 ŋø55 tsʰɑi51 tɕe35wɑ51 ji55nɑ51 mi35 ku51
想 PROS AUX 然后 外面 钱 找 借 但是 人 AGT

tɑ55wɑ51 tʂuŋ55. ɑ55pɑ55 i55 ku51 kɑ55tʂen55 ȵi51. dʑi35 bu55 tʰan55pu55 gɑi51
没什么 做 爸爸 2sg GEN 功劳 AUX 然后 孩子 大的 AGT

gɑ55xu51, ɑ55pɑ55 le51 tɕʰɑŋ55 ȵi51 gur35kuŋ51 ji35se51 gɑ55gu55pi55 ȵi51 o31mu55
说 爸爸 DAT 酒 TOP 碗 端 说话 AUX 这样

tsʰɑ55se51gi51 dʑi35 ɑ55mɑ55 le51 kʰɑ55le55o51, ɑ55mɑ55 le51 ɑ55mɑ55 i55
完 后 妈妈 DAT 说 妈妈 DAT 妈妈 2sg

gɑ55wu55ʐɑi55 ȵi51. le51 du51 ke55pɑ51 gɑ31dʑe55 ȵi51 tsʰi55 kɑ51 mo51 mi31
辛苦 AUX 月 九 肚子 怀孕 AUX 水 LOC 没有 火

kɑ51 mo51 tɕɑ31wɑ55 luŋ31pɑ55 mo55nu51 dʑi51lɑ51 dʑoŋ35lɑ51. ɑ55mɑ55 i55 ku51
LOC 没有 瘸子 聋子 没有 然后 长大 妈妈 2sg GEN

gɑ55ʐɑi55 ɕin51 ȵi51. ɑ55pɑ55 gɑi51 tɕʰi55kɑ51 gɑi55ne51, ɑ55mɑ55 i51 niŋ35kɑ51 zu51.
辛苦 是 AUX 爸爸 AGT 外面 去 妈妈 2sg 里面 坐

niŋ35kɑ51 to51 nɑŋ55ti51 ȵi31nɑ55ʐɑ55 bu55tsɑŋ51 le51 ŋe35 tɕʰin51 ɕɑ51. ɑ55mɑ55 i55
里面 在 家 里 孩子 DAT 屎 尿 擦 妈妈 2sg

gɑ55wu51tu55 bu55 ʐɑm35 ɕo55 ȵi51 i55 gɑ55wu51ʐɑi35 wu55ne51. te35jɑ51 dɑ31noŋ55
辛苦 孩子 照顾 PRT AUX 2sg 辛苦 PFV 现在 再

ʐen31pɑ55tɑŋ55pɑ51 ʐɑ55ʑo55gu51 mo55nɑŋ55pi31 dʑo51 ȵi51. dʑi35 ɑ55 tʰan55pu51
健康 以后 许愿 PROS AUX 然后 孩子 大的

gɑ^{55}xu^{55} tɕ^{h}ɑŋ^{55}gu^{51} goŋ^{51}tɑŋ^{51}se^{51} t^{h}oŋ^{55} jo^{51} ȵi^{51} t^{h}oŋ^{55} ȵi^{55} goŋ^{51}dʑi^{55}.
说 酒 敬 喝 PROS AUX 喝 AUX 敬

o^{31}mu^{55} ts^{h}ɑr^{55} dʑi^{35} ɑ^{55}wu^{55}ne^{35} nɑ^{55}jɑŋ^{51}tʂɑ^{51} ʐo^{31}mo^{55}ne^{35} nɑ^{55}jɑŋ^{51}tʂɑ^{51} wu^{55}mɑ^{51}
这样 完 然后 姐姐 的话 妹妹 的话 那样

jɑ^{55}ʐɑ^{55}ʐɑ^{51}. dɑ^{31}noŋ^{55} ɑ^{55}pɑ^{55} i^{55} gɑ^{55}wu^{55}tu^{31} bu^{55} ʐɑm^{55}o^{55} ɕo^{55} ȵi^{51}. dʑi^{35}
起来 又 爸爸 2sg 辛苦 孩子 照顾 PRT AUX 然后

k^{h}em^{55} zu^{35}se^{55} ŋe^{31} tsø^{55}gu^{51} mo^{35}nɑ^{55}jɑŋ^{51} i^{35} tɕ^{h}i^{35}gɑ^{51} gɑi^{55} tɑŋ^{31}tɕi^{55} ŋɑ^{51}tɑŋ^{35}
家里 坐 1pl 坐 没办法 2sg 外面 去 但是 1pl

ku^{51} ts^{h}o^{55}wɑ^{51} t^{h}ɑŋ^{55}ti^{51}. o^{31}mu^{55} ts^{h}ɑr^{55} dʑi^{35} wɑ^{55}ku^{55} gɑ^{35}tsi^{51} t^{h}ɑŋ^{55}ti^{51} ɕin^{51}.
GEN 生活 一样 这样 完 然后 下面 说 一样 是

dʑi^{35} ɑ^{55}pɑ^{55} ɑ^{55}mɑ^{55} le^{51} tsi^{55}soŋ^{55}ti^{51}. dʑi^{35} plɑŋ^{55} t^{h}i^{51} ʐi^{35}diŋ^{51} zu^{35} ȵi^{35}.
然后 爸爸 妈妈 DAT 尊敬 然后 天 一 整整 坐 AUX

dʑi^{35} ŋɑ^{35}tɑŋ^{55}po^{51} ts^{h}o^{55}ʐɑ^{55}kɑ^{51} o^{31}mu^{55}gɑ^{51} ts^{h}ɑr^{55}. nop^{55}ti^{51}gɑŋ^{35}tsi^{51} ŋɑ^{35}tɑŋ^{55}
然后 1pl 中午 这样 完 晚上 1pl

ɕin^{31}tɑ^{55}ku^{51} dɑ^{31}nuŋ^{51} t^{h}i^{51} gɑi^{55} dʐɑ^{55}dʐik^{51}. dʑi^{35}tɑ^{35} mi^{35} ku^{51} k^{h}em^{55} kɑ^{51}
另外 又 一 去 准备 然后 人 GEN 家 LOC

ɕo^{55}lo^{55} ȵi^{51}. nor^{55} tɕ^{h}ø^{51} dɑ^{31}nuŋ^{51} nor^{35} ʐɑŋ^{55}tun^{51} t^{h}ɑŋ^{55}ti^{51}. pi^{51} t^{h}ɑŋ^{55}ti^{55}
来 AUX 明天 时候 又 明天 整整 一样 做 一样

ɕin^{51}, do^{51} tɕ^{h}ɑŋ^{55} dɑ^{31}nuŋ^{51} dʐɑ^{55}dʐik^{51}. o^{31}mu^{55}gi^{51} dʐɑ^{55}dʐik^{51} ts^{h}ɑ^{55} dʑi^{35}
是 饭 酒 又 准备 这样 准备 完 然后

dɑ^{31}nuŋ^{51} tsɑi^{35} soŋ^{55}pi^{51}. tsɑi^{35} soŋ^{55}pi^{51} ts^{h}ɑ^{55} plɑŋ^{55} t^{h}i^{51} ʐi^{35}gen^{51} zuk^{55}
又 吃 PFV 吃 PFV 完 天 一 整整 坐

jo^{51}. o^{31}mu^{55} nɑŋ^{35}ti^{55} ɑn^{55}tun^{51} dɑ^{31}nuŋ^{51} mi^{55} ku^{51} k^{h}em^{51} kɑ^{51} gɑi^{55} jo^{51}.
PROS 这样 后天 整整 又 人 GEN 家 LOC 去 PROS

dɑ^{31}nuŋ^{51} mi^{55} ku^{51} k^{h}em^{51} kɑ^{51} gɑi^{55}. ŋɑ^{55}tɑŋ^{55} ku^{51} ȵiŋ^{35} ku^{55} k^{h}em^{55}mɑŋ^{55}pu^{51}
又 人 GEN 家里 LOC 去 1pl GEN 里 GEN 邻居

k^{h}em^{55} ȵiŋ^{35} pu^{55} gɑi^{55}. dʑi^{55} to^{55}sɑŋ^{55} ȵi^{35} nɑ^{55}jɑŋ^{55}tʂɑ^{51} gɑ^{31}ʐo^{55} ȵi^{35}
家 里 许多 去 然后 朋友 TOP 的话 女朋友 TOP

nɑ^{55}jɑŋ^{55}tʂɑ^{51} dʑi^{35} gɑŋ^{35}ter^{55} t^{h}o^{55}ʐɑ^{55} gɑi^{55} ts^{h}o^{55}ʐɑ^{55} ʐɑi^{51}. tɕ^{h}ɑŋ^{55} t^{h}oŋ^{51} do^{51}
的话 然后 的话 左边 去 右边 来 酒 喝 饭

tsɑi^{55} t^{h}oŋ^{51} ʐe^{35}t^{h}oŋ^{55} ɕɑp^{55}pi^{55}t^{h}oŋ^{55}.
吃 喝 唱歌 跳舞

大家一起喝点酒、说说话。孩子们长大了，互相祝福节日快乐。爸爸告诉大家一定要吃好玩好。儿子在左，女儿在右。父母说：“你们长大了，以后就依靠你们了，你们吃好玩好啊。”爸爸说完，大儿子站了起来，对爸爸说：“爸爸您辛苦了，我们什么忙也帮不上。爸爸的恩情我们这辈子还不清，但我们会牢记心中。爸爸去外面赚钱、借钱，我们什么也帮不上。爸爸您真的很辛苦。”大儿子于是端起酒杯敬父亲。然后对妈妈说：“妈妈你辛苦了。”他说：“妈妈您怀胎九个月生下我们，然后辛苦把我们养大，我们身体健康，无灾无难。爸爸在外赚钱，您在家辛苦照顾我们。您辛苦了。祈盼您身体健康！”大儿子说完后再一次敬酒。之后姐姐妹妹也站了起来。他们说爸爸您照顾我们辛苦了。我们待在家，您在外辛苦打拼，所以我们的生活跟别人过得一样好。下面继续重复着上述的言语，讲着我们一定要尊敬父母这样的话。我们一直待在家里到中午。晚上我们去亲戚家。这也跟上述情形一样。在亲戚家里待一天，然后第三天去邻居家。然后开始串门，一起喝酒、跳舞、唱歌。

dʑi^{55} ŋa^{55}taŋ^{55} tsʰɑ^{55} pe^{55}le^{51} ta^{35} lo^{31}sa^{55} ku^{51} tɕy^{55}ma^{55}ga^{51} oŋ^{35} pe^{55}le^{51}

然后 1pl 完 后 然后 新年 GEN 结束 到 后

dʑi^{55} ka^{31}ja^{55}ȵi^{55}? tsʰun^{55} ku^{51} go^{55}tɕʰi^{51} gai^{51} paŋ^{35}ɕi^{55}ti^{51}. ŋa^{55}taŋ^{55} ku^{51}

然后 怎么办 村 GEN 领导 AGT 组织 1pl GEN

lo^{31}sa^{55} pi^{55}se^{51} o^{51} zu^{55}ji^{55}gu^{51} tø^{35}tsʰø^{55} mo^{55}nu^{51} ȵi^{51}. maŋ^{35}tsʰo^{55} tɕe^{55}go^{55}se^{51}

新年 过 PROS 坐 时间 没有 AUX 村民 全部

zu^{55}gi^{51} zu^{31}ji^{55} ɕo^{55} ȵi^{51}. o^{55}ja^{51} ta^{55}liŋ^{55} jo^{51}. ta^{55}liŋ^{55} tsʰɑ^{55} tɕe^{31}ga^{55}ʐaŋ^{51}

坐 坐 PRT AUX 这样 通知 PROS 通知 完 全部

tɕʰɑŋ^{55} dʐa^{31}dʐik^{55} jo^{51}. oŋ^{35} tsʰɑ^{55} pe^{55}le^{51} pʰo^{55}tsaŋ^{55} paŋ^{55}tʂi^{51} bu^{31}mu^{55}jaŋ^{55}pu^{55}

酒 准备 PROS 到 完 后 男孩 安排 女孩子

paŋ^{55}tʂi^{51}. luŋ^{55}pa^{55} ku^{51} go^{55}tɕʰi^{51} tʂi^{55}pu^{55}ʂu^{55}tɕi^{55} diŋ^{51} tsʰun^{55}tʂaŋ^{51} gaŋ^{35}tɕe^{51}

安排 村 GEN 领导 支部书记 CONJ 村主任 全部

ɕa^{55}mo^{55} go^{55}tɕʰi^{51} goŋ^{31}ka^{51} bi^{35} paŋ^{35}ti^{51}gu^{51}. o^{35}ja^{51} tɕʰɑŋ^{55} tʰoŋ^{51}se^{51} tɕʰɑŋ^{55}

乡 领导 最前面 3pl 安排 这样 酒 喝 酒

tsʰɑ^{55}se^{55}gi^{51} ŋa^{55}taŋ^{51} bru^{55}~bru^{55}gu^{51} jo^{51}. pʰu^{55}tsaŋ^{55}pu^{51} na^{51}tʂi^{51} bu^{55}tsaŋ^{51}pu^{51}

完 1pl 跳舞~REDUP PROS 男孩子 前面 女孩子

ʑo^{55}ʑo^{55}tsu^{51}. pʰu^{55}tsa^{51}ji^{51} ʑe^{35}tʰoŋ^{55} bu^{55} le^{51} mo^{35}tɕa^{55}ji^{51} ʐaŋ^{55}doŋ^{51}

最后 男孩子 唱歌 男孩子 DAT 女孩子 配合

bru^{55}~bru^{55}. pʰu^{55}tsaŋ^{55}pu^{51} tsʰɑ^{55} pe^{55}le^{51} mo^{35}tsaŋ^{55}pu^{51} pʰi^{51} mo^{35}tsaŋ^{55}pu^{51}

跳舞~REDUP 男孩子 完 后 女孩子 带领 女孩子

p^{h}i^{51} pe^{55}le^{51} ji^{55}doŋ^{55} pe^{55}le^{51} p^{h}u^{55}tsaŋ^{55}pu^{51} z̧aŋ^{55}doŋ^{51}. o^{31}mu^{55} ts^{h}ɑ^{55}se^{55}gi^{51}
带领 后 配合 后 男孩子 配合 这样 完

ŋɑ^{55}taŋ^{51} sɑ^{55}dʑi^{55} ku^{51} tɑ^{55}tɑ^{51} nɑ^{31}ʑiŋ^{51} maŋ^{55}po^{55} gai^{51} sɑ^{55}dʑi^{55} ku^{51} bru^{55}
1pl 现代 GEN 现在 年轻人 PL AGT 现代 GEN 跳舞

bru^{51}. ʑe^{35} ɕɑ^{51}te^{55}t^{h}oŋ^{55} o^{35}ja^{55} lo^{31}sɑ^{55} git^{55}pɑ^{51}tsi^{51}. dʑi^{35} lo^{31}sɑ^{51} dʑo^{55}tʂi^{55}se^{51}
跳舞 唱歌 跳舞 这样 过年 舒服 然后 新年 最后

lo^{31}sɑ^{51} ts^{h}ɑ^{55}z̧u^{55} ɕo^{55} n̥i^{51} tɕe^{35}gɑ^{55}z̧aŋ^{51} gɑ^{31}gɑ^{55}tʂu^{55}tʂu^{55}pi^{35}se^{51} ki^{55}pɑ^{51}z̧ai^{35}ɑ^{55}
新年 完 PRT AUX 全部 高兴 高兴

n̥i^{51}. tɕe^{35}gɑ^{55}z̧aŋ^{51} ʑe^{35}t^{h}oŋ^{51} ɕɑ^{35}te^{55}t^{h}oŋ^{51} o^{31}mu^{55}gɑ^{51} lo^{31}sɑ^{51} tʂi^{55} jo^{51} n̥i^{51}.
AUX 全部 唱歌 跳舞 这样 新年 结束 PROS AUX

这些之后新年差不多就要结束了，然后干什么呢？这就由村领导组织了。新年快结束时，村干部会组织村民集中在一起。通知完准备好酒菜，就告知孩子们准备跳舞。一般先安排村主任、村支书与乡领导。喝完酒后大家一起跳舞。然后女孩子唱歌，男孩子跳舞配合。之后年轻人跳现代舞。唱歌、跳舞，大家新年过得都很高兴。新年就在载歌载舞中结束了。

（尼玛仁青讲述，2016.8.12）

参考文献

高名凯、石安石 1963《语言学概论》，北京：商务印书馆。

金 鹏 1983《藏语简志》，北京：民族出版社。

克里斯特尔·戴维编 2000《现代语言学词典》，北京：商务印书馆。

李大勤 2001 藏缅语人称代词和名词的“数”，《民族语文》第5期。

李大勤 2002《格曼语研究》，北京：民族出版社。

刘丹青编著 2017《语法调查研究手册》（第二版），上海教育出版社。

陆绍尊 1984《错那门巴语简志》，北京：民族出版社。

陆绍尊 2002《门巴语方言研究》，北京：民族出版社。

罗常培 2004《语言与文化》，北京出版社。

马学良主编 1991《汉藏语概论》，北京大学出版社。

彭 茹 2017《汉藏语系语言基数词研究》，北京：中国社会科学出版社。

孙宏开、陆绍尊、张济川、欧阳觉亚 1980《门巴、珞巴、僜人的语言》，北京：中国社会科学出版社。

孙宏开 1982《独龙语简志》，北京：民族出版社。

孙宏开、胡增益、黄行主编 2007《中国的语言》，北京：商务印书馆。

孙宏开 2013 关于语言身份的识别问题，《语言科学》第5期。

西藏社会历史调查资料丛刊编辑组 2009《门巴族社会历史调查》，北京：民族出版社。

藏缅语语音和词汇编写组 1991《藏缅语语音和词汇》，北京：中国社会科学出版社。

张济川 1986《仓洛门巴语简志》，北京：民族出版社。

朱德熙 1982《语法讲义》，北京：商务印书馆。

Andvik, Erik 1992 *A pragmatic analysis of Norwegian modal particles*, Dallas: Summer

Institute of Linguistics and the University of Texas at Arlington.

Andvik, Erik1993 Tshangla verb inflections: a preliminary sketch, *Linguistics of the Tibeto-Burman Area*, 16.

Andvik, Erik 2003 Tshangla. *The Sino-Tibetan languages*, ed. by Henk Blezer, Alex McKay, Charles Ramble, Leiden: BRILL.

Andvik, Erik 2010 A grammar of Tshangla, *Brill's Tibetan Studies Library*, ed. by G. Thurgood and R. LaPolla, London: Routledge.

Das Gupta, K 1968 *An introduction to Central Monpa*, Shillong: North–East Frontier Agency.

Mazaudon, Martine 1992 Preliminary notes on the language of the Bumthang group, *Paper presented at the 25th International Conference on Sino-Tibetan Languages and Linguistics*, Berkeley.

Nishida, Tatsuo 1988 The mTsho–sna Monpa language of China and its place in the Tibeto-Burman family. *Prosodic Analysis and Asian Linguistics: To Honour R.K. Sprigg*, ed. by D. Bradley, E. J. A. Henderson and M. Mazaudon, Vol. 104, Canberra: The Australian National University.

调查手记

墨脱县德兴乡德兴村位于德兴乡政府驻地，与墨脱县城隔江相望，相距7.8公里，南邻荷扎村，北邻文朗村，东邻雅鲁藏布江。它是德兴乡的一个依山傍水的门巴族小村寨。村中一幢幢极具门巴特色的木板房屋错落有致地掩映在绿水青山中、白云缭绕间，山峦滴翠、鸟语花香，一派“胜日寻芳泗水滨，无边光景一时新”的景色。

德兴村的一部分门巴人是从西藏门隅地区迁移来的，他们所讲的语言为墨脱门巴语。我们在墨脱县的调查点就选于此处。2016年7月，在李大勤教授的带领下，我与中国传媒大学的研究生高萍萍、林鑫等6人到墨脱县进行了为期一个月的田野调查以及语言资源保护工程的音视频的录制和语料搜集工作。

我们首先从林芝市赶往察隅县上、下察隅镇进行了为期一个月的田野调查任务，然后于7月初，我们一行6人从察隅县出发赶往墨脱县，途中我们住宿波密，然后租车辗转赶往墨脱县城。进入墨脱的公路处在喜马拉雅断裂带上，地质活动频繁，地震、塌方、泥石流时有发生。这条路途半年雨季半年冰天雪地，因其“最美”与“最险”被称为真正的天路，也被称为“生死墨脱路”。墨脱公路穿行于雅鲁藏布江大峡谷，深山峡谷中的雅鲁藏布江汹涌狂奔，悬崖峭壁，落石欲坠，飞瀑挂川，江水怒吼。其实，许多路段不能算是公路。颠簸震动的砂石路、碎石路，湿滑泥泞的土路，水漫车轮的烂路，不仅考验着驾驶员的车技，更考验着驾驶员与我们的心理素质。山上湍急的瀑布飞流而下，坑洼不平的路面形成深浅不一的漫水湾更增加了行进难度。沿着数不清的“Z”字形道路，汽车迅速下行到1000米以下的低海拔地带。不知不觉中我们行驶在墨脱亚热带湿润气候区，领略了从高原寒带地区到热带雨林地区那千姿百态、变化丰富的自然景观和气候变化。早晨出来时，大家穿着羽绒服、冲锋衣，而此时却潮湿闷热，处于热带雨林气候环境的包裹之中。

暖风阵阵袭来，满眼亚热带风光，满山野芭蕉树等热带植物，似是海南岛的三亚，似是云南西双版纳。颠簸五个多小时，终于驶入墨脱县城。墨脱县平均海拔1200米，最低海拔115米。从茂密的亚热带雨林中望去，云雾缭绕出神入化，好一派如诗如画的世外桃源风光！

到达当晚，我们先入住一家当地的民宿小旅店，虽然略显简陋却不失清爽、温馨。调查小组吃住在此，田野调查初步工作也在此地展开。次日一早，我们联系墨脱县政府，开始寻找门巴语调查发音人。经过一周的筛选，我们终于找到了合适的发音人。李大勤教授带领我们白天记音，晚上讨论和整理音系，时间紧凑，工作饱满，但同学们都乐此不疲。发音合作人尼玛仁青是土生土长的墨脱县人，小学文化水平，他一周中一直保持着很高的兴致，配合我们认真调查。

记音工作在李大勤教授的带领下开展得十分顺利。30多年前，孙宏开先生等老一辈少数民族语言学家组成的西藏社会历史和语言考查小组曾对墨脱县的门巴语进行过调查，调查成果载入《门巴、珞巴、僜人的语言》，后来陆绍尊先生又在进一步调查材料的基础之上出版了《错那门巴语简志》（1984）和《门巴语方言研究》（2002）两部著作。我们的调查以上述成果作参考，调查并完成了墨脱县门巴语的工作。由于时间有限，我们2016年只是完成了语保所要求的初步的音视频摄录工作。2017年7月，我们又对墨脱县与错那县的门巴语进行了大规模的语料搜集工作，补充调查了部分词汇和语法语料等；我们完成

门巴语样本采集点错那市勒乡　错那市勒乡调研 /2017.7.18/ 朱苗苗 摄

墨脱门巴语样本采集点遴选发音人 错那市市政府 /2017.7.16/ 朱苗苗 摄

了《西藏墨脱门巴语》的初稿，对录制的长篇语料进行了转写，并细化了对相关语言现象的分析和描写。通过调查，我们进一步发现，今天的墨脱门巴语与30多年前相比已经发生了一些变化，墨脱门巴语与错那县的门巴语两个点之间的方言也存在一些差异。

此次方言田野调查，让我们受益良多。我们切身感受到了国际音标的听音、辨音、记音的精确与严苛，真正学到了语言音系的描写程序，同时也明晰地领悟到了门巴语语音和词汇的特征。

“纸上得来终觉浅，绝知此事要躬行”，从书本到田野，再从具体语言回到普通语言学理论，我们不断体验着语言学的魅力和美妙。相信多年以后，我们都会记得那地、那山、那河、那人，耳边仍会萦绕那墨脱门巴语……

后　记

本书是我们在对西藏自治区墨脱县门巴语进行实地调查的基础上成稿的。在整个调查、研究过程中我们碰到了很多困难，付出了极大的努力。不过甚为欣慰的是本书即将付梓，这也算是为我们的辛苦画上了圆满的句号。

本书得以出版，我们首先应该感谢教育部、国家语委以及中国语言资源保护研究中心。正是由于他们的资助，我们才能获得这么多最新的语料，才能安心对调查材料进行梳理、研究并进一步形成文稿。其次，我们要感谢孙宏开教授。他的许多基础性研究为我们的研究奠定了基础。2016年，他建议语保中心把墨脱门巴语列为濒危语言项目并委托我进行进一步系统、全面的语料采录工作。感谢孙宏开教授对我的信任、支持和鼓励，这是我们遇到困难时仍然不言放弃的动力。再次，我们还要感谢李大勤教授。本书的调查、研究及编写前期很多工作以及写作过程都是李大勤教授指导完成的。在调查研究中，我们始终以李大勤教授设计的框架和基本原则为指导开展门巴语语法描写。最后，要特别感谢我们的错那门巴语发音人尼玛仁青、白马绕杰以及白玛仁青等。无论遇见多么大的困难，他们都一直无怨无悔地配合、支持我们的工作，中国少数民族同胞的优秀品质在他们身上得到了充分的体现。我们为我们的祖国大家庭中有这样的同胞感到骄傲和自豪。

我们还要感谢在具体调查过程中协助我们顺利完成任务的师长及朋友：中国社会科学院民族学与人类学研究所的黄行研究员、黄成龙研究员；江苏师范大学的苏晓青教授；中国社会科学院民族学与人类学研究所的龙从军研究员和中国人民大学的燕海雄博士；中央民族大学的丁石庆教授和朱德康博士；聊城大学的姜艳艳副教授；中共山南市藏语文工作委员会办公室（编译局）主任（局长）洛桑次仁、中共错那市原副市长黄凯、中共错那市原教育局局长旺久、中共墨脱县德兴乡党委书记郭晓峰、墨脱电视台台长赵东和德兴乡德兴村村民占堆等。

需要说明的是，中国传媒大学语言学及应用语言学博士研究生朱苗苗、林鑫等在课题展开的早期也参与了部分语料的收集及试转写工作；硕士生高萍萍等在后期的语料整理过程中也付出了辛勤的劳动，我们也表示诚挚的谢意。

由于时间、学识有限，且话语标注因研究尚处初步，有些地方标注得较为粗疏，本书肯定存在不少缺点或不当之处，这都有待随着研究深入再行改进。上述不足都由本书作者负责，也请学界同仁不吝赐教。

刘　宾

2024年4月10日